印度对华战争

[澳] 内维尔·马克斯韦尔 著
陆仁 译

WA 世界知识出版社

图书在版编目（CIP）数据

印度对华战争 /［澳］内维尔・马克斯韦尔著；陆仁译. -- 北京 ：世界知识出版社，2024.10（2024.11重印）

ISBN 978-7-5012-6761-3

Ⅰ.①印… Ⅱ.①内… ②陆… Ⅲ.①中印边界问题—研究 Ⅳ.①D823

中国国家版本馆CIP数据核字(2024)第065736号

图字：01-2023-0548号

印度对华战争
Yindu Duihua Zhanzheng

作　　者　[澳]内维尔・马克斯韦尔
译　　者　陆　仁
责任编辑　薛　乾　白小薇
特邀编辑　陈云梅　汤万星　李　倩　杨　娟
责任出版　李　斌
装帧设计　周周设计局
内文制作　宁春江
出版发行　世界知识出版社
地　　址　北京市东城区干面胡同51号（100010）
网　　址　www.ishizhi.cn
联系电话　010-65265919
经　　销　新华书店
印　　刷　河北新华第一印刷有限责任公司
开本印张　710×1000毫米　1/16　29.5印张　4插页
字　　数　390千字
版次印次　2024年10月第一版　2024年11月第二次印刷
标准书号　ISBN 978-7-5012-6761-3
定　　价　78.00元
（凡印刷、装订错误可随时向出版社调换。联系电话：010-65265919）

目录

再版前言

本书以其详实史料还原20世纪60年代中印边境冲突的真相。作者作为著名学者和《泰晤士报》时任驻印记者，挖掘印方大量一手内部资料，以客观评述驳斥西方借中印边界冲突对中国的刻意抹黑和无端指责，在国际上产生了广泛影响。

中印关系是重要的双边关系，领土争议是双方需正视并妥善处理的问题。以史为鉴，准确把握历史经纬有助于读者更好地了解中印关系各时期全貌，客观看待和妥善处理双边关系敏感问题，理解和支持我国外交政策，更好地推动中印关系健康稳定发展。

译者的话

本书作者内维尔·马克斯韦尔是澳大利亚人，1926 年出生于伦敦。曾在加拿大麦吉尔大学和英国剑桥大学读书。1955 年进入《泰晤士报》当外事记者，后派往该报华盛顿办事处工作。1959 年后，他任该报驻南亚记者，常驻新德里。当时正值中印边界争端日益激化和印度对华战争爆发前后，其间，他同印度军政官员接触甚广，对当时印度形势的发展和中印边界争端有过不少报道。1967 年，他回到伦敦，进入东方与非洲学院，研究有关中印边界历史和中印边境冲突等问题，并着手写作《印度对华战争》这本书。

作者在书中回顾了中印边界争端的历史演变和印度边境政策的形成过程；着重叙述了印度方面如何一步步走上同中国对撞的道路，触发了边境战争，以及印军失败的全过程和停火后印度局势的变化。作者引用了若干未经印度官方发表过的资料，并对有关问题提出了一些自己的看法，可供我们参考。

由于作者立场、观点的局限性，在叙述和论断中有不少谬误和不符合事实之处。此外，在引用我方的资料时也有若干差错。对引用资料的差错问题，我们在能够查到原文的情况下，已做了必要的校正或注释。

前言

中印边界争端是20世纪中叶国际关系史上富于戏剧性的一段。世界上两个人口最多的国家，也是亚洲两个伟大的新共和国，尽管政治性质不同，似乎已经走上和睦合作的道路，但后来却为了几块荒凉、艰险、没有什么价值的土地争吵起来，还打了一场短促而激烈的边境战争。印度在世界事务中的作用由此一落千丈。

同中国友好曾经是贾瓦哈拉尔·尼赫鲁制定的印度外交政策的基石：印度奉行不结盟政策，当世界各国是如此清楚地划分成两个集团的时候，印度拒绝把它的命运同任何一个集团——共产党的或反共产党的——联系在一起；在国防上依靠自己，在外交政策上独立自主；冒着武装部队受到削弱的风险，集中力量发展经济——这一切都取决于同中国的友好和有一条和平的北部边界。同中国发生冲突，北部边界上形势紧张，就需要支出巨额军费，这样就会使支撑尼赫鲁各项政策的拱门整个垮下来。尼赫鲁的统治地位也会随之告终。

这一争端以及作为其高潮的边境战争，加强了那种认为中国是一个好战的、沙文主义的、扩张主义的国家的通常看法。20世纪60年代末，当中苏边界争端日益尖锐化、中苏这两个巨人剑拔弩张的时候，人们不免回想起中国同印度的争吵，这就使世界舆论容易接受苏联对中苏争端的说法，甚至助长这样一种想法：中国由于在边界问题上总是抱毫不妥协的态度，现在可能要得到应有的报应了。近年来，国与国之间的所有争吵，都没有像中印争吵那样具有充足的文献：双方都长篇大论地、反复地向对方以及向任何愿意听的人，解释自己的立场。然而，这一争端背后的事实真相似乎又是那样模糊，而且很少有人愿意客观地加以探讨。所以，任何现代的国际事件，从来没有像这一桩那样广泛地全然被人误解。

我对这个题目的兴趣是从 1959 年 8 月底到达新德里担任《泰晤士报》（*The Times*）记者时开始的。那时，我立即投入本书所叙述的事件的报道工作。在我到达的前几天，发生了中印边境上的第一次武装冲突，即朗久事件。在随后三年里，一直到边界战争的高潮过去之后，印度同中国的争端及其所派生的各种问题，是我的工作的一项主要课题。

我曾经计划围绕 1964 年尼赫鲁的去世，写一本关于 20 世纪 60 年代的印度的书。我开始重写中印争端的始末，就是想把它作为那本书的一个章节。当初，我把这项工作看成是对我过去随着这一争端的发展而写成的万字报道进行重新编排和加工的问题。可是，当我再次翻阅连篇累牍的印度白皮书（其中记载着有关两国政府在外交辩论中所提出的论证），我认识到需要对问题作出更为全面、更为基本、更为深入的评价。这本书就是我后来进行重新评价的产物。不过，我之所以写这本书，仍然是因为我对新德里当时如何处理和看待这一争端有些亲身了解。各种人物登台表演，而且互相影响；他们的态度，乃至于他们的情绪，在这一争端以及有关的印度政治演变中起着重要作用。也许就是在这种地方，目睹事态经过的记者比事后进行探索的学者在条件上更为有利。事情过后，只有写在纸上的证据，至于那些露出微笑或皱着眉头的表情，不快的或傲慢的语调，未入记载的独白，等等，都被遗忘了。

我在 1967 年年中离开印度前，多次访问过去负责处理这一争端的印度政界人士和官员们，以及曾试图在军事上贯彻政府政策的军人们，并同他们进行了长时间的谈话，以便再次探究中印争端的真相。当我在伦敦大学东方与非洲学院（School of Oriental and African Studies）做研究员以完成这项研究并写作本书时，我试图首先从历史发展上来看中印边界争端，不仅把它看作 20 世纪中叶亚洲两个最大国家之间的冲突，而且看作 150

年来在喜马拉雅山两边及其周围在政治上、军事上、外交上钩心斗角的继续。关于喜马拉雅地区的历史和这一地区内的各条边界的历史，历史学家以及其他学者在20世纪60年代已经做过许多阐述。我在写本书的开头部分时，曾借鉴他们的著作。本书的开头部分追溯了有争议的边界的历史。我想，这对理解后来发生的事情是必不可少的。

本书的布局大体上是以时间为序，不过，各章节之间也经常有交叉。某一事件在某一章节已经提到，也许在另一章节又做详细介绍；或者某一件事在某一章节里从一个角度写了，也许在下一章节又从另一个角度来写。“北京的观点”这一章是试图从中国人的观点来看这一争端，重新提到许多在前两章已经描述过的事情。我认为这个尝试是需要的，因为人们一直是从印度的观点来观察整个争端。而且，正如一位英国人在20世纪初评论另一位英国人时说的：“要使从印度来的人相信中国的观点也值得考虑，那无疑是困难的。”[①]

只要有可能，我对所引用的声明、讲话之类都注明了出处。但是可以看到，在关于边境战争及其酝酿阶段的相关章节里，这种注解大大减少了。在这几章（以及在本书其他一些地方），我引用了印度政府和印度军队未经公布的档案和报告中的材料。有些官员和军官让我使用了这些材料，他们认为，现在是时候整理出一部全面叙述事情原委的报告了，而他们相信我能够写得公正。当然，我不能写出他们的姓名，也不能注明我引用材料的文件或档案的出处。我只能感谢他们，并且希望他们不至于对此而感到失望。

曼克卡尔（D. R. Mankekar）在研究独立后的印度军队的历史时，也同样被允许查阅未经公布的档案，他让我从他的原稿中引用一份关键性的备忘录内容，我向他表示感谢。

① 见“历史引言”注［112］。

我试图理解双方在这一争端中是受什么因素支配的。可以看出，有时候一方对另一方所持立场的误解，在加剧新德里和北京之间的分歧上是起了作用的。至少在这一点上，我是比较清楚的。我的意图只是叙述和澄清一桩历史事件；我认为这个事件是被广泛地误解了，而且当它发生的时候，我自己对之也有误解。我无意于指责任何一方，而且确信，双方往往是认为自己的正义受到了伤害而采取行动。这是看得出来的，当然，这样做只能使冲突加剧。

本书中出现了一种不可避免的不平衡状态。这是由于我获悉边界争端的情况，在一方比在另一方方便得多。印度就其政治上的工作程序而言，可以算是世界上最公开的社会之一，而我为了写这本书进行相关研究时，这个好处使我受益匪浅。不过，在中印争端问题上，印度政府也许由于其公开性而吃了些亏，至少在短期内是如此。如果一个人仔细研究一个政府的公开言论和私下的（实际上是秘密的）态度之间的差别，那就不免对它产生恶感。尼赫鲁对外公开讲话的数量是如此之多，因此他就特别容易被人加以前后矛盾的罪名，而他故意含糊其词的地方，也是一下就被人看穿。相形之下，就内部工作程序而言，没有哪一个政府比中华人民共和国政府还要神秘。[①] 在追溯中国的政策形成过程时，我除了公开发表的材料以外，没有别的可供查考。公开的材料倒是非常丰富，不过，反映犹豫、前后矛盾、分歧以至表里不一的证据自然是完全找不到了，而在印度政府和军方内部磋商的记录中，这种证据有时是显露出来的。因此，谁在北京有像我接触印度的记录那种条件，那么中国的政策大概看起来不会这样前后一致，也恐怕不会这样讲究实效。也许将来研究这些事件的人能够纠正本书中的不平衡状态，他们手头有了更充分的文献材料，将会发现我的叙述上的不足之处和解释上的差错。

① 当时的中国政府与西方接触很少，所以让作者有神秘的感觉。——译注

我有机会用将近两年的时间来写这本书，要感谢伦敦大学的东方与非洲学院，特别是它的主任菲利普斯（C. H. Philips）教授，他的关心、鼓励和建议对我是极其可贵的。

我要特别感谢的其他人士有：罗纳德·西格尔（Ronald Segal），在有关本书的许多事情上给我鼓励，向我提出意见；S. 戈帕尔（S. Gopal）博士，虽然他肯定会完全不同意这本书的见解，但是鼓励我写这本书的热情从未因之而减弱；迈克尔·布里彻（Michael Brecher）教授严肃认真地读了原稿；阿拉斯太尔·蓝姆（Alastair Lamb）教授也读了原稿，对我很有帮助，并让我引用了他没有发表的一篇关于阿克赛钦的论文；约翰·肯尼思·加尔布雷思（John Kenneth Galbraith）教授根据他本人对这些事件的直接了解，指出了一些细节和着重点上的毛病；多萝西·伍德曼（Dorothy Woodman）女士允许我引用她写的《喜马拉雅边疆》（*Himalayan Frontiers*）中的一些新材料；库尔迪普·内雅（Kuldip Nayar）让我预先读了他写的《两线之间》（*Between the Lines*）；罗伯特·哈登巴克（Robert Huttenback）教授阅读和评论了我写的"历史引言"部分；《中国季刊》（*China Quarterly*）编辑戴维·威尔逊（David Wilson）和《泰晤士报》远东问题专家胡理士（Richard Harris）阅读和评论了我写的中国对这一争端的观点的部分；约翰·艾迪斯（John Addis）允许我引用了他为哈佛大学写的关于中印争端的没有发表的论文。

本书的地图是贝克（D. R. Baker）绘制的。格雷姆·C. 格林（Graham C. Greene）始终如一地关心我的写作，对我是一种有力的支持。鲁宾（A. P. Rubin）博士读了我最后的草稿，对我很有帮助。对以上所有的人，我都表示感谢。

书中如有差错和判断不当之处，当然由我自己负责。

历史引言

帝国的界限

一、西段

按照强权政治的逻辑，处于扩张时期的帝国，总是要向外扩张其边疆，直至遇到强大邻国的抵抗，或天险的阻挡，或向前推进的动力消耗殆尽时，才会停下来。18 和 19 世纪，英国在印度就是这样不断扩张它在这个半岛形次大陆上的统治，一直扩张到喜马拉雅山这个大弧形。在那里，它接触到另一个帝国——中国。在边境地区的中段存在着一些小国和土邦，于是双方就展开了对这些接壤地带的争夺，一直持续到今天。在西北和东北段，由于没有可以充当缓冲的独立小国，英国当局就寻求同中国建立安定的边界。但当时它没有能够做到这一点，这就导致 20 世纪中叶印度和中国之间的边境战争。

* * * * * *

当英国在西北方向将边疆推进到接近兴都库什山脉（Hindu Kush）和喀喇昆仑山脉汇合处的时候，帝俄从另一方向也朝着同一处推进。征服一地之后，就有必要征服更多地方。这就是促使两个大国向前推进的同一公式。俄国人解释过驱使他们向前推进的原因：

> ……俄国与不少半野蛮的部落发生了接触，他们成为对帝国安宁的经常性威胁。在这种情况下，要在俄国的边境上维持秩序，就只有使部落归顺。但是一旦做到这点，新归化的部落又会遭受更遥远的部落的攻击。因此，就有必要在边远的人群中设立据点，并且显示武力

使他们臣服。[1]

一个英国人后来更加直截了当、更少自我辩解地把这种帝国向外扩张的劲头说成是“文明人要压服边境上的未开化人的一种天然冲动”。[2]这两个日益互相迫近的帝国，事实上都受同样的扩张野心驱使，但是，双方却又认定对方的推进是蓄意的威胁。圣彼得堡和伦敦都预计到两国会迎头相撞，从这一点出发，决定了他们的边境政策。

英国方面定下了一个始终一贯的基本目标，就是要俄国人离开印度平原和政治上变幻不定的印度城市，且愈远愈好。但是，他们运用的策略，随着在伦敦和印度负责制定政策的人的态度而变化，也随着这些人对作为第三因素的中国能起多大作用的看法而变化。当时的边境政策有两大派。一派是前进派，他们主张英国应向前推进，在尽可能远离印度平原的地方去直接挡住俄国的威胁。另一派是温和派，他们指出，企图在遥远的、非常艰险的地区建立边界代价高、风险大，因此提议把英国行使权力的界限确定在比较容易得到接应的地方。他们主张，为了挡住俄国人，最好用第三势力把狮子（英国）和熊（俄国）隔开。可能担任这种角色的有好几个：阿富汗是一个；有时候，像洪扎（Hunza）这样的小邦看来也差不多。然而，总的来说，在英、俄势力达到这一地区前一个世纪就已在此立足的中国，最适合担当这种角色——假如中国人能够胜任，并且能被说通的话。可是，英国人后来感到这恰恰是难办的事。或许因为中国从同俄国打交道的经验中懂得，边界条约是邻近的帝国手中用以宰割中国领土的利刃。总之，中国对英国谋求确定共同边界的多次尝试都设法回避了。

英国在西北段的边界政策的历史，是前进派和温和派在伦敦和印度交替得势的历史。不过，这两派有一个共同的目的，就是都要划出一条边界线。这是现代国家所需要的东西。但是对他们的先辈来说，这是陌生的，甚至是格格不入的。这些先辈认为，一个国家的主权伸展到无人地带就逐步消失了，从而形成一个使双方隔离而不是互相接触的边境。他们对这种情况更熟悉，也觉得更自然。寇松（Curzon）勋爵在20世纪之初说过："标定边疆的想法基本上是一个现代概念，在古代世界中是没有或是很少有的。"他指出，在20世纪之前，"可以这样说，在亚洲国家中从来没有进行过标界，除非是在欧洲的压力之下，并受欧洲人的干预"。[3]可是，疑虑重重的中国，在多数情况下，抵制或避开了英国的压力。因此，当中国和印度在20世纪中叶独立时，在喜马拉雅山的两端仍然有无人地带把双方隔开。双方争吵的产生是由于在那些无人地带需要划定边界线，而对如何划法又不能取得一致。

在19世纪，英国方面对印度西北段同中国的边界并不很关心，他们的注意力集中于同阿富汗的边界以及被认为在它后面的俄国威胁。几十年来，在这个问题上，官方的态度时而偏向前进政策，时而偏向温和政策。温和派认为，"我们帝国的天然的、不可动摇的边界"是印度河。[4]不过，英国在1849年并吞了旁遮普（Punjab）之后，继承了被征服的锡克（Sikh）王国的疆域，把他们的统治推进到开伯尔（Khyber）山口。到了那里，他们感到帝国的逻辑又指引他们前进到喀布尔（Kabul），或许从那里再前进到赫拉特（Herat）。前进派的战略论点，恐怕没有比寇松勋爵表达得更好的了。他说：

> 印度像一座要塞，两边有辽阔的海洋做壕沟，在其他方面有大山做城墙。在那些有时并非不能逾越，而是易于突破的城墙外面，延伸着一条宽窄不等的斜坡。我们不想占领这个斜坡，然而也不能坐视它被敌人占领。让它留在我们的同盟者和朋友手中也行，但是如果我们的对手偷偷爬上斜坡，待在城墙脚下，我们就得进行干预，因为任其下去，就会越来越危险，可能有一天要威胁到我们的安全……谁要是在印度只把守城堡，而不往远处看，那他就是一个目光短浅的

指挥官。[5]

到 1880 年，英帝国企图占领在阿富汗那边的斜坡，引起了伦敦方面所不满的两次战争，英国“使用了大量兵力，支出了巨额金钱，而原来希望它能成为强盛的、友好的、独立的那个国家却分崩离析了”。[6] 前进派因而失势，主张把阿富汗作为缓冲国的温和派在白厅占了上风。英国人放弃了坎大哈（Kandahar），再次撤回到他们由大山构成的城墙以内。问题变为如何稳定阿富汗，解决它同俄国和波斯的边界问题，① 然后同阿富汗商定阿英边界，而这是不大好办的。

当时，英国管辖的界限是沿着山麓丘陵划定的，在它后面就是无法控制、骁勇善战的巴丹（Pathan）部落。英国去侵犯他们，总是要付出很高的代价，而又不能得逞。阿富汗人声称他们对那些部落拥有主权，或至少有左右那些部落的能力；用寇松的话来说，阿富汗人爬过了城墙，待在城墙里面，他们在那里就可以威胁白沙瓦（Peshawar）和印度河以东地区。因此，英国的政策是尽量排斥阿富汗对部落地区的要求。结果在 1893 年签订了一项协定，阿富汗的君主在该协定中接受了英国人沿着山顶所画的边界，这就是因英国谈判代表杜兰（Durand）而得名的“杜兰线”。

阿富汗人似乎把杜兰线看作一种单行道，只朝着英国人一面树立“禁止进入”的牌子，而他们自己却继续越过杜兰线同各个部落打交道。当时英国人无意把管辖权扩展到杜兰线。他们把划定杜兰线当作排除阿富汗人在那里公开出现的一种手段，而不是作为扩充英国领域的一个步骤。作为边界线来说，杜兰线不是一条很好的边界，“从人种上、战略上、地理上

① 阿富汗完全有理由对英国和俄国给它定下来的边界感到满意（当然，它们这样做，有它们自己的目的）。英国帮助阿富汗挡住波斯侵入赫拉特；伦敦又同圣彼得堡协议，给了阿富汗一条沿着奥克萨斯河（Oxus）的北部边界，使阿富汗拥有了河南面的一些地区，而如果不是俄英两国都希望把阿富汗作为缓冲国维持下来，这些地区十之八九是会落入俄国的势力范围。阿富汗只是对杜兰线不满意。关于阿富汗边界问题的论述，见蓝姆写的《亚洲的边疆》（*Asian Frontiers*）。

来看，都是不合逻辑的”；[7]但是它适合英国的目的。条约使阿富汗承担了远离英国管辖地区的实际界线的义务，而且杜兰线给英国以把柄，在阿富汗对部落地区的影响太大时可以据而提出抗议。俄国一般说来是尊重阿富汗的缓冲地位的。英国在印度的统治结束以前，巴丹部落一直是摆在英国人面前的一个问题。然而，杜兰线还是保持下来了。这条线全长1500英里，有许多地方已经标了界。①这项极其艰巨的任务由1893年派往喀布尔的杜兰代表团成员亨利·麦克马洪（Henry McMahon）出色地完成了。关于他，后面还要讲到。

剽悍的巴丹部落问题，在19世纪使西北边境的阿富汗段成为英国人最感头痛的问题。此外，与新疆和西藏接壤的克什米尔（Kashmir）段也时常引起伦敦和印度的战略家与政治家们的关注。

克什米尔作为第一次锡克战争的果实之一，在1846年落入英国手里。但是，英国无意自己去占领，而宁愿把克什米尔树立起来作为“北部边境的守护者，以避免因并吞它而树敌、花费金钱和增加责任”。[8]（当时的总督认为，谁企图并吞克什米尔，就应当“受到惩罚，而不是封官晋爵”。[10]）因此，英国把克什米尔交给了当地多格拉（Dogra）族的统治者古拉伯·辛格（Gulab Sinsh）。锡克人曾拥戴他为查谟（Jammu）山邦的总督，而他却背叛了锡克人，转而替英国效劳。英国于是制造了查谟—克什米尔邦，把印度教的统治者强加在伊斯兰人头上，从而在次大陆的英国权力的两个继承者之间撒下了激烈争吵的种子。这样，正像对边境很敏感的印度总督寇松勋爵所说的，英国人“把战略边界推进到喜马拉雅山的心脏”。[11]这种

① 虽然新近出版的词典也还把“标界”（demarcate）和“划界”（delimit）两词当作同义词看待，但是这两个词早已各有不同含义。1897年，亨利·麦克马洪把这两个词加以区别，这对于使任何边界的讨论具有明确的概念是有关键意义的。像他后来所说的：“我把‘划界’（delimitation）看作含有用条约或其他方式来确定一条边界线，并且用文字或口头的形式加以明确肯定的意思，而‘标界’（demarcation）则含有在地面上具体标出边界线，用界桩或其他有形的东西加以表明的意思。”[9]在本书中，这两个词将始终按照这两种不同的含义加以使用。

情况的出现，是由于《阿姆利则（Amritsar）条约》把古拉伯·辛格置于英国的宗主权控制之下，而辛格本人又是一个雄心不小的帝国缔造者，他在几年前就已经征服了拉达克（Ladakh）小王国。

位于印度河上游河谷海拔 1.2 万多英尺的拉达克，直至 10 世纪还是西藏的一部分。10 世纪时，它从西藏分裂出来，成为一个独立王国。到 14 世纪，伊斯兰教征服的浪潮冲到了拉达克，随即退去，到 16 世纪又回来，这个王国当时便成为莫卧儿（Moghul）帝国的藩属。[12]随着莫卧儿帝国的衰微，拉达克人再次主张独立。不过，由于他们信奉佛教，又处在拉萨的文化和政治的影响范围内，因此，在没有强大的征服者足以使它摆脱西藏的情况下，拉达克趋向于重新归附西藏。所以，在 19 世纪，

> 认为拉达克是西藏的一部分大体是最妥当的，其地位与西藏高原河谷地带中的其他小邦十分相似。它们都对拉萨政府有某种从属关系。拉萨政府的权力来自达赖喇嘛的超凡地位，而由喇嘛寺院组织管辖下的、政教合一的体制加以贯彻。西藏当时毫无疑问是在中国控制之下。[13]

但是，1834 年，古拉伯·辛格指挥多格拉族人侵入拉达克，使拉达克归顺自己，从而也成为旁遮普的锡克统治者的藩属。不仅如此，他们还企图征服西藏，使西藏从效忠于北京变为效忠于拉合尔（Lahore）。[14] 1841 年春，多格拉人向前挺进，击溃了派来阻截他们的西藏军队。到夏末，他们占据了一直到包括兰戛错湖（Rakas Tal）和玛法木错湖（Manasarowar）等圣湖在内的所有地区，使锡克王国同时也控制了一些羊毛产地。很赚钱的开司米羊毛披肩贸易所需的羊毛大部分产自这一地区。印度历史学家们一直把这一战役作为赫赫武功来颂扬，并且得意扬扬地指出，这次战役是在印度斯坦的天然高山屏障之外进行的。[15]然而，这位多格拉族的将军轻率地决定在西藏过冬，以致被困于“高达 1.2 万英尺的冰天雪地之中”，[16]终

于全军覆没。接着，西藏人又前往解放拉达克。但在刚要到达列城（Leh）的时候，被古拉伯·辛格的增援部队所挫败。由于双方互有胜负，两军首领在 1842 年 10 月签订了一项实质上的互不侵犯条约。它规定双方尊重对方的领土，但并没有规定双方之间的边界，而只是提到“古老的、久已存在的疆界”。[17]这种不精确的提法对西藏人和多格拉人都是可以接受的。这似乎反映了以下的事实：虽然他们的领域是邻近的，然而并不是明显地接连着的；任何一方要派遣远征军进攻另一方，首先要越过山峦重叠的无人地带。双方对自己的边境在哪里都有一个大致概念，但是，由于双方的边境是隔开的，就没有必要加以明确规定。而且，由于双方的地理概念都是很粗浅的，大概也就难以明确规定。①

英国对古拉伯·辛格这次未成功的侵犯感到忧虑，怕中国会“把锡克人（古拉伯·辛格是替他们效劳的）入侵中国领土归咎于英国政府的挑动”，[19]从而作出不利于英国的反应。1846 年，当英国人承认古拉伯·辛格为查谟与克什米尔的大君时，他们就怀有上述忧虑，并且担心“进行掠夺和复仇的欲望”[20]会诱使他再次进攻西藏，而这次更有可能把英国卷进去。因此,《阿姆利则条约》不准古拉伯·辛格未经英国同意擅自扩大领土。为了防止他暗中进行扩张，该条约还规定了要标定西藏和拉达克之间的边界，英国人希望从此消除“东方一切纠纷最通常的起因，即未定的边界”。[21]

于是，英国同时写信给拉萨和中国中央政府的两广总督，将英国对于标定边界的建议，通知了中国政府，邀请中国方面参加。当时在北京没有英国使团，同中国政府联系都很困难，更不用说得到答复了。在这一问题上，英国得到近似于答复的，只是两广总督的一句托词，他说：“这些领

① 六年后，一位英国官员奉总督的指示研究 1842 年协议，他竭力否定该协议有任何法律效力。他指出，西藏方面的签字者是“奉命消灭入侵西藏的多格拉人，而不是同他们订立条约”，而且这项“在军事失利的压力下（从西藏人那里）勒索来”的协议，双方政府都没有批准。甚至在这位官员提出上述报告之前，哈定（Hardinge）勋爵就已经单方面取消了 1842 年协议中据他看来是有损英国利益的那些章节，而这一行动，就等于是废除了整个协议。[18]

土（即西藏与拉达克）的边界业已充分清楚地确定，故恪守此项古时安排，最为适当，毋庸再行勘定。”〔22〕后来，这位中国官员表示，尽管如此，中国政府将派出代表团，参加标定边界的工作。然而，当英国的边界事务官员到达边境时，不仅看不到中国官员在那里等候他们，而且还遇到西藏人的敌视行动。〔23〕

标界只能在划界（即有关政府商定边界的走向）之后进行，而且必然要双方联合进行。既然中国和西藏都不同英国合作，那就不可能在1846年标定西藏和拉达克之间的边界。但是，英国的第一个目的是划出一条线来约束古拉伯·辛格，不许他越过这条线进行扩张，而这是英国单方面就可以做到的。因此，英国官员奉命勘察边界，并且在地图上画出界线来。他们得到的指示是：“要记住我们所要的不是多一块或者少一块贫瘠的甚至是富饶的领土，而是一条清楚的、明确规定的界线。”〔24〕换言之，他们不但要考虑到人数稀少的当地居民是怎么想和怎么做的，而且要用自己的判断来决定一条实际的界线应当在哪里。

这些英国官员，经过1846年和1847年两年的工作，划了一条从班公湖（Pangong Lake）稍为偏北的地方到司丕提河（Spiti River）的界线，并到此为止。对于从班公湖到喀喇昆仑山口（Karakoram Pass）继续往北的一段，有一个英国官员说，它“应被看作未知的地区，因此，朝东北方向的西藏边界无法准确地加以确定”。〔25〕他认为，既然那个地区渺无人烟，因此边界走向就关系不大。这个结论被证明是错误的。100多年后，正是那个地区，成了中印边界争端的核心问题。

印度测量局一个名叫约翰逊（W. H. Johnson）的官员后来提出一条边界线填补班公湖到喀喇昆仑山口之间未划的一段。他在1865年到了和田，经由阿克赛钦（Aksai Chin，意即“白石滩”）返回。这片海拔1.7万英尺的荒凉高原，夹在喀喇昆仑和昆仑两大雄伟的山脉之间，寸草不生，无人居住，在20世纪中叶竟成为印度共和国和中华人民共和国角逐之地。虽然这个地区一片荒凉，人迹罕见，寒风刺骨，根本没有饲料和躲避风雨之处，然而，对人们来说，也还有它的重要意义。一条古时的商路穿过此地，在短促的夏季，中午前后几个钟头，溪流里的冰融化可供牲畜饮水时，载着生丝、玉石、黄麻、食盐、羊毛的牦牛队，就从现在的新疆经过这里前往西藏。

约翰逊根据他那次往返和田的冒险旅行，在一张地图上把阿克赛钦以及一大块喀喇昆仑山以北的地区都画入克什米尔境内。有人认为，约翰逊对边界线的画法，反映了克什米尔统治者扩张主义的强烈欲望。〔26〕由于约翰逊画了那条线后，很快就被委派为克什米尔驻拉达克的专员，因而这种推论也就得到了某种间接的证明。当时，别的英国人对约翰逊替克什米尔提出的领土要求都表示怀疑。其中有一个写道："克什米尔大君同我一样对（喀喇昆仑山口以北的）赛图拉（Shahidulla）并不拥有任何权利。""他（在那里）从未拥有任何权利，尤其令人惊异的是，我们最新地图却把他现已放弃的要求重新画进去，把一块他并不拥有一寸土地而居民又全是另一国家的人民的地区画入了他的境内。"〔27〕另一个到过这些地区的旅行家说，一条沿着喀喇昆仑山脉东麓，自喀喇昆仑山口到羌臣摩河（Changchenmo River）的线，"从地理上和政治上的角度来看，可以明确规定为克什米尔大君北部领域的界线"。〔28〕尽管如此，在1868年出版的地图集中，约翰逊线却成为克什米尔的边界，随后这条线又出现在根据这一画法绘制的许多其他地图上。在19世纪60年代，英国对这一地段的边境政策，如当时的总督所规定的，是以对克什米尔的统治者（当时是古拉伯·辛格的儿子）"外松内紧"〔29〕为特征的。这也许是约翰逊边界画法得以流行的原因。

当时，英国方面梦想大大发展印度同中亚细亚之间的贸易。这对英国这一时期的边境政策产生了影响，而中国最西部的地区发生的一次叛乱又助长了这种幻想。1866年，以勇猛的阿古柏（Yaqub Beg）为首领的独立国喀什噶尔（Kashgaria）出现了。与他所赶走的中国人不同，他非常向往同英国人建立良好的关系，于是，伦敦和印度对开辟一个销售印度茶叶和英国产品的新的、几乎是无限广大的市场，满怀着希望。（与此同时，俄国已经占据塔什干［Tashkent］并且正在考虑占领浩罕［Kokand］，也认为阿古柏的领域大有贸易前景，并且深信喀喇昆仑和昆仑山脉的障碍将会阻止英国人的进入。后来的事实证明他们是对的。[30]）在以后的15年中，英国时而希望同喀什噶尔发展贸易和对之施加影响，时而担心俄国人会在那里抢先一步。19世纪70年代初期，英国满以为可以开辟一条通往羌臣摩河谷的商路了，他们深信阿古柏的王国将是在中亚细亚保持均势的一个永久性因素。但是，这个信念由于中国人的胜利重返而归于破灭。1877年，中国人打回喀什噶尔，收回了英国认为北京已经永远失去的那个地区，并把它改称为新疆，意即新抚之疆。

这一时期，英国一面要进行贸易，一面要同俄国人在喀什噶尔的势力进行竞争，这就主导了英国的边境政策。实际的边界位置问题英国几乎完全无暇顾及。然而英国人认为，这样一条边界的天然走向到以后要划定时，一定会从羌臣摩河谷沿着喀喇昆仑山脉到喀喇昆仑山口。1873年，伦敦的印度事务部为外交部准备了一份标明上述走向的地图。[31]但是，俄国的势力挨得很近，而且不断向前推进，喀喇昆仑山脉可能很快“成为古老的英吉利和神圣的俄罗斯两国历史上第一条共同边界”；[32]这种令人不安的前景助长了边境问题战略家中一直存在着的前进派。就在同一年，即1873年，有一个前进派战略家极力主张把克什米尔的边界从喀喇昆仑山推进到昆仑山——阿古柏是把昆仑山看作他的领土南部边界的——从而囊括阿克赛钦的无人地带。[33]但这次温和派占了上风，他们指出：地形上困难极大，要建立一条无法守住的边界是草率从事，而且俄国对印度的威胁并不是现实的。

英国的政策仍然要使在中亚细亚的英国地区和俄国地区避免发生接

触。俄国实际上也抱有同样目的。当英国的军人提醒他们的文官上司注意俄国侵入印度的危险时，沙皇军队里的军人们也担心英国越过高达近2万英尺的帕米尔高原，对他们发动进攻！〔34〕两国政府也许都可以从十年前伦敦发给驻印度总督的一份指示里得到教益。该指示说："军人的话你听得太多了……你决不应信赖专家。如果你信赖医生，就什么东西都不卫生；如果你信赖神学家，就什么都有罪；如果你信赖军人，就什么也不安全。"〔35〕

英国和俄国对于在他们的领域之间保持一个缓冲地带有共同的兴趣。1895年关于帕米尔的解决办法显示了这一点。他们划出一个狭长的突出地带（瓦罕走廊，Wakhan strip），同意把它作为阿富汗的一部分。当时打算使这个狭长地带同中国西部边界接壤（中国拒绝参加解决帕米尔问题的讨论）；英国的政策是诱使中国向外扩展，从而完成这个地区的缓冲状态，不留下俄国或者英国自己可以进入的真空地带。1889年，当时的印度总督兰斯唐（Landsdowne）勋爵写道：

> 我认为，喀喇昆仑山脉和昆仑山脉之间的地区是没有价值的，那里很难通行，俄国人未必垂涎这个地区。我们不妨鼓励中国人取得这个地区，如果他们有意于此的话。这样比在我们同中国的边疆之间留下一个无人地带更好些。况且，我们在这个地方使中国强大些，就越能诱使它在整个喀什—叶尔羌（Kashgar-Yarkand）地区维持下去，它对我们就越有用，越可以起到阻碍俄国沿着这一线向前推进的作用。〔36〕

中国重新统治新疆之后几年中，仿照阿古柏的做法，把昆仑山作为其领土的南部界限。〔37〕他们不仅忙于重新控制和巩固刚收复的省份，而且忙于抵挡向东突进的俄国人，并伺机把俄国人推回去。19世纪60年代签订的一些条约，使中国在中亚细亚丧失了一大块土地而给了俄国；俄国还利用阿古柏叛乱，夺去了更多地方。他们辩解说，他们之所以向前推进仅仅是为了平定他们边境上危险的骚乱。他们向中国保证：一旦中国在中亚细亚恢复自己的权力，俄国将归还所占地区。但事到临头，俄国人又想翻悔。这一时期俄国对中国领土的最大并吞，却是发生在远东。19 世纪中叶，与别的欧洲强国一样，俄国利用中国衰弱的机会，再次向南突进，占据了黑龙江以北及其支流乌苏里江以东的全部地区，建立了海参崴港，把中国同日本海隔开。在 1858 年的《瑷珲条约》和 1860 年的《北京条约》中，中国被迫承认丧失上述大片土地。从这次经验中，中国得到的沉痛教训一定是很明显的：千万不要在国家处于软弱地位的时候谈判解决边界问题。这就足以说明中国一直到 20 世纪 50 年代中期对边界问题所采取的态度。（见本书第三章）

19 世纪 80 年代初，中国开始把注意力转向英国人和俄国人都在觊觎的南部边疆。1890 年，荣赫鹏（Francis Younghusband）上校（14 年之后，他带兵远征拉萨）被派遣到帕米尔地区，目的是查明中国的领土主张理论上的界限，并鼓励中国人把势力扩展到那里。[38]中国人告诉荣赫鹏，中国的边界是沿着喀喇昆仑山脉以及印度河与塔里木（Tarim）盆地之间的分水岭。[39]1892 年，中国人为了具体表明其领土主张，在喀喇昆仑山口树立了一个界石，界石上的铭文宣告中国领土自此开始。英国人对这个行动是欢迎的，"他们表示赞成中国把喀喇昆仑山后面的无人地区占领起来"。[40]①

喀喇昆仑山口于是成为中印边界上确定的、双方都接受的一个点，但是，在该山口的两边，边界线的走向仍然是不明确的。（关于自该山口往西至阿富汗那一段，本书除简单叙述 1963 年的中巴协议［见本书第二章相关论述］时曾提到外，没有涉及。）中国为了进一步表明边界是沿着喀喇昆仑山的，在 1891 年到 1892 年间，派出一位名叫李源钠的官员踏勘整

① 不过，他们指出，既然并没有联合进行标界工作，从国际法角度来说，中国的界石不能被认为是有价值的，并且指出，边界协议需要有两方面参加才能达成。

个南部边疆地带。他溯喀拉喀什河（Karakash River）而上，到达哈吉栏干（Haji Langar）①，接着向南，越过阿克赛钦，经过似乎是林济塘洼地（Lingzi Tang），到达羌臣摩河。[41] 李源钠是一位吃苦耐劳、意志坚强的旅行家，但他不是一个勘察家，他对这次旅行的记载[42]是模模糊糊的。然而当时担任英国驻喀什噶尔的代表，英国人马继业（George MaCartney）对李源钠的旅行曾有所闻，也不怀疑他的报告的真实性。[43]

到 19 世纪 90 年代中期，中国当局对自喀喇昆仑山口至羌臣摩河的那段边界已有某些了解。他们主张阿克赛钦是他们的领土。他们在 1896 年向马继业表达了这种主张。马继业给在喀什噶尔的中国长官送了一本地图，地图上标的边界和约翰逊所画的一样，把阿克赛钦划入英国领土。中国人反对这种边界画法（看来，当时中国人曾经把新的地图拿给俄国驻喀什噶尔的官员看，后者指出了英国这种画法对中国不利）。[44] 中国告诉马继业说，阿克赛钦是属于中国的。[46] 马继业向他的驻印度的上级报告这件事时，曾表示这样的意见："大概（阿克赛钦）一部分是在中国境内，一部分是在英国境内。"[47] 同年，英国的情报部门所提出的一份报告中，提到了马继业的看法，并表示赞同。[48]

然而，与此同时，一位有影响的前进派战略家在伦敦极力主张：为了防止俄国向印度推进，英国不仅应当把整个阿克赛钦包括在英国边界以内，而且应当根据约翰逊在 1865 年所画的边界走向，把克什米尔绝大部分领土也划入英国边界以内。他是印度问题老手陆军少将约翰·阿尔达（John Ardagh）爵士，时任英国参谋总部的军事情报处处长。他于 1897 年 1 月 1 日，向英国外交部和印度事务部呈交了一个文件，提出了这个建议，阐述了前进派的见解和他们所担心的问题。他的建议当时未被采纳，但是，它在关于边疆政策的长期不断的辩论中一直产生着影响。

---

① 这是 W. H. 约翰逊去阿克赛钦途中建造的一个石头房子，由他用当时和田的统治者哈吉·哈比布拉·汗（Haji Habibullah Khan）[45] 的名字命名。中国在 20 世纪 50 年代修建的公路经过这里。

阿尔达提出上述建议的前提是：中国过于软弱，“无法充当俄国和印度的北部边疆之间的缓冲”。他指出“（俄国）积极向印度推进其边界”，他预料俄国终将并吞至少是新疆的东部地区，然后就会“极力将其边界向南推进”。他注意到英国政府已经习惯于把喀喇昆仑山当作印度在东北方面的天然边界，他也承认“一般看来，喀喇昆仑山形成一条可接受的防御性边界，它易于确定，难以通过，而且妥善地隔开了双方的居民”。可是，他接着说：

> 喀喇昆仑山的自然条件，它的广度、高度、交通极难以及人口稀少等因素，使得我们对它的实际分水岭进行警戒成为不可能。我们如果要充分地维护边疆安全，并收集敌人行动的情报，就必须在其北面斜坡下，沿着那些与山脉平行的河谷（在山的北面，那些由于自然条件所形成的河谷距离山峰较近）自由巡逻。

他的结论是：英国的政策应当旨在“严密防止敌人占领这些与山脉平行的河谷，并进而准备对山口进行突然攻击”。为此，英国应当建立一条可以使英国拥有各山口北边的邻近地带的边界。

阿尔达随后在备忘录里具体画了这样一条边界，它不是沿着喀喇昆仑山的分水岭，而是沿着喀喇昆仑山以北的一系列山脉（包括昆仑山脉）的山峰。按照阿尔达建议的沿着昆仑山脉的边界，阿克赛钦以及叶尔羌（Yarkand）和喀拉喀什河系的上游地区就都划入了印度境内。[49]

伦敦方面对这位军事情报处处长所提出的战略性方案，自然是十分重视，但是印度的官员们却认为，阿尔达的建议只不过是一位坐在办公室里的将军不切实际的推论。总督埃尔金（Elgin）勋爵警告伦敦方面：既然中国主张阿克赛钦是属于它的，那么，如果试图推行阿尔达所提出的边界，就必然会冒着使英国同中国的关系紧张起来的危险。阿尔达希望阻止俄国人向前推进，而上述尝试恰恰会使俄国人加速向前推进。埃尔金说，阿尔达认为一条山脉的山峰从军事角度来看未必就是一条好的边界，这种看法也许是对的；但就喀喇昆仑山边界而言，“我们看不出把边界推到这道大山的另一边在战略上有什么好处，因为越过大山入侵印度的事情是不至于发生的”。他再三说明，他自己的战略思想与阿尔达不同，乃是根据亲自到过这一地区的军官们的报告和意见形成的：

> 他们一致认为，目前以这座大山为界的边疆大概是世界上最难进入的地区。在山的另一边的地区是人烟稀少、崎岖不毛之地。如果我们向前推进，就会使我们自己同我们的前沿哨所之间，出现一条交通最困难的地带。这样做，就会不适当地延伸和削弱我们的军事阵地，而在我们看来，又得不到任何相应的好处。从来没有侵略者从这个方向侵入印度，因为自然界在那里设置了极其艰险的障碍。〔50〕

埃尔金总督就这样拒绝了阿尔达这种旨在解决俄国向前推进所引起问题的前进派方案。然而他和他的顾问们同在伦敦的人一样，也都是很关心这一问题的。1895 年，即在他拒绝阿尔达的上述建议前两年，他自己就提出过对俄国向前推进要给予“一个明确的界限”的建议，他要英国直接同北京接触以解决中国和克什米尔之间的边界问题。〔51〕不过，在同中国人接触之前，英国必须首先决定他们自己要把边界定在哪里。英国在 1898 年对此作出决定。埃尔金采纳马继业的方案，即按照一条沿着拉宗（Lak Tsang，或称洛宗 Loqzung）山脉的边界线将阿克赛钦分别划归英国和中国，拉宗山大体是东西走向，这座山把北面的阿克赛钦腹地同南面的林济塘洼地分割开来。伦敦批准了这样一条边界线。1899 年 3 月 14 日，英国驻北京公使窦讷乐（Claude MacDonald）爵士向中国方面提出了这条线。

关于印度西北部同中国的边界应当划在哪里，伦敦和印度在不同时期有各种不同的想法，然而向中国政府提出过的，只有这一条线，所以它具有特殊意义。这条 1899 年线（或称马继业—窦讷乐线）是折中的产物。

它一方面反映了英国热衷于越过喀喇昆仑山脉建立边界的战略考虑，另一方面也承认，一个实际可行的建议应当顾及中国利益（因为要由双方同意才能确定边界）。根据这条线，整个喀拉喀什河谷，一条商道、一个自古以来的玉石产地以及几乎阿克赛钦腹地的全部地区将划给中国。同时，由于这条线是沿着拉宗山脉，因而划归印度的有林济塘洼地、整个羌臣摩河谷，以及更北面一些的奇普恰普（Chip Chap）河。① 这个建议是在一份给中国的照会中提出的，照会措辞听起来显得很慷慨；同时，考虑到中国早已表明无意于标定边界的态度，照会表示无须标定边界，因为边界将沿着不可逾越的大山的山峰，只要双方口头同意也就够了。但是，尽管英国方面非正式地获悉在新疆的中国地方当局表示不反对这条英国所建议的边界线，[53] 可是中国政府却从未对这个1899年的建议给予答复。继埃尔金担任总督的寇松勋爵极力主张：既然中国没有拒绝1899年建议，就应当告诉中国，英国今后打算把这条线当作边界。但是，寇松的这一建议没有下文。这时英国的边境政策，又根据俄国的压力大小和中国的软弱程度这两个因素的变化情况而摇摆不定。

在20世纪的最初十年里，英国的政策是与1899年的建议一致的，而其目标是使阿克赛钦成为西藏而不是新疆的一部分。② 其原因是：在1907年，英国曾与圣彼得堡谈判一项关于俄英双方都保证不进入西藏的协议；因此，假若阿克赛钦属于西藏，俄国人也就不得进入该地。英国在阿克赛钦压倒一切的利益是不让俄国进入，为达到这一目的，看来最简单的办

① 这个建议中涉及喀喇昆仑山口以东的那一段的要点是："从喀喇昆仑山口起（边界将沿着）山脉的山峰向东行约半度（即100华里［33英里］），然后向南到略低于北纬35度处。在我们地图上所画的喀拉喀什河河源处拐弯，再沿着山向东北行，一直到克孜勒吉勒尕（Kizil Jilga）以东的一点，然后再沿着拉宗山脉向东南，一直到该山脉与昆仑山的一条南北走向的支脉相会合为止；这条支脉在我们的地图上一直是作为拉达克的东部边界标出来的。两山会合处是在东经80度略为偏东处。"[52]

② 但前进派仍然十分活跃。在1904年，有人说当时的印度外事秘书路易斯·戴恩（Louis Dane）爵士"狂热地想把印度边界扩展到昆仑山从而并吞西藏的西部"。[54]

法就是确认这一地区属于中国西藏。

但是，1911 年年末中国爆发革命后，中国在中亚细亚的势力似已瓦解。这一情况使英国在印度边境政策的策略发生激烈变化。目标仍然没有变——尽可能地使俄国人远离印度平原。不过，中国作为中亚细亚的一个重要大国既不复存在，那就意味着英国实现这一目标的方法也应当改变。英国人早就预料俄国会并吞新疆，现在看来已迫在眉睫，难以避免。为了抢先一步，当时的总督哈定勋爵就抓住了阿尔达的前进方案。他竭力向伦敦建议：为了预防俄国并吞新疆，英国应当要求中国承认一条把阿克赛钦不但划在俄国之外，而且要划在英国领土之内的边界。[55]然而，伦敦政府并没有接受这个建议，而且始终没有向中国表示过英国拟重新考虑 1899 年建议的边界线。英国政府事实上坚持 1899 年的建议，两年后，即 1914 年的《西姆拉条约》（Simla Convention）附图证明了这一点；附图把阿克赛钦画为西藏的一部分。（见后边“麦克马洪线”章节的相关注释）

在本引言所谈到的那段时间里，英国是把从阿富汗到尼泊尔的这段边界作为一个整体来考虑的。但是，1947 年对印度次大陆的分治（第一次印巴在克什米尔的战争又肯定了这种分治），却把这段边界在喀喇昆仑山口处分割为二。山口以西，边界由巴基斯坦负责；山口以东，由印度负责。① 笔者一直还没有谈到后来归属巴基斯坦的那段边界，但是，为了追溯英国在西段边界政策的最后演变，有必要在这里谈一下。

看来，1927 年，印度政府又一次研究了同中国之间的西北边界，并决定了从阿富汗到喀喇昆仑山口（35 年前中国已在该山口树立了一个界石）的边界应当是沿着喀喇昆仑山主脉的山峰，而不是约翰逊—阿尔达远在其北面所画的那条线。[56]当时对山口以东那一段边界——后来成为中印纠纷的症结所在——是怎样决定的，不得而知。但是不管怎样，1927

① 然而，印度声称它对西段，即巴基斯坦占有的那一段，也负有法律上的责任。

年的这种决定没有在英国的地图上表现出来。1947 年印度独立时，以及随后几年里，大多数印度官方地图仍旧是按照约翰逊和阿尔达的极端前进派方案来画界的。

从历史记载来看，1899 年以后，英国没有再提出要中国同意在印度西北边境划定边界。因此，从阿富汗到尼泊尔这段边界始终未经划定。在 20 世纪中叶，这成为英国在次大陆的权力的两个继承者——印度和巴基斯坦——的一个问题，也成为中华人民共和国的一个问题。

长期以来，有关人士在伦敦和印度不断讨论克什米尔和中国之间的边界问题，他们对于边界应当在哪里才对英国有利的想法也是多种多样的，但是，他们却从来没有采取过诸如调动部队或派遣管辖人员之类的相应行动。边境地区仍然像过去一样，一片荒凉，渺无人烟，难以进入。只有少数探险旅行家和特工人员从英国地区这一边进去过；此外，还有一些猎人进入羌臣摩河谷捕猎牦牛和羚羊。这两种动物原先很多，但是，早在英国离开次大陆之前，在河谷中就几乎已绝迹。到 20 世纪 40 年代，上述旅行者，至少在羌臣摩河下游到空喀山口（Kongka Pass）一带或到该山口以东约 30 英里的拉那克（Lanak）山口一带，享有一种因多次前往该地活动而产生的时效权[①]（当然，这种权利是有争议的）。但是，英国却从未企图对阿克赛钦行使权力，或在那里设立哨所，更没有到另一边的昆仑山脉的那条线上设立哨所和行使权力，因为那样一来，就将切断喀拉喀什河的河源和从新疆通过阿克赛钦到西藏的商道。那样一条会造成大规模扩张的边界线，仍然只是战略家们理论上的方案。

然而，一直到英国对印度的统治行将告终之时，英国还是觉得受到一种威胁，这促使英国希望有一条把阿克赛钦划入印度境内的边界。1941 到 1942 年间，在军阀盛世才统治下的新疆政府靠向苏联，并在苏联专家的帮

① 时效权（prescriptive rights），根据《奥本海国际法》的解释是："只要占有延续相当长的时期，且持续并安稳地占有，就可以在一定条件之下产生占有者的所有权。"——译注

助下，对阿克赛钦进行了一次勘察。[57]英国情报机关肯定获悉此事；苏联人在阿克赛钦的出现，足以促使新德里当局转而支持前进派所主张的边界线。

* * * * * *

英国和中国这两个帝国，在印度次大陆的大弧形山墙相撞，而在山墙的中部，有一串小国成为这两个帝国之间的缓冲和彼此进行争夺的天然舞台。当英国人到达这一地区时，这些国家，即尼泊尔、锡金和不丹，都是在不同程度上依附或效忠于中国的。18世纪时，印度族的山地居民廓尔喀人（Gurkhas）侵入原已存在的一些藏族小邦，并把这些小邦统一于其管辖之下，从而建立了尼泊尔这个国家。接着，他们又侵入西藏本部。1792年，中国指挥的军队进行反攻，深入到加德满都附近，打败了尼泊尔，并强迫它签订条约，使它沦为中国的藩属。拉萨把锡金视为西藏的附庸，[58]对不丹也不时行使宗主权。[59]英国自然把西藏——间接地也是中国——对喜马拉雅山这一边的这些小国的控制，看成是对英国地位的挑战和潜在威胁。19世纪里英国政策的成就，就在于使这些喜马拉雅山的小国改变态度，转而效忠于英国。尼泊尔算是在实质上改变了，不丹和锡金连形式上也改变了。

英国在廓尔喀战争（1814—1816）[60]中打败尼泊尔后，曾打算并吞尼泊尔，但又认为这样做很可能引起中国的反应。因此，英国就满足于让尼泊尔在形式上依旧处于中国的宗主权之下，而实际上却接受英国对其内政外交的控制。1890年，中国同英国签订协议，承认锡金为英国的保护国，并且标定了锡金—西藏的边界。1910年，英国不顾中国抗议，同不丹签订条约，规定其对外关系由英国指导。

帝国的逻辑再次指引英国向前扩展势力。在20世纪头十年里，英国企图在西藏建立独霸的势力。当时，寇松认为俄国“建立泛亚细亚的统治权的欲望”[61]的焦点正集中在西藏；因此，为了抵御俄国，就要使西藏成为一个缓冲地带。这项政策，在阻止俄国势力进入西藏这一点上是成功了（不过，俄国是否真有这种打算还值得怀疑）。然而，寇松要把西藏置于印度某种保护之下的目标并没有实现。因此，一旦在北京建立起一个强大的中央政府，中国必然会在西藏重新行使其权力。

英国对介于阿克赛钦同尼泊尔之间那一小段短短的边境①的政策要明确得多。廓尔喀战争之后，英国吞并了那里的一个小山邦库马翁（Kumaon），并企图使其他小邦只同英国发生政治关系。可是，英国发现这些小邦实际上继续效忠两方；在那些小邦中英国只有名义上的权力，而西藏却施行事实上的统治。在英国统治印度的年代，这种状态一直没有改变；在 1947 年之后，新的印度政府加强了对这些地区的管辖，从而排斥了西藏的权力，西藏地方和中国政府相继提出了抗议。正如一位学者在 1960 年所写的：“任何一方行使独霸的权力，势必要否认另一方多年来比较经常和公开行使的权力。”[62]就这一小段边界而言，看来英国是把各主要山口视为边界的特征，以分水岭来定界；但西藏却继续在各山口的印度一边的地区内行使权力。[63]

英国将尼泊尔、锡金和不丹等变为如寇松 1907 年所说的保护国的链条，[64]此后就满足于让其边界悠然处于山麓之下。只要英国深信它在这些小邦中的势力足以把敌对的大国排除在外，那么，保持一条位于平原的边界也就够了：让那些顺从的土邦去防守进入印度的通道，同英国人自己防守相比，会是同样安全，而且要省钱得多。

① 在中印争端的用词里，这段叫“中段”。

二、“麦克马洪线”

在不丹东面，英属印度的边界20世纪初期也在山麓下面，但在边界的东段，情况大大不同。在北面，不是一个挨着一个的屈从英国压力和外交摆布的小邦，而是稀稀落落的部落，人口稀少，散居在山峦起伏、丛林密布、60英里宽的地带。这是另一种无人地带，只有在其北面不出现别的强国的情况下，这个地带才可以作为边境。否则，对于负责印度防务的人来说，它会经常是忧虑或是诱惑的根源。

1826年，英国把阿萨姆并入英印帝国版图。阿萨姆最初主要是由布拉马普特拉河（Brahmaputra）河谷组成；河谷北面和南面的一些山地，长期以来都处在英国行政管辖范围之外。那里的地势令人望而生畏，而且部落里的人就是在不采取敌对态度时，也是凛然难犯的。然而在19世纪后半叶，开发的潮流开始冲入布拉马普特拉河河谷北边的山麓丘陵地带。在茶树园主眼里，平原上面的斜坡可以开辟出新的、广阔的茶园，而木材公司也没有把稠密的森林看作一个障碍，而是把它看作等待开发的丰富资源。英政府方面懂得，毫无控制地向山麓丘陵地带进行商业渗透，很快就会引起同那里部落的麻烦。1872年，英国人在不到山麓的地方画了一条线，任何人没有通行证或许可证都不准越过。这条“内线”在山下造成一个保护区，等于是一条隔离线，控制着商业活动和其他可以引起麻烦的活动的扩张。内线订得很具体，某些地段还设有标界，这不仅是为了防止人们擅入山区，它还起着行政区域界线的作用（内线以外不收税）。[65]然而，这并没有被认为是国际边界，国际边界是外线。外线沿不丹南部边界延伸，顺着山麓蜿蜒。这些山都自平原突然隆起，陡峭上升直抵西藏高原。

19世纪间英国官员偶有进入山区的，但都未深入。[66]唯一深入的探索是在洛希特（Lohit）河谷上端。洛希特河谷一开始就被许多英国人看作将来通往中国的商路。1886 年一个英国官员溯洛希特河而上，到了西藏的察隅（Rima）。他回来时，建议沿着他走过的路线修筑一条路通往西藏边境，作为推销英国商品的途径。[67]但印度政府对之并不热心。根据长期的经验，它知道在这种情况下，国旗总是跟着贸易走的，而且通过这样荒僻的地带，同可能采取敌对态度的居民做买卖，几乎不可避免地要产生护送和讨伐的问题。一旦进入山区的任何一个地方，就等于走上一条没有终点的道路。19 世纪 80 年代一个英国人写道：如果把高山下面的部落地区兼并过来，“只会使我们接触到更为粗野、更为陌生的部落。我们也不会在那里停下，我们会接着踏上亚洲的高原，甚至到了那里也无法停下来”。[68]

然而，部落地区并不是从四面八方挡住了在东北部的英国领土，而是有一个明显的缺口。紧靠不丹东部，一块楔形的西藏领土一直插到平原，一位英国官员在 1844 年写道：在这里，“英中两大国的政府……有共同的边界；把中国西北的省份以及西藏和鞑靼东部的农产品输入英国的领地，这是最近的通道”。[69]这块楔形土地叫达旺地区（Tawang Tract），因北面的达旺寺得名，并由达旺寺管辖。居住在这里的部落受西藏文化影响很深，大都信奉佛教。有一条重要商道经过这个地方，英国人就在接近其南端的乌达古里（Udalguri）设立一年一度的集市以鼓励贸易往来。整个达旺地区纵深 60 英里，是属于西藏的。对此英国人从来没有怀疑过，也没有提出过异议。英国人有时候还确实觉得这个地方受西藏行政管辖倒是个方便。例如，1872 年至 1873 年间英国同不丹标定边界线时，由于西藏官员指令达旺地区的部落头人同英国人合作，英国就能把印度—不丹边界线沿着山麓延伸出去，作为一段他们认为是印藏之间的已标定边界。[70]

当时，英国认为俄国正咄咄逼人地向印度推进，因此，英国把注意力集中在这个问题上。这种情况在 20 世纪头几年支配着英国对西藏的政策。寇松认为，西藏像西北边境一样，已成为“大争夺”①之地；1904年荣赫鹏奉命去拉萨时，寇松要他提出英国对西藏的要求，结果签订了《拉萨条约》（Lhasa Convention），规定西藏不得让英国以外的任何外国代表或代理人入境，因而保证了西藏将继续处于英国人所说的“孤立的状态”；“直到最近，西藏从来没有表示要摆脱这种状态。因此，它虽然紧靠着我们的边境，我们也能泰然处之”。[71] 1907年英俄两国签订的协定中，双方共同承担义务不插手西藏，除由中国政府介绍外，皆不得直接与西藏实行交涉，“尊重西藏的领土完整，不干涉西藏内政”。[72] 这样，西藏同阿富汗一样，也变为俄英双方都能接受的一个缓冲地带。

在所有这些外交折冲中，在英国看来，中国一直是被动的，几乎是中立的因素。中国对西藏享有宗主权这一层，并没有引起英国的不安。北京的官员去拉萨取道加尔各答和大吉岭（Darjeeling）比直接经由内陆更为安全和迅速，②这个事实本身象征着中英两国在西藏的力量对比，并使英国感到宽慰。但在20世纪的头十年，即在清朝末年，中国在西藏的政策急剧转变，于是英国对中国的态度，特别是英属印度政府对中国的态度，也跟着变了。中国对其中亚细亚边境地区采取了独特的前进政策，企图把这些地区从控制松弛的保护国变为帝国的行省。中国那时企图把它的军事力量一直扩展到西藏中部，以较为近代化的机构代替那里古老的政教合一的行政机构，削弱达赖喇嘛的地位和寺院喇嘛的权力，并且企图沿着印藏边界抵挡英国势力，最后把它顶回去。到1910年年初，中国在所有这些方面都获得初步成效。中国人在西藏行使着有效的权力。这样一来，英国要在西藏排斥俄国的政策，即便不是毫无道理，至少也是不合时宜的了。印度失去了它的缓冲。伦敦的《晨报》（*Morning Post*）敲起警钟：

---

①“大争夺”（The Great Game）是英国作家吉卜林（R. Kipling）的小说《吉姆》（*Kim*）中的用语。书中的主人翁吉姆为英国谍报人员，专事破坏帝俄入侵印度的阴谋。——译注

② 1910年，中国政府提出要派遣一支小部队经由印度前往西藏，英国予以拒绝。

> 一个大帝国——它的军事力量将发展到多么大，谁也不能预料——已突然出现在印度东北边境。从长远看，西北边境问题也大有可能再度出现，这对印度帝国的防卫力量造成双重压力……一句话，中国已经来到印度大门口，这个事实不容忽视。[73]①

当然，印度当局并不需要这种警告。他们对于边界彼方的事态发展一直是敏感的，他们怀着不断增长的忧虑注视着中国迅速恢复其在西藏的权力。1910 年 5 月，中国人占领察隅，要求居民纳税，并下令修筑一条路经过部落地带通向阿萨姆。[74]印度当局对此惊惶地作出反应。中国人开进部落地带，就会造成对阿萨姆的直接战略威胁。同时，这一带并不是西北边境上的那种荒原，而是富饶的英国茶园、煤田和其他英国经济利益的所在地。当时，一个官员写道，如果受到中国的威胁，“你想一想种植园主会发出什么样的呼叫，茶叶价格会上涨到什么程度”。[76]

前进派迅速形成。当时在印度和伦敦都有人提出：英国应比中国抢先一步，将其在东北部的管辖范围向前推进。东孟加拉和阿萨姆（当时还是一个省）的副省督说：“我们只是现在才提出对直到山麓为止的地区应享有宗主权。”他提出一项更积极的巡逻政策，即派官员到边界以外的山区巡回，并改进通向该地区各主要村落的商道，“只要这些村落是位于我们所承认的边界之内。如果不遭到反对，还可以更深入些”。[77]当时即将退休的总督闵多（Minto）勋爵更直截了当地建议延伸外线，把所有部落地区都划进来（必须提到：当时所有这类向前推进的建议都没有涉及达旺地区，他们都承认这一地区无可争辩地属于中国西藏；既然这点不能改变，只好加以接受）。

作为一般规律，对前进政策的热情程度似乎同人们距离边界的远近成

① 过了不久，中国的报纸对英国在边境上的意图表达了同样的不安。《四川公报》在 1912 年指出英国“乘我之危，觊觎我边疆”。[75]

反比例：在边境附近的人是全力支持推进边界的，而那些距离较远、头脑冷静的人看困难比看有利因素更为清楚。① 1910 年的情况肯定是如此。在新总督哈定勋爵领导下的印度政府，拒绝前进派的意见，声言印度政府“认为目前没有必要开进现在我们还无法控制的部落地区从而承担风险和责任”。[78]哈定指出，如果中国对印度发动进攻，英国就一定会从海上进攻中国，“他因此反对为了推进行政边界而去创造一条战略边界，从而承担风险和花费金钱”。他的结论是，“推进行政边界的任何行动都必须予以坚决反对”。[79]在加尔各答（当时是首都）的政府当然比边境附近的官员或者直接负责边境事务的人眼光要远大些。加尔各答也更深切地感觉到伦敦对这种推进行政管辖的反感。经验告诉他们：这种推进总是要花费金钱，甚至流血，最后还会引起议员们提出尴尬的问题，甚至造成政治风暴。关于治理印度的法案内，有一节措辞很明确的规定：除了由于“突然的紧急需要”，印度的岁收不许作为供应“边境以外”[80]的军事行动的经费。这就禁止印度政府采取任何可能导致军事冒险的政策。

但是，虽说加尔各答的政府对政策问题有最后决定权，但执行的问题还得由下级行政机关决定。就在这些地方，前进派常常自行其是。对于上级指示的解释，对一个军官发出巡逻命令的措辞，甚至有时把出发的时间定在相反的命令还来不及下达的时间[81]——如此等等，回旋余地还是很大的。1911 年发生了这么一桩事：尽管政府拒绝批准越过外线去进行巡逻，一个名叫诺埃尔·威廉逊（Noel Williamson）的英国官员却越过外线去调查西藏势力达到哪里，在外线以北相当远的地方被部落里的人杀死了。虽然威廉逊违令到达了他被杀死的那个地方，但英国对部落不能不予以惩处，于是伦敦授权出征。但出征的目的不是单纯为了惩罚②，还命令说，要

① 这个规律也有个突出的例外，见第二章。

② 四川一家中国报纸谈到英国这一次和另外几次远征时说，“英国假装他们是在对野蛮人杀害英国人进行报复”，但该报怀疑，“这是否是挑起纠纷的一种借口”。该报的这种怀疑是颇有见地的。[83]

尽量对那个地区进行探索和测量，以便为确定“印度和中国的适当边界”提供“必不可少的知识……使它（指中国）离开我们现在管辖地区越远越好”。[82] 哈定勋爵向伦敦解释为什么要改变边境政策时说：“在过去几个月，中国扩张政策有进一步发展，不能置之不理。”他列举了中国在部落地区的动向。他接着说，这些情况已迫使政府重新采取他的前任的建议，即“应该作出努力以便尽速在中国和西藏同部落地区之间求得一条靠得住的战略边界”，并要把这件事作为“我们政策的主要目标”。[84]

前进政策那时已被采纳。哈定在阐述这种政策时，把闵多的建议接了过来，即必须把外线向北推进，把所有部落地区都包括进去——当然，不包括达旺地区。① 他认为没有必要标定外线。内线是用以标志英国行政管辖的界限的，可以不受影响。他认为，“未来的政策应该是对该地区实行一种松弛的政治控制，目标是以最小限度的干涉保护部落居民免于受到无端的侵略和防止他们侵犯我们自己的或中国的领土”。[85] 等英国所满意的新边界定下来以后，英国应该将其走向正式通知中国。

1911 年到 1912 年间，除了那次为报复威廉逊被杀的讨伐外，还进行了好几次出征，都进入部落地区。1911 年 9 月，印度陆军参谋部准备了一份给随军测量人员的备忘录，指导他们如何寻找一条战略边界。这份备忘录惘然写道：给东北部找一条像西北部阿尔达线那样的“科学边界”，使英国人控制前沿斜坡和山口，那是已经办不到的了，因为中国人已经有效地占领雅鲁藏布江河谷，并在好几条流入阿萨姆的河源处立住脚。备忘录要测量人员“突出地考虑到”军事方面的问题，建议设立一条从达旺以南几英里的不丹边境上的一点起，沿着山峰向东行的边界。[87] 这个建议是要

① 闵多的建议是：“外部边界应当大体上以叫作达旺地区的西藏领土的这一楔形部分（楔形部分一直伸到乌达古里以北的英国边界处）的东面为起点，沿东北方向到达北纬 29 度，东经 94 度处，然后沿着北纬 29 度到东经 96 度处而行，再往东南到察隅河（Zayul Chu），到尽可能在东面并尽可能靠近察隅的地方，穿过察隅河河谷，到达察隅河同伊洛瓦底江（Irrawaddy）的分水岭处。”[86]

兼并达旺地区以南的部分，但把达旺留给西藏。但是几个月后，军人们改变了主意，建议动一次更为彻底的手术去“纠正”东北的那一段边界，使之有利于英国。参谋总长（Chief of General Staff）警告说，中国将能通过达旺地区的“危险楔形地带”来施加压力或影响。他的结论是：“纠正这段边界是刻不容缓的”；他提出一条理想的界线，不仅把达旺而且把达旺地区北面属于西藏的一大块土地，包括另一个西藏行政中心错那宗（Tsona Dzong），都划归印度。[88]政府并没有全部接受这位参谋总长的前进主张，但是两年后却采纳了他要把达旺划入印度境内的建议。

从 1911 年起，印度政府就在东北边界处心积虑地向前推进，其目的不仅是把部落地区置于“松弛的政治控制”之下，而且要把大约 90 年前英国到达阿萨姆以来就一直承认是中国领土的一块突出部分据为己有。然而，如果这个意图让人知道，那就不仅会促使中国就达旺地区问题提出强烈抗议，而且会导致中国正式宣布对这一部落地带的宗主权，而在此以前中国只不过是在地图上标明其主张而已。那还会使伦敦政府遭到指责，说它是蓄意破坏印度法案的规定。根据该规定，在“边境以外”采取军事行动，必须事先得到议会批准。因此，政府不仅是对进入部落地区和更远地进入西藏的出征讳莫如深，而且，当议会里批评政府的人听到风声时，还故意把他们岔开。当一个议员指责政府没有得到议会批准而在部落地带采取军事行动时，政府方面就告诉他说，他所谈的地区不在边界以外。而当他拿出官方的英国地图证明它是在边界以外时，政府就反驳说，这些地图的“边界”画得不精确。最后又申明政府“无意于……增加印度政府的管辖地区”，[89]把他哄骗过去。既然内线并未向前推进，这种说法按字面讲也是对的；但是它当然抹杀了一个关键问题，那就是，外线是要向前推进的。

如上所述，1911 年至 1912 年间，中国在西藏的权力突然崩溃，不但使哈定勋爵在关于同西藏、新疆的西北边界问题上转到前进派的思想上来，而且也提供了可以采取步骤消除印度东北边界上未来威胁的机会。既然英国人对中国活跃在印度边境所潜存的危险性感到不安，他们就认定通过一项安排，把中国行使的有效权力从西藏排除掉，在政治上和战略上对他们是最为有利的。1907年的《英俄条约》已经使西藏成为俄英帝国之间的缓冲；现在所需要的是一个平行的安排，使西藏也成为中英之间的缓冲。为了促成这个目标的实现，英国在1913年10月在西姆拉召开会议——中国政府是迫不得已参加了会议，西藏人当然是欣然参加。印度东北边界的确定，并不是会议要讨论的问题——至少当时伦敦方面是这样想的。

英国的目的是："西藏虽然名义上仍可保留在中国宗主权下的自治邦地位，但实际上应使它处于绝对依赖印度政府的地位，而且还应该成立一个有效机构，以便把中国和俄国都排挤出去。"〔90〕但是在这个时候，大国间在中亚细亚的关系已经变得错综复杂。在阿富汗、蒙古和西藏以及它们周围地区，俄英之间对抗的利益趋于平衡，造成一种微妙的、小心翼翼的缓和局面。1907年《英俄条约》就是那个平衡的枢纽。这一条约规定英国要同西藏打交道，必须通过中国，也规定英国不得兼并西藏领土。任何直接同西藏政府打交道以取得西藏领土的企图，都是双重违反英国同俄国缔结的条约，因此，要那么干就得极其小心和秘密。

英国人把西姆拉会议说成是为了调停中国和西藏关系——当时双方正在打仗。政府在议会里解释说，英国愿意充当"诚实的掮客"。〔91〕事实上，英国代表团自始至终同西藏人密切合作，差不多是互相勾结。伦敦政府后来承认，西姆拉谈判之所以失败，"就是也仅仅是因为印度政府企图替西藏取得的好处，超过了中国政府所准备给予的让步"。〔92〕

西姆拉会议本身就是一个故事，其中，外交手腕、强权政治和间谍活动都有过五花八门、错综复杂的表演，地点是山区避暑胜地，时间是第一次世界大战前夕。[①] 英国代表团由亨利·麦克马洪率领。二十年前他是个年轻的上尉，曾随杜兰去喀布尔，随后度过两年的艰苦岁月，标定了杜兰线——其间还经历过诸如被恶狼袭击等危险场面。麦克马洪此时已是亨利爵士和印度政府的外事秘书。[②] 他这个人个性刚强，就是寇松讲到“边疆派性格”时心里一定想到的那种人。他们在“担负重任的熔炉中和独当一面的铁砧上锻炼成长”。〔93〕麦克马洪对于创造和标定边界这件事沾沾自喜，认为它不是一种科学，而是一种艺术：“可以得心应手地塑造出多少形态呀！”〔94〕

在西姆拉会议上，英国公开采取的主要行动是要使中国同意把西藏划分为两个区域，即内藏和外藏，像中俄两国不久前就蒙古问题所商定的那样。承认中国对整个西藏享有宗主权，但中国在外藏将不再享有任何行政权利——那样就可以把它从印度的边境挡回去。中国人不愿接受英国的提议，但也未立即加以拒绝。国家的软弱使中国不得不到会议桌上来。中国的软弱加上英国的——也包括麦克马洪本人的——外交高压手段又把中国拖在那里。中国驻加尔各答的代表兼谍报人员陆兴祺说得很明白：“目前，我们的国家衰弱，对外关系复杂而且困难，财政也是捉襟见肘。然而，西藏对川滇两省具有头等重要意义。我们在这次会议中必须作出最大的努力。”〔95〕中国出席西姆拉会议的代表是陈贻范。他是一个文雅、有经验的外交家，曾在伦敦使馆任职多年；但是从中国的观点来看，陆兴祺是个关键人物，他自称是中国驻加尔各答的领事兼驻拉萨的长官（英国人对他的这两个身份都不承认）。陆兴祺的情报网是极好的。他有清晰的政治头脑。他向北京提出的意见是始终一贯的：寸步不让。作为一个谍报人员，他的缺点是，所有他送回中国的情报和从西姆拉送给他的消息统统被英国人掌

① 详细情况见蓝姆《麦克马洪线》两卷本和多萝西·伍德曼《喜马拉雅边疆》。

② 本书作者对麦克马洪此时职务的表述欠妥，事实上，此时的麦克马洪是英印殖民政府的外务大臣。——译注

握了。因此，在西姆拉会议大部分时间里，英国人不仅知道对方手里有什么牌，而且还弄清了英国人手里的牌究竟哪几张是对方所知道的。

中国人竭力抵制把西藏划分成前后藏的主张，他们无疑看清了这种划分想达到什么目的。在他们看来，这就是要把整个西藏或者把西藏的大部分从中国分割出去。然而，他们反对这种主张时是转弯抹角的，不是把焦点集中到实质上，即划分西藏的问题上，而是把焦点集中到英国主张的划分线应该在哪里的问题上。就在这个问题上，会议终于开不下去。1914 年 4 月初，麦克马洪诱使陈贻范在会议所讨论的条约草案和附图上草签；但是陈贻范只是根据“草签和签字是两种截然不同的行动这样一个清楚的谅解”而草签的。[96]而且，中国政府获悉后，对之也马上予以否认，并严厉斥责陈贻范未经批准而擅自顺从英方的行为。麦克马洪注意到，从那时起，陈贻范的信心非常动摇。在此之后，英国（在他们同俄国打了招呼之后）对陈贻范被迫草签的条约草案进行了修改。这种修改使被否认的陈贻范的草签所能赋予这个条约的任何有效性（如果说这种草签有什么有效性的话）都完全丧失了。

麦克马洪当时也必定看出，在这件事发生后，再压陈贻范越过政府指示行事，不会有什么作用。7 月间，他认定中国不会在条约上签字，就使会议收场。伦敦指示过，如果中国拒绝，就不要同西藏签订双边条约；麦克马洪一直是受这个指示约束的。但是他却把伦敦虚声恫吓中国说要签订这样一个英藏条约，理解为伦敦方面在方针上有变化。伦敦重申麦克马洪不能同西藏签订双边条约的指示并没有及时到达。（因为发电报的那天午饭前，没有一个能批发电报的高级官员留在伦敦外交部里！）[97]麦克马洪因此就着手同西藏代表签订一个联合宣言，声称重新起草过的条约（这次只由他们双方草签）对双方政府都具有约束力。签字的举行陈贻范是知道的——虽然签字时他被支开到隔壁房间去——但是没有告诉他正在签订的是什么，而且这个宣言许多年都没有公开发表。

西姆拉会议就在这样一种外交上的混乱状态中收场了，本来要开成三方会议的两个参加者公然签订了一个秘密宣言；条约草案的一个文本由三方草签，后来的一个文本由两方草签，还有一张地图由三方草签。所有这一切都为各国的法学家们提供了很丰富的材料，而在半个世纪后的中印辩论中又反复加以推敲。但是中心的结论仍然十分清楚，而且当时英国政府也承认：西姆拉会议没有产生中国政府作为缔约一方的任何协定。麦克马洪自己也承认这点，他在给伦敦的最后一次报告中写道："在我离开印度前，没有能够使中国政府在三边协定上正式签字，我对此感到非常遗憾。"（英国 1915 年承认，"事实上，去年在西姆拉举行的谈判流产了"，接着解释为什么会如此——因为印度政府"过于起劲地为西藏争取最有利条款"。）〔98〕其次，中国否认西藏享有主权，从而否认西藏享有条约缔结权。中国当时正式地、着重地、一再地声明，它决不承认西藏和英国之间的任何双边协定。①

这样的一个双边协定，作为西姆拉会议的秘密副产品，事实上是存在的。1914 年二三月间，英国和西藏在德里讨论西藏—阿萨姆边界问题，结果双方同意了一条边界线，即"麦克马洪线"。中国没有被邀参加，英国也没有将这次讨论内容通知中国。事实上，在当时及以后的 20 年中，英国都竭力对英藏换文保持秘密。这些换文，不仅破坏了 1906 年的《英中条约》（英国在条约中曾"保证不兼并西藏领土"），而且也破坏了 1907 年的《英俄条约》（英在条约中曾保证"除由中国政府介绍外，皆不得直接与西藏实行交涉"）。〔99〕尽管英国多方防范，中国代表团或者驻加尔各答消息灵通的陆兴祺，多半还是听到了英国同西藏在德里进行秘密讨论的风声。即便如此，他们也并没有表示确已知情；只有从中国一再声明决不承认英国和西藏间当时或以后签订的任何条约或协定这个事实来推测，他们

① 中国代表陈贻范在 1914 年 7 月 3 日的会议上做此声明。中国驻伦敦公使也向英国政府做了同样的声明。

是了解这种情况的。

在西姆拉会议时期，英国对于最有利的边界走向的想法有所改变，他们想把边界逐步向北推移。[100]在1913年10月的一个备忘录中，麦克马洪表示英国还得承认西藏占有全部达旺地区。接着在11月间，他决定边界应通过距达旺东南将近20英里的色拉（Se La）①，这就割去了西藏的突出地带的大部分，但达旺寺还留给西藏。到1914年2月间英国又提出进一步要求，结果在麦克马洪的地图上，又把边界线画到达旺以北20英里的地方。这虽然还没有达到那位参谋总长提出的要求，然而这样的画法就吞并了大约2000平方英里的西藏领土，并从而砍掉了一向使军人们担忧的达旺地区的“危险楔形地带”。麦克马洪向伦敦解释说，他的目标是要取得一条有战略价值的以分水岭为界的边界线，从而掌握通往西藏的最短商路；而控制达旺寺就可使这条商道不受西藏当局的勒索和压迫。边境谈判的细节无案可查（看来麦克马洪并没有把全部细节向伦敦报告），所以他究竟怎样使西藏同意割让达旺地带，也无法了解。但从以后的事件看来，西藏人当时是认为英国正为他们争取西藏所要求的中藏边界并改变西藏同中国关系中所处的地位，而把达旺当作付给英国的代价——西藏人的理解是：如果英国没有把这桩事搞成，这笔交易就算吹了。但不管怎样，西藏代表因“出让达旺地区”而受到他的政府的“严厉斥责”。[101]

由于前两年曾在部落地区进行测绘工作，麦克马洪能够比较精确地把他的边界线画出来。临开会前，他还在他的地图上补充了一些细节。西姆拉会议开幕后，贝利（F. M. Bailey）上尉完成了一次进入西藏的冒险旅行。他沿着雅鲁藏布江河谷往西走，然后又往南，通过一条艰险但是直达的羊肠小道，进入部落地区，回到达旺。半个世纪后，这条羊肠小道在中印边境自卫反击战中起了重要作用。贝利回到加尔各答时，麦克马洪拍电要他

① 中国习惯称之为“西山口”。——译注

去西姆拉。[102]他到西姆拉后提供了达旺一段的详细地形，使麦克马洪画这条线的西端时更有把握。

这条边界线是画在两张比例为1英寸等于8英里的地图上的。[103]在1914年3月24日和25日，麦克马洪和西藏全权代表的换文中，西藏接受了这条线。[104]换文中并没有关于这条新边界的文字描述，也没有提到是根据什么原则画出这条线的。所以，“麦克马洪线”的走向的唯一权威性根据是最初的地图，在拉萨和英国都保存有该图的副本。

“麦克马洪线”实质就是把边界向北推进大约60英里，把边界从战略上暴露的山麓提升到阿萨姆邦的喜马拉雅山山顶上。印度后来争辩说，这是以分水岭为界的边界线，其实并不真正是这样。因为它切断几条向南流的河流，包括雅鲁藏布江—布拉马普特拉河。画着这条边界线的地图清楚地表明，这条线绝大部分沿着西藏大高原的边缘走，到了一个地方，地势陡然变为岗峦起伏的地带，逐渐向布拉马普特拉河谷倾斜。根据地形特点画的这条边界线，在很大程度上也是一条种族分界线，因为西藏人一般觉得他们的高原下面的潮湿河谷并不吸引人，就没有在那里定居下来。这个特点的显而易见的例外是在边界线西端，它将达旺地带切去了，而达旺地带一向深受西藏文化的影响，不论从哪个意义讲，都无疑是属于西藏的。

麦克马洪画这条线的目的，就是要在英属印度的东北部办一桩杜兰20年前在阿富汗边境上办过的同样的事情，即把绝大部分都是渺无人烟的部落地带，名义上划归英国统治。正如阿富汗对待杜兰线的态度一样，西藏人似乎也认为“麦克马洪线”对于英国人要比对于他们自己所起的作用更大些。麦克马洪向他们表示过，他们有权在达旺地区继续征收赋税（或“差税”）；而且，从他写给伦敦的报告来看，他还向西藏人保证“根据将来（可以获得的）更为详细的情况”，这条线可以做对他们有利的修改。[105]一位最近研究了西姆拉会议的历史学家得出这样的结论：“麦克马洪线”“在某种程度上是临时性的和试验性的”。[106]

西藏人后来说，他们把“麦克马洪线”视为一揽子交易的一部分，在这场交易中，他们割让一些领土给英国；作为交换，英国则要帮助西藏取得一条为他们所满意的同中国的边界，并从中国取得很大程度的独立。西藏人争辩说，既然英国对这种补偿不能兑现，他们对“麦克马洪线”的同意也就不再算数。[107]无论如何，麦克马洪所画的那条线，有好多年并没有实际意义。

要知道1914年后“麦克马洪线”的情况，还需要再回顾一下流产的西姆拉会议。虽然西藏和印度之间的边界问题根本没有包括在三边讨论之内，也没有向中国人提起过，但英国人却在最后时刻用一种画图上的欺骗手段，间接把这个问题塞进会议。条约草案所附的那张地图，画出拟议中把西藏分割为两部分（内藏和外藏）的分界线，用红线标志西藏的边界，用蓝线标志拟议的西藏两个部分之间的分界线。红线的大部分是西藏同中国的分界线，但其南端却延伸成弧形以代表西藏和印度之间的边界——这一段是根据麦克马洪同西藏人商定的走向画的。因此，如果中国当时接受了将西藏划分为两部分的建议，并在条约上签了字，英国就可以在这上面做文章，说中国也接受了“麦克马洪线”。既然在事实上中国既没有接受西藏划区的建议，也没有在条约上签字，而是强烈反对这个条约及其附图，这个问题就只是一个纯理论问题了。但是，后来有人把亨利·麦克马洪爵士所玩弄的外交手法作为根据，争辩说中国确实接受了“麦克马洪线”。①

西姆拉会议闭会几个星期后，第一次世界大战爆发了。伦敦和德里的政府对印度的东北边境政策的问题已不大关心。1914年有一位英国军官去过达旺，他建议在达旺和部落地带的某些地方设立永久性的英国哨所，指

① 蓝姆教授指出，西姆拉条约地图上的红线，在它的西北端成为弧形的地方，如果加以标明的话，恰好是阿克赛钦所在的地方。从这种画法可以推断，英国当时仍然希望把阿克赛钦作为西藏的一部分以便把中国和俄国排除在外。因此他认为：假使有人争辩说西姆拉的地图对印度所主张的“麦克马洪线”赋予法律上的根据，那么，这一地图对否定印度的西北边界线应把阿克赛钦划入印度的主张，也有同样的法律根据。[111]

出“中国一旦安定下来，这一段的西藏边境将具有重大意义”。[108]但是他的上级甚至没有将该建议转呈德里，因为他们知道印度政府“目前反对在边境上采取任何推进行动”。[109]麦克马洪本人这时已经回国休假，接着就出任英国驻埃及的专员。他觉得伦敦政府在这场他称之为用了“一年零三个月的时间使用几种语言的谈判”中，[110]并没有给他以适当的支持。一位同僚这时在伦敦碰见他，这个人后来说：“要使从印度来的人相信中国的观点也值得考虑，那无疑是困难的。”[112]①

1919年，英国人企图诱迫中国恢复三边谈判，威胁说，中国如果拒绝，英国就要承认西藏是“一个在中国的宗主权之下的自治邦，并且……以后就据此同西藏打交道”。[113]中国方面没有断然予以拒绝，但是也没有同意。英国就开始对西藏提供军事援助——武器、弹药以及使用武器的训练。[114]然而，他们并没有对中国在西藏的宗主权提出疑问，这个宗主权是英国同俄国、中国以及西藏签订的条约中明确承认过的。他们也没有公布西姆拉会议的任何外交成果：条约草案、承认这个草案有约束力的秘密的英藏宣言，以及英国和西藏有关阿萨姆—西藏边界的秘密换文。《艾奇逊条约集》（*Aitchison's Treaties*）1929年初版是一本权威性的记录，它关于西姆拉会议只讲道：

> 1913年，西藏、中国以及英国的全权代表在印度举行会议，企图解决有关中藏边境事宜，起草了三边条约，并于1914年草签。然而中国政府不准其全权代表进行正式签字。[116]

1928年英印政府的外事秘书解释为什么即将出版的《艾奇逊条约集》

① 鲁宾博士讲到西姆拉会议时说，会议记录表明“英属印度的负责官员故意违背给予他们的指示，损害了中国，有意不把他们的做法如实向伦敦的上级报告；篡改议会下令公布的文件；在国际会议的会议桌上撒谎；蓄意破坏了英俄之间签订的条约”。他的结论是：麦克马洪以及“其他有权的、体面的人物受到地方势力的腐蚀，因而欺骗了他们的上司，对他们所接触的外国代表进行恫吓”。[115]

里没有包括西姆拉文件和英国同西藏秘密签订的贸易协定。他写道，如果文件发表了，“就不得不对三边条约及其秘密历史做简单的叙述。现在发表这个宣言的全部事实（虽然中国不大可能现在还不知道有这个宣言存在），就可能迫使中国公开表态，从而给反英宣传提供新把柄”。因而，不刊载这些文件，“总的来说是万全之计”。〔117〕

“麦克马洪线”看来已成为一纸空文。英国政府曾把英藏边境协定通知在缅甸的英国当局（这个协定同他们也有关系），但没有通知在阿萨姆的英国当局，因而后者仍然认为它的边界是在山麓下面。达旺地区仍旧是西藏的一部分。西姆拉会议以后20年中，英国偶尔侵入部落地带，一般是讨伐性的，并没有企图把地图上的“麦克马洪线”作为有效的边界线。“麦克马洪线”实际上已被忘掉。

只是到1935年这条线才“几乎是偶然地”被记起来。新德里政府的一名副秘书欧拉夫·卡罗（Olaf Caroe）先生说道，东北边境问题之所以产生，只是由于“一个枝节问题”。① 他说：“我们经过很大困难而且几乎是偶然的机会，才查明真正位置。”〔118〕卡罗立刻主张至少要在书面上推行前进政策。他建议英藏协定应该发表，不能再拖。因为《艾奇逊条约集》没有把这些协定包括进去，如果中国政府注意到这点，就“很可能用来支持这样的论点，即印藏之间不存在经过批准的协定”。他还建议应该立刻采取步骤在官方地图上把“麦克马洪线”画成边界线。他指出诸如英国《泰晤士报》出版的权威性的地图集，仍旧以官方的印度测量局为依据，把边界画成沿着山麓走，同中国出版的地图集所画的一样。〔119〕于是，伦敦政府同意在《艾奇逊条约集》新版里发表西姆拉文件，〔120〕并解释说：“出

① 这是指英国的植物学家和有名的旅行家金敦·华德（F. Kingdon Ward）未经许可而访问西藏所引起的争执。西藏当局以前曾几次准许华德进入西藏，但他在1935年没有得到许可又进入西藏时，西藏当局感到十分不快，并且向英国表示不满。华德的兴趣已超出植物的范围。他在1938年10月的《皇家中亚细亚学会杂志》（*Journal of the Royal Central Asian Society*）上极力主张英国占领达旺，就说明了这一点。

版这个新版本的理由是我们要不引人注目地发表1914年的《西藏条约》（从来没有被中国批准）。”[121]为了“不引人注目地”——的确是“尽量不事宣扬地”——更改记录，新版《艾奇逊条约集》第14卷实际上出版于1937年，却冒充是1929年的版本，还命令把初版全部收回销毁。[122]在这次销毁命令下幸存的仅有一部原版本，现存于哈佛大学图书馆。英国政府伪造证据，是为了有朝一日它可以争辩说，它自1914年以来就已认为《西姆拉条约》是有效的。所以，按照正常的方式，会议后就把这些文件在《艾奇逊条约集》的初版中公开发表了（独立后的印度在1960年事实上就提出了这种说法）。[123]

也就在1937年，印度测量局开始标出“麦克马洪线”作为东北边界，仅仅注明“未经标界”。显然，并不是所有部门都接到了关于上述更动的通知。1938年测量局发表的一张西藏地图，标明达旺地区是属于西藏的，其南端——那里的边界在1872至1873年间就已标定——标明是一条正式的国际边界。[124]商业性出版机构的地图集也跟着这样画。第一本明显反映这种更动的是1940年出版的《〈泰晤士报〉袖珍地图集》，但并不是所有制图者都反应得那么快、那么机警。多年以后，有些地图集有时还标明印度的东北边界沿着山麓走。（1946年出版的尼赫鲁写的《印度的发现》[*Discovery of India*]第一版中就有一张这样标明边界的地图。甚至1969年出版的罗伯特·白英[Robert Payne]的一部新的甘地传记中，也有一张附图标明印度的边界在山麓。）

那个偷天换日的艾奇逊的新版本和官方地图对东北边界画法的改动，显示印度政府已经采取它在1914年不准备采取的步骤，并决定以“麦克马洪线”为合法的边界线。阿萨姆政府提出，“西藏在达旺继续行使管辖权可能使中国——而且更坏的，可能使将来在西藏行使权力的任何其他国家——对1914年条约已承认属于印度的那一部分领土，提出享有时效权的要求”[125]（俄国的魔影总难消除）。但人们认识到，地图以及偷偷摸摸地发表文件的做法，总抵不过西藏在达旺的有效的、长期确立而且的确也从未受到非难的管辖权。新德里就指示阿萨姆政府“通过实地巡回或者我们自己也征收赋税的办法来强调英属印度在达旺地区的利益”。[126]阿萨姆省督回答说：“如果要有效地占领达旺和预先阻止中国对那个地区的可能入侵，就需要采取给人印象更深刻的和更为永久性的行动。”他建议派一名英国军官带着相当数目的武装警卫人员每年夏天进驻达旺。然而印度政府审慎行事，在作出最后决定前只同意派遣一个小队到达旺去做初步侦察，“考察这个地带，同居民联系，并对税收的多少做些估计”。[127]按照一般的规律，地方当局极力主张推行前进政策时，德里政府总是踟蹰不前。

这个小远征队在印度陆军的莱特富特（Lightfoot）上尉率领下，于1938年4月到达达旺。阿萨姆政府告诉他“毫无疑义，印藏边界已经（根据‘麦克马洪线’）划定了”，指示他要“认真注意不给人一种印象，以为这件事还可以重新拿出来讨论”。还要他确信，他同警卫队在达旺出现，本身就是行使英国的权力；“但是你的所作所为应该是以使西藏人的感情受到最小的震动为准则”。[128]莱特富特到达旺后，西藏政府就马上提出正式抗议，并要求英方人员撤走。在达旺，西藏官员当着他的面征收赋税，借此炫耀他们的权力。莱特富特曾请求上级批准他向西藏提出要他们撤离达旺的要求。这个意见遭到拒绝，但得到指示说，他可以把“达旺根据条约是印度的而不是西藏的领土这件事通知一切有关人员，而且如果遇见西藏官员，应该使他们对这一点产生深刻的印象”。然而又警告他不要向当地居民做任何保证，只说他是为了调查的任务而来的，“在他回去之后，政府会决定是否将采取进一步行动”。政府方面倒是爽快地承认了这些指示可能会“给莱特富特造成困难”，但是最后说：在将来的政策还没有决定之前，照这些指示行事是唯一可能的做法。不管怎样，他们“反对任何要承担永久占领的义务和付出更多开支的行动”。[129]

莱特富特回去后，在阿萨姆省督的大力支持下，极力主张要求西藏官员和寺院的喇嘛头目从达旺撤走。他写道："西藏政教合一难以分割，在西藏僧侣官员撤走以前，西藏的势力和阴谋必然会在达旺周围地区继续存在。"他认为，应当鼓励信奉佛教的当地部族门巴人（Monpas）去接管寺院；既然门巴族不喜欢西藏人，这件事就不难办到。此外，还应当委派两名英国政府的代理人，"有良好社会地位而又能讲藏语的人"，去达旺地区接替被撵走的西藏人。阿萨姆政府在他们试图兜售的政策上满怀希望地贴上低价标签：一次付清的代价是 41617 卢比，定期支付的代价是 37896 卢比。[130]

阿萨姆省督罗伯特·里德（Robert Reid）爵士有力地提出采取前进政策的论点。[①]然而，在有关边境政策的讨论中，温和派也总有自己的发言权。1939 年年初，阿萨姆代理省督特怀南（H. J. Twynam）从实际和法律的立场出发，对于兼并达旺的建议提出异议。他提醒总督林利思戈（Linlithgow）勋爵说，政府已承认在东北边界上来自中国的危险已大大减少了。他接着问道："我们根据 1914 年条约所享有的权利，在法理上绝对站得住吗？……如果参与三边条约三方中有一方不批准条约，那么另一方能够说这个条约在它自己和第三方之间具有约束力吗？"他指出，1914 年麦克马洪和西藏代表之间的换文"缺少同签订条约有关的正式手续"，并且，政府从 1914 年到 1938 年都没有采取步骤来实施"麦克马洪线"，这个事实在道义上和国际法上，对政府所持的立场一定有不利的影响。英国的政策是要同西藏继续保持友好关系，因此，他建议在政府占领"一个在种族上、政治上、宗教上一直倾向于西藏的"而且又在西藏行政管辖之下的地区之前，应该首先考虑其他方案。特怀南所建议的方案之一，就是将"麦克马

① 他所写的《毗邻阿萨姆的边境地区的历史》（*History of the Frontier Areas Borderingon Assam*）（阿萨姆政府出版局，1942 年出版）是很明确的。里德写这本书是供与边界政策有关的行政官员阅读的，他从官方档案中引用了大量材料。中国政府从 1959 年起在申明其立场时，看来也像许多人一样，并不知道有里德这么一本书。

洪线”加以修改，使之通过距达旺东南几英里的大山口色拉，这样就把达旺寺留给西藏。①

不管是由于论据有力，或由于欧洲战争的阴影改变了人们对于东北边境的战略考虑，或者仅仅是由于财政拮据，温和派这次取得了胜利。新德里不仅拒绝了永久占领达旺的建议，而且拒不批准莱特富特再次前往达旺，担心那样就会由于要“履行对门巴人的义务”而不得不永久占领达旺。[131]他们注意到在以往两年中使拉萨承认英国人在达旺地区享有权利的企图都已失败。他们的结论是，英国人占领达旺“一定会引起西藏政府强烈的不满，并且会危害经过很大努力才培植起来的友好关系……”不管怎样，印度政府抛弃了坐在办公室里的战略家的理论，这时已经得出结论：“‘麦克马洪线’由于一年有大半时间难以进入，（作为）一道防线是根本不会令人满意的。”于是，他们就报告伦敦方面说，他们已经“决定不再推行在达旺建立控制的计划了”。[132]

1936年，西藏政府已经很清楚地表示它不接受对达旺地位的任何变动。那年秋天，英国驻锡金的政务官访问拉萨，同西藏官员讨论达旺问题。他汇报说，西藏方面的态度是：

> （1）一直到1914年，达旺毫无疑义地是属于西藏的；（2）他们认为藏印边界的调整是1914年（西姆拉）条约所设想的对边界进行全面确定和调整的一个组成部分；如果他们能够在我们的帮助下取得一条明确的中藏边界，他们当然很乐意遵守1914年制订的印藏边界；（3）他们认为英皇陛下政府是同情他们对上述问题的看法的，根据是：自1914年签订了条约和宣言后，印度政府从未采取任何步骤对西藏在

① 作者要向卡鲁纳卡尔·古普塔（Karunakar Gupta）博士致谢，是他提醒作者注意特怀南的这封信。这封信保存在印度事务部的图书馆里。信的日期是1939年3月17日，编号是政治（对外）司，档案第23卷，档号36。

> 达旺地区的权利表示异议，或在该地区行使英国的权利。[133]

换句话说，西藏人认为他们同意“麦克马洪线”是以得到补偿为条件的，即要英国为西藏取得他们在1914年所要求的在同中国的关系上所享有的地位。

第二次世界大战正如第一次世界大战一样，最初使英国对于印度东北边界有所分心。然而日本的参战，以及随后对印度所造成的威胁，使前进政策复活起来，并推动了一些人决心要把“麦克马洪线”作为一条有效的边界线。一名有关官员这样说：“政府突然意识到印度东部边境是有弱点的，因此深信有必要填补自英国统治以来阿萨姆和西藏之间一直听任其存在的政治上和行政管辖上的真空。”[134]于是便将实施“麦克马洪线”的任务交给了政府的部落问题顾问米尔斯（J. P. Mills）去执行。而米尔斯却认为：

> 要并入（印度）的部落，就天然条件来说，是属于西藏，而不是属于印度的。他们在种族和语言上，是类似蒙古族的。他们的语言属于藏缅语系，与平原上属于雅利安语系的阿萨姆语没有共同之处。因此，在文化的和社会的影响上是倾向于西藏的……（“麦克马洪线”）的缺陷是，虽然这条线在地图上看来还不错……然而事实上它不是天然分界线，而沿着平原的边界倒是天然的边界。

米尔斯接着指出，部落地区在商业上和文化上都是同西藏而不是同印度连在一起的，他们向西藏输出谷物和茜草根（染僧侣的袈裟用），并从西藏输入盐。他的结论是：“（部落地区）对印度的依附是不自然的，因此尤其难以保持。”[135]①

尽管如此，米尔斯仍然努力执行交给他的任务。他坚决相信，不管是不是天然边界线，扩展英国的行政管辖是对部落人民有利的。他带着军队溯洛希特河而上，到了察隅，而且不顾西藏的抗议，在瓦弄（Walong）设立一个哨所。1910 年，中国已在紧靠瓦弄的南面竖立了界石，西藏坚持说边界就在那里，而不是“麦克马洪线”所画的溯河而上大约 20 英里的地方。英国军队沿着河谷而上，“通过给予当地居民所急需的医疗上的帮助，赢得他们的好感，从而逐渐深入”，同时调停他们之间不断发生的械斗，撵走了西藏征收赋税的人员，就这样扩展了英国的势力。1944 年，米尔斯进入达旺地区，到了德让宗（Dirang Dzong）。部落地区的腹地在达旺东面，在那里居住着原始的、不断打仗的部落。而达旺地区则大不相同。他写道：“这里有佛教僧侣、法轮、佛教寺院以及其他。”“人口是定居的，在固定的土地上耕种，住在石砌房子里面，而且使用拉犁的牛耕地，这就意味着他们有优良的八字桥，使他们能够把牲口赶过河去……给人的整个印象是这里是个定居的、文明的地方。”[137]事实上，米尔斯已经从部落地区进入西藏的部分地方，而且毫不惊异地记述道：“我们对这个地区的要求，遭到西藏凡俗的边疆官员和寺院的赋税征收者的极力反对。”他不顾西藏官员的抗议，阻止他们征收赋税。（“他们说，如果他们不征收赋税，回去时就会被处死——我说我也无能为力。”）他还在德让宗设立一个阿萨姆步枪队（Assam Rifles）哨所。那里的西藏人就向他们在错那宗的上级报告：

> 去年英国官兵来到德让（宗）；像魔爪伸入佛土，连国法也不知遵守，以暴力强占土地并挑唆我属下百姓说，不准向西藏方面的人员

① 里德爵士说，这些部落“不是属于印度的，从这个字的任何含义来说都是如此，不管在种族来源上、语言上、外表上、习惯上，还是在思想上；仅仅由于历史的偶然事件，他们才被并入印度的一个邦”。[136]印度独立后，这些部落开始试图改变这种情况，于是在 20 世纪 60 年代间，强有力的分离运动就开展起来了。

> 缴纳官差赋税、当差守法。各个交通要隘派武装哨兵专门把守，并且正施行武力威胁，使我们对自己的土地无权做主……卑职等已到忍无可忍的地步，不得已谨向上峰呼吁呈报，请求今后能对供养的产业等达到自己的土地由自己做主……长此下去，势必要造成反客为主的局面。〔138〕

拉萨当局回答说，“毫无疑义，门隅（monyul，西藏对达旺地区的称呼）的土地从来就是属于我们的”，并命令当地官员继续征收赋税和派官差，同时，他们向驻西藏首府的英国代表理查逊①（H. E. Richardson）与负责这一地区的政务官巴锡尔·高德（Basil Gould）提出抗议。英国人回答他们说，英国不会退出德让宗，因为英国认为那块地方在法律上是属于英国的，而且要他们“为了更广大的利益放弃次要的利益，把眼光放远些”，并要他们指示地方官员不再征税和派差。但是高德做了重大让步，他告诉西藏人说，他的政府“愿意改动边界，即从色拉起，这条线不往达旺的北面走，而往它的南面走”。〔139〕② 大家还记得，麦克马洪只是在最后时刻才把达旺画进线内的，而且他本人说过这条边界线是可以修改的，“如果根据以后获得的更为详细的情况，发现有必要那样做的话”。〔141〕事实上，从色拉起划出一条线，比起麦克马洪武断地划在达旺北部的那条线，可以成为一条好得多的边界线。达旺北部并没有易于同一条边界线联系起来的显著的地形特征。色拉位于高耸入云的山脊上。山口本身的高度将近 1.6 万英尺。山脊是一个分水岭，把往西北流入达旺河的河流与向东南流的河流分开。对西藏人来说，达旺的那个寺院是问题的核心。如果把达旺寺留给他们，他们也许就会放弃保留德让宗和达旺地区其他地方的企图。总之，

① 理查逊，又译黎吉生（1905—2001），英国插手中国西藏事务的代表人物之一。此人先是英国驻江孜商务代表，1936 年驻拉萨，1950 年因参与“热辰事件”和挑起“驱汉事件”而被驱逐出境。——编注

② 他在一份备忘录中肯定了这一点。中国方面在 1960 年双方官员谈判中曾引用这份备忘录。〔140〕

高德 1944 年向西藏提出的让步，表示印度政府已经接受特怀南的建议，即修改“麦克马洪线”，使之经过色拉，将达旺留给西藏。

1947 年英国放弃其印度帝国之前，已开始把地图上的“麦克马洪线”——这条线只在十年前才在地图上出现——移到地面上，作为印度东北部的有效边界。当时，已经在德让宗、瓦弄以及在部落地区其他地方建立起哨所，由阿萨姆步枪队（类似边防军）防守。这些地区的西藏的行政机构已被赶走。英国讨伐队沿着其他河谷进入这个地区，使部落人感觉到英国是这一地区的管辖者。当英国人离开时，印度的继承者向他们保证：新的印度政府会完成他们在部落地区的工作。“如果有什么好说的，那就是，他们准备推行一种比以往的英国人更为前进的政策。”〔142〕

* * * * * *

英国留给独立的印度的北部边境，就是这样一份具有正反两方面价值的遗产，其中有某些靠得住的资产，但也有尚未解决的问题。

自 1911 年起，中国一直没有能够在西藏维护其权力，30 多年来，西藏一直享受事实上的独立。英国势力越过喜马拉雅山，到达了西藏，这表现于英国在拉萨派有一名常驻官员，通过他，西藏可以说是同英国保持着准外交关系。英国也享有给他们在亚东和江孜的贸易官员派遣武装卫队的权利，而且设置邮政、电报甚至电话以联络西藏南部的主要贸易中心。英国建立了 12 处驿站，接待为从事于横贯喜马拉雅山的贸易而奔走于各贸易机构或来往于各市场之间的官员。所有这些权利与设施 1947 年均为独立的印度所继承。但是这些权利与设施，形式上渊源于英国同中国的贸易协定，① 而中国方面一向清楚地申明，他们认为西藏是中国的一部分。西藏是没有国际身份的，它的独立性是空虚的、微不足道的——这只不过是反

① 所谓《英藏贸易协定》是遵照西姆拉会议于 1914 年签订的，于 1937 年发表，当然从未为中国所承认。

映了中国中央政府的软弱性。一直到最后，英国还企图在“形式上的中国宗主权”背后，扶植和肯定西藏在事实上的独立。而且1943年英国向美国建议：承认西藏有同其他国家交换外交代表的权利。但是美国拒绝了这个建议：

美国政府一直记得：中国政府长期以来就主张对西藏拥有宗主权，而且中国宪法也把西藏列入构成中华民国领土的地区之内。本政府对于中国的这两项主张从未提出疑问。[143]

正式地、永久地把中国权力排除出去，使西藏变为缓冲国，这一直是英国的奢望。虽然英国人没有实现这一点，但他们在喜马拉雅山这一边的尼泊尔、锡金和不丹等国家却取得了较大的成就。尼泊尔虽然没有正式依附英国，然而它同其他国家的政府都没有对外关系，而且是清楚地、完全地处于英国势力范围之内；锡金根据条约是英国的保护国；不丹受条约约束，要由英国指导其对外关系。这根如寇松所说的“保护国链条”是稳固的，但是英国未能通过同中国签订边界协定的办法把这根链条扣紧。

在西北方面，英国在1899年同北京的接触流产后，再没有就边界走向采取任何正式步骤。这段边界从未划定。这个任务留给了它的继承国——印度和巴基斯坦——去完成。在东北方面，“麦克马洪线”曾秘密地得到西藏地方当局的同意；但是它一开头就遭到中国的拒绝，在实践上，西藏地方当局也没有理睬过它。

英国过去具有很大的有利条件，是其继承国所缺乏的：第一，它的力量就其范围和规模来说，可以在远远超过喜马拉雅山的地方发生作用；第二，当时不管在英国还是在印度，印度帝国的边界问题没有成为人民施加政治压力的目标。领土至上的原则从来没有涉及。因此，英国的政治家和官员们不需要考虑土地与主权在人们感情上所起的作用，他们能够“记住我们所要的不是多一块或者少一块荒瘠的甚至是富饶的领土，而是一条清楚的、明确规定的边界”。[144]尽管有这些有利条件，英国还是把没有解决的边界问题留给了它在次大陆的权力继承者。这不能不算是一个很大的失败，它使得印度要为之付出高昂的代价。

第一章

对撞的方针

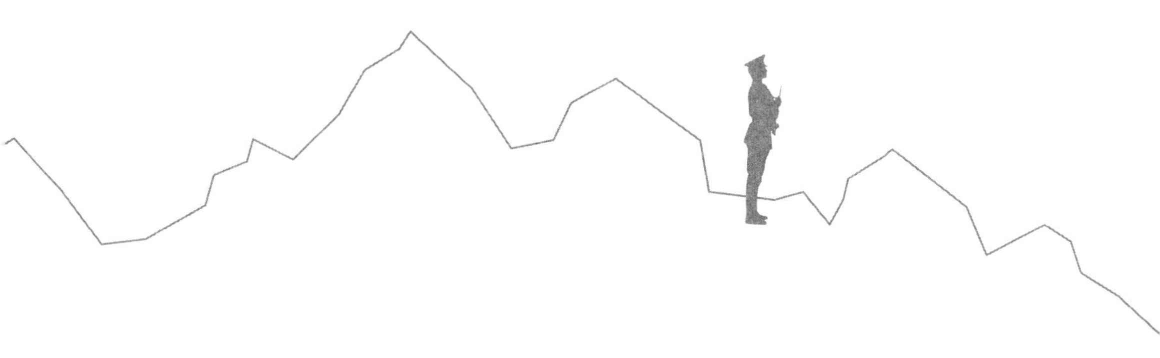

一、方针已定

1947年8月14日午夜，当印度作为一个独立国家——用尼赫鲁的话来说——应运而生的时刻，印度的边界也经历了看不见的、但却是深刻的变化。在印度独立前，边界是英国所关切的事情：英国的战略家和政治家是根据英国的利害得失来看待印度次大陆的利益的。他们只关心来自俄国或中国的威胁对英国投资产生的影响，或在伦敦议会里引起的反应。印度的民族利益并不是英国要考虑的因素，英国人只是有时想起，不能让英国统治下的印度人同边界那边的俄国人或中国人发生接触，以免产生动荡不定的局面。“英国要统治印度就必须有威望。为此，就必须设法不使印度臣民在视野中看到任何强国的出现，即使这个国家远远比不上英帝国强大。”〔4〕当印度人终于发觉英国为巩固印度边界所做的努力只不过是确定印度从属于英国的一种手段时，他们就对英国政府的边界政策表示遗憾。①

随着印度的独立，一切都变了。印度的边界不再是英国同其他帝国进行大争夺的筹码，而成为保护新国家的外壁。那些只关心战略利益而不关心领土的人，已经不能够任意制定或变更边界了。从此，边界成为祖国神圣领土的围墙，政客们如果任意改动边界，只会自招风险。

印度新政府对北部边境的政策，同过去英国政府的政策丝毫没有不同。印度在1949年利用锡金一个地方起义反抗大君的机会把军队开了进

① 1921年国大党决议称，英国政府的政策“传统的指导思想，更多的是保持印度的从属地位，而不是保护印度的边境地区。……印度作为自治的国家对它的邻国用不着害怕……”因此敦促那些“对印度人民并无恶意的国家……不要同英帝国签订任何条约”。〔5〕

去，使锡金成为自己的保护国，① 而且使锡金对其依附程度超过了过去锡金在形式上对英国的依附关系。同年，印度与不丹签订条约，把英国指导不丹对外关系的权力接收过来。新德里在尼泊尔的势力依然凌驾一切。1950年，印度政府协助尼泊尔国王结束了拉纳（Rana）家族一个世纪之久的统治后，印度的势力更强了。印度新政府就这样接管并巩固了寇松称之为“保护国链条”的喜马拉雅山区各小国。

印度一独立就继承了英国对西藏的政策。最后一任英国驻拉萨代表理查逊居然保留原职代表印度，这就象征着——无疑也加强了——这种连续性。英国驻拉萨代表机构于 1947 年 8 月 15 日正式变成印度代表机构。理查逊后来写道：“这次转变几乎觉察不出来。……原有人员全部保留下来，唯一明显的变化就是换了国旗。”〔6〕

当时，西藏地方政府正设法为它从 1911 年起享有的事实上的独立取得合法地位和国际承认，快要垮台的中国国民党政府也无法打消西藏当局这种念头。1949 年年中，西藏人把国民党政府人员从拉萨赶走，借口是怕那些人可能是，或已变成共产党。中国国民党方面怀疑理查逊和印度在这出戏里插了一手。〔7〕西藏当局因拉萨贴金的木龙嘴里滴水等不祥之兆感到惊慌，〔8〕可能也对北京出现一个新的、强有力的政府的前景感到惶恐，因而开始建立军队。西藏请求印度提供武器弹药，印度表示同意，并派遣一名高级陆军军官赴藏，办理军事援助事宜。〔9〕

从印度的观点看，它继续推行英国怂恿西藏地方脱离中国的政策是非常合理的。这不仅是由于印度战略的和地缘政治的思想受英国长期的先例所制约，而且印度新政府制订政策的工作也往往仍旧依靠独立前的班底来进行。旧印度文官体系的高级印度籍官员仍然在原部门留用并获得提升，以接替原来的英国上司；因此，理查逊从拉萨发回的报告和建议必定很受

① 作者这里的讲述比较简略，事实上，印度 1949 年 6 月派兵进入锡金，1950 年 12 月通过《印度和锡金和平条约》使锡金沦为“保护国”。——译注

重视。他所写的《西藏及其历史》(*Tibet and its History*)一书，清楚地表明他如何为西藏的独立而效劳。不管从哪方面考虑，继续把中国的势力从西藏排斥出去，显然符合印度的利益；因此，印度新政府的政策，同旧政府一样，也是以排斥中国在西藏的势力和加强印度在西藏的势力为目标。中国也自然把印度的这种政策看作敌对的。甚至在中国共产党人取得政权以前，他们就已抨击印度，特别是尼赫鲁，怀有“吞并西藏的帝国主义野心”。[10]

印度政府不久认识到，它所继承的遗产中，也包括了北部边境的一些尚未解决的领土问题。1945 年以来，中国国民党政府在一系列照会中不断指责英国侵入“麦克马洪线”南面的部落地带；中国向印度最早提出的一次交涉是在 1947 年 2 月，当时他们向刚刚设立的印度驻华使馆提出上述指责。但印度方面予以驳回，声称东北地区的部落地带是印度的领土。驻新德里的中国国民党大使在撤馆时采取的最后行动是提醒印度政府注意：中国不承认“麦克马洪线”，并认为《西姆拉条约》无效。[11]

西藏方面希望乘英国将政权交给印度的机会，收复过去一个世纪左右被英国夺走的一切领土。1947 年 10 月，他们正式要求印度归还从拉达克到阿萨姆，包括锡金和大吉岭区域在内的一大片西藏领土。[12]① 印度在答复中却要求西藏保证同意维持它从前同英国政府所保持的那种关系。

印度力图继续推行英国对喜马拉雅山及其以北地区的政策，这虽然可以理解，但却难以成功。在过去 100 多年中，在喜马拉雅山一带占压倒性优势的是英国统治者。英国不仅在当地拥有巨大的权势，它还能在必要时纠集庞大的经济和军事力量来影响印度次大陆以外的地区。事实上，它也

① 19 世纪 20 年代，英国发现锡金道吉岭（Dorji-ling）的山村风景优美，认定它可以当作躲避印度平原酷暑的胜地。英国当时还有个政治考虑：“在锡金腐败统治的汪洋大海中，如果有一个治理良好的归属英国的孤岛”，将促进英国在喜马拉雅山这一边的地区的利益。1835 年，锡金大君无可奈何地同意把这一地区割让给英国，后称大吉岭。[13]

多次使用上述力量对付中国。1947年英国撤出印度次大陆，从而使喜马拉雅山两面的力量对比颠倒过来。随着1949年中华人民共和国成立，中国出现了一个强大的中央政权，这就确定了上述变化。从此，优势是在喜马拉雅山的北面，而不是它的南面。中国重新在西藏行使权力，就显示出并证实了这个变化。

尽早在西藏重新行使中央的权力，是中国共产党人多次重申的意图（以往国民党人也想这样做）。中华人民共和国一成立（1949年10月1日），北京就宣布即将进军西藏。印度的反应十分强烈。新德里以外交照会警告中国政府说，以印度为首的一些国家正促使中华人民共和国取代台湾的国民党残余分子在联合国的中国席位；中国在西藏的军事行动势必损害这种努力。可是，这份照会递交给北京后还没几天，北京就宣布中国军队已奉命进入西藏；紧跟着新德里就提出一项措辞激烈的抗议，对西藏遭到“入侵”以及中国使用武力解决它和西藏的关系问题表示遗憾。中国的答复也同样尖锐：“西藏是中国领土不可分的一部分，西藏问题完全是中国的一个内政问题，中国人民解放军必须进入西藏，解放西藏人民，并保卫中国边疆。”中国说它愿意继续同西藏进行和平谈判，并责备印度不应扣留前往北京的西藏代表团——但警告说决不能容忍任何外国的干预。关于印度所说在西藏采取军事行动将有损中国的世界威望问题，中国的答复是：如果某些不友好的政府利用中国对西藏行使主权一事作为借口，进一步对中国在联合国的席位问题进行阻挠，那只是再一次显示这些国家对中国的敌对态度而已。中国认为这两个问题完全不相干。[14]

到这时，印度政府的态度看来是：一方面承认过去西藏和中国在法律上的关系比较密切，另一方面又希望北京满足于在西藏享有类似印度在不丹享有的地位，即容许西藏人管理其内部事务，而中国只要求西藏不得同中国以外的任何政府发生关系。印度在其照会中，使用“宗主权”这个名词形容中国在西藏的地位，从这一点可以推断出印度的态度。①

在北京看来，印度希望西藏享有半独立地位，这是阴谋的第一步。印度的阴谋是企图把西藏从中国分裂出去，并把它纳入印度的影响之下。1949 年 9 月《人民日报》的一篇文章质问道：印度政府“对不丹已经主张了自己的宗主权，那么，在宣布了西藏从未承认中国的宗主权之后，难道不会宣布自己对西藏的宗主权吗”？[15] 这个推论并非牵强附会，也不是不公允的。喜马拉雅山区的中印边境地带自然地、不可避免地成为两国竞争的场所，双方都用尽软硬兼施的手腕，以求达到扩大或确立他们自己势力的目的，并在可能时排挤掉对方的势力。同样不可避免的是，双方很容易把对方的行动看作是奸险或恶意的。因此，当印度对中国军队进入西藏采取外交行动时，中国就感到愤慨和怀疑；当中国重新回到西藏的时候，印度也感到愤怒和恐惧；而当中国后来和尼泊尔建立外交关系时，印度更感到十分狼狈。因为这样一来，中国就成为一个公开的竞争者，进入了从前本属印度的外交禁区。

面对 1950 年中国恢复了在西藏的权力这一既成事实，印度政府的反应是实用主义的。印度原想在西藏扶植某种程度的独立，以保持西藏的某种缓冲作用，现在这个打算落空了。实际上，印度不可能有所作为，进行军事干涉的后勤困难太大，并需承担对华作战的风险，这根本是不切实际

① 1950 年，印度的几个照会中提及中国对西藏的意图时出现一个奇怪的现象：新德里发表的印度照会文本使用的是“宗主权”字眼，而由中国政府发表的文本里却出现“主权”字眼。这是由于印度政府对西藏的政策已经遭到攻击，为了给国内看而在发表时修改了用字呢，还是像后来印度国内很多人所怀疑的那样，是印度大使潘尼迦（K. M. Panikkar）在北京递交照会之前把“宗主权”改成了“主权”呢，还是中国在发表印度照会时自行改换了字眼？如果是最后这种情况，印度理应竭力反对，可是印度却没有提出反对。这个谜至今没有解开。

的考虑。① 印度只能在以下两者间作出抉择：要么支持毫无希望实现的“西藏独立”事业，要么执行对中国友好的政策。对中国友好，过去一直是尼赫鲁的印度外交政策的中心思想，这个选择不难作出。印度没有支持西藏向联合国提出的呼吁。中国在西藏的权力确立了，印度关于中国是否有权留在西藏的矛盾心情消失了，作为中印邦交恶化的起因之一的西藏问题也随之消失。中国没有把印度抗议中国在西藏的行动一事作为一个问题公开加以宣扬，他们公布了外交上的来往照会后，就让它悄悄过去了。[17]

40 年前清朝再度确立在西藏的权力，曾经震动英国人；同样，1950 年中国权力达到印度的北部边境，也震动了印度的政界舆论。印度右翼势力最为惊慌，他们最害怕的是中国政权的共产党性质，他们攻击尼赫鲁和印度政府默许中国军队开进西藏。这就意味着，最尖锐地批评尼赫鲁对华政策的人，正是在内外政策各方面都反对他的那批人。这种情况似乎最初使尼赫鲁能够更强硬地顶住这批人，后来却更不愿意得罪他们。

印度政府对西藏的政策，在议会里遭到猛烈攻击。尼赫鲁的头号政敌，副总理瓦拉巴伊·帕特尔（Vallabhbhai Patel）在 1950 年 11 月给他写了一封长信，提出批评。帕特尔在信中含蓄地提到，印度驻北京大使潘尼迦是被中国人蒙蔽了。他指责中国背信弃义，心怀叵测，是潜在的敌人。他还警告说，中国军队进入西藏，“使印藏之间的一切边界和商务协议化为乌有，而这些协议是我们近半个世纪以来行事的依据”。帕特尔含蓄地指责尼赫鲁因循自满、举棋不定。他建议彻底重新评价印度的对华政策，包括

① 印度政府在 1950 年是不是想对西藏进行武装干涉呢？负责印度东部防务的最后一任英国司令官，陆军中将弗朗西斯·图克（Francis Tuker）爵士曾经在 1947 年献计说：“与其听任中国占领西藏，不如印度自己去占领这个高原。”[16] 据另一个作者叙述，杜鲁门总统曾表示愿提供运输机帮助印度保卫西藏；“当时估计印度只需要派一个旅的部队进入西藏，中国就会躲开。据传，杜鲁门曾同意这个看法，并表示愿意提供所需要的空中运输。”（见夏赫［A. B. Shah］著《印度的国防与外交政策》，孟买 Manaktala，1966 年出版，第 87 页）在朝鲜战争期间，使中国卷入对印度作战的第二战场，也许符合华盛顿的利益。但如果美国提出了这项建议，新德里必定是看出了这场步荣赫鹏后尘的远征风险很大，又不会有什么成果，因此没有接受。

重新部署印度部队以守卫可能引起争执的地区。① 尼赫鲁对这封信的答复没有公布，但是从他后来采取的行动中可以推断出答复的要点：他继续执行对中国友好的政策，继续鼓吹中国进联合国的主张；但同时也下令把印度的行政管辖范围扩展到整个东北边境特区（North-East Frontier Agency，简称 NEFA），这就是那块位于"麦克马洪线"南面的部落地带现在的名称。

1949 年年底东北边境特区的情况，和英国人离开时的局面差不多。印度方面在靠近"麦克马洪线"东端的瓦弄设立了一个哨所，但印度在其他各段的阵地距离该线还很远。印度侵入达旺地区，到了德让宗就停下来。西藏对达旺的行政管辖仍旧未受干预。然而，不到一年的工夫，印度在东北边境特区增设了 20 个哨所。1951 年 2 月，一名印度官员带着一支警卫队和几百名脚夫进入达旺。过去的英国政府最后曾赞成修改"麦克马洪线"（1944 年高德向西藏人提出的方案就是证明），现在印度政府显然已决心反对修改这条线，并打算把他们的边境线从色拉山口（西山口）推进到麦克马洪当年画的那条线上来。拉萨的西藏当局提出了抗议，而印度的政治官员不加掩饰地回答说，印度正在接管达旺。西藏人再次提出抗议，指责印度政府"把原来不属于它的地方攫为己有"；对此，"我们深表遗憾，并且绝对不能同意"，并要求新德里立即将印军撤出达旺。[18] 印度对西藏的多次抗议置之不理，继续留在达旺，并像 1944 年英国在德让宗干的那样，赶走了在达旺的西藏行政当局。这样一来，曾经使英国参谋总部十分担忧的那个中国西藏领土的"危险楔形地带"终于完全消除，而"麦克马洪线"也就大体上从地图上移到地面上，成为印度事实上的东北边界。

印度政府把他们要接管达旺的意图通知拉萨的西藏政府而不通知北京，这是可以理解的。虽然新德里这时同意中国对西藏享有主权，但印度

① 这封信于 1968 年第一次公开发表在一家孟买的周刊上。该信作为附录刊载于达尔维（Dalvi）所著的《喜马拉雅的失策》（*Himalayan Blunder*，孟买 Thacker & Co.，1969 年出版）和库尔迪普·内雅所著的《两线之间》（孟买 Allied Publishers，1969 年出版）两书中。

把达旺当作局部问题对待而留待北京提出抗议的做法，是有其外交含义的。现有记录表明，中国政府对于印度的这个行动没有提出意见。这种令人迷惑不解的沉默，只能解释为中国默许印度扩展到“麦克马洪线”。

印度进入达旺，只遇到西藏人口头上的抵抗，但是部落居民对印度在东北边境特区其他地点的扩张行动，却索取了血的代价。20 世纪 50 年代初期，一支强悍的阿萨姆步枪队的巡逻队溯苏班西里河（Subansiri River）而上，有一个部落给他们以热烈欢迎，设宴招待并安排住宿——然后把他们几乎一个不留地杀掉。这次一共死了 73 名步枪队的士兵和文职人员。印度政府派出了一支讨伐的远征队，但根据尼赫鲁的命令，他们只是进行了一次炫耀武力的示威，而没有像英国人肯定会干的那样烧房屋、抓俘虏。[19]

印度政府继续执行英国政府对“麦克马洪线”的政策，不仅出乎自然，而且也认为是顺理成章的。

过去决定英国对东北边境态度的那些战略和地缘政治的考虑，现在对新的印度政府也同样适用。从战略上看，把边界线定在靠近布拉马普特拉河谷的边缘，使中国人深入到那里，这是过去的英国参谋总部和今天的印度参谋局同样不能容忍的。麦克马洪沿着顶峰画出的边界线，比沿着山麓画的边界线要有利得多。东北边境地带的居民在人种和文化上，的确是对西藏要比对印度更为接近；但在印度看来，正因为如此，就更有必要把这一地带置于印度的行政管辖之下。[20]在上述这些实际考虑的背后，还涉及领土至上原则的政治考虑。正如贡纳尔·米达尔所说：“每个新生政权最初的、几乎是本能的反应，就是紧紧保住遗留给它的那份领土。凡是殖民国家曾经统治过的地方，新兴的国家就一定要统治。”[21]

对于印度政府来说，唯一的问题是：中国早就拒绝了“麦克马洪线”，印度应该怎么办？对此，英国的先例又提供了部分答案：印度只要把“麦克马洪线”当作边界线看待就行了，反正印度对这些部落地区的管辖已是既成事实；中国如对此提出抗议，随它去就是了。更有甚者，印度当时还决定，如果中国一旦提出这个问题，印度就拒绝谈判。对印度人来说，既然印度的政策是使“麦克马洪线”成为事实上的边界线，那么，上述决定似乎是这种政策的必然结果。但后来的事态发展表明：拒绝把“麦克马洪线”提交谈判的决定本身，就是一个孕育着严重后果的重要步骤，它的确使得中印边界问题无法解决。

从坚持某条具体边界的走向，进而拒绝举行边界谈判，这事实上是从外交交涉发展到一意孤行。在谈判的过程中，不管其中一方采取怎样不妥协的立场，总还容许双方找出某些保全面子的方式，甚至还可以通过其他方面某种程度的让步，达成一项双方满意的妥协。但采取寸步不让的立场和拒绝谈判的态度，就等于要一方默认他方单方面强加的决定，除此之外没有其他出路。这样的态度一旦应用在边境问题上，就会导致对有争议的领土进行武力争夺。

印度采取上述对待“麦克马洪线”的态度，最早是在 1950 年 11 月以议会质询的方式透露的。当时有人要求尼赫鲁总理（他当时还兼印度外交部部长）申明，在印度和西藏之间是否有一条已经划定的边界线，尼赫鲁回答说：

> 从拉达克区域到尼泊尔边界，又从不丹到伊洛瓦底 / 萨尔温江（Irrawaddy/Salween）在阿萨姆邦的分界处，西藏都和印度接壤。从不丹向东的边境已经清楚地由 1914 年《西姆拉条约》所确定的“麦克马洪线”划定。从拉达克到尼泊尔的边境是主要由长期的习惯所确定的。

一名议员问道，这条边界线是否已为西藏所承认？尼赫鲁回答说：“我认为这条边界上有几段已经被承认，这要看尊敬的议员讲的是哪一段。”接着有人问道，据说有一份中国的新地图标明边界线是在布拉马普特拉河谷？尼赫鲁说：“不对，先生，就我们所知，并没有什么新的中国地图。但是过去3000年来，中国的所有地图都把现在属于印度的东北边境的一部分领土，标成不属于印度。”议员们进一步追问关于中国地图的问题，尼赫鲁就以下述声明结束了议会的讨论：“我们的地图表明‘麦克马洪线’是我们的边界，不管地图不地图，这就是我们的边界。这个事实没有变，我们坚持这条边界，我们决不让任何人越过这条边界。”〔22〕

印度在地面上以及官方声明中，都把“麦克马洪线”定为边界线，而又不直接通知中国。1952年印度政府内部有人对这种做法提出责难。

在此以前，印度已经失去了使“麦克马洪线”的地位合法化的一个机会。1951年9月，中国总理周恩来向印度驻北京大使提出应尽早处理有关稳定西藏边境的问题，并建议由印度、中国和尼泊尔三国之间举行会谈解决这个问题。根据印度方面关于这次谈话的记录，周恩来还说道：“印度和中国之间不存在领土争端或纠纷。”〔23〕——这就进一步证实中国曾决定接受“麦克马洪线”作为印度的东北边界线。

印度政府答复说，它欢迎周恩来所建议的谈判。但是，中国和印度双方都没有把这项建议贯彻下去。尼赫鲁后来解释说：“我们认为既然我们的边界是清楚的，那就谈不上由我们方面来提出这个问题。”〔24〕结果，两国政府不是讨论边界问题，而是讨论了另外一个问题，那就是印度继承了英帝国在西藏的一些权益，如何使之适应当代情况的问题。1952年7月，中国正式提议解决由于印度继承了英国在西藏的权益和资产而引起的某些“悬而未决的具体问题”，并列举了诸如商务往来、贸易以及印侨待遇等问题作为讨论项目。印度早就通知中国，表示准备就印度在西藏的现存权益问题达成一个双方满意的解决办法，这时也就同意了中国的建议。双方都没有再提及边境问题。

就在这个关头，印度政府中有一名高级官员对政府不提“麦克马洪线”问题的决定表示了异议。巴杰帕伊（G. S. Bajpai）爵士是英国赖以统治印度的文官系统中最显要的官员之一，他担任了印度独立后的第一任外交部秘书长。[①] 1952年，巴杰帕伊已辞去秘书长的职务，担任孟买邦邦长。当时他以邦长的身份写信给印度外交部，敦促印度政府主动向中国政府提出“麦克马洪线”的问题。他警告说，对于中国来说，“麦克马洪线”可能是“英国侵略中国过程中遗留下来的疮疤之一，中国可能想在修改边界的基础上医治或者消除这个疮疤，而这种修改可能既不会使我们高兴，又不符合我们的利益”。

尼赫鲁和当时正回国述职的印度驻华大使潘尼迦讨论了这个建议，并由潘尼迦答复巴杰帕伊。潘尼迦告诉他说，尼赫鲁总理认为提出“麦克马洪线”问题不符合印度的利益。潘尼迦解释说：尼赫鲁的看法是，既然印度已经毫不含糊地公开申明“麦克马洪线”是边界线，那就应该让中国来提出问题。假如由印度提出，“就会迫使（中国人）在以下两种态度中作出选择：或者是接受我们和西藏过去签订的条约；或者是拒绝这个条约，同时建议谈判。鉴于历届中国政府明确拒绝承认《印藏条约》对它们有约束力，因此，很难设想中国会采取第一种态度，而第二种态度则将对我们不利”。

潘尼迦接着说，如果“中国提出了这个问题，我们可以直截了当地拒绝谈这个问题，并且可以采取尼赫鲁总理（在他的公开声明中）所采取的立场，即麦克马洪线南边的领土是我们的，因而也就没有什么可以讨论的”。

巴杰帕伊并没有被说服。他指出：中国曾经要求解决一切“悬而未决的问题”，中国人既然“从来没有同意把‘麦克马洪线’作为西藏和我国之间的边境线，他们多半不会认为这条边境线已经确定。当然，他们不到对自己有利的时候是不会提出这个问题的”。他争辩说，印度应该干脆利用这个机会通知中国，印度认为“麦克马洪线”是边界线，并打算把它当

---

① 秘书长（Secretary-General）是印度外交部的最高级文官，其次是外事秘书（Foreign Secretary），再次是联邦事务秘书（Commonwealth Secretary）。

作边界线来对待。中国或者同意，或者对印度的声明置之不理（听任人家将其沉默解释为默认），或者不同意。无论如何，印度将从而摸清中国的立场。但当时决定早已作出，巴杰帕伊最后提出的意见就成了一场已经结束的争论的注脚。〔25〕

在 1954 年谈判缔结关于西藏通商和交通的新协定时，印度代表团没有提到边界问题，而且是有意避开了这个问题。不仅如此，印度人连 1914 年英国同西藏为了履行《西姆拉条约》而签订的贸易协定也没有提及，而是把这次谈判仅仅当作 1908 年中国同英国签订的贸易协定的继续。

这表明当中国重新在西藏行使权力的时候，印度对西藏的政策也发生了转变。1948 年中国国民党政府曾向印度指出，1908 年协议原定的 30 年有效期已满，应当重新谈判。印度政府当时答复说，它只承认 1914 年印藏协定有效。正是这个答复促使中国国民党政府再度申明：中国认为《西姆拉条约》以及由该条约所产生的一切都是无效的。〔26〕

中国似乎认为，印度放弃 1914 年先例，表明印度的立场有所松动，并默认《西姆拉条约》以及有关协定在法律上无效。当时中国无疑知道印度打算把"麦克马洪线"定为印度的东北边界线。前面讲过，中国也早已表示他们默认这条线；而印度在 1954 年谈判中所采取的立场，也可说是暗示了印度准备在适当时候通过外交程序来使这条事实上的东北边界线得到批准。

因此，1954 年的谈判所涉及的问题仅限于印度驻拉萨的代表机构，驻江孜、亚东和噶大克等地的商务代理处和一般贸易问题，邮政和电报设施，印度在西藏继承英国的权益而保持的武装卫队以及香客入境等事宜。但是，当讨论到边境中段[①]某些山口的使用问题时，也就间接地涉及边界问题。中国的草案写道，“（中国）同意开放下列山口……供商人和香客出入之用”。草案的措辞反映了中国的主张，即西藏（因此也就是中国）的管辖范围是延伸到这个地段的主要山口以外的地区。印度人正如当年的英国人一样，主张边界线是沿着分水岭的，因此主要山口本身就是边界线的地形特征。他们拒绝了中国人的提法。但是他们并没有把问题挑开，宁愿接受一项回避了具体的山口归属问题的措辞：“商人……经由下列山口来往……”〔27〕双方代表团至少是心照不宣地同意了不将边界问题纳入这次的谈判议程。

后来，当边界争端发生后，印度就说，他们这一次之所以没有提出边界问题，是“因为，就印度政府来说，边界是人所共知的，是无可争论的，不可能存在有关边界的问题”。〔28〕他们还说：“印度代表团自始至终认为，两国间所有争论的问题都在被考虑之列，并且一旦达成解决，就不存在任何问题了。”〔29〕但是从巴杰帕伊同潘尼迦的通信中可以看出，事实上印度政府完全了解中国并不认为“麦克马洪线”是正式确定的边界线。而且，中国的草案为印度所拒绝，表明双方对于中段边界线走向的看法存在分歧。后来印度争辩说，中印关于西藏贸易的谈判结束了边界问题，这种说法显然是不老实的。这说明印度在 1954 年时有意要套住中国，从而使印度后来能够争辩说，因为中国没有提出边界问题，就等于是默认边界已定。

事实上，印度当时正企图按照他们自己的条件结束边界问题，这可以从 1954 年 7 月，在西藏协定签字后三个月，尼赫鲁口授的一份备忘录中得到证实。但是在研究这份备忘录以前，还必须提到 1954 年关于西藏通

---

① 新德里和北京之间在 20 世纪 60 年代的会谈中，为了明白起见，把中印边界划分为三段：从喀喇昆仑山口到印度河地区的碟穆绰克（Demchok）为西段；从碟穆绰克到尼泊尔边界，包括印度这边的北方邦（Uttar Pradesh）和喜马偕尔邦（Himachal Pradesh）在内，为中段；从不丹到缅甸这一段，即“麦克马洪线”，为东段。本书将沿用这些名称。

商协定的内容实质。①

这个协定毫不含糊地承认中国对西藏的主权——协定提到西藏时都称“中国西藏地方”。从英国开始，就把西藏当作独立国来同拉萨打交道，印度独立后还试图继续这样做，这一协定正式结束了这种企图。接着，该项协定在序言部分宣布了著名的“和平共处五项原则”，印度称之为“潘查希拉”：

互相尊重领土主权；

互不侵犯；

互不干涉内政；

平等互惠；

和平共处。

五项原则本身并不是什么新鲜的东西——毛泽东早在1949年的一次讲话中〔30〕就把第一项和第四项列为中国外交政策的原则，当时使用的也是同样的字句。有人说，使用“潘查希拉”这个字眼应当归功于尼赫鲁；尼赫鲁说过，他曾在印度尼西亚听到过这个“绝妙好词”，并且声称潘查希拉渊源于印度的道德传统。“潘查希拉”被恰当地说成是这样的“一句流行语，它能使人联想到某些古老的概念，但它同过去的联系又只是限于在一切宗教遗产中都可以找到的那种精神”，〔31〕但潘查希拉变成一个体现当时印度外交政策的道义愿望的口号，特别是标志并象征着印度和中国之间友情洋溢时期的开始。当时在印度继续有人反对和批评尼赫鲁的对华政策，但这还只是一股暗流。亚洲的两个伟大的新兴共和国，朝着未来的革新携手前进的这种设想，对印度民族主义具有强大的吸引力。“潘查希拉”被认为不仅

①《中华人民共和国、印度共和国关于中国西藏地方和印度之间的通商和交通协定》1954年4月29日在北京签订。该协定全文及有关照会载于白皮书第I号第98—107页。

是印度对华关系的指针，而且是所有国家的指路明灯。

尼赫鲁在其备忘录中把关于西藏的协定同边界问题连在一起。这份给内阁各部的备忘录，把上述协定说成是“我们与中国和西藏关系的新起点”。他接着写道：“根据我们的政策和我们同中国的协定，应该认为这条（北部）边界是牢固的、明确的、不容同任何人讨论的。应沿边界全线建立一系列边境哨所，特别是在可能有争议的地方，必须建立边境哨所。”[32]

这个关键性政策指示的意图是很清楚的：印度应当扩展到它认为是自己边界的地方，然后拒绝同中国谈判。中国既然已经在关于五项原则的序言中同意要尊重印度的领土完整和主权，那就只好接受既成事实。

对于尼赫鲁及其顾问们来说，这只不过是把他们从前应用于“麦克马洪线”的政策扩大到整个北部边界，即印度把自认为是其边界的走向明确起来，并且当作已定界来对待，听任中国提抗议，而印度则“拒绝重提这个问题”。自从尼赫鲁公开宣布“麦克马洪线”是印度的东北边界线以来的四年中，北京方面一直没有提出异议；中国默许印度于1951年接管达旺，表明北京当时并不想就“麦克马洪线”挑起争端。在印度人看来，把这项政策扩大到边界的其他各段，乃是合乎逻辑的必然步骤。然而，尼赫鲁武断地决定北部边界的其他地段都是“明确划定”“不容讨论”的边界线，他这个步骤就把边界问题转化为争执，而争执最后又转化为边境战争。

印度不把“麦克马洪线”提交谈判的决定，排除了印度同中国就这条边界走向取得正式协议的可能性。但“麦克马洪线”毕竟是一条清楚地（虽不是精确地）画在地图上的已知线，这是印中双方都知道的。现在尼赫鲁把同一原则扩大到中印边境的西段，而这一段的情况却根本不同。在西段，从来没有过像“麦克马洪线”那样清楚的拟议线；由于对西段地区从没有进行过全面的勘测，也就不可能画出这样的一条线。再者，多年来，英国自己所赞成的边界走向多次更动——数一下，就有11次更动，但基本上反映了边界的三种走向。[33]尼赫鲁的指示意味着印度将从这三种走向中单方面选定一种加以贯彻，作为事实上的边界，然后把它当作“不容（同中国）讨论”的题目。假如印度选定的边界走向正是中国所能接受的，那倒也不会有什么害处（当然，如果真的“不容讨论”，也无法正式划界），在这种遥远而又荒凉的地区，有一条双方接受的事实上的边界，也就可以过得去了。然而，当时明摆着的危险是：印度打算在西段选定一种中国所不能同意的走向。

在谈到印度为西段边界选定的究竟是哪一种走向之前，还要解答这样一个问题：为什么当时中国没有把边界问题提出来谈判？周恩来后来解释说，这是由于“时机尚未成熟”。这句话可以做恶意的解释。也许中国根据自己的经验深刻地体会到，边界谈判最好是留到可以从实力地位出发时再来进行。① 但是鉴于1951年周恩来自己曾提议早日就边界问题举行谈判，所以他后来的话很可能意味着中国看到当时有关的邻国对谈判不感兴趣，而且边界问题也并不是亟待处理，因而也就没有理由提出举行边界谈判。印度的地图和中国的地图对边界的画法的确有很大分歧，但是，中国的看法正如后来它所声明的那样，认为：因为中印边界从来没有正式划定，“两国对于边界持有不同的意见是自然的”，[34] 中国已经接受“麦克马洪线”作为事实上的边界，所以料想这方面不至于发生紧迫的问题。在潘查希拉协议签订一年以后，周恩来在万隆会议上讲话，阐明了中国对自己同邻邦之间边界问题的态度：

> （中国）同有些国家的一部分边界尚未确定。我们准备同邻邦确定这些边界……在此以前，我们同意维持现状，对于未确定的边界承认它尚未确定。我们约束我们的政府和人民不超越边界一步，如果发生

---

① 1959年12月9日尼赫鲁在联邦院解释20世纪50年代初期印度为什么要对边境问题保持缄默，他是这样讲的：“我们感到我们应该坚持我们的立场，它将随着时间的推移和形势的发展而肯定下来。也许等到对我们的立场提出挑战的时刻来临时，我们就可以处于更为强大的地位去应付这一挑战。”

这类事情，我们愿意指出我们的错误……至于我们如何同邻国来确定边界，那只能用和平方法，不容许有别的方法。[35]

对照万隆会议上中国的态度和巴杰帕伊与潘尼迦的通信以及尼赫鲁的备忘录中所表现出来的印度的态度，就可以看出双方立场截然不同：中国愿意同邻国谈判确定边界；印度却认定边界问题不容讨论；中国承认他们的边界有一部分是未定界，主张在边界问题解决前维持现状；印度则硬说边界已定，并决定沿边界全线“特别是……在可能有争议的地方”建立哨所。显然，冲突一触即发，其形成因素早已存在。只要双方在领土主张上发生冲突，就足以引起爆炸。

为了执行尼赫鲁1954年的指示，印度就需要精确地确定其边界究竟在哪里，并将其想法在自己的地图上标明。但在1954年以前，印度官方测量机构（印度测量局）对其北部边界线的画法仍然是以1936年以来英国人的画法为准。“麦克马洪线”被画成是印度东北部的边界线，但它是用虚线标出的，表明这条线还没有标定。① 从尼泊尔向西到阿富汗这一段，地图上根本就没有画出边界线，而是涂上了一片淡色，旁边注明“未定界”，但这体现了过去约翰逊—阿尔达对喀喇昆仑山以外地区登峰造极的领土要求——也就是说，把阿克赛钦和它旁边的很多地方都暂且画在印度境内。[36] 1954年印度官方地图对北部边界的画法有了显著改变。东段的变动最少，只用实线注明“麦克马洪线”为国际边界，但未提该线尚未标

① 就是说，没有在地面上标出。英国一些地图把“麦克马洪线”标成划定界，也就是说，是由有关各方正式同意过的。

定。[①] 在西面，从尼泊尔到阿富汗之间的一段，则以实线的国际边界代替了那块未定界的淡色——但在实质上同过去的主张不同。新地图把从阿富汗到喀喇昆仑山口一段的边界线往后拉了一些，使之大体上沿着喀喇昆仑山的主脉，从而放弃了约翰逊—阿尔达那一派关于在这一地段向前推进的主张。但是在喀喇昆仑山口以东，新地图上的边界线又向北拐，大致上又回到约翰逊—阿尔达线，把直抵昆仑山的一片地带圈了进来——把阿克赛钦包括在印度境内。

英国统治时期对阿克赛钦提出的领土要求是一个战略上的方案，目的是为了预防俄国人的挺进，使他们离开西藏和印度越远越好。德里和伦敦在过去不同时期，时而赞成这个主张，时而抛弃这个主张，但是从来没有作为正式的边界建议而提出来，也从来没有在地面上把行政管辖扩展到那里——英国当时不愿也无力这样做。虽然英国有些地图曾经长期沿用上述画法，但前面讲过，这种画法并不总是反映英国的边界政策。当时英国人在地图上可以自由地绘出暂定的边界线，因为这些画法可以随时修改而不会引起尴尬。然而，独立后的印度政府在官方地图上对阿克赛钦提出断然的要求，其后果就大不一样。印度政府声称这块领土属于印度，就在某种程度上使得本国政界舆论甚至在宪法上也要对之采取同样态度。印度再撤回这个领土要求就非常困难，甚至是不可能的了。

为什么 1954 年印度政府在地图标出明确的边界时提出对阿克赛钦的要求呢？按照他们自己的说法，他们之所以在喀喇昆仑山口以西的一段，

① 然而，对于不丹和锡金边界的画法变化很大。在 1954 年以前出版的地图上，这两个国家被画在印度境外；但在 1954 年出版的地图上，这两国都被画在印度境内。这种变化并不反映印度和这两国的条约关系。不丹是一个完全的主权国家，锡金的独立地位则相对有名无实。但是印度宪法并没有把锡金作为印度的一部分。1967 年印度外交部部长查格拉（M. C. Chagla）在人民院讲话中也证实锡金不是印度的一部分。但是，印度不顾锡金和不丹的多次抗议，在印度地图上继续把这两个国家标画在印度境内。

放弃了将边界线划在喀喇昆仑山以外的主张，① 是因为在1927年英国也曾这样做，当时英国承认其要求不符合行政管辖的实际，但英国未在地图上标明它的决定。[37] 那么，印度为什么又要在阿克赛钦地段把边界线划在喀喇昆仑山以外呢？这是个关键问题，而且是个无法明确答复的问题，因为印度政府至今没有公布1927年英国所做的决定（这段时期的英印政府档案现仍未公开），在英国档案中也找不到线索，然而，可以推想出一个可能的答案。如上所述，英国对这个地段的边界政策当时是在前进派和温和派两种主张之间摇摆不定。很可能到1927年英国认识到：既然中国已在喀喇昆仑山口长期立足，因此，提出一条喀喇昆仑山口以北的边界线的主张将是无效的；但另一方面，他们又决定应继续在地图上保持对阿克赛钦的要求。当时新疆已经落入苏联的势力范围，俄国的威胁再度出现，如果说英国在阿克赛钦没有行使有效管辖，那么，也可以争辩说，中国对之也同样未行使有效管辖。既然如此，为什么不可以继续保持对阿克赛钦的领土要求呢？一旦情况极度恶化，就可以用这一招儿遏制俄国的扩张；或者，同中国就这个地段的边界举行谈判的时机到来时，也可以用这一招儿来针对中国的最高要求进行讨价还价，以便取得妥协，划定一条类似1899年向中国提出过的边界线。

如果1927年英国的决定大体如此，那么，其他推论就可随之作出。当1954年印度政府着手查对英国的旧档案以便弄清西段的边界位置时，他们可能发现了一份对阿克赛钦提出要求的建议。这个方案在英国人手里本来可能只是一种试探性的要求，作为将来同莫斯科或北京打交道时的外交筹码。可是，由于1954年印度所持的态度，这个方案就变成一项公开的断然主张。尼赫鲁断言："应该认为北部边界是牢固的、明确的、不容同任何人讨论的。"

---

① 到1954年，印度对整个克什米尔的领土要求变得强硬起来。因此，印度冒称有一条中印边界存在于喀喇昆仑山口和阿富汗之间，而这片领土事实上是属于巴基斯坦的。

按照上述解释，中印边界争端的核心产生于历史的偶然事件。1927年重新考虑同中国接壤的西北部边界问题的那些英国人，如果当时曾建议沿用1899年英国向中国提出的建议线作为阿克赛钦地段边界，① 那么，在印度地图上就会把20世纪50年代中国修筑的新藏公路所穿过的地区画在印度境外。那样，这场争执中难以处理的症结也就不存在了。

1954年印度修改了地图，在地图上把阿克赛钦画成印度的一部分，但是在地面上并没有反映出这种改变。印度在拉达克最前方的哨所是在楚舒勒（Chushul），该地距阿克赛钦还很远。1952年，印度曾派出一支巡逻队到拉那克山口。1954年，印度又派出同样的巡逻队，并在该山口插上了印度国旗。〔38〕但是，印度的巡逻队从来也没有抵达阿克赛钦。〔39〕为了贯彻执行尼赫鲁在备忘录里的指示，印度外交部、内政部和国防部于1954年9月召开会议，以确定有争议的西段和中段边境地区的位置。这次会议并建议今后由国防部负责守卫这些边境地区（边境巡逻通常由内政部负责），但是陆军提出异议〔40〕——估计是因为陆军本身的任务已很繁重。当时还是决定：只要有可能，就应把边境哨所推进到有争议的地方。因此，在中段和东段，印度的哨所都向前推进了。〔41〕

印度在中段向前推进，立即引起中国的不满。中国于7月抗议印度军队侵入中国领土，认为印方的这一行动“不符合中印两国互不侵犯、友好相处的原则”，而这些原则是刚刚写成条文载入“潘查希拉”协定中的。〔42〕印度政府答复说，所涉领土属于印度，并反过来要中国尊重五项原则，将其人员撤出。在中印边境的中段，印度的北方邦和喜马偕尔邦同西藏接壤，对于这段边界的划法长期以来就有争议。〔43〕西藏人不仅控制了各处山口，而且控制了各山口以外的许多牧场；而印度人现在所进入的正是这些地带，其目的在于把山口本身作为边界线的地形特征。中印双方一到冬天就

① 前述“马继业—窦讷乐线”有关论述及注释。

都撤了回去，所以，这就变成双方每年一度都抢先赶到高原牧场的竞赛。在 20 世纪 50 年代中期，中印双方就中段边界问题不断交换外交信件，并于 1958 年在新德里就此问题进行过会谈，但无结果。它只是一桩边界大争端的前奏和小型彩排，因此没有必要做过细的追述。然而，有一点值得注意：印度政府指责中国侵略，是因为中国小股部队越出了山口，[44]而事实上，中印双方边防部队发生接触乃是由于印度军队向前挺进的结果——几年后尼赫鲁本人在议会里确认了这一点。[45]印度政府在外交辩论中坚持说，中国在 1954 年关于西藏的通商协定中曾承认边界经过上述各山口。[46]但如上所述，中国曾明确表示，他们认为这些山口全部是在中国领土以内。最后，印度还有一项颠倒事实的指责，说在“潘查希拉”协定墨迹未干之前就开始“试探前进”的是中国方面。这是印度指控中国不守信义的罪名之一——几乎全世界都信以为真。印度指控的另一罪名是，中国明知阿克赛钦是印度领土，却偷偷摸摸背信弃义地修筑了一条通过阿克赛钦的公路，而这就触及中印边界争端的核心。

任何人到了阿克赛钦，都会感到那是荒无人烟、艰险难行的地带。但是，喀喇昆仑山在中国一方的面貌，同山这边印度一方的面貌大不相同。首先，阿克赛钦对中国比对印度容易通行得多，有一条古时的商路，从和田溯喀拉喀什河而上，到达阿克赛钦，又穿越高原通往西藏。因此，阿克赛钦是一条天然通道上的必经之路，尽管这段路程是艰险的。从印度那边前往阿克赛钦，要穿越喀喇昆仑山或者拉达克山脉，就困难得多；更重要的是，从那里往别处去，什么地方都走不通。英国在 19 世纪企图开辟沿羌臣摩河谷而上，穿过阿克赛钦到达喀拉喀什河的商路，但是没有成功，因为这样的商路，比穿越 1.8 万英尺的喀喇昆仑山口的传统道路更加难走。

所以，当中国在新疆重新行使中央权力并于 1950 年进入西藏的时候，自然要通过阿克赛钦这条路进入西藏西部——这的确是唯一切实可行的走法，因为西藏的北面是辽阔的新疆戈壁滩。1950 年 11 月 17 日《政治家报》

报道说，印度政府得知中国军队从新疆开进西藏西部，就是印度驻西藏西部噶大克的商务代理处提供的情报。

中国在 20 世纪 50 年代前半期[47]利用阿克赛钦这条路供应西藏西部，并且宣称在此期间中国对整个阿克赛钦地区进行了巡逻和勘测——中国人后来说，“这个勘探队的足迹遍及阿克赛钦和林济塘洼地”。[48] 1956 年 3 月，中国开始修筑一条可以通行汽车的公路，深入叶城附近的山中，并穿过阿克赛钦，抵达噶大克。这项工程费时 19 个月，中国后来说它是由中国边防部队，“连同 3000 多名民工，在极端困难的自然条件下，盘绕高山，架设桥梁，修筑涵洞”而建成的公路，全长约 750 英里，其中大约有 112 英里的地段通过了印度以后提出要求的领土。

中国政府在勘测和修筑这条公路时，是否知道印度的领土要求呢？当然，中国的地图标明阿克赛钦是中国领土，其边界线走向是沿着阿克赛钦西面的喀喇昆仑山脊。自 1890 年李源钠进行踏勘以来，中国就认为阿克赛钦是属于中国的；也许甚至在此以前就已如此，不过是较为模糊。如果在 20 世纪 50 年代初期，北京的官员考察过西段边界问题的话，那他们就会发觉印度地图标明了一个囊括阿克赛钦的未定界。但是这些印度地图——这上面的边界线只是用模糊不清的淡色标明，注有“未定界”字样——把自 1892 年中国在喀喇昆仑山口竖立界碑时起就明显是由中国控制的那片领土，也都包括到印度境内。因此，中国人可能认为这些地图不足为凭，认为它们只是表示了帝国主义时代不现实的领土要求，而印度只不过是在同中国划界以前在地图上把这个要求继续保留下来而已——中国人在自己的地图上也是这么办的。印度政府虽然多次对内明确表示，它认为“麦克马洪线”是东段边界线，自 1951 年以后也已在地面上加以贯彻；但是，印度还没有明确提出过西段的任何边界线。1958 年以前，印度人在西段所到之处，离中国人认为应当是边界的地区也还远得很。

1954 年出版的印度地图对西段边界做了修改，如果驻新德里的中国大使馆尽职的话，必定会提醒北京，有可能在阿克赛钦问题上发生争执。但印度自己又不打算提出边界问题，那就只有留待中国方面提出。1956 年周恩来在新德里和尼赫鲁会谈时，曾提到边界问题；但他只提到“麦克马洪线”。[49] 直到 1958 年，印度才对阿克赛钦提出正式的要求。在此以前，如果中国方面查阅中国外交部的档案，以了解过去英国对阿克赛钦边界线的设想是什么，那么，他们就只能找到 1899 年的马继业—窦讷乐方案，而根据该方案提出的边界走向，整条阿克赛钦公路都是在中国领土之内。①

20 世纪 50 年代，中国在阿克赛钦的活动之所以没有惊动印度政府，真正的理由是印度对此毫无所知。② 从列城向东北方向派出的几支巡逻队都没有穿越阿克赛钦——有两支巡逻队可能曾抵达阿克赛钦最西部的边缘，但没有到达接近这条公路的地方。由于中国报刊兴高采烈地报道了这条重要公路业已竣工的消息，印度政府这才第一次听说有这条公路。印度驻北京大使于 1957 年 9 月向新德里报告了这些情况。印度大使提到的是刊登在中国杂志上的一个小比例的简图，印度政府只从这张图上也弄不清究竟这条公路经过些什么地方。直接向中国查询，又同印度的立场不相称，因此就决定派出两支巡逻队调查公路的位置。③ 由于酷寒，巡逻队又不能在冬季派出。所以，直到 1958 年 7 月，这两支巡逻队方从印度的基地列城出发。到 10 月，一支巡逻队从公路南段打回报告，说这条公路确实穿

① 有人争辩说，1899 年那条线在阿克赛钦的东南角会把中国公路截掉大约 10 英里之多；但是如果把 1899 年那条线的位置移到一张现代地图上，可以看出，整个公路的位置是在中国这一边。

② 有人认为印度政府是知道中国修筑了公路的，但是有“一些比尼赫鲁更加强烈地、更加不顾一切地主张争取中国好感的高级人士”，没有把这项情报告知尼赫鲁。这些人之所以作出这种推测，看来是由于他们没有在地图上查找一下印度所说的巡逻队走过的路线；如果他们查了，就会看到，正如印度方面后来承认的那样，“根本没有派遣印度侦察人员去过中国人修筑了一条新公路的阿克赛钦的那个地区”。[50]（见赫德森［G. F. Hudson］在《圣安东尼学报》［*St. Anthony's Papers*］第 14 期的文章，伦敦 Chatto & Windu，1963 年出版）

③ 为什么没有采用空中侦察的手段，这很难说；也许是因为空中侦察容易招致中国的抗议，而地面巡逻则可能不会被察觉？

过了印度所主张的领土；奉令前往公路北段的另一支巡逻队却失踪了。

* * * * * *

到1958年，帝国主义时代遗留下来的在中印边境两端的无人地带就是这样被占领了，中印双方各自抢先占领了各自认为在战略上和实际考虑上对自己十分重要的地区。在东段，印度完成了英国人的未竟事业，贯彻了“麦克马洪线”，不仅确立了对部落地区的行政管辖，而且把西藏的（潜在地是中国的）行政当局撵出达旺，把这个地区更名为东北边境特区，并在1950年宪法中将它列为印度领土，由新成立的印度边境局的官员管辖。印度还开始修筑通向部落地区的公路，主要的一条是通向达旺的公路。

与此同时，在西段也发生了类似的过程，而印度人却蒙在鼓里。中国先是利用、后则翻修了那条穿越阿克赛钦的商路，并把它变成一条为中国行政管辖所必需的公路，他们称这条公路是新疆和西藏之间的主要交通动脉。

中印双方把各自的行政管辖扩展到这些新地区的时候，都知道对方在地图上对这些地区提出过自己的要求。人们都了解印度政府是知道的，也可假定中国政府也是知道的，但是双方由于各自的原因，都宁愿不把问题提出来。回顾起来，也可以说，中印两国政府在20世纪50年代建交之初，没有把就边界问题达成谅解列为首要议程，是一个失策。正如缅甸的吴努所说：“即使邻国间关系再好，双方也应当知道什么地方是一国领土的终点和另一国领土的开端。只有这样才能忠实地遵守互相尊重主权和领土完整的原则；这一点是极为重要的。”〔51〕但从另一方面看，也可以说，到1958年，中印边界问题本来是满可以解决的，当时中印两国国家关系很好，两国也各自占据了它们认为对自己是重要的无人地带；因此，只需签订一项协议，用外交形式把看来双方都满意的边界现状固定下来就行了。如果双方真的都满意，也就不会有什么中印边界问题了；但如果双方——或者一方——坚持其地图上对某些领土的要求，而这些领土又已为对方所占据，那么，边界问题就无法解决了。

* * * * * *

1950年萨达尔·帕特尔死后，尼赫鲁成为印度独一无二的人物，此后十年他驰骋于印度政坛，大权独揽。他是总理，在不同时期兼任国防部部长，有时担任国大党主席，他还兼任计划委员会和原子能委员会主席，直到去世以前，他一直是外交部部长。在印度独立运动的漫长岁月里，尼赫鲁坚持要他的国大党同僚考虑他们正在为之奋斗的自由印度所应遵循的外交政策，而尼赫鲁自己几乎是唯一负责制定外交政策的人。不用说，1947年自然应该由他担任总理兼外交部部长的职务。就是后来尼赫鲁所包揽的印度内政问题的重担似乎已非一人所能承担的时候，也无人对他兼任外交部部长提出异议。他的政府同僚们满足于把外交政策留给尼赫鲁去决定。内政各部要比外事部门的权势大，所以这班人，由于个人利益和野心的驱使，都从事于对内政部门职务的争夺。

内阁制度在印度从来是行不通的，它只是徒有其名。在20世纪50年代，尼赫鲁甚至不屑于把内阁装点为印度政治制度的中心。在一段较长时间里，人们有时会表示不满尼赫鲁总理"傲慢的、不顾宪法的"作风，1956年一位财政部部长因此而辞职时就是这么讲的。[52]可是一般说来，他的同僚大都安之若素，而且也跟着这么干。一名高级文官说过："这样的例子不胜枚举……部长们满不在乎地有意自行其是，没有事先取得内阁的同意就公开宣布政策决定。"[53]尼赫鲁独断专行的作风，在他处理外交政策时比处理内政问题时表现得更为突出。内阁中有一个外交事务委员会，但是他根本不把这个机构放在眼里，他多次制定、宣布，甚至执行事关重大的外交政策决议，而该委员会和内阁却毫无所知。[54]中印边界问题的处理就是这样，不但内阁和内阁所属的外交和国防两个委员会不知道，直到发生武装冲突使这个问题再也隐瞒不住时，议会也不知道。

因此，20世纪50年代的印度外交政策，就是尼赫鲁个人制定的；而这个政策的执行也仅由尼赫鲁本人和印度外交部的几名高级官员负责。最初几年尼赫鲁领导外交部事务，也是事必躬亲，好像他管的只有一个外交部，甚至连一些简单的电报也时常亲自起草，不同官员们商量。有一个看问题比较尖锐的观察家，批评尼赫鲁在世时的印度外交人员，他写道："他们工作效率不高——对于印度这样重要的大国来说，这很不相称。他们训练不够，业务能力不行，整体观念不强，过分热衷于讨好上级。尼赫鲁过于忙碌，过于偏执，以致没有去了解必要的细节和下级官员的情况，他只熟悉一小撮最高级官员和少数几个偏爱的部下。这样就助长了阿谀奉承，走私人路线，以及肤浅和主观的作风。"〔55〕

尼赫鲁个人的对华态度，在刚开始时是积极热情的，甚至是亲如兄弟的。这种态度渊源于他长期的信念：在他的想象中，两个亲人般的、平等的巨人之间的友谊象征着亚洲的前途，甚至象征着世界的前途。1942年尼赫鲁写道："我所梦想的未来是同印中两国团结友好并结成某种接近于联盟关系的前景密切联系在一起的。"〔56〕1939年他第一次访问中国，在国民党政府所在地重庆度过12天，回去后他确信"一个新的中国正在兴起，它扎根于自己的固有文化，然而摆脱了多年来的懵懂软弱状态，变得强壮而团结"。〔57〕1954年他再度来到中国，回印度以后，对中国人民在建设国家中表现出来的精力和纪律印象很深，他认为，这给中国带来"了不起的力量"。〔58〕这次访问中国时，他会见了毛泽东。据说尼赫鲁在会见后感到自己似乎"就像从中华帝国的属国或附庸国来的臣民一样，被引进谒见"。〔59〕中印双方对于谁应当更加尊重谁这种以老大自居的矛盾，这不是第一次，也不是最后一次。

虽然尼赫鲁在印度内政方面是反共的，但他总是力图把它同对待共产党国家的态度区别开来。他认为，中华人民共和国的建立是民族主义的胜利，也是亚洲政治复兴的表现，而不把它看作共产主义的胜利。他相信，到头来中国文明将把马克思主义的教条和共产党的结构消化吸收，然后，也许会产生一种新的化合物。他深知，由于中印两国制度不同，因而在广阔的政治领域必然会在亚洲和世界上成为竞争对手。可是他认为中印竞争不一定会搞坏两国关系。尼赫鲁对北京的友好政策以及他支持中华人民共和国取得联合国代表权的主张，使他在国内以至在国际上挨了不少责骂。从 1950 年起，印度国内批评尼赫鲁的人抨击他的对华政策是姑息政策，并且争论说，既然认为中国是入侵西藏，就不应该加以默许。他们警告尼赫鲁说，中国出现在北部边境，不可避免地会把印度暴露于中国扩张主义的威胁面前——后来，他们自然相信这些预言都已得到证实。但到 20 世纪 50 年代中期，印度对中国在西藏行使权力所引起的惊惶和愤恨业已平息，“印中人民是兄弟”的口号，在印度又风行一时。周恩来 1956 年到印度回访尼赫鲁，所到之处，都受到广大群众的热烈欢迎。

周恩来乘此机会提出了“麦克马洪线”① 的问题。当两年前两人在中国会谈时，尼赫鲁顺便提到中国地图标出了“一条错误的边界线”。按照尼赫鲁本人的说法，中国当时告诉他这些中国地图是老地图的再版，还没有来得及加以修改。②〔60〕后来，尼赫鲁说，他“凭着印度对中国友好关系”，曾就当时似乎已陷入僵局的中缅边界谈判问题写信给周恩来。尼赫鲁提醒周恩来说，缅甸对它的两大邻国都有所疑虑。他提议中国采取步骤以消除缅甸的不安，并建议可以邀请吴努到北京来讨论边界问题——后来中国也这样办了。〔62〕1956 年尼赫鲁和周恩来的会晤是在尼赫鲁上述信件发

① 有人认为，在 1956 年同周恩来的会谈中是尼赫鲁先提出了“麦克马洪线”的问题。这种看法对于印度对中印边境争端发展的理解是要害所在。但这种看法是错误的。尼赫鲁自己说得很清楚，他说是周恩来主动提出来的。〔61〕

② “印度总理却没有想到，中国有同样的理由就他的一些地图问题向他提出责问，这些地图也是把从前帝国主义政府的领土要求照原样画上，而没有同有关邻国事先商量。”见狄克・威尔逊（Dick Wilson）著《亚洲觉醒了》（*Asia Awakes*），第 83 页，伦敦 Weidenfeld and Nicholson，1970 年出版。

出后几个月内举行的。在谈到中缅边界谈判时，周恩来提出了“麦克马洪线”的问题。根据尼赫鲁的说法，在这次谈话中周恩来告诉他说，中国接受“麦克马洪线”作为中国同缅甸的边界线，尽管“这条线是英帝国主义者确定的，是不公正的……然而由于这是一个既成事实，而且由于中国同有关国家，即印度和缅甸之间存在着友好关系，中国政府认为它应该承认这条‘麦克马洪线’”。[63]

周恩来采取了中国政府的既定方针来对待“麦克马洪线”。中国对过去由其帝国主义邻邦所划的界线一旦变成有效控制线时，都采取同一方针，如在乌苏里江和黑龙江的中俄边界，有效控制线几乎建立了有一个世纪之久。印度仅仅是在五年前才把“麦克马洪线”作为事实上的边界，可是中国人的态度还是一样：接受“既成事实”，并以此为出发点。这的确是中国政府所能采取的唯一现实的方针。如果拒绝承认“既成事实”，并提出收复失地的要求，那将会同所有邻国都发生难以解决的毒害国家关系的争端。

从周恩来对尼赫鲁所做的保证，可以得出一个自然的推论，但看来周恩来没有把这点讲清楚。中国虽然准备接受“麦克马洪线”的走向，但中国不愿简单确认“麦克马洪线”。北京在这方面的态度是前后一贯的。只要存在边界条约，中国都是遵守该条约的。但如需进一步举行谈判来划定走向和解决争端，中国就会坚持必须缔结新约。新条约一般会肯定旧的边界走向；但是在中国看来，新条约既是两个平等国家之间协商的结果，那就消除了旧的“不平等条约”的污点。中国对中苏边界条约的态度就是这样。但是，中国认为“麦克马洪线”并没有条约依据；因此，划定边界只能是以现状为基础。从实际的和政治的考虑出发，即使批准一条像“麦克马洪线”这样大家都知道的——虽然不是明确划定了的——边界，也需要经过谈判协商。周恩来可能认为这是不言自明之理。因为他当时是联系中缅谈判的问题讲了上面那番话，而且他还接着讲到，他相信印度将和中国一样，都不会认可旧时的帝国主义条约。[64]此外，前不久他还向尼赫鲁保证过，中国不会利用谈判来试图变更边界。

但下面的问题仍未解决：为什么周恩来这时没有提出中印边界西段问题呢？当时尼赫鲁似乎还没有察觉：印度自1954年以来在地图上对阿克赛钦所提出的要求，正是中国认为属于自己并作为自己的领土而加以使用的地区。但是中国政府必定了解不久前印度在地图上曾明确地对阿克赛钦提出了要求。中国当时正在毗邻的中段地区处理边界争端，因此可以假定，有人会向周恩来汇报西段地区也有可能发生争执。如上所述，尼赫鲁及其顾问们认为，如果让中国方面根据它自己的地图对被印度占领的领土（“麦克马洪线”南面的地区）提出要求，对印度最为有利；也许中国对于印度在地图上对阿克赛钦（中国认为是中国领土）提出的领土要求，也采取了同样的对策。

周恩来1956年和尼赫鲁讨论东段边界时没有提出西段边界问题，不管这样做的理由是什么，这件事带来了深远影响和不良后果。当时周恩来肯定认为中国方面在“麦克马洪线”问题上是作出了让步，而尼赫鲁大概也同意这种看法。在那种情况下，如果周恩来当时进而指出印度地图在西段标出的边界线是错误的，很可能这场中印边界争执就可以避免了。当时印中兄弟友谊正处于极盛时代，尼赫鲁肯定会把对印度地图做微小的修改（使其符合地面的现实情况），看作是为了继续中印友好而付出的微不足道的代价。的确，他也许会欢迎有这样一个机会，使他能够作出一些姿态，来与周恩来对“麦克马洪线”所采取的实用主义态度相媲美。不过，这个机会一下子错过了。两年后局势完全改观。彬彬有礼地指出你方的地图与实际情况不符是一回事；发现邻国（连一个招呼都不打）已经修筑了一条公路通过你的地图标明是你国的领土，这又是另一回事。客观现实也许是同样的，但是感觉却不一样，而在这件事情上，感觉就是一切。

1958年10月18日，印度政府交给北京一份备忘录，就印度发现中国修筑阿克赛钦公路作出反应。这份备忘录声称：这条公路所通过的领土“若干世纪以来就是印度拉达克地区的一部分，”还说，“中国政府没有首先获得印度政府的准许，甚至没有通知印度政府，就通过无可争辩的印度领土建筑一条公路，这是令人惊讶和遗憾的事”。备忘录并询问中国政府是否收到关于那个失踪的巡逻队的消息。〔65〕中国在复照中进行了不客气的反指责。复照说，印度的武装人员非法越境，进入中国领土，因而已被扣留。“本着中印友好的精神”，这批印度武装人员已被递解出境，① 但是，北京形容他们的入侵是与和平共处五项原则不相符的，并要求保证今后不再发生类似事件。〔66〕经过这一次外交交涉，围绕阿克赛钦的领土要求的冲突终于公开化了。印度政府复照说，这一地区究竟是在印度还是在中国境内，是“一个争执中的问题”。这是印度唯一一次承认存在争执，而在几个星期之后，印度就推翻了这一立场。

印度政府一方面等待巡逻队的报告，以便弄清阿克赛钦公路的位置，另一方面正式提出了中国地图的问题。在给北京的一份备忘录中说，在一份最新出版的中国杂志中有一张简图，把印度认为是印度领土的几块地方标成中国领土。在东段，中国地图继续不理睬“麦克马洪线”，而沿着山麓标出中印边界走向。尼赫鲁在1950年曾经暗示这一点，当时他说：“过去30年来，中国的所有地图都把现在属于印度的东北边境的一部分领土，标成不属于印度。”〔67〕在西段，中国的地图把边界线标为从喀喇昆仑山口向东南方走，直到羌臣摩河谷。如上所述，这种标法和19世纪英国当局对边界的观点正相吻合，只是后来英国对于俄国势力向印度的挺进感到震惊，才开始对其边界想法作出相应修改（见前文“历史引言”相关论述）。上述标法把整个阿克赛钦地区划入中国境内。

印度的备忘录追溯道，1954年尼赫鲁曾经向周恩来提出过地图的问题，

① 就是说，把他们放在高达1.8万英尺的喀喇昆仑山口外边。印度军队当时在附近并无哨所，但这一小队印军总算幸运，终于被发现并脱险。

并说周恩来的答复是这样的：现行出版的中国地图是以老地图为根据的，而中华人民共和国政府还没有来得及改正这些地图。[68]印度建议说，现在正是作出改正的时候了。中国的答复又一次使印度感到仓皇失措。复文证实周恩来在1954年曾说过，现在发行的中国地图是以新中国成立前出版的老地图为根据画的，但又说周恩来曾解释过这是因为中国政府“对中国的边界还没有进行勘察，也还没有同有关各国商量”。到适当时候，通过这些协商将产生对中国边界的新画法，与此同时，中国将不会自行修改边界。[69]这份备忘录在中国指责印度巡逻队的同一天递交给印方。它透露了中印双方不仅在领土主张上有冲突，在对待整个边界问题的态度上也存在根本的分歧。至少从1950年开始，印度的政策一直是说北部边境不容谈判。这项政策最初主要是指“麦克马洪线”，但在1954年，却扩大到中印边境全线。现在很明显，北京对这个问题的方针是完全相反的，中国期望先讨论边界走向，然后再加以确认。

客观上看，中国的态度听起来合情合理。但是新德里却认为中国的态度含有令人震惊的意图，说明中国要在它所选定的时刻提出领土要求。“巴依、巴依”的气氛已烟消云散，说到底它不过是印度的和亚洲的民族主义的漂亮辞藻和表情而已。也许印度对中国的感情在骨子里总是带有几分不信任。当中国对边界问题的态度变得更加清楚的时候，这种不信任就发展成公然的猜疑，随即又变成愤懑的敌意。

尼赫鲁在1958年12月给周恩来写了一封信，开始了两国总理间的信件来往。这种信件来往成为贯穿这场整个外交争论的一根连接线。尼赫鲁来信语调友好，一开始先赞扬中国的进步，然后转入边界问题。尼赫鲁回顾了1956年他同周恩来讨论“麦克马洪线”的情况，他说当时周恩来曾经告诉他中国将承认“麦克马洪线”，印度的“印象是在我们两国之间不存在边界争端”。因此，中国政府最近的声明，提到有必要进行勘测和谈判的说法，使他迷惑不解。尼赫鲁接着声明了印度的立场，从此以后他就坚持这一立场，寸步不让："印度的这些大片土地（中国地图标明是属于中国的）只能是属于印度的，这是毫无疑问的，而且对这些土地不存在争端。"[70]

周恩来的复信也同样是热诚的。他感谢尼赫鲁来信中对中国建设成就的赞誉，他也向尼赫鲁致敬，并且感谢印度政府为"恢复中国在联合国的合法地位所做的努力"。在谈到边界问题时，周恩来声明了中国的基本立场，对此立场，中国此后也不肯退让。他写道："首先，我想指出，中印边界是从未经过正式划定的。在历史上，中国中央政府和印度政府之间从未订立过有关中印边界的任何条约或协定。"所以，印度和中国出版的地图就有了出入，而且中印之间存在着边界争端。中国地图对边界的画法是几十年来（如果不是更久的话）中国地图的一贯画法，虽则"我们并不认为这种画法的每一部分都有充分的根据"，但是没有进行实地勘察，也没有同有关邻国商量就加以更改，也是不适当的。为了使已经发生过的此类细小的边界事件得以避免，周恩来建议，"作为一种临时性的措施，双方暂时保持边界的现状"。

中国的立场是：中印边界从未划定过，中印双方存在争端，只有通过共同协商和联合勘察，才能解决争端。周恩来说，"边界问题的存在，绝对不应该影响中印友好关系的发展"。经过适当准备之后，这一历史上遗留下来的问题一定可以通过友好商谈，在和平共处五项原则的基础上得到合理解决。

谈到具体的争执问题时，周恩来对阿克赛钦的态度斩钉截铁，正如同尼赫鲁对整个边界所采取的态度一样。周恩来说，位于新疆南部的这片地区"长期属于中国管辖"。中国边防部队一直在这个地区进行巡逻，新藏公路也通过这个地区。周恩来对于东段边界却不那么肯定，他相当详细地说明了中国政府的立场：

> 如你所知，“麦克马洪线”是英国对中国西藏地方执行侵略政策的产物，曾经引起过中国人民的很大愤慨。从法律上讲，它也不能认为是合法的。我曾经告诉过你，它从未为中国中央政府承认。当时中国西藏地方当局的代表虽然在有关文件上签了字，但是西藏地方当局对这条片面划定的界线实际上是不满的，他们的这种不满，我也正式地告诉过你。当然，也不能不看到另外一些令人鼓舞的重大变化：这条线所关系到的印度、缅甸已经相继独立，成为同中国友好相处的国家。由于以上种种复杂原因，中国政府一方面感到有必要对“麦克马洪线”采取比较现实的态度，另一方面也不能不审慎从事，并且需要一定的时间来处理这个问题，这都是我几次向你说过了的。但是我们相信，基于中印友好关系，对这段边界总可以找到友好解决的办法。[71]

这一段话在以后关于边界问题的外交文件来往中又多次重复过，它是很关键的。印度方面把这一段话理解为中国拐弯抹角地拒绝了“麦克马洪线”。后来，中国把阿克赛钦的那片有争议的地区和“麦克马洪线”南面的那片地区相提并论，印度认为这就证实了他们的上述理解。但是，这一段话想表达的意思果真如此吗？

尼赫鲁提醒周恩来，说他在1956年曾经讲过，他将承认“麦克马洪线”是中国同印度之间的边界，周恩来的答复是针对这个问题而发的。他也许有意用“这都是我几次向你说过了的”这句话，示意他仍然坚持原来的立场。他把产生“麦克马洪线”的协定的合法性（他否定了这个协定有任何合法性）和这条线本身区别开来。对这条线本身，他说，考虑到中国同印度存在着同缅甸一样的友好关系，“中国政府……有必要……采取比较现实的态度”。从上下文来看，下面的假定是站得住脚的，周恩来是在暗示，中国和印度一旦坐下来解决中印边界问题，中国会接受“麦克马洪线”的走向作为那一段的边界线。把产生这条线的协定的合法性同这条线本身区别开来的做法，也是可以理解的：改变自从 1914 年以来历届中国政府的立场，承认英藏协定的合法性，就等于承认西藏当时是个主权国家，从而也等于是承认 1950 年中国军队进入西藏是侵略行动，而不是重新树立一度丧失的中央政府的权力。达赖喇嘛逃到印度以后，自己也从反面说出这个论点：他曾对新德里的听众说："如果你否认西藏享有主权国家地位，你就否认了《西姆拉条约》的有效，因而也就否认了'麦克马洪线'的有效。"〔72〕

如果说中国准备接受麦克马洪所画的线作为边界线，为什么周恩来又没有明明白白这样说出来呢？中国政府当时期望同印度就边界全线举行谈判，无疑是打算把中国暗示接受"麦克马洪线"作为"有取有予"的交易中"予"的一项。鉴于印度对重要的新藏公路所通过的地区提出了断然的要求，因此，边界争论显然必须经过一番艰苦的讨价还价。在这种情况下，在谈判开始前——事实上，在对方还根本没有同意谈判的时候——绝不可能指望任何政府正式表示接受"麦克马洪线"，从而放弃一个主要的讨价还价的筹码。周恩来在两年前已对此问题在口头上作出了十分明确的保证，这次再度以书面形式向尼赫鲁作出保证，他所能做的也不能超过这个地步了。

周恩来肯定中国政府愿意把"麦克马洪线"作为东段边界线，这种理解可以从北京后来处理整个中印边界争端的做法中得到证实。那么，为什么尼赫鲁及其顾问们却不做这样的理解呢？首先，也许是因为印度过去对中国的那种潜在的不信任，这时已变为猜疑。印度怀疑中国为了领土扩张或者仅仅是为了造成对印度的压倒性优势，要攫取或要求那些被印度认为是属于它的领土。更加现实的是，中缅谈判这时恰好陷于某种僵局，而缅甸似乎告诉过印度，说中国人不讲理、不妥协。〔73〕如果这是一个因素，那么，两年之后，中国同缅甸签订了边界协定，接受了"麦克马洪线"，并在进行了一些较小的修改后，也接受了缅甸所主张的其他地方的走向（见本书第二章有关中缅边境误判有关内容及注释）。这时候，上述这种因素就应该消除了；但是，在 1959 年，印度还是难以从周恩来信件的字里行间看出有什么保证的含意。最后，也许是最重要的，中国当时要求印度政府改变它一贯遵循的边界政策的中心前提（即“麦克马洪线”不容重新谈判）。为什么印度政府把重新谈判看作是等于放弃“麦克马洪线”，这一点还是弄不清楚。双方开始谈判并不妨碍双方坚持各自的立场，这是一切谈判的必要条件。印度满可以在谈判中坚持他们在东北边界线问题上的立场，就像他们就克什米尔问题同巴基斯坦举行谈判时所做的一样。也许，中国坚持谈判边界问题这个事实本身，在印度看来，就使它不可能重新考虑其基本立场。

印度的立场有它自己的逻辑：

（1）“麦克马洪线”以南的领土在任何情况下都不能割让。

（2）因此，对“麦克马洪线”问题不容谈判。

（3）因此，对边界的任何地段也不容谈判（因为中国不会同意只就边界的一部分进行谈判，而印度如果同意就边界的一段进行谈判，就会削弱它拒绝谈判“麦克马洪线”的立场）。

（4）因此，印度在西段和中段的领土要求必须以断然的方式提出，就像它坚持“麦克马洪线”那样。

根据这一系列推理就使它采取以下立场：

（5）为了拒绝同邻国谈判边界，唯一可以令人接受的理由，就是硬说边界线早已存在。就“麦克马洪线”而论，这种论点可以用 1914 年的协定和事实上的情况作为依据——因为该线自从 1951 年以来已成为印度有效的东北边界。但是为了对西段边界也提出同样的主张，就需要进行一番推敲。

（6）即使这样进行论辩，但任何政府如坚持拒绝谈判总会令人产生恶感，对印度来说尤其是这样。因为尼赫鲁一贯鼓吹通过谈判解决一切争端，因此，就要设法使它那种斩钉截铁地从根本上拒绝谈判的态度变得暧昧一些。

这不是说尼赫鲁和他的顾问们就是按照这么几条来考虑他们的行动方针的。但是可以看出，他们是从“麦克马洪线”不容重新谈判这个最初决定开始，一步一步走上了这条道路。

尼赫鲁给周恩来的复信〔74〕阐述和引申了他在第一封信里所采取的基本立场，即边界是已明白地和牢固地定下来的，不应再有什么问题。他争辩说，在三个地段，印度所要求的边界都是以地理和传统为根据，而且在大多数地段是由“当时印度政府和中国中央政府之间专门的国际协定加以确认的”。他举出了1842年古拉伯·辛格同西藏之间签订的一项条约作为国际协定的例子（见前文“历史引言”相关内容），并坚持说“麦克马洪线”是正常地、合法地产生于《西姆拉条约》的。他认为这些因素应该使周恩来相信：印度的地图关于边界的画法“不仅是根据天然的和地理的特点，而且也符合传统，并且一大部分是为国际协定所肯定了的”。他指出：独立的印度“决不会在它已确定的疆界以外进行任何侵略”。

关于周恩来所提出的在签订边界协议前双方应该维持现状的建议，尼赫鲁说：“我同意双方应该尊重在最近的那些争执发生之前所存在的情况，双方都不应该试图采取片面行动去行使自认为属于它的权利。再则，如果有任何土地系最近所取得的话，这种情况应予纠正。”这是印度第一次运用辩论术，后来，随着中印边界争端的发展，印度时常运用这种辩论术——本意是拒绝，却又说得好像是同意。维持边界现状的问题，以后在整个争端中是一个关键问题，而在这里，这个问题已经从根本上被混淆了。周恩来提议双方共同维持现状，尼赫鲁答复说：“我同意。”但是他接着又提议恢复原来的状况而不是保持目前的状况（“应该尊重在最近的那些争执发生之前所存在的情况……如果有任何土地系最近所取得的话，这种情况应予纠正”）。这样一来，尼赫鲁就没有同意周恩来关于维持现状的建议，而是在实际上提议恢复印度所认为的原状。他在这里预示着印度将要求中国撤出阿克赛钦，后来变得更加强硬，竟把它作为举行边界谈判的绝对的先决条件。

在中印边界争端公开化并引起印度政界骚动之前一年，尼赫鲁在给周恩来的最初几封信中，已经采取了他以后一贯坚持的立场：印度和中国之间不存在边界争端，也就是说，对印度的边界走向不容有任何疑问。印度政府说边界线在哪里就在哪里，因此，是不容谈判的。其次，必须恢复原状（印度一直把它称为“现状”），换句话说，凡是印度声称属它所有的领土上的中国人必须撤出。

这是一个对撞的方针，这个方针是由尼赫鲁和他的顾问们根据自己的判断确定的，而不是后来在激动起来的舆论压力下制定的。后来的政治压力，使得尼赫鲁极难改弦易辙，但是，这个方针的形成是既不能归咎于也不能归功于上述政治压力。尼赫鲁必须对此承担责任。

* * * * * *

中印两国总理的信件来往中断了六个月之久。当周恩来在 1959 年 9 月答复尼赫鲁的第二封信时，中印两国之间的关系已发生了根本的变化。1956 年春季在西藏东北部开始发生康巴（Khampa）叛乱，到 1959 年年初扩大到西藏中部和南部，而且变成规模更大的暴乱。成千的西藏人越过边界进入印度境内。1959 年 3 月拉萨爆发了战斗，达赖喇嘛和西藏地方政府同叛乱分子串通起来，宣布“西藏独立”。北京通知印度，说西藏地方政府发动了武装叛乱，并保证对西藏的印度侨民提供保护。[75]达赖喇嘛逃离拉萨，取道前往印度，他沿着古时的商路越过“麦克马洪线”到了达旺，在那里受到印度政府庇护。这些事件引起全世界注意，它对中印关系马上起了直接的破坏作用。印度国内对中国潜在的猜疑再度出现。1950 年当中国军队开进西藏时就已产生的种种疑虑不安，现在表现得更加强烈了。当初，人们就大肆批评印度政府的政策，认为它默许中国军队开进西藏；这时，反对印度政府政策的呼声又甚嚣尘上。印度各城市举行了声援西藏叛乱集团的反华示威游行，4月间在孟买达到高潮。印度的社会党在该市组织了一群人，将毛泽东的肖像贴在中国总领事馆的墙上，向肖像上乱掷鸡蛋和西红柿。中国对之提出了愤怒的抗议，说这是对“中华人民共和国元首……的莫大侮辱”。[76]

尼赫鲁当时进退两难。几年来对于西藏地方传来的消息，印度政府总是尽量冲淡，如可能就不予发表，现在人们就可以指责他故意装聋作哑。印度政界普遍同情西藏人，特别是同情达赖喇嘛。尼赫鲁对此也有同感。但是，既然尼赫鲁至少是从1950年中国在西藏重新行使权力以来就已承认中国对西藏享有主权，他也得承认：不管他和他的同胞们对西藏人怎样同情，西藏所发生的一切乃是中国的事情——这肯定同印度官方毫不相干。所以，他对中国采取照章办事的姿态，并试图以此来平衡对达赖喇嘛的殷勤款待；他又斥责那些上街示威游行和发表愤怒演说的印度人把他希望维持的印中友好关系搞紧张了，以此来平衡他对西藏人所表达的同情。毫不奇怪，他这种做法讨好不了任何人。他拒绝随声附和地谴责中国，印度国内批评者就责备他对中国姑息；而中国却攻击他干预了中国的内政，甚至指责他策动了西藏的叛乱。

北京多年来一直指责印度利用噶伦堡（Kalimpong，它是穿过春丕谷［Chumbi Valley］通向印度的一条商路的终点）作为基地来煽动西藏的叛乱。这个指责是很有道理的。早在1953年尼赫鲁就承认噶伦堡是“一个特务窝子”。他说，那儿什么国家的特务都有，“而且有时候我都怀疑噶伦堡的大部分居民是不是由外国特务所组成的”。[77]1956年，周恩来和尼赫鲁会谈时对此提出不满，他说美国特务和其他特务利用噶伦堡从事破坏中国在西藏的影响的活动。[78]1958年年初，北京再度提出不满。周恩来接见印度驻华大使时提出了这个问题，中国政府随后又发出照会，详尽地叙述了噶伦堡的西藏逃亡分子、美国和国民党特务分子的“加紧活动”。[79]

中国说，这些分子正准备在西藏举行武装叛乱，企图使西藏脱离中国。印度政府答复说，中国必定是依据不正确的情报，没有证据说明外国利用噶伦堡进行活动。[80]然而，到8月初，“在印度的所有著名西藏官员，包括达赖喇嘛的哥哥和噶厦的成员，以及作为叛乱分子代表的游击队头目，一道在噶伦堡召开会议，起草了一份向印度和联合国的呼吁书”。[81]北京又提出抗议。1959年3月，中国宣称：最近在拉萨爆发的叛乱，是由噶伦堡的“指挥中心”策动的。[82]

对西藏叛乱分子的支援和指挥显然是通过噶伦堡来的，而印度政府却装作没看见。有证据说明印度所起的作用比这更积极一些。当时有个叫乔治·帕特森（George Patterson）的英国人住在噶伦堡，和西藏人有密切接触。他后来写道：1954年有名印度官员找他，要他把一名叛乱头子带到噶伦堡，“为西藏的独立进行工作”。[83]

西藏叛乱爆发，达赖喇嘛逃到了印度。当时印度政府通知北京说，达赖喇嘛要求政治避难，印度已经同意。但新德里也保证不容许达赖喇嘛在印度进行政治活动。[84]周恩来后来也认为对达赖喇嘛提供政治避难是“通常的国际惯例”，并说中国对此并不反对。[85]然而，达赖喇嘛到达印度后，就开始发表许多声明，提出他自己对西藏事件的说法，并攻击了中国。这些声明最初通过印度政府的宣传机构发表，后来又由印度驻外使馆散发——对此中国表示了强烈反对。①（中国怀疑印度事实上是替达赖喇嘛写了他抵达印度后的第一个声明，而且从声明内容提供的证据来判断，

① 有一个名叫乔基姆·阿尔瓦（Joachim Alva）的印度议员想到，如果当时被囚禁的克什米尔领袖谢赫·阿卜杜拉（Sheikh Abdullah）逃到中国，并且受到达赖在印度的那种接待，那么，印度的反应也一定会是同样激动的。这个印度议员1959年9月12日在人民院发言时做了这个比喻。

可以证实中国的这种怀疑。）① 当时中国全国人民代表大会正在开会，代表们发言愤怒地提到了“印度反动分子”，指控他们对叛乱的封建势力提供援助和进行鼓励，“继承了英帝国主义的衣钵，对西藏怀有扩张野心”。[86] 双方都恢复了旧时的猜疑。

中国政府也像尼赫鲁一样感到左右为难：一面感到愤慨，一面又承认同一个庞大的邻国保持友好关系符合中国的长远利益。这一点可以从当时中国大使对印度外交部外事秘书所作的一篇精彩的书面谈话中看出。[87] 为了答复并驳回印度指责中国全国人民代表大会攻击印度一事，中国大使在书面谈话中认为中印两国关系中出现的“令人遗憾的不正常现象”来源于印度对西藏叛乱的叫嚣所反映的“严重干涉中国内政和破坏中印友谊”的行动，来源于印度政府对于达赖喇嘛的隆重欢迎。在重申中国感到愤慨的理由并声明中国政府希望“一时笼罩着中印关系的阴云将会迅速消散”之后，中国大使就讲到了他的书面谈话的核心。这就是提醒印度，中国的敌人是在东方，“凶恶的、侵略的美帝国主义”在东方有很多军事基地，都是针对中国的。他接着说，印度没有参加《东南亚条约》：

> 印度不是我国的敌对者，而是我国的友人。中国不会这样蠢，东方树敌于美国，西方又树敌于印度。西藏叛乱的平定和进行民主改革，丝毫也不会威胁印度。……我们不能有两个重点，我们不能把友人当敌人，这是我们的国策。几年来，特别是最近三个月，我们两国之间的吵架，不过是两国千年万年友好过程中的一个插曲而已，值不得我们两国广大人民和政府当局为此而大惊小怪。……印度朋友们！你们的心意如何呢？你们会同意我们的这种想法吗？关于中国主要注

① 例如，这个声明仔细说明了达赖喇嘛穿过“麦克马洪线”进入印度的地点。他说这个地点是在兼则马尼（Khinzemane）。西藏人对这条线的态度至少是模棱两可的。如果说达赖喇嘛在刚从拉萨逃出后发表的第一项声明中竟煞费苦心地具体说明“麦克马洪线”的确切走向——而且要照印度方面的画法来说——那简直是不可能的。[88]

意力只能放在中国的东方，而不能也没有必要放在中国的西南方这样一个观点……朋友们，照我们看，你们也是不能有两条战线的，是不是呢？如果是这样的话，我们双方的会合点就是在这里。请你们考虑一下吧。[89]中国大使最后向尼赫鲁致以问候。

在中印两国关于边界争端的全部来往文件中，这篇书面谈话的措辞是独一无二的，既是迫切陈词，又是直截了当，甚至毫无官样文章。这篇谈话确实是非外交的，这就是说，它抛弃了通常惯用的那些外交辞令，结尾也许可以理解为带有一种威胁的暗示。这也可以理解为中国把自己全部的牌都摊开在桌上，力图解除印度政府的顾虑。① 如果说中国的意图就是这样，那么，它所做的姿态失败了。一个星期以后，中国大使被叫到印度外交部来听取一项愤怒的答复。印方斥责他使用了“不礼貌和不适当的语言”。印度外事秘书向他指出，印度对一切国家都以朋友相待，“这是和印度过去的文化、背景和圣雄甘地的教导相符合的”。[90]

1959 年夏季，中印两国的外交交涉反映并加剧了由于西藏叛乱而引起的两国邦交的恶化；同时，双方沿着中印边界调兵遣将，使得两国走向迎面对撞的局面。在东段，康巴族叛乱分子在西藏南部雅鲁藏布江和“麦克马洪线”之间进行集结，使得中国也在这个地区派驻重兵，把军队开到边界上，防止叛乱分子越境进入印度寻求庇护，并切断西藏人的外流。在边界的另一面，印度军队把他们的前沿哨所推进到“麦克马洪线”，在有些地方甚至越过了“麦克马洪线”。

当然，“麦克马洪线”从来没有标定过（1914 年英国同西藏当局互换

① 一名研究中国政策的学者哈罗德·辛顿（Harold C. Hinton），对这段中国声明的含义并不感到有任何疑问。他写道：“尽管这一段英文很奇特，但大意是清楚的。……（中国政府）明显感到担心的是它可能面临着来自西藏边境和台湾海峡两个方面几乎是协调一致的压力，于是它呼吁印度退出或者不要参加进去。”（见《世界政治中的共产党中国》[*Communist China in World Politics*]，伦敦麦克米伦公司，1966 年出版，第 288 页）

照会是否就算得上在法律上划定界线，印度和中国对此有争执；但是，双方都一致认为："麦克马洪线"从来没有标定过，就是说，没有在地面上标界）。"麦克马洪线"大部分走向是沿着一条明白无误的、不易攀登的顶峰线，但其余部分却是按照模糊不清的地形特征来画的。在这种地方要确定边界线的位置，唯一办法是把麦克马洪的原图上的经纬度在地面上标出来。按照这套工作程序，时常会造成一条不方便的或荒谬的边界线。而且由于麦克马洪的原图比例是 1 英寸等于 8 英里，那么，画在原图上的那条粗线就相当于 1/4 英里那么宽，因而这条线移到地面上也不能产生一条精确的界线。但中印双方既未联合标界，就没有别的办法能把"麦克马洪线"在地面上确定下来。

麦克马洪画的线在几个地点偏离了他原图所标出的最高山脊，其中有一处是靠近一个名叫马及墩（Migyitun）的村庄，它位于西藏人所重视的一条香客朝圣的道路上。为了把马及墩留在西藏境内，这条线拐了一个约 20 英里的弯，这一段没有沿着什么地形特征，然后又同主要的山脊会合。① 当 1959 年印度在这个地带踏勘时，他们发现根据当地地形，把边界线划在紧靠马及墩的南侧，要比地图上所画的距该地以南约 2 英里的那条线更为切实可行，于是印度就在该处建立了哨所。印度没有讲清楚它为什么要在这里把边界线进行调整，但看来印度可能是认为贴着马及墩南面的由西流向东的察里河（Tsari River）可以作为边界的特征。印度把边界推进到察里河边，就把距离马及墩不远的山谷对面的一个叫朗久的小村庄划入印度境内，从而为印度的边境哨所提供了一个更加实用的位置。

这种推理是无可非议的。当把地图线标定到地面时，总是需要对边界

① 麦克马洪当初画线的原始地图复印在印度政府的《1960 年印度北部边境地图集》（*1960 Atlas of the Northern Frontiers of India*）、《中印边界问题》（*The Sino-Indian Boundary Question*，增订版，北京 1963 年出版）以及多萝西·伍德曼的《喜马拉雅边疆》各书中。马及墩角是在东经 93° 15′ 到 93° 30′ 之间。

线做某些细微的调整。但是标定边界必须由双方联合进行，而印度在这一场合却是单方面行动，事先没有征得中国政府的同意，甚至没有把自己的意图告诉中国，就在印度地图上标明是中国领土的地点设置了哨所。后来印度对此也不讳言。1959 年 9 月尼赫鲁对人民院①说：虽然“麦克马洪线”大体上是固定的，但“在某些地区，在苏班西里河地区，②或者在那一带地方，我们认为这条线画得并不好，随后我们，也就是印度政府，就把它做了变动”。〔91〕尼赫鲁在同年 9 月致周恩来的信中拒绝了中国的指责——中国指出印度已越过了“麦克马洪线”；但是与此同时，尼赫鲁也承认，印度在马及墩地区所标的“中印边界同条约附图稍有不同”。他辩解说，印度的修改“只不过是根据确实的地形来体现这个地区的条约附图”。他还争辩说，这样做是符合既定的国际惯例的。〔92〕如果印度同中国商量过，这样做本来会是符合国际惯例的。

虽然印度政府拒绝把整个“麦克马洪线”提交谈判，但它这时却建议讨论这条线在某些具体地点（包括朗久在内）的确切走向。〔93〕尼赫鲁甚至宣称他愿意把这类问题提交仲裁；但是印度这些建议都是在它坚持下述立场的情况下提出来的，即中国不仅应该首先正式承认“麦克马洪线”，而且也应该承认印度所主张的西段边界。后来，中国也同意对有争执的一些特定地点进行临时性会谈，但中国要求把这种会谈作为就边界问题进行全面谈判的第一步。就边界走向的细小问题举行临时性会谈的道路，也这样被两头堵塞了。

印度在马及墩调整“麦克马洪线”以合乎其需要的同时，在其他地点也同样越出地图上标明的界线：一处是位于马及墩以东的塔马顿（Tamaden）；特别是在该线最西端的兼则马尼③，该地三年后成为中印边境

① 人民院是印度议会的下议院，上议院是联邦院。

② 马及墩是与印度东北边境特区苏班西里分区毗邻的。

③ 中国习惯称之为“沙则”。——译注

自卫反击战的导火线。但当前爆发的是朗久问题。北京抗议印度这些向前推进的行动，接着指责印度武装部队于8月25日侵入马及墩南侧地带并向中国边防部队开火，中国边防部队给予了还击。〔94〕次日，印度提出抗议，声称是中国军队侵犯印度领土并开火射击，迫使印度部队撤出朗久。印方照会指责中国"蓄意侵略"，企图使用武力来实现其领土要求；并警告说，印度边境哨所已奉命"在必要时对侵越者使用武力"。〔95〕实际上这种威胁只不过是虚声恫吓——印度部队不久之后就接到命令，在未遭到对方射击前不得开火——但是看起来像是要同中国在朗久问题上摊牌。北京指出，由于中印两国政府对于边界线的确切位置存在分歧，印度就可能把驻扎在中国认为是本国领土上的中国人员视为越境者，并随意开枪射击。

在这种情形下，印度威胁说要使用武力，这在国际法上并没有充分理由。正如一位国际法权威所说，虽然各国都有守卫边境不受侵犯和维护本国领土完整的固有权利，但是，"如果对某国所要维护的那块土地的主权有争议时——在边界争端中情况肯定是这样的——自卫权就失去它所依据的基础了"。〔96〕这里的问题是：怎样才算边界争端，怎样就不算边界争端？虚构或伪造的边界领土要求往往是侵略的借口；印度以为他们在"麦克马洪线"所面临的，以及后来在西段所面临的，正是这种局面。但否认真正的边界争端的存在，同样可以成为不肯让步的借口，而中国这时就开始感到他们正面临着这样的局面。〔97〕

关于朗久事件，中国的说法同印度的说法完全相反。中国否认曾对印度军队所进行的无端挑衅发动反攻，坚持说中国边防部队只不过对印军进行了还击，印度军队是自行从朗久撤走的。〔98〕究竟谁的说法更加接近事实真相，现在无法判断，很可能中印两国政府有一方误信其边防部队的报告。对于印度越过"麦克马洪线"在兼则马尼和塔马顿设置的哨所，中国军队并没有发动进攻，这个事实使印度关于中国蓄意进攻挑起朗久事件的指责失去依据（而且印度军队在朗久事件发生后不久就撤出了塔马顿哨所，承认该哨所是在中国领土以内）。[99]最稳当的解释是：朗久事件是一次偶然的冲突。当双方对峙的武装部队逼近一条尚未标定的边界时，可以预料到会发生这一类的冲突。

然而，印度国内却毫不怀疑朗久事件起因于中国的侵略。《印度时报》揣测中国“边界攻势”的动机旨在“降低印度边境居民的士气，并挑衅性地炫耀它显然占优势的军事实力，以便在锡金、不丹、尼泊尔和缅甸等国更为广泛地造成印度确实无法保护它们的印象”。[100]印度人民社会党的决议谴责中国的“扩张主义”和“它对友谊、容忍、共处等崇高概念采取了满不在乎的蔑视态度”。该党的决议最后说：“印度人民面临着新的危险和新的挑战——但是，一个国家只有正视这种危险和迎接这种挑战，才能发扬它的尚武精神和民族个性。”[101]一位报纸专栏作家还认为，中国军队是在试探印度在东北边境特区的防御能力。[102]

1959 年 8 月 25 日，中印边界争端第一次在“麦克马洪线”上演变为真枪实弹的射击（印方说印军一死一伤），[103]与此同时，西段的局势也是一触即发。那年夏季，印度政府决定在列城东北的三个地点设置哨所，这些哨所距离中国地图标出的边界线还很远。虽然如此，印度后勤供应当时还达不到这些地方。同时，印度政府决定派遣巡逻队循羌臣摩河谷而上，前往拉那克山口，并在这个山口建立一个哨所。[104]印度认为这个山口是边界的标志。这支由约 70 名特种边境警察①组成的巡逻队，在建立了其他哨所以后，沿着羌臣摩河谷而上，到达空喀山口时，遇上了中国军队——中国认为空喀山口是边界的标志，他们已先行到达这个山口，并在那里建立了哨所。10 月 20 日，印度的一个三人侦察组为中国军队扣留；第二天，经过激烈交火，印军有九人被打死，七人被俘。中国方面也有伤亡，但大概只有一人死亡。双方对空喀山口事件的说法，又是相反的。印度人报告

① 一种类似阿萨姆步枪队的准军事部队。

说，他们遭到据守在山顶的中国军队的伏击；中国方面说，印度军队遇到一支中国巡逻小队，企图把他们抓走，接着就开枪，但被打退。被俘的印度士兵和巡逻队长所做的声明证实了中国的说法。但是，印度被俘官兵被释放以后，又翻了案，说这些声明是长时间的讯问逼出来的。这次又同朗久事件一样，没有确切证据足以证明哪一方的说法更接近事实真相。

但印度国内自然没有人表示怀疑。在印度认为中国对朗久发动了无端的蓄意进攻之后，紧接着又发生了印度报纸称之为“对印度警察部队野蛮屠杀”〔105〕的事件，这就使印度政界对中国的态度由猜疑转化为公开的敌对。

* * * * * *

印度的边境政策是由尼赫鲁同外交部的官员们讨论形成的；是通过在西段的高山荒原和“麦克马洪线”南面的丛林里调动巡逻队和武装部队来执行的；是在同北京交涉中争论过的；又是在印度议会里阐述、辩论和肯定过的。这出在边境演出而以印度受到毁灭性打击告终的武戏，和在外交上演出而以亚洲两个最大的国家互相仇视而收场的文戏，统统在印度议会，特别是在人民院里，通过舌战反映出来。在 1959 年秋季朗久和空喀山口冲突事件发生以后的三年中，印度议会在同中国争端的问题上花费了数百个小时，演出了另一场更加微妙的戏剧。在这场戏中，尼赫鲁压倒一切的威望逐渐下降，最后随着印度陆军的惨败而彻底崩溃。与此同时，立法机构也开始控制了行政机构。

1959 年在第二次和第三次大选之间，在人民院的 500 个议席中，国大党拥有 74% 的席位。在巨大的拱顶议会大厦里，下议院的会场呈半圆形，光滑的柱廊是英帝国建筑艺术的杰作。议员座位排成扇形，好像半块圆蛋糕切成一片片那样。国大党占了绝大部分，只剩下最后两片留给反对党。用术语来讲，印度议会中并没有反对党（根据人民院的章程，至少要有 50 名议席才取得政党地位），只有一些党派的小组。当时，其中最大的是印度共产党，有 31 席；其次是人民社会党（Praja Socialist Party），有 19 席，它是从国大党分裂出来的主要派系，几年前一些社会主义者脱离国大党，后来又四分五裂。其他政党都不足 10 席。尽管有几个拼凑起来的小组织，那是为了便于争取发言时间和其他议会权利。新近成立的自由党（Swatantra Party），被认为代表不信教的民主派右翼，可能取代国大党的地位。人民同盟（Jan Sangh）反映印度教的正统和反对势力的意见；社会党（Socialist Party）是从左翼分裂出来的一个派系。共和党人（Republicans）代表“贱民”。以上这些党派和一些更小的党派，加上许多独立人士（Independents），填满了反对党的其余议席。反对党的议员人数虽少，但他们同人多势众的国大党唇枪舌剑，相当倔强。人民院里最好的辩论家大多数出在反对党方面。其中有阿恰里雅·克里帕拉尼（Acharya Kripalani），他是前任国大党主席，现在是人民社会党的领袖。他往往从前排座位上站起来抨击政府，特别是把目标集中在国防部部长克里希纳·梅农（Krishna Menon）身上；他的顽强态度和灰色长发使人想起“古舟子”[①]的模样。

阿索卡·梅达（Asoka Mehta）当时也在人民社会党里，他是一个道道地地的反共的自由派知识分子；兰加（Ranga）教授是南方的安德拉邦（Andhra Pradesh）人，是自由党的重要代表；还有米努·马萨尼（Minoo Masani），从前是社会党人，后来转变为右翼分子，表现了变节者所通常具有的那种狂热；希伦·穆克吉（Hiren Mukerjee）教授是议会里共产党人的典型，讲话文雅、准确有力，他警觉地捍卫共产党的民权自由和议会权力。在独立人士中，法兰克·安东尼（Frank Anthony）是有英国血统的印度人团体的领袖和指定议员，也很杰出。他的发言恳切有力，有时像玻璃碴那样既锐利又闪光。他总是穿着一身整洁无瑕的西服，又能言善辩，因

①“古舟子”（the Ancient Mariner）是英国诗人柯立兹（Samuel Taylor Coleridge，1772—1834）的诗篇中的主人翁，这里用来描述这个议员像古舟子一样白发苍苍和讲话娓娓动听。——译注

而显得突出。这个时期，印度议会办公和辩论绝大部分是用英语进行的，偶尔也用印地语，那只是由于某个议员英语不行，或者更罕见的是由于他把讲印地语看成一个原则问题。

人民院还有一个特点，就是反对党党派的头头们差不多都一度是国大党党员，他们和议会会场对面的政敌本来就是战友。在印度独立运动时期，大家都能摆脱政争，至少当时彼此在政见上的分野不是那么清楚。往日情同手足的联想有时使议会内的交锋增添了几分怨恨，但也烘托出彼此相互熟识、不忘旧谊的心情。

在议会的执政党这一边，尼赫鲁凌驾一切。他当时年已古稀，但看不出来。他步履轻快，上楼梯一步跨两级，只是在疲倦时，才显出有些年迈驼背。尽管尼赫鲁总是自作决定，或回避决定，他对议会的首要意义却铭记在心，一丝不苟。质询时间他很少缺席，主要辩论他通常参加，而讨论外交事务时他总是在场。但尼赫鲁缺乏辩才，他发言冗长，讲起话来很像是独白，而不像是说给别人听的。他从事议会活动是为了恪尽职守，而不是出于个性爱好。尼赫鲁倚仗他在议会中享有的支配地位，讲起俏皮话往往带有蔑视对手的味道——他常爱用“幼稚”“孩子气”等字眼斥责反对派议员。尼赫鲁的权威是议员们公认的；事实上驾驭议会的，与其说是议长，不如说是尼赫鲁。当议会陷入喧哗混乱而不听议长号令时（就是在那些日子也常出现这种情况），尼赫鲁的尖厉声调一下子就压住了喧嚣，恢复了秩序。

但是，尼赫鲁并不是绝对地支配一切的。这是由于他基本上在迁就议会的意愿，特别是由于他要顺从国大党内部没有露头的但是强有力的反对意见而受到了一定限制。甚至前排议员里也有这种反对势力的代表人物。这些人当中包括当时的内政部部长潘特（Pant），他昏愦的外表掩盖着他严酷的内心；财政部部长德赛（Morarji Desai），他自命为甘地的信徒；粮食部部长 S. K. 帕蒂尔（S. K. Patil），他是孟买的国大党头子，他当粮食部部长的功绩是获得了据说是取之不竭的美国剩余粮食的供应。魁梧的贾克吉凡·拉姆（Jagjivan Ram）是国大党内信奉印度教下层的“贱民”阶层的头子，他利用铁道部部长的职权促进他本阶层的利益。尼赫鲁的这类同僚对他的做法时常深感不满。但是他们从来没有同尼赫鲁狠斗过，只是满足于阻挠他，正如尼赫鲁往往也只满足于告诫他们一样。国大党的大批后排议员也是广泛地反对尼赫鲁的许多政策，虽然这种反对通常是隐而不露的。但是边境问题给了这类国大党党员以机会和勇气来直接攻击尼赫鲁，他们相信，只要他们是为印度的国家安全和领土完整讲话，他们就可以在议会中得到普遍支持。

1957 年以后梅农担任国防部部长，其席位紧排在尼赫鲁总理背后。对那些不愿直接攻击尼赫鲁的人来说，他充当了靶子。梅农比印度政府中其他人都更接近尼赫鲁；同时，由于梅农对大多数同僚采取毫不掩饰的轻视态度，这就更加引起人们对他的嫉妒。国大党内支持梅农的人很有限，他在地方上没有基础（他出身于喀拉拉邦，但他的政治生涯多半是在伦敦度过的），国大党左翼把梅农当作首领，但是他们的势力很单薄。梅农的权势的真正根源是他同尼赫鲁的友谊；只要总理给他撑腰，他就能对付国大党内的许多政敌。但是梅农长期以来就在议会内遭到围攻。当中国在阿克赛钦修成公路和朗久事件的消息透露出来的时候，正好又发生了陆军参谋长 K. S. 蒂迈雅（K. S. Thimaya）将军辞职未果的事件，因此群情大哗，纷纷要求梅农辞职。①

N. 乔杜里（N. Chaudhuri）是个对印度社会颇有见解但不饶人的分析家，他看出尼赫鲁

> 有一个致命的弱点，他顶不住比他更坚决的同僚……所以每当他觉得公众情绪过于强烈的时候——这种感觉往往是错误的——他就屈

① 这个事件经过详见下章。

从于……公众的情绪。更有甚者，他这种由于错误的判断而作出的让步还有一种与众不同的特点：他对那些他过去谴责过的做法，竟会反过来进行无保留的甚至是热烈的鼓吹。例如，他过去对于印度教徒的反华叫嚣时常表示不耐烦，甚至严加斥责；但当他终于屈从于对方意见之后，他的慷慨激昂的程度并不亚于批评他的人。[108]

到1959年8月议会夏季开会期间，印度反华叫嚣的声势越来越大，随着印度国内抨击政府对华政策浪潮的不断高涨，抨击的范围也不断扩大。对印度政府的强烈攻击，来自非共产党的左翼，也来自右翼；攻击的问题包括印度的不结盟政策，也包括“空论家”的经济政策；遭到痛斥的包括政府处理外交事务的政策以及政府处理国内问题的政策。中印边界争端和政府对华政策，好像是一块镜片，把反对派形形色色的批评都透射出来：各种各样的政策、态度和人物都受到责难。也许贡纳尔·米达尔说得很对：“归根结底，（批评者们的）真正目标是（尼赫鲁所）支持的社会和经济革命；这批人过去就已不遗余力地阻挠和阉割这场革命。”[107]中印边界争端给印度国内批评尼赫鲁的人一个把柄，他们利用这个把柄来攻击尼赫鲁，这就必定使尼赫鲁对中国人满怀怨恨。在他看来，这场争端的责任要由中国单独承担。

1959年8月，印度国内的反华情绪已经十分强烈——可是，这究竟意味着什么呢？米达尔在评论印度国内反华情绪时，提出了这样的重要论点：

必须牢记，舆论和态度上变化不定的潮流，主要是发生于人数不多的上层阶级的集团里，虽然在印度和整个南亚都把这些人叫“中产阶级”，把他们的意见叫“公众舆论”。广大群众，除了被煽动起来充当乌合之众，参加暴乱和游行示威，或者受到那些与国家大事无关的呼吁的诱骗而充当投票人以外，很少参加政治活动。[108]

在印度，围绕边界问题形成的“公众舆论”并没有深厚的基础。这种舆论主要反映在议会以及首都和某些主要邦的首府的报刊上（特别是英文报刊上）。随着印度同中国的争吵不断加剧，印度公众对这个问题的兴趣也不断增长，但只是在边界战斗打响后，它才变成中产阶级（按照米达尔的说法）以外的人所关心的事。①

到8月，印度政界人士对北部边境的忧虑和激动情绪日益增长。报刊登了很多关于中国军队就在紧靠“麦克马洪线”北面进行集结的报道。在短促的夏季开会期间，议会里有人就印度商人在西藏所受待遇问题提出质询；到8月中旬，又有人就所传中国在谈论“解放”锡金、不丹、拉达克和东北边境特区的问题提出质询。这使尼赫鲁表示印度有责任援助不丹。尼赫鲁这一声明立刻遭到不丹首相的反驳，他指出，不丹不是印度的保护国，而且《印度—不丹条约》里也丝毫没有提到防务问题。〔109〕8月24日，人民院提出紧急动议，要求讨论“由于中国共产党对印度的敌视态度所引起的严重局势……”〔110〕

尼赫鲁对中印关系的态度，到此时为止，仍然是积极的和有分寸的。对印度国内不满中国在西藏采取行动的呼声，对某些担忧中国对印度不怀好意的看法，他都表示同情。但是，他在5月间对人民院说：

> 不论是从长远的角度或是从短期的角度来看，中国同印度应该做朋友，应该合作，这是具有重大意义的。这倒不是说两国应当走同一条道路，但是谁也不应该挡住对方的路；两国不应当彼此敌对，那样做对印度和中国都没有好处。……中印两国虽然制度不同，但不要相互仇视，这是符合两国利益的。〔111〕

几乎一直到1959年8月底，他没有把有关中印边境争端的任何情况

① 本书凡提到“印度的反应”或“印度的舆论”时，应当看作是对人数不多的政界的简便提法。

告诉议会；他从没有提起经过阿克赛钦的公路问题，也没有提起北京对解决整个边界争端问题持有同印度相反的态度——这一回他很好地保守了机密。这还不仅是一个保密的问题，当议员们嗅到边界争端的气味时，尼赫鲁毫不犹豫地转移了议会的视听。8 月间一名阿萨姆的反对派议员质问说，中国是否最近曾通知印度，说它认为"'麦克马洪线'由于没有得到中国政府的批准，已经不能视为国际边界，而且由于它只是英国人所制造的，因此应当对这条线进行某种方式的重划"。这项提问可以说是对 1 月间周恩来的第一封信内容的公正概括；但尼赫鲁却回答说："没有，先生。我们现在或在此以前都没有接到这类通知。"[112]到 8 月 28 日，再也瞒不过去了。

8 月 28 日晨，各报都刊登了三天前发生的朗久事件。中国修筑通过阿克赛钦的公路的事，也走漏了风声。于是印度议员群集议会，要求提供关于这两桩事件的情况。尼赫鲁冷静地证实说有这么一条公路"穿过了我国东北拉达克领土的一角"，并且告诉议会印度政府是怎样获悉这件事的。尼赫鲁指出，在西段"从来没有标过界，但是当时的政府经过大致勘测定下了一直为我们所接受和承认的那个边界"。虽然他整体上淡化了对西段边界的争端，但他的结论是"在一两处地方，过去和现在都存在着中国侵略的事例"。在谈到"麦克马洪线"时，他叙述了朗久事件的经过，讲到中国政府听信了中国边防部队的说法，而他自然宁愿接受印度边防部队的说法。接着他就概括了他对整个边境问题的态度。他说，一些细小的边界冲突和分歧应当通过谈判加以解决，这些问题是长期悬案，不过是"这里或那里一英里左右的牧场"的问题，而尽管"我们认为我们是对的，还是让我们坐到会议桌旁来加以解决"。但是，"中国地图把大片印度领土抹上（属于中国的）颜色"的做法，"牵涉面就很广了"，就是"显然完全不能接受的了"，而且也是不容"讨论的问题"。[113]

几天以后，尼赫鲁在人民院里对他的态度又做了更为详尽的说明。他说，中国一直说在朗久进行侵略的是印度：

现在，这个村庄或者那个村庄或者这一小片领土究竟是在他们一边呢还是在我们一边呢，这是一个事实问题。一般说来，只要这些纠纷是比较小的，我的确认为，如果两个大国——或者两个小国——立即冲上去掐住对方的脖子来决定这块两英里的领土究竟是在这边还是在那边，特别是如果这块领土是高山上的无人居住的两英里的领土，那是相当荒唐可笑的。但是，当事情牵涉到国家的威信和尊严的时候，那就不是两英里的领土了，这里牵涉到的是国家的尊严和自尊心。因此就发生了这种事情。但是，我不希望——只要我能做到——把这个问题弄到任何一国都别无他法——因为这里牵涉到他们的民族尊严——而只有诉诸武力的地步。

中国政府继续出版一种地图，把东北边境特区的一半，阿萨姆的1/3和不丹的1/3画得好像是属于中国的地方，这是非常不相宜、非常不适当的。这的确是一种冒犯……但是在（中国）大体上接受"麦克马洪线"之后，我准备讨论对"麦克马洪线"的任何解释，在这里或那里的次要部分的解释——这是不同的问题——不是这些大块领土，而是次要部分的解释，究竟这个小山是在这里，这块小地方是在那边或这边，都根据事实，根据地图和现有的证据来确定。这是我准备同中国政府讨论的。我准备着接受任何和解的、调解的办法来考虑这个问题，我准备在他们或者我们——不管是哪一方——提出异议的时候，由双方所同意的权力机构就这些次要的修正进行仲裁。这是一个不同的问题……我这样说是由于我并不采取那种狭隘的态度，认为我说的都是对的，别人说的都是错的。但是必须接受总的"麦克马洪线"，就我们而论，它是存在的，我们接受它。〔114〕

尼赫鲁接着又谈到西段的问题，他说："关于拉达克，情形有所不同。"他解释说，"麦克马洪线"并没有延伸到那里（许多印度议员当时对边境地理也是稀里糊涂的），而且这段边界是1842年古拉伯·辛格和西藏人之间签订的条约已经规定了的——尼赫鲁还错误地讲到中国皇帝也是签约的一方。①他说："没有人曾对这一点提出异议，现在也没有人对它提出异议。"

> 但是拉达克同西藏之间的实际边界并没有仔细地划定过。这条边界是由到过那里的英国军官在某种程度上划定的，但是我颇为怀疑他们是否进行过仔细的勘测。他们把线标了出来。这条线一直标明在我们的地图上。他们这样做了。由于那里并没有人居住，这没有多大关系。当时没有人注意它。[116]

这个时期尼赫鲁在议会里关于西段问题的发言，不但含糊其词，而且是探讨性的：

> 这个问题是复杂的，但是我们一向认为拉达克地区是个不同的地区，并且就边境来说——如果我可以这样说的话——是个比较含糊的地区，因为确切的边界线根本是不清楚的，不像"麦克马洪线"那样……[117]这块地方，阿克赛钦地区，在我们的地图上无疑是（属于印度的），但是我把它同其他地区完全区别开来。究竟拉达克地区的哪一部分属于我们，哪一部分属于别人，这是一件可以争论的事。这件事决不是一清二楚的。我必须坦白告诉议会，它是不清楚的。我不能对一桩不但是在今天，而且是100年以来都存在争议的事情随意采取行动。问题是，在那个地区从来没有进行过任何划界工作，它是个有争议的地区。[118]

尼赫鲁虽然指出关于中国公路所通过的那片领土的所有权确实存在疑问，从而挡住了议会内部要求把阿克赛钦的中国公路"炸掉"[119]的

① 关于1842年条约，见本书"历史引言"有关内容。不仅中国没有参加缔结该条约，而且据在签约几年以后为印度总督调查该案的英国官员说，西藏政府也没有参加缔结该条约。[115]

主张。但是，尼赫鲁写给北京的信件却没有表现出这种知深浅的态度。在信件中，他坚持说阿克赛钦历来是印度领土，说印度所主张的西段边界以及“麦克马洪线”“历来是（印度的）历史疆界”。〔120〕

尼赫鲁关于西段边界的探讨性提法，即使在他对国内的讲话中，也没有持续多久。自从印度外交部历史司司长S.戈帕尔博士从伦敦回到印度以后，尼赫鲁就改变了提法。戈帕尔并不是一个高级官员，但是受到尼赫鲁的尊重，他是当时印度副总统拉达克里希南（Radhakrishnan）博士的儿子。他被派往伦敦查阅英国外交部和前印度事务部档案中关于印度北部边境的材料。他行前没有得到什么训令，只不过尼赫鲁曾明白告诉他，他的任务是置当前的一切政治考虑于不顾，去做一番关于历史证据的客观评价，然后回来汇报。1959年11月，戈帕尔报告尼赫鲁说，印度对阿克赛钦地区的要求显然比中国的主张更为有力。〔121〕他向尼赫鲁总理详细介绍了引导他作出上述结论的历史证据，尼赫鲁同意了他的意见。前面讲过，长期以来印度政府的政策就是“麦克马洪线”不容重新谈判，到1954年尼赫鲁又把这条原则扩大到北部疆界的其余部分，并说这些地段的边界也是“不容同任何人进行讨论的”。现在戈帕尔的报告肯定了尼赫鲁的上述方针，并显然消除了在此以前他对印度在西段边界主张的可靠程度所持的保留态度。

似乎当时尼赫鲁的一些内阁同僚和顾问，对尼赫鲁从戈帕尔报告中得出的印度对华政策的结论，感到有些不安。当时，尼赫鲁正在让内阁的外交事务委员会①详尽地了解印度如何处理同中国的争端问题，戈帕尔把他调查的结果向该委员会做了口头报告。梅农后来对戈帕尔表示异议，他说对待边界协议的问题不能根据这种历史上的态度行事，真正需要的是政治上的决定。内阁的其他部长也明显地感到，业余历史学家尼赫鲁和职业历

① 由尼赫鲁、潘特（内政部部长）、德赛（财政部部长）、梅农、拉尔·巴哈杜尔·夏斯特里（Lal Bahadur Shastri）（工商部部长）、A. K. 森（A. K. Sen）（司法部部长）等人组成。

史学家戈帕尔这两个人正在把印度政府带上错误的道路，他们也向戈帕尔表示了他们的疑虑。[122]但是，向戈帕尔提意见，那是找错了人，他无权决定政策。而且，内阁中谁也不准备站出来同尼赫鲁针锋相对。

如果尼赫鲁当初认为同中国协商解决乃是印度的利益所在，并对戈帕尔作出相应指示，戈帕尔也就会为西段边界线的妥协方案找出历史根据——其实，1899年马继业—窦讷乐线就是一条现成的妥协界线。但是，这个时候，尼赫鲁对中国的公开评论有了明显变化，这种变化清楚地表明；由于他认为北京在边界问题上采取了傲慢专横的态度，因此对中国满怀怨恨和猜忌。

尼赫鲁认为，各国政府之间如要维持良好关系，根本的一条是要互相尊重。9月初他在议会中讲道："如果你是软弱的，如果你被认为是一个软弱的国家，就不会有自然的友谊。在弱者和强者之间，在企图欺侮别人的国家和甘愿受欺侮的国家之间，不可能存在友谊。……只有在人们多少是平等的，在人们互相尊敬的时候，他们才是朋友。国家也是如此。"[123]在尼赫鲁看来，边境事件和两国外交交涉都说明中国非但没有履行他的那种关于友谊的规定，反而利用边界问题建立压倒印度的优势，甚至是支配地位。他在谈到朗久事件时，顺便表示过这个看法，说中国也许有意那么做，"让我们懂得自己是老几……不要自以为了不起"。[124]几天以后，他又加重了这个指责。他问道："今天中国正在出现怎样的情况呢？……我并不愿意使用激烈的字眼，但是在他们的言辞中，在他们对待我们的行为中，在他们所做的许多事情中，都表现出自恃有力量的盛气凌人的态度。"[125]中国想要欺侮印度：

像印度和中国这样两个大国，为了占有几座山峰——不管这些山峰是多么美丽——或者为了占有几乎是荒无人烟的某些地区，因而发生一场大规模的冲突和战争，那将是极其愚蠢的。但各位议员都知道，

> 并不是这样。当这种冲突发生的时候，就扰乱了我们内心的信念，伤害了我们的自豪感，我们民族的自豪感和自尊心，等等……所以，这不是一两英里或者10英里甚至100英里的问题。这是比100英里或1000英里更加宝贵的东西，它是一种把人们的感情引导到更高水平的东西。今天在印度发生的，在某种程度上正是这种情况……这并不是为了一块领土，而是因为他们感到在这个问题上没有受到公平对待，他们受到了中国政府相当随便的对待，而且中国还企图欺侮——如果我可以用这个字眼的话——他们。[126]

尼赫鲁的这番话似乎是在说别人，但是很明白，他也是在说自己。他悄悄放弃了他早先的态度——过去他认为边界问题并不是危及民族自尊的重大问题，而现在的说法则似乎是问题已全面地、理所当然地涉及民族尊严。这就促使他采取夸张手法。如果出自别的政客之口，他无疑会斥责这类话是蛊惑人心。他说，中国要别人把喜马拉雅山当作一件礼品奉送给它，而他又把喜马拉雅山形容为“印度的王冠”，是印度“文化和骨肉”[127]的一部分。从这类讲法出发，很自然就得出结论：这一领土要求使“印度或几乎任何一个印度人都接受是不可能的，不管其后果如何”。[128]他指责中国是根据一种“自恃有力量的盛气凌人的态度”行事的，承认他自己对“中国人的心理”茫然不解，并暗示中国也许是得了妄想狂的病症。[129]尽管尼赫鲁是以他那种惯常的语调讲这番话，听起来像是漫谈、沉思，又很冷静，而且不时告诫他的同胞要记住甘地，切忌发怒，但是这并不能减少他这番话的煽动性。

尼赫鲁的讲话带着明显地受到伤害和感到愤慨的强烈心情。他感到中国对印度在世界上的重要地位没有给予应有的尊重——他说，他们忘记了，“印度并不是一个可以忽视的国家，即使它讲话的语气可能比较温和”。[130]尼赫鲁之所以有这样的反应，原因之一无疑是他个人方面的，而且这也许是一个强烈的因素。印度的全部外交政策都是尼赫鲁的政治个性的延续，但是印度外交政策中没有哪一部分比对华友好更加显著地同尼赫鲁个人联系在一起。他曾经因为对华友好而长期受到国内批评者的攻击。现在这些批评者兴高采烈地说，他们过去早已告诫过他。尼赫鲁除了蒙受这番使他的政治地位削弱的耻辱之外，还感到中国人特别是周恩来辜负了他。

尼赫鲁受到伤害的感觉究竟有多么强烈，可以从它的后果加以估量，那就是把直到那时为止印度外交政策的一个关键因素，即同中国友好合作的政策，倒转了过来。这项政策不但一向是尼赫鲁最得意的政策，而且从印度利益各个方面考虑，它也是一项健全的、必不可少的政策。现在，印度竟因对中国在边界问题上所采取的态度感到愤怒和怨恨而予以放弃，这就说明尼赫鲁时代的印度外交政策带有很大的主观性，而且是同尼赫鲁个人的自尊心或者他个人的威望紧密联系在一起的。

尼赫鲁对华态度的转变是突如其来的，这同两件事有联系：第一是朗久冲突（尼赫鲁不顾这场冲突是印度已承认的单方面修改“麦克马洪线”而造成的结果）；第二是接到周恩来的一封长信。

这封信于1959年9月8日发出，是对尼赫鲁六个月前的一封信的回答。这封信证实了印度对于中国在边界问题上的态度表示疑虑和愤慨。周恩来以显然不如他前一封信那样亲切的语调，重申了中国的基本观点，即中印边界是从未经过正式划定的。他批驳了尼赫鲁提出的关于西段的1842年条约和关于东段的西姆拉会议就等于划定了边界线这种论据；他指出中国并没有参与1842年条约——而且这项条约根本没有具体规定边界的位置——“麦克马洪线”甚至也不是西姆拉会议本身的产物，而且这条线从来没有得到历届中国政府的承认。① 他争辩说，在“麦克马洪线”以南直到山脚下的所有领土都是属于中国的，这片领土有 5.6 万平方英里之大。他问道：“中国怎么能够同意强迫接受这样一个丧权辱国、出卖领土，而且这块领土又是如此之大的非法界线呢？”至于西段边界，中国地图标明拉达克是中国领土，他认为这就是边界的习惯线。

周恩来再一次声明了中国政府的主张：应该通过友好协商，考虑到历史的背景和当前的实际情况，寻求对双方公平合理的解决办法。在此以前，双方应该遵守边界现状，对于具体的零星地点的争执，还可以通过谈判达成临时性的协议。

他说，中国曾经期望，因为印度和中国一样都是长期遭受帝国主义侵略的国家，本来应当对中印边界问题抱有一致的看法，“采取互相同情、互相谅解和公平合理的态度”。但是，与此相反，“印度政府竟要求中国政府正式承认英国对中国西藏地方执行侵略政策所造成的局面，作为解决中印边界问题的根据”。更严重的是，印度政府对中国政府施加“种种压力，甚至不惜使用武力”。印度不承认中印边界未经划定的事实，力图从“军事、外交和舆论等方面对中国施加压力，这就不能不令人怀疑，印度的企图是要把自己关于边界问题的片面主张强加于中国方面”。这种企图是永远不能实现的，而且这样做，除了损伤两国的友谊，使边界问题复杂化，更加难于解决以外，不可能有其他结果。周恩来最后要求印度撤回“越境的印度军队和行政人员”。他说印度如果采取这样的一个措施，“笼罩着两国关系的阴云也会迅速消散”。〔132〕

新德里认为这封信几乎是毫不掩饰地对布拉马普特拉河以北的整个东

① 周恩来写道：“同你在来信中所说的相反，所谓麦克马洪线从未在西姆拉会议上加以讨论过，而是英国和西藏地方当局的代表，背着中国中央政府的代表，于 1914 年 3 月 24 日，也即是在《西姆拉条约》签订以前，在德里用秘密换文的方式决定的。这条界线，后来是作为西藏同中国其他部分之间的界线的一部分，标在《西姆拉条约》的附图之上的。……至于《西姆拉条约》，当时中国中央政府的代表就没有正式签字……”〔131〕如前所述，这是关于“麦克马洪线”起源的一个精确的概括。

北边境特区提出了要求——根据尼赫鲁的说法，“要印度或几乎任何一个印度人接受这项要求都是不可能的，不管其后果如何”。[133] 如果说印度方面对这封信理解错了——有证据说明它是理解错了——中国也必须承担部分责任。周恩来以前保证过，一旦举行谈判，中国会接受“麦克马洪线”；但在这封信里，上述保证几乎看不到了，它缩小为解决边界问题时应当以“当前的实际情况”作为依据的提法。他还大大夸张了中国西藏过去到达“麦克马洪线”以南的部落地带的范围。事实上，中国西藏过去除在达旺地区以外，对该地区的某些较大的山谷仅进入几英里之远，但周恩来现在说中国的行政管辖达到了整个部落地带。这种说法，同印度主张“麦克马洪线”只不过是使以前的“自然的、传统的、种族的和行政的边界线”[134] 合法化的说法一样，也是带有倾向性的。可以看出，双方此刻都坚持把事实上是一片无人地带说成是一直处于自己管辖之下。

在新德里看来，周恩来的信件，如尼赫鲁不久后所讲的，是等于“(中国人)对一个想同他们友好的国家确实不讲信用”。[135] 但是如果对这封信加以分析，联系到写这封信前后中国发表的多次声明，联系到写这封信时北京方面对中印关系状况的看法，说明周恩来的本意也许是表示中国对边界问题的基本态度并没有变化。写这封信时，西藏叛乱以及印度同情叛乱分子的叫嚣已经使中印关系变得十分紧张。北京怀疑印度已经从同情进而秘密援助西藏叛乱分子，容许他们从“麦克马洪线”以南的庇护所窜回西藏进行袭击，并且让台湾国民党政权的特务在噶伦堡自由活动，偷运破坏分子、武器弹药进入西藏。[136] 当时在印度爆发了强烈的反华情绪，甚至有人号召进行战争。尼赫鲁虽然在此以前大体上维持他的友好的、平静的语调，但也公开同情西藏叛乱分子。当达赖喇嘛流亡到印度，刚刚在一个山区避暑胜地住下时，尼赫鲁马上就去拜访他，大肆宣传，以表示对他的同情。这就很清楚，印度将不再遵守它不让达赖喇嘛从事政治活动的保证。达赖喇嘛在6月举行的记者招待会上，宣布成立西藏流亡政府。[137]

关于边界问题，尼赫鲁不但排除了通过谈判协商解决的可能性，而且对一块切断了新疆和西藏间唯一的陆路交通线的领土提出了断然要求。更有甚者，在“麦克马洪线”和西段，印度军队都在向前推进：在兼则马尼、朗久和塔马顿三地，越过了地图所标明的“麦克马洪线”；在西段的班公湖附近，另一支印度巡逻部队于7月间为中国所捕获[138]（那时空喀山口事件尚未发生）。把上述一切加在一起，从北京的观点来看，似乎已足够说明周恩来为什么要使用冷淡和指责的语调。他说印度力图“把它关于边界问题的单方面要求强加于中国”。这种推断并没有错，虽然尼赫鲁一定会认为这种指责是不公平的，甚至是荒唐的，然而实际上印度正是这样干的，而且它还要继续干下去。

但是周恩来也重申了中国的基本立场，说根据“当前的实际情况”和历史背景，能够在边界问题上达成对双方“公平合理”的解决办法。他拒绝接受“麦克马洪线”，但实质上说话留有余地：他问道，中国怎么能够同意“被强迫”接受这样一条非法的边界线呢？——仔细体会，它包含这样一种意思：如果不加以强迫的话，中国就可能接受这条线，不管它非法与否。在以前的会谈中，周恩来自然亲口向尼赫鲁保证过，在这种情况下“麦克马洪线”是将会被接受的。但是在1959年9月，印度政府却没有心思研究周恩来信件中字里行间的含意，而只是从中找到证据，说明印度不能不应付如尼赫鲁所说的“一个强大而又是侵略的国家”。[139]

尼赫鲁照此写了回信。他表示“非常惊异和伤心”。他长篇大论地辩解说，印度所要求的边界线“一直是历史形成的边界”，边界的每一段都已由“历史、地理、习惯和传统”所确定。他接着说，“诚然，中印边界并没有全线划定”——这显然是证实他几天以前在议会里承认西段边界从来没有正式划定的说法。但是，接着他又说：“事实上中印边境许多地方的地形使得这样在地面上用实物标界成为不可能。”这就是示意他所说的“划界”就意味着“标界”。这样一来，尼赫鲁实际上勾销了他所承认的西段边界的未确定性，并恢复了他以前的立场，即边界线的全线都已确定；印度说边界在哪里，它就在哪里。（在国内，尼赫鲁就说人家过去对他的话“断章取义”，从而收回他承认过的话，并宣称“不论是东段或者是西段，印度的边界都不是未确定的”。）[140]

印度给北京的一连串外交照会中以及尼赫鲁给周恩来的信件中，都提出了印度的论点。这些论点应用于东段和西段这两个主要的争议地段上，具有不同的性质。就“麦克马洪线”而论，印度的第一道防线就是这个论点：产生这条线的是英国和西藏地方当局之间的换文，“按照公认的国际惯例，英藏换文必须被认为对中国和西藏都具有拘束力”。[141] 印度为了维护这个论点，就干脆把中国并没有参加英藏之间的秘密换文这个中心问题一笔勾销，并且无视中国在1914年及此后一直明确拒绝西藏地方当局和英国之间任何诸如此类协议的事实。不但中国人，而且印度外交部的官员和历史学家们，无疑还有尼赫鲁本人，都同样清楚，印度的说法歪曲了西姆拉会议的实际情况。但是印度政府早已认定，同中国举行谈判解决边界问题会危及印度利益。这不仅是由于印度预料到不管中国事先作出什么样的暗示，在这样一种边界谈判中，中国将提出大幅度地恢复失地的要求；还由于印度认为同中国达成任何边界妥协都是无法接受的，因为它将标志着印度不得不从原有立场后退，那样一来，将把印度降到亚洲的二等国地位。但要拒绝通过谈判解决边界问题，唯一合理的根据就是提出边界线事实上已经划定的论点，于是印度就据此进行争辩。当然，印度这样做，并不是为了说服中国，而是为了争取国际支持，而当时世界各国都在注视着中印之间争论的发展。

印度论据的第二道防线是声称“麦克马洪线”从来不是一条新的边界线，它只不过是“这个地区自然的、传统的、种族的和行政的界线的正式体现”。[142] 按照印度的说法，这条早已存在的边界的确十分古老；他们声称这条线“和它现在的位置大致一样，已有将近三千年的历史”。[143] 印度人为了给他们的主张找根据，就引证《奥义书》(*Upanishads*)、《摩诃婆罗多》(*Mahabharata*)、《罗摩衍那》(*Ramayana*)① 和印度文学的典籍。印度对中国说，多少世纪以来，“喜马拉雅山的天险就是印度精神的奋斗所向”。[144]这一套论调在印度人听起来倒是津津有味。尼赫鲁也经常提到喜马拉雅山在印度思想中的地位，并把它看作边界争端中的一个因素；但是这一套对中国人却不起作用，他们说：“神话故事不能引用来作为印度对于边界要求的根据。”[145]②

印度为了证明中印边界已经是“确定下来了，没有必要进一步或正式划定”[148]③ 而搜集的大量论点，是以顽固的讼师的手法提出的。印度的目的当然不是为了说服中国，就像律师在法院为一个案件辩护，也不是为了说服对方一样，因为对方对案情的了解大约同律师一样清楚。到 1959 年 9 月，印度政府给北京的照会刚刚递交后就立即公布，而在众目睽睽之下进行公开外交，使外交照会不可避免地变成宣传手段。正如尼赫鲁后来所说的那样：“我的目的是，或者把对方争取过来，或者削弱对方，使它在本国舆论、世界舆论和我本人的看法里站不住脚。”他说，这是“通常的做法”。[149]在某种意义上，正是这样。这不能归咎于印度，而只能归咎于了解情况的世界公众；他们好比法庭的陪审员，这些人把印度的论辩看作是一心追求真理的学者的探讨，而没有看出它是律师办案的手段。

---

①《奥义书》是印度古代哲学论丛之一，吠陀圣典的一部。《摩诃婆罗多》和《罗摩衍那》是印度古代两大史诗。——译注

② 印度从印度经典著作里寻找根据，连篇累牍地摘引原文，使得研究者们望而生畏，除非他们自己对于这些东西也具有渊博的知识。卡尔加里大学（University of Calgary）的菲尔德（A. R. Field）教授在仔细研究了印度这方面的论据以后，得出的结论是：印度政府坚持主张“为多年传统和习惯所肯定的古老的证据，可以作为边界的基础”，是“犯了严重的错误”。[147]

③ 印度的这种论据似乎同寇松说的下述情况相似，就是“一种所谓天然的疆界……亦即各个国家由于野心、利害得失，或者时常是情感上的理由，而提出应当是属于它的天然的疆界”。寇松的结论是：为了实现这类疆界所做的尝试，“曾经是造成多次战争的原因，而且是造成历史上几次最悲剧性的兴亡的原因”。[148]

关于西段，印度的论点在本质上是不一样的。在东段，印度的立场就是说“麦克马洪线”是事实上的边界，而且从国家利益的任何方面考虑也必须是这样，于是为此目的就拼凑起各种论点。但在阿克赛钦地区，印度深信他们的领土要求比中国的主张具有更加有力的历史根据。这种信念，基本上是建立在戈帕尔博士报告的基础上。他一直负责和提出印度方面的历史论据。

印度在反驳中国关于“传统习惯线”的提法时的论据最为有力。从细节上看，中国为他们在地图上所画的线提出的论据软弱无力；印度却能列举很多证据，指出中国的主张向西面伸得太远。中国反驳说，由于边界从未划定，任何“传统习惯线”自然只能是含糊的，只有在进行了印度认为不需要的划界和标界手续以后，才能求得精确。印度声称，他们所主张的边界，就是一条已经完全确定的国际边界。如果说中国所提出的传统习惯线的论据不是很有力，那么，印度为支持自己的主张所可能提出的论据也是薄弱的。印度虽然可以引证说，在不同时期昆仑山脉就是这一地区中国领土的南部界限，但是，他们拿不出任何证据来证明印度的或英国的行政管辖曾经达到昆仑山。阿克赛钦实际上是一片无人地带，从来没有谁划过一条穿过它或绕过它的边界线。这样一条边界线，要留待中国和独立的印度来划定。

在争论中，印度对待 1899 年马继业—窦讷乐线的态度是很奇怪的。前面讲过，这条线是英国向中国提议过的唯一边界线；根据这条线，中国在 20 世纪 50 年代修筑公路所通过的地段，是在中国一面。但是印度坚持对 1899 年线的含义做反面的解释。① 例如，1959 年 9 月尼赫鲁在致周恩来的信中声称，1899 年线“无可置疑地表明，阿克赛钦全部地区是处在

① 关于印度方面对 1899 年方案的错误说法，可参阅《官员报告》，第 55 页；1959 年 11 月 24 日照会（白皮书Ⅱ，第 25 页），1960 年 2 月 12 日照会（白皮书Ⅱ，第 87 页），1959 年 11 月 4 日照会（白皮书Ⅱ，第 22 页），还有尼赫鲁的这封信（白皮书Ⅱ，第 36 页）。

印度境内”。而事实真相恰恰相反。看来造成这个错误的原因，只能是由于查抄档案里的英国照会原文时的笔误。① 这可能只不过是个细小的失误，但后果却很深远。

尼赫鲁在给周恩来的复信中，在详细反驳了中国的基本立场，即中印边界从来没有划定过，并且拒绝通过谈判来完成这项任务之后，转而谈到中国提出的在边界问题解决以前现状应予维持的建议。他说：“我们也同意，”但接着又把问题搞混，“同时双方都应该尊重传统边界，任何一方都不得试图以任何方式改变现状。此外，如果任何一方已经越过传统边界侵入另一方的领土时，应当立刻退回到边界的自己一侧。”〔150〕这样，（当尼赫鲁的信件根据上下文应该使用“但是”字样时，他却用了“此外”）尼赫鲁再一次提出了印度关于恢复原状的要求，这实际上是变相地要求中国单方面撤退。他声明说，“不存在……撤退任何印度人员的问题”。尼赫鲁接着还明确提出印度方面的一个新条件：“除非中国军队先从他们目前在传统边界的印度这边据有的哨所撤出，并且立刻停止进一步的威胁和恐吓，同时，否则，谈判是不会有成效的。”当时梅农在联合国也提出同样的论点，他坚持要求“在举行任何谈判以前，中国军队必须从现在被中国所控制的地方撤退”。〔152〕这个主张又变成印度立场的另一重要组成部分。

除非中国改变态度并屈从于印度的要求，尼赫鲁的这种做法就给达成协议的可能增添了新的障碍。但在当时，尼赫鲁事实上还是遵循着一条比印度外交文件的语调所表达的态度要慎重得多的方针。印度警告北京，说印度边境部队已奉命使用武力击退“越境者”，乃是虚声恫吓。1959 年 9 月 13 日，尼赫鲁口述了以下指示：

甲 除非冲突确实强加到我们头上，我们必须避免实际冲突。就是

① 1899 年方案所主张的边界线，是“沿着拉宗山脉而行，直到它同从昆仑山向南延伸的一条支脉相汇合”。可是按照印度的说法，这个方案却变成主张“沿昆仑山脉”画一条线了。〔151〕

说，我们必须避免军事冲突，不只是大规模的，甚至是小规模的。我军在任何情况下都不得开枪，除非确实遭到射击。

乙 万一任何中国武装部队进入我方，应当叫他们回去。只有在他们开枪时，我方才可还击。

丙（此段对楚舒勒地区做了详细指示）。

丁 在阿克赛钦地区应当大体维持现状，因为我方在那里未设哨所，而且实际上很难到达这个地区。任何涉及该区的问题，只有在时机成熟时联系整个边境的更大问题方可予以考虑。目前我们只好暂且容忍中国对拉达克东北地区的占领和他们通过这个地区修筑的公路。

戊 对我方边境人员总的指示是要他们避免采取任何挑衅行动，但是必须坚守边界线的我方一边，不容许被对方轻易赶走。

己 我认为中国军队不至对这一段边境采取侵略的方针，即企图进一步深入我国领土。如果他们采取这样的行动，必须加以制止，并应立即将情况上报请示。①

当这个口述的指示被记录下来的时候，奉命前往拉那克山口建立哨所的一支人数众多的印度巡逻队早已出发。前面讲过，它于10月21日同中国军队在空喀山口发生冲突，已有伤亡。新德里在11月4日的抗议照会中，把中国军队在边境的行动比作“印中两国过去进行斗争所反对的老牌帝国主义列强的活动”，并警告说，印度将使用一切可能的手段抵抗侵略。这份照会第一次对印度声称是已存在于西段的边界线做了详细而完整的描述。8—9月，尼赫鲁多次在议会中声明在西段从来没有什么明确的边界，而现在照会中却又精确地描述了一条把整个阿克赛钦划归印度的边界，并告诉中国说：“对过去的历史有些知识的人，都知道印度这条传统的和

① 这份纪录是印度政府的一份文件，迄今尚未公布过。正如本书下文所引用的许多材料一样，作者不便说明其来源。本书凡引用文件而不注明出处时，都属于这种情况。

历史的边界是同印度两千多年来的文化和传统有联系，而且已经成为印度生活和思想的密切的一部分。”〔153〕

在朗久事件以后，印度政府宣布东北边境特区的防务由印度陆军负责；这时，对于西段的边境也采取了同样的措施。①

在朗久事件以后只有两个月又发生了空喀山口事件——它被印度认为是中国又一次背信弃义的进攻——给印度政界的舆论很大震动。当时议会已经休会，尼赫鲁以公开演讲的形式（公开演讲常常占去尼赫鲁许多时间），发表了他对这一事件的最初评论。在讲话中，他企图平息（至少抑制）印军在空喀山口阵亡的消息所激起的愤怒。在冲突发生以后不几天，他在距离新德里不远的密拉特（Meerut）发表演说，企图从中印悠久友谊的远景来看待这一事件，并告诫人们不要采取意气用事的行动。他说：“不论采取什么步骤，我们都要深思熟虑，不能为一时激愤所左右，要有远见，才不致在亚洲和世界上都产生不良后果。”他提到中国人时表现的是伤心，而不是愤怒；他是在斥责而不是辱骂；他甚至还再一次承认对于发生冲突的那个地方的所有权问题，可能有两种看法。

这次演讲给他自己招来一阵狂风暴雨般的批评，其猛烈程度是他从未遇到过的。一家报纸使用了这样一些形容词来评论他的讲话：“文不对题”“伪善”“昏愦糊涂”“不老实”。该报指责尼赫鲁表现了他“过于谨慎地照顾中国人的感情，而对于印度人民的愤怒和惊惶的反应相对说来则是无动于衷”。〔154〕另一家报纸评论说，麻烦的是“尼赫鲁先生一般把印度国民当作长大的儿童来对待。他认为印度人民像烦躁不安的少年一样，可以用甜言蜜语哄他们安静下来。他错了”。〔155〕一个批评者就空喀山口事件责备尼赫鲁的“领导软弱姑息”，使印度的领土越丢越多。〔156〕人民同盟则通过了一项决议，要求政府立即行动起来“赶走”中国人。还有的要求印

① 对印度边境的巡逻任务通常是由内政部负责。东北边境特区的边境是由阿萨姆步枪队驻防，通过阿萨姆的省督向中央政府负责。

度放弃不结盟政策，参加反对中国的军事条约集团，并重新武装。尼赫鲁驳斥这一类言论是“全然错误的和无用的”，是一些“头脑发热的胆小鬼”说的话，并且反复保证说，印度是一个军事上足够强大的国家。他在人民院讲过：“我可以告诉议会，我们的国防力量比我们独立以来，当然也包括独立以前任何时候的状况都更好，士气更高昂，支援他们的工业生产也更强大。我不是替他们吹牛，或是同任何其他国家的国防力量相比，但是我确信我们的国防力量保卫我国的安全是非常胜任的。”〔157〕报界中一些受人尊重的评论家更有分寸地发表了同样的论调。一名能够反映高级官员想法的《印度时报》专栏作家写道，尼赫鲁总理“对于我国防御力量的能力有充分的信心。如果中国军队竟然愚蠢地进行挑战，他们就会维护我国北部边境的领土完整。这种信心绝不是吓人的空话，而是基于对中印边界沿线的军事和后勤情况所做的仔细认真的估计”。〔158〕这类看法同事实相差多么远，从后面的章节中可以看到。

为了回答一些人对他的攻击，尼赫鲁在新德里又召开了一次群众集会。他在会上解释说，他在米拉特演讲的对象是农村的听众，因此他使用了比较简单的语言和概念；而现在他就开始采取更加强硬的态度了。他说：“我们一定要竭尽全力保卫祖国。我并不害怕人家来进攻我们，踩到我们身上。……我们强大得足以对付任何挑战。”〔159〕

空喀山口事件对尼赫鲁的思想和印度舆论产生了强烈的影响，这可以从尼赫鲁发给印度各主要驻外使节的一份备忘录中看出。这份备忘录后来泄漏给《纽约时报》，该报于 11 月 12 日公布了其要点：

> 根据这份秘密备忘录，尼赫鲁先生认为印度可能不得不使用武装力量把中国军队从他们所占领的印度领土上赶出去。
>
> 据传，尼赫鲁先生指出，中国在历史上从来没有自愿交出过任何领土或放弃过任何领土要求。他现在深信，中国在目前的争端中只是

> 想从印度那里攫取领土，而对于以传统边界为依据的解决，不感兴趣，所以他认为通过合理协商解决争端的可能性并不大。他已注意到中国的领土要求有增无减，并含蓄地威胁印度：除非印度在拉达克地区作出领土让步，否则中国将在东北边境挑起纠纷。[160]

11月议会复会时，尼赫鲁开始谈到战争，但也还是表示不赞成，甚至深恶痛绝；同时，他还提到对印度和平传统的感想。不过，他当时已处于进退两难的境地。他能斥责那些最好战的批评者发出了冒险的战争叫嚣。然而，他如果走得太远，排除为边境而战的一切可能性，那就会使自己受到新的批评。人家会说他束缚了本国的手脚，俯首帖耳地听任中国对印度进行他所说的侵略。他屡次暗示有发生战争的可能性，还不断保证说，印度国防力量已经做好一切准备。这就不可避免地助长这样一种印象：为边境而同中国进行一场战争是有可能的，而且如果战争爆发，印度可以获胜。

尼赫鲁甚至在空喀山口事件以前就一直处于招架地位。人们不但责备他为了维持“印中兄弟友谊”就对边境上的威胁熟视无睹，而且还责备他不让议会和公众知道中印争端的最初情况。他对议会解释说：“我们那时候以为如果不做过多公开宣传，我们同中国政府打交道也许会更容易些。”但是他承认这种想法是个错误。[161]9月7日，尼赫鲁向议会公布了从1954年起中印双方来往文件的第一册白皮书，其中包括他同周恩来最初的几封来往信件。尼赫鲁许诺说：“如果说过去我拖延了向议会公布这些（关于边界争端）文件的时间是做错了，那么，我今后不会重犯这个错误……形势要求我们必须使全国，特别是议会充分了解事态的发展。”[162]

此后，同中国的一切外交文件来往都马上在议会公布；议会不开会时就在报纸上发表，到一定时候又编成新的白皮书印发。这样，尼赫鲁就把行政当局处理印度对外关系的权力和责任实际上移交给立法机关，以此证明政府有义务充分信任议会。他在一定程度上也许是有意这样做的，因为尼赫鲁对边界问题的方针要求把印度在同中国外交通信中提出的论点加以宣扬。① 但是这样做也就把统治权力搞乱了套。正如李普曼（W. Lippmann）所说："行政当局由于代表制议会和群众舆论的压力变得软弱无力，时常陷于瘫痪的边缘。"〔163〕

李普曼接着说，这就会"迫使民主国家犯下灾难性的，甚至可能是致命的错误"。但是把这个论断应用到印度政府处理它同中国的争端以前，必须牢记，尼赫鲁及其顾问们早在他们还没有受到重大的公众压力前就已制定了对撞的方针。再者，虽然尼赫鲁在立法机构监督政策的问题上几乎做了全面退让，但这种监督也只是起了推动他沿着他早已自行选定的方向继续前进的作用。公众和议会的压力并没有要他做任何他自己不愿做的事，也没有阻止他做任何他真正愿做的事。到 1959 年年底，印度政界舆论已很激昂，显然，任何同中国妥协的企图都会被斥责为姑息、胆小，甚至更坏些。就这样，好像是一部车子的操纵装置都已按照尼赫鲁所决定的方位定死了，而尼赫鲁此后也一直没有想改变这个既定的方位。

二、躲躲闪闪

1959 年年底，中国试图把争论的焦点，从历史事实的争辩转移到讨论解决争端的办法上，同时试图消除边境的危险局势。1959 年 11 月 7 日，在空喀山口事件后，周恩来再度致函尼赫鲁，说这次事件是不幸的和意外的；并且说如果两国政府不迅速想出解决办法，这种双方都不愿意看到的

① 为什么尼赫鲁要公布白皮书呢？瓦尔特・克罗克（Walter Crocker）在他所写的这位已故总理的传记中写道："白皮书必然会煽起印度国内的民族主义情绪，也许最后会使他失去进行任何谈判的余地。由于感情用事吗？由于他自己的民族主义情绪吗？还是由于打算对中国施加压力和制止印度国内对他的边境政策的批评？也许他的动机是三者兼而有之，但是最重大的因素也许是由于……1959 年在议会内部屡遭揭露以后，最安全的办法是把有关情况和盘托出。"〔164〕

边境冲突今后还有可能出现。他感到高兴的是，尼赫鲁接受了在达成解决以前现状应予维持的原则（事实上，情况并非如此）。他建议双方的武装部队应从“麦克马洪线”和西段的“双方实际控制线各自后撤20公里”。他断言中国“从来没有使边境形势和两国关系紧张化的意愿”。接着，他建议和尼赫鲁在最近期间举行会谈，①讨论边界问题和中印关系中的其他问题。〔165〕

建议举行高级会谈和采取非军事化的临时措施，看起来同印度，特别是尼赫鲁本人所主张的解决国际争端的一贯主张并无二致。所以，印度以外的人士都认为印度会接受周恩来的建议；其实，甚至在中国方面的建议提出来之前，印度早就下决心拒绝。裂缝已经无法弥合，印度只不过用一套仔细琢磨过的外交辞令掩盖一番罢了。

周恩来建议“双方应该维持边界久已存在的状况”，他的意思是说，双方停留在以往10年左右已经管辖的边境地区内，不去干扰对方占据的地区。这就是说，中国将继续遵守“麦克马洪线”作为事实上的边界线；在西段，稳定现状就可以使双方在大部分地区远远隔开，阿克赛钦则留在中国占领之下。中国人使用“现状”这个词，意思是指“目前存在的状况”，亦即周恩来1959年11月7日提出建议时的“边界现状”。印度使用这个词，却是指“中国进入阿克赛钦以前的状况”。因此，中国建议维持现状，是说谁在哪里，谁还在哪里。印度似乎是接受了这个建议，但它实际上却是说，中国必须撤出印度要求的地区，而印度则继续占有中国所主张的领土。这种玩弄字眼的把戏造成这样一种情况：当印度的巡逻队开进中国占有的领土时，印度就可以说成是“维持现状”。而且，这也使争端解决前达成任何冻结现状的临时协议成为不可能。

① 周总理在1959年11月至1960年3月致尼赫鲁信件中，一直提议中印两国总理举行“会谈”或“会晤”，尼赫鲁则一直玩弄字义，在“会晤”“会谈”及“谈判”的概念上打转转，借以拒绝同周总理会谈，但最后还是被迫接受了“会谈”。——译注

到1959年年底，印度对边界形势的一般看法是：中国在西边，偷偷摸摸攫取了一大片无可争议是属于印度的领土，在遭到责难后，又厚颜无耻地对“麦克马洪线”以南更大的一片地区提出了臆想的领土要求。空喀山口事件发生后，中国国防部[①]在其声明中把这两个地区相提并论。声明说，如果印度坚持有权在它提出要求的阿克赛钦地区进行巡逻，那么，中国同样可以提出它自己也有权在“麦克马洪线”以南地区进行巡逻。[166]印度认为这是一种威胁，同时也是暗示：如果印度放弃对阿克赛钦的要求，中国将放弃对“麦克马洪线”以南地区领土的要求。在印度看来，中国人是说：“如果你们不再追究我们偷来的东西，我们就不再偷了。”话里还含有一种威胁，就是说如果印度坚持要夺回失去的西边的领土，那么，中国就要吞并东北边境特区。

如果是发生了下面的情况，那么，印度对边界问题的态度还可以理解：假定一天早晨，发现中国军队在一次突然的偷袭中侵入没有设防的边境山口，拥进旁遮普邦，占领了几千平方英里的土地，并开始横贯旁遮普邦筑路行车。假定中国军队还在公路干线上设下路障，把印度的旅客赶回去；在一次伏击中，又打死了好几名巡逻警察。新德里指责北京秘密入侵和侵略，而中国却和气地回答说，他们现在占领的地区过去一直是在中国控制之下的，并且表示愿意，甚至热切希望通过和平谈判来解决整个边界问题，但首先双方要约定遵守现状。新德里当然会立即拒绝进行谈判的意见，甚至会斥责那种认为可以拿现状做基础作出即便是临时安排的建议；如果中国人不自动撤走，印度就决心使用武力把中国人赶走。如果真的出现了上述那种虚构的情景，印度作出那样的反应不仅是完全可以理解的，而且也是势所必然的。实际上，正如前面讲过的，印度所作出的反应恰恰如上所述。他们之所以这样做，是因为他们

① 这个声明是中国外交部发表的，作者误为中国国防部声明。——译注

确信中国在阿克赛钦攫取的领土，就像旁遮普邦一样，在道义上是印度的一部分。

鉴于尼赫鲁在议会里承认过，西段的边界还没有划定，阿克赛钦地区比“麦克马洪线”更加含糊不清，从而可以推断，尼赫鲁自己最初并没有采取上述观点。但是后来由于他对印度公众激愤情绪的共鸣，他对自己认为的中国的背信弃义、以势压人的态度感到愤慨，也许还有戈帕尔报告的影响，促使他转到这种观点上来了。由于印度的论点（即印度主张的边界在哪里，它就在哪里）是精心制造出来的，所以，尼赫鲁像印度或国际上的许多人一样，就相信了这种观点，从而也必然认为中国留在阿克赛钦是一种明显的侵略行为。因此，印度政府不能不拒绝默认让这种行为继续下去的任何安排。

尼赫鲁也拒绝了周恩来提出的进行讨论的建议。他说：“任何政府都不可能就构成本国领土这样大块地区的前途问题进行讨论。”〔167〕他甚至进一步提出：讨论边界线的确切走向（不同于一般边界谈判）也必须以中国单方面撤退为条件。〔168〕尽管印度采取上述立场，周恩来仍建议举行高级会谈。这表明中国人要么还没有认识到印度的立场是何等顽固，要么是想把新德里置于一个公开拒绝谈判的地位。

印度会拒绝周恩来的两个建议，这本来早已成为定局；但是，印度在拒绝接受沿着全部边界实行非军事化的建议的同时，还提出一项反建议。尼赫鲁在复信中，首先把东段、中段同西段区别开来；他说只要双方在东、中两段停止派遣前沿巡逻队（他说印度事实上已经这样做了），就可以避免发生冲突的危险。关于西段，他重申他的主张，说印度已经通过定期派遣巡逻队对阿克赛钦实行管辖。他排除维持现状的协议，说：“关于现状的事实本身就存在着争论。”接着他就提出自己的建议：

因此，我建议在拉达克地区，我们两国应就下述事项达成协议，

> 作为一项过渡措施。印度政府应将其所有人员撤退到据我们了解是中国政府最近的1956年地图上所标明的国际边界以西。同样，中国政府应将其人员撤退到印度政府在以前的照会和信件中所描述的和官方地图上所标明的国际边界以东。由于这两条线相隔很远，两方面的部队之间就不会有发生边境冲突的丝毫危险。这个地区几乎是完全无人居住的。因此，无须在这一由东面和西面两条线为界的地区内保持行政人员。〔169〕

原来设想的这一套不过是一场外交把戏，并不是指望能为对方接受的建议。中国提出双方共同撤出军事力量的建议，使印度在外交上处于守势。现在尼赫鲁巧妙地进行回击，灵活地使用了双方共同撤退等一类辞藻，提出了其实就是印度过去提出过的要中国全部，并且实际上是单方面撤出西段争议地区的要求。实施尼赫鲁的建议，印度只需撤出一个哨所，即碟穆绰克，它位于争议地区东南端，方圆约50平方英里。而中国方面就要撤出大约2万平方英里的土地，从新疆到西藏的陆路交通线就不复存在，只不过印度还准备让中国的民用车辆使用阿克赛钦公路而已（对于原来建议的这项修改是尼赫鲁在一次新德里的记者招待会上提出来的）。〔170〕

尼赫鲁的反建议受到印度政治评论家的广泛欢迎。他们认为这个反建议是“十分合理和切合实际的”，给中国提供了“撤除侵略而又适当保持体面的机会”。〔171〕而政界人士却并不那么赞成。在议会休息室里，议员们责备政府放弃原则，纵容侵略。阿查里雅·克里帕拉尼说：“政府为了急于谈判解决，为了报答中国从本来就是印度的领土上撤走，竟表示印度愿意从那些从来就是印度的地方撤出来。”〔172〕他的话反映了议会两派中很多人的共同感觉。阿索卡·梅达指责政府由于急于谈判而削弱了印度的地位。一个人民同盟的议员说，把印度的一角划出去作为无人地带，这等于是“鼓励侵略”。〔173〕于是，政府发言人和官员便通过报纸宣传和直接的办法，设法减少人们的疑虑，强调印度要撤出的只是一小块地方，而且如果总理的建议能为对方接受，那么，就可以实现把中国人从阿克赛钦地区赶出去的主要目的。他们还指出，即使中国答应完全照办，也不意味着印度对边界的主张是可以谈判的。中国实施尼赫鲁建议而撤退后可能进行的谈判，只涉及对边界做微小的调整，而不会涉及印度的“大片土地”。[174]

另一方面，尼赫鲁拒绝周恩来所提出的两国总理立即举行会谈的建议，在印度几乎受到普遍欢迎。当时的舆论一致认为，在中国撤出阿克赛钦以前，决不应当同北京进行讨论。报纸的社论反复强调这种论点：“我们应该讲明白，只要中国的挑衅存在一天，就不可能进行任何讨论。”[175]“印度政府和印度人民决不会姑息有扩张野心的邻邦。他们决不会赞成任何侵蚀印度国家领土的妥协。……只要中国人还停留在印度的土地上，就不可能就边界问题进行谈判。”[176]“印度愿意谈判，但不是也不可能是无条件的。只有当中国撤出侵略地区，从而表示对和平友好谈判的绝对尊重时，才能进行谈判。（新德里必须）寸步不让，应该首先坚持要求中国军队全部撤出，作为进行谈判的条件。”[177]反对党议员，包括克里帕拉尼，敦促说：“只有在中国首先接受我们的边界线并立即撤出他们强行占领的领土的基础上，才能进行谈判。”[178]国大党议员们也有同样的看法。西孟加拉邦的国大党头目阿图利亚·高希（Atulya Ghosh）从道义观点提出：“在中国继续其侵略活动的情况下，任何有自尊心的人都不会考虑印中两国总理进行会晤的建议。”

尼赫鲁并不感谢人们对他拒绝同周恩来会晤所做的赞扬；的确，在他对国内的讲话中，他坚持不懈地表示不但准备而且渴望同中国人会晤，并且决心继续争取谈判。他在1959年年底说：“就我个人来说，就我国政府来说，我们愿意谈判，谈判，再谈判，一直谈判到底。我坚决反对那种在任何阶段都停止谈判的主张。我认为这不仅是根本错误的主张，也是一种彻头彻尾的反甘地主义的主张。……只要这个政府存在一天，谈判就将一直继续下去。”[179]他总是同反对党辩论说，不谈判，就只有选择战争；虽然他决不排除有可能为边界而战，他仍然坚持有必要进行会谈：“虽然，这并不意味着不采取任何必要的行动。”[180]尼赫鲁总是拒绝那种认为他不应同周恩来会晤的主张。1960年1月，他在每月定期举行的记者招待会上对记者说：“就我个人来说，我准备同这个广大的世界上的任何人会晤。”“没有什么人是我不愿意会晤的……（但是）不能因为谈到会晤就匆忙去会晤，这样去会晤就可能因时机不合或判断错误，而产生不良的后果。”

尼赫鲁一面重新肯定他个人坚决主张谈判的态度，一面又多次重申印度的边界是不容谈判的。因此，他的立场使新德里的人士感到某种程度的迷惑不解。当时，他在致周恩来的信件上似乎已经完全拒绝高级会谈，但是就在那次记者招待会上，一位新闻记者就印度总理关于他愿意谈判的那一番话追问他：“印度的立场是否仍然是：我们的边界是不容谈判的？”尼赫鲁回答说，“那是我们的立场”“同时，天下也没有什么不可以谈判的东西”。他发现自己讲了一句前后矛盾的话，于是他就解释道：“这看起来似乎是矛盾的。可是对于（边界）这件事不存在谈判或讨价还价的问题。不过，通过信件和会谈来处理边界事宜，却是另一回事。我们不能拒绝同另一个国家会谈。”[181]

尼赫鲁对“谈判”这个词的解释有两种不同含义；看到这点，那么，尼赫鲁多次讲话中谈到“谈判”时出现的明显矛盾，就迎刃而解了。当他好像是说“我们准备举行边界谈判，但是我们决不谈判边界”时，他的意思是说：“对我国的边界，我们决不妥协，但我们准备考虑对我们的边界做微小的调整，并就此事同对方会谈。”后来，他把这个实质性的区别明朗化了：

谈判（negotiations）和会谈（talks）是有区别的，这里有天壤之别。……只要有可能，就要经常鼓励会谈。谈判是非常正式的事情，

> 需要一个非常合适的背景；这样的背景不具备时，就不应该举行谈判……会谈完全是另外一回事。会谈也许得不到什么结果，也许能够有收获；但不管怎样，它总是有助于了解和探明别人的想法。[182]

“谈判”一词按词典的解释是“为了取得协议而举行会谈”，而尼赫鲁的意思则是“为了说服对方同意印度立场是正确的而进行讨论”。这个区别从此就成为印度国内所能理解和接受的、表达印度外交政策的主要手段。① 但是在1959年和1960年之交，新德里人士还没有理解它的奥妙所在。人们当时的突出印象还是认为尼赫鲁将拒绝同周恩来会晤，除非中国撤退到印度主张的边界线后面，或“撤除侵略”，以此表示接受印度主张的边界线。在国际上，当尼赫鲁保证他本人和他的政府要进行谈判时，人家对他含糊其词的讲话的含义还不能领会，这就说明为什么几乎全世界都相信拒绝通过谈判解决边界问题的是中国而不是印度。

周恩来催促印方考虑他的建议而遭到轻率的拒绝之后，印度国内就更加相信尼赫鲁不会同意举行高级会谈。12月间，周恩来又给尼赫鲁一封信，重申他关于两国武装部队各自从边境全线后撤的建议，并且指出这种措施丝毫不会约束任何一方提出主张。他对尼赫鲁提出的双方政府命令各自边境哨所停止派出巡逻队以避免冲突的建议表示欢迎，并且说事实上在空喀山口事件以后，中国已经采取了这种预防措施。但是，他要求印度政府在这件事情上澄清其意图，即尼赫鲁的建议是否适用于全部中印边境？（这一点在尼赫鲁的信上是含糊其词的；但是信的上下文——事实真相也是这样——表明，他的停止派出巡逻队的建议只适用于“麦克马洪线”。当时以及后来，印度政府对边界争端的核心主张是它们可以自由进入西段争议地区巡逻。）

① 例如，印度政府甚至在1965年对巴基斯坦战争之后，还时常表示愿意就克什米尔问题同巴基斯坦会谈，但与此同时，又向本国舆论保证说，克什米尔问题无论现在和将来都“不容谈判”。

周恩来对尼赫鲁提出的双方撤退到对方主张的边界线后面的建议，作出了详尽的驳斥。第一，把西段边境特殊化是没有理由的，这段边境的双方实际控制线，同中印边境其他地段的双方实际控制线一样，都是很清楚的；第二，尼赫鲁的建议同“两国早已同意的”暂时维持边界实际状况的原则正相违背（如前所述，印度实际上并不同意，而且也无意这样做）；第三，虽则“对于不明真相的人来说，这个建议似乎是‘平等’的”，其实那是不公平的。按照印度的方案，印度的后撤只是理论上的，而中国则需要撤出 3.3 万多平方公里的领土。“这一地区长期属于中国管辖，并且对于中国具有重大意义……是联结新疆和西藏西部广大地区的交通命脉”。周恩来问道，如果印度政府仍然坚持尼赫鲁的建议，它是否准备把同样的原则实施于东段边境？在那种情况下，中国将同样从“麦克马洪线”做理论上的撤退（事实上他们已经在“麦克马洪线”的后面了），而印度则应该从东北边境特区这块大片土地上撤出，撤到中国地图标明的边界后面。

周恩来这封信的口气同上一封一样，不再是威胁性的，而是劝说性的和友好的。尼赫鲁曾经解释过他为什么拒绝会晤。他说，不事先达成协议，“我们就会迷失在一大堆材料当中”。周恩来回答说，高级会谈是很重要的，可以就原则性问题达成协议；“没有这种指导，双方对于边界问题的具体讨论，就有陷入无休止的、无结果的争论的危险。”接着，他建议他和尼赫鲁在 12 月 26 日（即发信后九天）会谈。他说：中国的任何地方都可以作为会谈的场所，“因为在中国没有仇视中印友好的活动”（这是影射印度很多城市有反华示威游行）；或者，如果在中国会谈对尼赫鲁不便，那么只要缅甸同意，也可以定在仰光。〔183〕

周恩来提出关于会谈时间和地点的建议，也许是希望使两国总理来往信件所陷入的对于是非曲直的争辩从而告一段落，使之不再像过去那样不断地交换连篇累牍的外交照会和备忘录。通知举行高级会谈，只有九天时间是不够的，但周恩来请尼赫鲁另提日期，如果他不同意那个日期的话。这样，他就不能用是否方便或切实可行作为拒绝会谈的理由。尼赫鲁的回答是迅速的、粗暴的和冷淡的。他对于他提出的双方共同从西段撤退的“很合理的建议”未被接受深表遗憾。他再次提到，由于对事实存在着这种全然不同的看法，就不可能达成原则协议。他接着说，不管怎样，在以后几天内他完全不可能到仰光或任何其他地方去。[184]

* * * * * *

印度拒绝中国提出先行举行高级会谈这步棋，使外交斗争陷入僵局。当时中印边界也是平静的。中国继续把“麦克马洪线”当作东段的实际边界线，而且，尽管中国方面向兼则马尼哨所指挥官提出了一连串“最后的严重警告”[185]要印方撤出，这个位于“麦克马洪线”以北、印度所要求的领土上的哨所，所受到的压力也只是口头上的。印度企图在越过地图标明的边界线以外保持的另一个哨所朗久，已在中国控制之下，但是尼赫鲁建议把朗久变为非军事区，于是不久中国就从那里撤走。双方在邻近“麦克马洪线”的地区都停止了巡逻。空喀山口事件后，西段一直也是平静的。中国在那里暂时停止了巡逻；印度由于在那里面临着严冬和极大的后勤困难，也停止了巡逻。

边境上的平静和外交上的僵局使中国得以安然无事地占有印度主张的西段领土。这种状况在印度人看来，就等于默认中国的侵略；等于在一方缺席的情况下，按照中国的条件接受边境问题事实上的解决。人们认为中国会利用这个机会巩固，也许还要扩大他们对阿克赛钦的占领，以便为其下一个步骤做好准备；印度政府深信这样的一个步骤必将损害印度长期扩张的计划。从印度政府一开始把中国进入印度所要求的领土说成是“侵略”时起，它就承担了对此要采取某种行动的责任。当人们催促尼赫鲁答应对中国采取军事行动时，他总是给人这样的暗示：一旦到了需要那样做的时候，政府就准备采取行动。10月间他在记者招待会上说：“当我们正在从政治上处理这些（被中国人占领的）地方的时候，我们不打算对这些地方采取军事行动。”[186]由于外交交涉已陷入僵局，那就很难说印度政府仍然是在政治上处理这个问题了。但是两国高级会谈还没有实现，因此也不能说一切外交途径都已试过。所以，1960年年初，印度政府就开始重新考虑周恩来敦促早日同尼赫鲁会晤的问题。

还有其他因素使印度重新考虑问题。当时冷战的寒气已退，赫鲁晓夫访问美国产生了“戴维营精神”。虽然这种精神由于巴黎首脑会议的破裂而受挫，但是这种挫折仅仅是暂时的。对于这种普遍的解冻，新德里和尼赫鲁本人都认为自己有些功劳。多年以来，尼赫鲁统治下的印度曾坚持不懈地鼓吹以讲理的、文明的态度来处理国际争端，鼓吹用谈判桌作为国际风暴的避雷针。现在正在形成中的莫斯科和华盛顿之间的和解局面就被用来证明世界大国终于接受了印度所开的处方，并且已经开始把它付诸实施。当尼赫鲁的外交政策受到攻击的时候，他会举出大国似乎在仿效印度的事实来证明他的主张是正确的，并且提醒批评他的人说，印度到处都享有崇高的声誉。国际上对印度的尊重，在印度被视为是理所当然的。1956年印度政府的报告中写道：“我们在国际交往中享有的崇高声誉，显然是我们对国际问题采取无私态度的结果，也是我们采取渊源于我国文化遗产的容忍和和平共处这种独特观点的结果。这一切是我国领导人对待国际问题一贯采取的立场的特点所在。”[187]1959年年底，尼赫鲁告诉人民院说，“不论是在联合国或是其他地方，我们在世界上到处都受到尊敬”，并且为此深究其原因。

自印度独立以来，在最近几年里，在世界性的会议上，印度的声音受到如此重视，这是一件了不起的事情。……我们也许对此感到自负——我承认我们有可以自负的地方——但是，事实是这样：在当代世界中，一个国家按它的物质力量是不能同大国或同许多武装起来的国家相比的……它是贫穷的，而且，正在为摆脱贫困而艰苦奋斗……而在最近几年中它在世界上却受到了如此的重视。

这可能一则是由于印度外交的高明，一则是由于世界人士仍然怀念甘地的光辉形象，但是更多是由于我们一直怀着笃信、热忱和真诚来谈论和平，谈论我们希望和平和……容忍。而当我们谈论和平共处和所有这一切的时候，并不是挂在口头随意说说，而是反映了我们是发自心灵深处的深刻感情和对今日这个世界的深刻理解。[188]

这种自我欣赏毫无疑问部分地反映出，印度自认具有独特智慧和道义地位，体现的是亚洲，特别是印度的民族主义（就像曾经体现的是欧洲，特别是英国的民族主义一样）。但是这种自我欣赏是有事实做依据的。20世纪50年代末期，印度在世界事务中享有独一无二的地位，从加沙、刚果到朝鲜，被邀去当裁判，当和事佬，或者当仲裁者，人们对它洗耳恭听，希望得到它的理解。作为国际关系动力的不结盟概念的主要定调人，作为不结盟国家公认的发言人，以尼赫鲁为化身的印度，曾经为缓和冷战的冲突多方奔走。正当这个时候，美国总统和苏联最高苏维埃主席，以及后来赫鲁晓夫接连访问新德里。从印度为华盛顿及莫斯科双方所接受这一点来看，印度外交的成功得到了证明。

1959年12月艾森豪威尔总统访问印度，正式宣告了美国对不结盟国家，特别是对印度政策有了显著的转变。过去对“不道德的中立主义”的指责随着杜勒斯的去世而消逝，取代它的是诚挚的同情，有时简直接近于求爱者那样的热情——艾森豪威尔对印度议会说，印度这个国家“怀着伟大的信念同世界其他国家讲话，而人家则怀着极大的崇敬倾听印度。印度的胜利把过去十年来世界的失败都抵消了，这种胜利……在今后的一个世纪中也许能把世界上所有失败都抵消掉”。[189]美国对印度的支持，在物质上表现为经济援助的突然增加：在1959年年中以前的12年里，美国已经给印度约值 17 亿美元的援助；在后来的 4 年里，美国对印度的经济援助总数达到约 40 亿美元。美国对印度态度变化的因素之一，是印度同中国不和。在中印不和公开化之前，美国就已从印方获悉了有关情况。1959 年 5 月，参议员威利·史密斯（Wiley Smith）访问印度回国后告诉参议院外交委员会，尼赫鲁和他亲密的顾问们表示了对中国的忧虑。他说："从美国的观点看，印度政府对赤色中国在边境的活动"以及中国工业化的速度超过印度等情况，"有些担心，这是一个有希望的征兆"。〔190〕

1960 年年初，外界对于中苏裂痕的严重程度还是不了解的。印度人担心由于苏联支持它的共产党大伙伴，因而印度同中国日益激化的争吵就可能使得印度同莫斯科疏远，结果将损害印度的不结盟地位。此外，也将损及物质上的利益。虽然苏联对印度的经济援助相对来说是比较少的，然而随着比莱钢铁厂（Bhilai Steel Plant）的建立，人们已经可以开始感觉到苏联对印度经济的援助。可是，到头来印度这些担心不过是杞人忧天而已。从一开始，莫斯科对中印争端就采取冷眼旁观的态度，就是为了不让中印之间的敌对影响到莫斯科同新德里的关系。朗久事件发生在赫鲁晓夫访美前夕，苏联人对之似乎采取了审慎的中立态度，他们只不过遗憾地表示，有人正利用这次事件"破坏和平共处的思想"。〔191〕苏联人对中印争端采取中立态度——印度政府所能够希望的也不过如此，而且已超出其预料。尼赫鲁提醒人们注意苏联人的声明。他在人民院讲道："发表这一声明本身就表明苏联政府对局势采取了冷静和无所偏袒的态度。"〔192〕事实上，苏联在一个共产党国家和一个非共产党国家之间的严重争端中保持明确的中立，就是在国际关系和意识形态上逃避兄弟般团结的责任。正如北京后来所说的，凡是能够从字里行间看问题的人都看得出来，莫斯科对中印两国不加区别，而对朗久事件表示漠然的遗憾，这种做法"实际上指责了中国的立场"。〔193〕

苏联所给予的这种心照不宣的支持，对印度是非常重要的。印度可以指望西方国家毫无疑问地接受印度对中印争端的说法，并且同新德里一起，甚至走在新德里前面，谴责中国。但是，印度不那么容易取得不结盟国家，特别是其他亚洲国家的同情和支持，因为并不是所有这些国家都是不加批判地接受那种说中国是全盘错误的论点。因此，苏联一如既往地认为印度是有诚意的，就成为新德里手中很强的一张牌。印度政府制订其行动计划时，必须把苏联的反应考虑在内。

邀请赫鲁晓夫回访印度已经有一段时间，还一直没有兑现（1956 年他同布尔加宁的印度之行已开始了印苏积极友好的新篇章）。1959 年 12 月底，苏联通知印度政府说，赫鲁晓夫即将访问印尼，并将顺道访问印度。同赫鲁晓夫会晤的前景给印度提供了一个机会：通过私下交谈，可以使赫鲁晓夫更加清楚地了解印度对边界争议的态度是正确的，而且还可以利用莫斯科对北京的影响（印度认为这种影响是很大的），促使中国接受印度的主张。但是，苏联人已经明白表示，他们认为谈判是解决边界争端的唯一途径；[①] 而印度却两次拒绝中国提出的关于两国总理举行会谈的建议，从而堵塞了唯一看得见的通向谈判解决的道路；这就无法同莫斯科的友好劝告相协调。

这就是必须要对尼赫鲁拒绝会晤周恩来的决定作出重新估计的充分理由之一。另一条理由是新德里在 12 月底收到一份中国的长照会，这份照会似乎是中国外交部为预期在北京举行两国总理会谈而准备的一份提要。这份照会的基本内容一方面是对印度所谓边界早已按照印度所主张的界线划定的说法，进行了详尽的、有分寸的驳斥；另一方面重申了中国的立场，即这场英国遗留下来的纠纷能够“考虑到历史背景和当前的实际情况”，通过友好协商加以解决。从这份照会中一点也看不出中国的主张已经改变，但是照会的语调却始终一贯地令人宽慰。它不像中国过去的照

① 虽然以后轮到苏联人处理同中国之间的边界问题时，他们也是同印度一样拒绝进行全面谈判。（见第三章）同样，印度也曾劝缅甸政府同中国谈判解决边界问题，虽然他们自己无意这样做。

会那样粗暴地拒绝印度关于“侵略”的指责，而是心平气和地对印度的指责加以分析，并且提出合情合理的保证：中国的经济和文化仍然十分落后，需要几十年的时间才能克服这种落后现象；中国土地辽阔，而且有一半以上的地区人口稀少，中国资源丰富，国内市场广大——它为什么要向外扩张呢？北京为照会写得太长而致歉意，并且解释说，它的本意“不是争论，而是争论的结束”；不是“用攻击答复攻击”，而是设想“印度政府对于中国的意图确有某种误解”。照会最后表示中国“热烈愿望：两国能停止争吵，迅速地使边界问题得到合理的解决，并且在这个基础上巩固和发展两国人民在共同事业中的伟大友谊”。〔194〕

新德里研究这份照会时，感到中国提出停止争论的主张是真诚的，这就加强了同周恩来会谈可能会有好处的那种看法。没有迹象表明，两国总理的会晤会产生具体的结果；印度无意改变它的主张，同时也没有任何暗示表明中国将同意印度的主张。虽然如此，人们开始感觉到，如果同意举行高级会谈，将对印度有利。会谈将使注视着事态发展的世界各国看到，印度还是言行一致地主张一切争端必须通过谈判解决，尼赫鲁本人在对待印度自身的问题上也毫不犹疑地采取同样的态度。因此，到1960年1月底，印度政府终于决定应该邀请周恩来前来新德里，同尼赫鲁一道探索“可能导致和平解决的各种途径”。〔195〕

印度不再继续坚持中国后撤作为高级会谈的先决条件，这个政策上的转变显然将加剧印度国内对政府的持续不断的批评。自8月以后，尼赫鲁一直处于防御地位。他采取比较慎重的语调反对批评者中的主战论；他申斥那些要求给中国下最后通牒，并迅速采取军事行动“赶走侵略者”的人；他重申他将致力于“谈判”的态度；这些使得人们强烈地怀疑他是想同中国妥协。从坚持中国必须在谈判开始之前撤出的立场后退，将不可避免地加深这种怀疑，并招致人们对姑息行为的谴责。由于面临着必须在围攻下改变方针的局面，印度政府开始施放玩弄文字的烟幕。

这个烟幕就是尼赫鲁对“会谈”和“谈判”两者之间所定下的意义上的区别。按照尼赫鲁自己所下的定义，既然预定要举行的高级会谈并不是谈判，那么，即使他邀请周恩来访问新德里的信件正在递交，尼赫鲁认为他还可以继续说，现在仍然没有同中国谈判的前景。那封信是2月12日在北京递交的。① 赫鲁晓夫在前一天就到达了新德里。尼赫鲁在同赫鲁晓夫会谈了一个上午以后，直接前往议会。他在议会讲话中再一次排除了同中国进行谈判的任何可能性。他说：“在目前时刻，我看不出中印双方立场有任何共同的基础和沟通的桥梁。就是说，在双方现有立场的基础上没有进行任何谈判的余地，因此目前也没有什么可谈判的。”[197] 当时人们一直认为，赫鲁晓夫将进行劝说，促成印度和中国的谈判，因而尼赫鲁在这个时刻重申印中之间没有谈判的基础，似乎使人们听起来觉得更无回旋的余地。当然，谁也没有想到尼赫鲁事实上已经邀请周恩来访问新德里。② 在议会内外，尼赫鲁的声明证实了人们认为他无意同周恩来会晤的印象。印度在北京递交了邀请信，将其关键性的做法付诸实施，在这个时候，放出的掩护烟幕就最浓厚、最难看穿。

但在短短四天以后就宣布邀请周恩来访问新德里，难怪这在印度引起了愤怒和震惊。尼赫鲁的邀请信写得诚挚，甚至热情，同六个星期以前发出的那一封冷冰冰的信形成鲜明对比——他甚至恢复使用“亲爱的总理”这样的称呼以代替“亲爱的总理先生”这种比较冷淡的称呼，这是他1958年8月的第一封信之后，头一次恢复这样的称呼。他写道：“使我深为痛心的是，过去这样友好的、我们做了这么多努力去加强的印中关系，竟已迅速恶化，并且引起了恶意和愤恨。”他又一次拒绝了中国提出的中印边界

---

① 邀请周恩来访问印度的决定是1月底作出的，邀请信大概是2月3日草拟的，但为了让当时的印度驻华大使G. 帕塔萨拉蒂（G.Parthasarathi）面交该信，因而耽搁了一些时日。[196]

② 笔者在写给《泰晤士报》的报道中，反映了印度政府态度的变化，并且提到目前高级会谈似乎就要举行，但承认尼赫鲁的声明是个矛盾：“总理发表断然声明似乎使那些确信他同周恩来先生将在不远的将来进行会晤的人出丑；同时，他又使那些指望赫鲁晓夫充当斡旋者的人的希望幻灭。”[198]

从未划定的前提，他说："在这个基础上，不可能谈判。"他重复说不可能谈判（他的信当然是要发表的），但是他接着说："我仍然认为我们进行会晤可能是有帮助的。"他说，在今后的几个月中他不可能离开印度，他要求周恩来到新德里来；为了预防中国方面可能因新德里公众的情绪而提出异议，尼赫鲁保证说："你来这里，将是我们的上宾。"〔199〕在递交这封简短而友好的信件的同时，印度递交了一份冗长的照会，驳斥中国从前的论点并重申了印度立场。

2 月 16 日印度议员们从报纸上获悉邀请中国总理的消息，于是反对党的议员们就怒气冲冲地跑到议会，提出紧急动议，要求讨论政府"突然地、毫无理由地"改变政策的问题。几天以后，对这个问题展开了充分的辩论。米努·马萨尼把这个邀请说成是"国家的耻辱"，他的讲话受到反对党议员强烈的支持。人们谴责尼赫鲁和印度政府失信，克里帕拉尼甚至说印度"被本届政府的领导人出卖了……我国的名誉掌握在这批不名誉的人手里是不安全的"。〔200〕报界对所谓"尼赫鲁先生的翻筋斗"或"退让"也提出批评。尼赫鲁当然早就做好了辩护的准备。他坚持说他邀请周恩来访印并不涉及印度政策的改变，再一次强调会晤不是谈判，并且指出他在许多场合说过，他一直准备同对方进行会谈。〔201〕尼赫鲁的批评者就在这两个字的区别上扯开了。马萨尼指出："很清楚，这次会晤就是谈判，决不会是什么别的。"〔202〕《印度时报》（*Times of India*）评论说，总理正在"提出一个不十分诚实的区别，因为（他自己）同周恩来之间的会晤，无论从哪个意义上讲，只能是一次最为重要的谈判"。在后来几个星期里，对于尼赫鲁是否已经一反过去的做法，以及对于"会谈"和"谈判"之间是否有实质性差别等这类争论，占去议会大量的时间。反对党的首领们带头批评总理，但是这一次，当尼赫鲁争辩说同周恩来会谈不但没有坏处也许还有好处的时候，他得到了国大党和很多反对党后排议员的支持。前国大党议员和总督、后来改任自由党首领的拉遮果帕拉查里（Rajagopa-lachari）代表这一派发言说，邀请周恩来来印度并没有什么错误；“只要意志坚定，同对方会晤的任何尝试都是好的。”3 月 1 日，当尼赫鲁在人民院站起来证实说，周恩来已经接受了他的邀请时，国大党议员发出了欢呼。

周恩来接受了邀请，并表示“深切的感谢”。双方在进一步通信中商定他将于 4 月 19 日访印，并停留七天——其实如果只停留两天，印度政府也许会更为高兴一些。[203]访问日期商定后，那些怀疑尼赫鲁有意利用这次会晤同中国妥协的政界人士，开始集中全力阻止他这样做。各反对党派宣布将在周恩来访问的同一时间组织“不投降周”，计划在新德里和其他城市举行示威游行，而且还议论如何给中国代表团制造一种“使人待不下去的”气氛。尼赫鲁和他的同僚总算说服了反对党首领们在周恩来访问新德里期间不搞游行示威；双方取得了彼此满意的妥协，反对党同意“不投降周”搞到周恩来来访的前一天为止。作为交换，印度政府答应不为周恩来举办例行的群众欢迎集会。非共产党反对党领导人在一封致尼赫鲁总理的信件中，自称代表了公众的情绪，再次申述他们的观点说，在“中国人撤除侵略”之前，不应该进行会谈，并且敦促“不得削弱边界，不得做任何被认为放弃印度领土的事情”。[204]人民同盟在周恩来到达前两天对这一点叫得更凶。他们纠合几千人以摩托车队为先导到总理官邸示威。游行队伍挥动着密密麻麻的标语牌和橘红色的旗帜，上面写着：“侵略者滚出印度去”“决不放弃印度领土”“打倒中国帝国主义”以及诸如此类的字句。人群拥到大门口，被大批警察挡住，只让他们的一个头目到里面去递交了一份备忘录。备忘录要求尼赫鲁亲自作出保证：“不放弃我们对于印度任何部分领土的要求，不管它是我们占有的，还是目前在中国非法占领下的”；并且还要保证，“不做任何限制我们采取一切必要措施去解放被中国占领的地区的权利的事”。根据官方的叙述，在尼赫鲁同人民同盟代表的对话中，印度总理只是告诉对方说，除了他在议会里讲过的话以外，没有别的可讲。但是，人民同盟的头目同印度总理交谈后回来时，让激动的人群安静下来，然后宣布说，尼赫鲁已经答应“印度决不会让给中国一寸土地”。

印度政界舆论这时找到了另一条拒绝同北京谈判的国际理由。反对同中国解决问题的人们认为印度是非共产党国家的领袖和堡垒，指出同中国妥协会在亚洲其他地区产生恶劣的影响，正如人民同盟的备忘录中所说的那样，会“挫伤所有那些……希望用民主的方式独立自主地进行建设的国家的士气”。在印度，和解被看成是在中国手下遭到丢脸的失败，所以人们希望日益逼近的会谈以失败告终，认为这才是印度的胜利。在周恩来到达前夕，一家报纸的社论这样评述道：如果会谈成功，“在亚洲小国的心目中，将会提高中国的力量和威望，而印度的行动将被认为是默认和屈从于中国的态度”。① 如果会谈破裂，“印度将被指责为不讲道理，（但宁可）暂时被视为不讲道理，总比被视为软弱怯懦要好一些”。〔205〕印度的政治言论都催促政府不要谋求解决，例外的是极少数。印度共产党鼓吹和平解决；一家著名的地方报纸《国民先驱报》（*National Herald*）指出，克里帕拉尼和他那些吵吵嚷嚷的反对党的同僚们无权自封代表印度说话。几家伊斯兰小型期刊，为了反击他们在人民同盟和印度教大会（Hindu Ma-hasabha）——这班人采取了最极端的好战方针——那些教派敌人的战争叫嚣，建议进行有意义的谈判。但是他们的言论是与众不同的，也受不到重视。

在周恩来到达前一个月，印度最高法院的一项判决使印度政府对北部边界的态度更加僵化。1958 年，尼赫鲁同巴基斯坦就一项虽小但却棘手的边界争端取得妥协，即同意由双方分割一小块介乎西孟加拉邦和东巴基斯坦之间叫贝鲁巴里地区（Berubari Union）的有争议领土。这里牵涉要把几平方英里土地包括一些村落移交给巴基斯坦，而法院对政府是否有权这样出让领土提出异议。最高法院支持了这项异议。1960 年 3 月 14 日，最高

① 美国也出现了相同的论调。《华盛顿明星晚报》（*Washington Evening Star*）说：“印度方面的坚决抵抗是对其所有邻邦精神上的支持。不姑息在新德里的北京客人，对于尼赫鲁在本国的领导地位以及印度在亚洲的未来地位都是重要的。”〔206〕

法院判决说，印度政府试图“在特定的基础上就（贝鲁巴里地区）边界争端取得友好解决”，牵涉到割让领土的问题。因此，在这一解决付诸实施之前，尼赫鲁同巴基斯坦总理达成的协议必须通过修改印度宪法才能予以批准。〔207〕① 印度政府为了知道最高法院判决书对处理同中国边境争端问题有何影响，就去征询法律方面的意见。得到的答复说，按照上述判决，如果政府要割让领土，或甚至更改任何边界主张，都需要修改宪法。换句话说，如果尼赫鲁同周恩来就西段的边界达成协议，就必须使这个协议得到议会2/3的多数赞成和当时全国14个邦的过半数邦议会的通过，方能生效。

要做到这一点肯定是困难的。然而，尼赫鲁在国大党内的统治地位当时还是巩固的。国大党不仅以压倒性的多数控制印度议会，而且控制各邦的议会。那一年《贝鲁巴里修正案》获得通过。② 在这个阶段，如果尼赫鲁全力支持同中国取得妥协和解决，他是可以使之在宪法上通过的。但事实上他已下定决心不做妥协，因而《贝鲁巴里修正案》的判决也只是被用来加强这一决心罢了。

宪法的因素加上政治的压力，把尼赫鲁紧紧拴在他自己所采取的立场上。他对印度的全部边界要求进而采取了不留余地的态度，抛弃了当初谈论西段时使用的那种不肯定，甚至是带有探讨性的口气。他谈到印度的荣誉和尊严，谴责中国的傲慢和侵略，这样他就亲自帮着在边界问题上去煽动他在几个月前还曾敦促他的同胞要加以避免的那种激动情绪。由于他使用了一套近似诡辩的玩弄词句的手法，甚至使其支持者也对他对待争端的真实态度产生了疑虑，并使其批评者对他更加不信任。他自己的言行使得他和他的政府失去了一切回旋余地：除非中国无条件默认印度对阿克赛钦

---

① 印度宪法中没有赋予政府以割让或获取领土权力的条款。由于宪法中已规定了印度联邦的领土界线，因此，要对印度领土做任何改变，都必须通过宪法修正案。

② 然而，在写此书之时（1970年），印度政府仍未执行1958年协议中关于贝鲁巴里地区问题的条款。

的要求，而且正式接受“麦克马洪线”——换句话说，除非中国屈从于印度的要求——他就无法转圜。如果周恩来不准备把他的新德里访问变为卡诺萨①（Canossa）之行，那么，在中国代表团踏上新德里飞机场之前，他们的使命就注定要失败了。这就是尼赫鲁向公众保证他同周恩来的会晤不是谈判所造成的结果。

在高级会谈之前，印度政府用同样冗长的篇幅答辩了北京12月份就中国主张所做的全面声明，再一次肯定了印度的立场。新德里再次争辩说，中印边界线长期以来就为习惯和传统所确定，这条边界的大部分也是为条约和协定所确认的；因此，“不能够在所谓谈判新的协议来重新确定整个中印边界的基础上来达到友好的解决”。但是，印度准备“就有关边界上某些地方的位置的具体争论进行讨论，并且在认为必要的地方通过协议对边界做微小的修正”。〔208〕

中国发出另一份照会，结束了这一个回合的外交交涉的信件往来。中国照会解释说，它的目的不是为了争论，而是“希望促进印度政府的了解，缩小双方的分歧，从而有助于两国总理的会晤”。照会重申边界从未划定，因此应该举行“全面谈判”。接着，北京提出一项新的重要建议：“至于两国间的未定界问题，在未获解决以前，只要双方愿意维持边境的现状，也并不妨碍双方正常关系的建立。”〔209〕换句话说，如果印度不准备通过谈判就边界问题取得全面协议，边界也可以暂不划定，双方可以遵守目前的实际控制线，把它作为事实上的边界线。鉴于尼赫鲁明确地、公开地表示不肯通过谈判取得协议，北京似乎在这里指明了一条出路：目前暂且让它这样，到了适当的时候，等到在这个问题上的火气和紧张状态缓和下来，两国之间通常的友好关系恢复了，他们就会冷静地重新考虑这个问题。

① 卡诺萨是意大利中古时期的一个城堡。11世纪时，日耳曼皇帝亨利四世前往该地向教皇格里戈里七世表示屈服和忏悔，遭到教皇的羞辱。此后，卡诺萨就成为世俗力量屈从于罗马天主教会神权的比喻。——译注

* * * * * *

到1960年年初，新德里对来访的政治家们的活动安排早已有了一定之规，他们接待访问的礼宾待遇和日程安排是人们所熟知的。冬天是他们接待来访的最好季节。这时候白天阳光和煦，夜晚清爽宜人，百花盛开，细雨压尘；在这个时候来访的客人听到当地人士对记忆犹新的夏天的抱怨，感到难以相信。每到冬季，首都总是披上迎接来访者的盛装，在贵宾们的官方车队通过的马路上竖起旗杆，坑坑洼洼的路面也填平了，在马路的边缘和人行道上重新铺上发亮的橙黄色的沙砾——等到夏天的热风一来，这些沙砾就逐渐散掉，终于完全吹走。如果政府提示某一贵宾的身份重要，市政当局也就跟着忙碌起来。卡车运载着人群到沿途各处去挥手欢迎，邻近的村民在金钱和实物的引诱下，手持发给他们的纸制国旗，赶着牛车或骑着骆驼到机场附近。1959年年底到1960年年初的冬天，是一个繁忙的官方访问季节。虽然周恩来到达的时候已是冬末，太阳已有夏天的气息，风沙飞扬，可是，首都看起来仍然披着新装，对于中国总理应给予的礼宾仪式都遵守了。从机场起沿途交叉地悬挂着中印两国的国旗。警察在管制人群时唯一要做的事，就是不让一些举着黑旗的示威者走近大路。

1960年4月19日将近傍晚的时分，周恩来在外交部部长陈毅元帅和大批随行人员的陪同下，分乘三架专机从仰光飞抵新德里。在机场的大帐篷下面，欢迎的人群基本上是外交使团，再加上仅余的几个板着面孔的主人。而在一年以前那些印度主人会全部出动迎接中国客人。当周恩来走下飞机的时候，其中有人用尖细的声音喊出了前一年的“印中人民是兄弟”的口号；此外，就是外交官们为表示礼貌而鼓了几下掌。然后致欢迎词和答词。尼赫鲁的欢迎词是用印地文写成，是事先准备好的，这对尼赫鲁是极不寻常的，[①]是为了着重说明印度的欢迎仪式是冷淡的。他回顾了在周恩

① 尼赫鲁在这种场合总是讲英语的，而且是不用讲话稿的。

来前几次访问时（这是第四次访问）中印两国之间存在的善意，但是他接着说："不幸，自从那时以来，发生了另外一些事件，使得这种友好联系受到很大的压力，并且使得我们全体人民感到震惊。两国关系不仅在目前已受到危害，并且将危及未来，两国关系赖以建立的基础已被动摇。"要恢复两国之间的信任和友谊是一项艰巨的任务，但是两国要全力以赴去弥补那些已经发生的事情。周恩来在答词中提到两国的共同利益："我们都需要和平，我们都需要朋友。"并且提到了五项原则："我们之间的一切问题没有理由不可以根据这些原则，通过友好协商，求得合理的解决。"他最后说："我是抱着解决问题的真诚愿望前来的。"然后，他同尼赫鲁坐在一部汽车上，汽车飞快地开往中国代表团下榻的总统府（以前的总督府），沿途空空荡荡，只看到有的路口车辆因下班时间拥挤而堵在那里，但那些地方的人群也都默不作声。

第二天早晨，中国代表团按照惯例到甘地火化处献花圈，然后两国总理举行了首次正式会谈——由于印度的坚持，所有会谈都是在尼赫鲁的官邸进行。在六天的访问中，两国总理的谈话时间超过 20 个小时，即使把翻译的时间也计算在内，双方发言也是很长的了，而且双方在下面各级官员之间也重复了首脑之间对话的内容。

印方事先早计划好要中国代表团成员会见尽可能多的印度内阁成员，其用意是让他们亲自领教事先布置好的坚强一致的态度。印度要想使来访的客人对于印度在边界争端上所感到的强烈愤慨没有怀疑的余地，并且安排好让每个会见中国官员的人都尽量有力地按同一口径讲话。（尼赫鲁曾经因他把边界争端的最初发展情况秘而不宣而受到批评，因此现在他可能有个次要的动机，即只要办得到，就把尽可能多的同僚拉入他同周恩来的会谈之中，那么，不论将来出现什么情况，大家都要分担责任。）于是，周恩来和陈毅便挨家访问了印度的各个部长。内政部部长（除尼赫鲁外，印度政府中最有影响的人）潘特已经做好准备要为印度的立场进行详尽辩护；副总统拉达克里希南向周恩来宣讲了印度立场的哲学基础；财政部部长莫拉尔吉·德赛直率到了粗鲁的地步；其他人也以各自不同的方式重复了印度的立场。

在安排官员拜访的名单中有一个明显的遗漏——初步日程并没有安排他们单独会见克里希纳·梅农。印度政界舆论仍然怀疑尼赫鲁有同周恩来进行交易之意，虽然尼赫鲁表白他完全不想这样做。但由于他反复重申和平解决的诺言，表示他从道义上就厌恶战争，并且声称他随时准备去谈判，这就加强了人们对他的怀疑。在新德里，很多人几乎预测到尼赫鲁有一天在他同周恩来会见后走出来，手里摇晃着一纸文书，向大家宣布："我们时代的和平！"——人们经常把这种情况同慕尼黑相比拟，任何妥协肯定会被指斥为荒唐透顶的姑息。假如说人们怀疑尼赫鲁是在不惜任何代价地追求解决，那么，可以说梅农早已因为这个罪名而被"审讯"和"定罪"了。事实上，梅农在公开谈话中一般是同尼赫鲁一样强烈地，甚至比尼赫鲁更强烈地谴责中国；但是，人们都知道他认为对印度的主要军事威胁是巴基斯坦，而不是中国，所以，右翼人士一般都把他看作隐蔽的共产党人。他同尼赫鲁的私人关系很密切，被认为对尼赫鲁起了坏影响，推动着尼赫鲁去同中国和解的。为了使他在周恩来访问期间不会影响尼赫鲁，印度内阁和外交部都竭力设法不让他参加会谈，而尼赫鲁看来也是默许他们这样做的。

但是，梅农本人并不甘心。由于周恩来在机场同他说了一句话，同时由于他指望同周恩来进一步谈话，他就在会谈的第一天就直截了当地前往总统府周恩来的住处拜会了他，并同周恩来进行了私下谈话。当时舆论为之哗然。秘书长 N.R. 皮莱（N.R.Pillai）就梅农事先未经安排而擅自插手一事向尼赫鲁提出抗议，〔210〕第二天报纸对梅农的"无法解释的不可饶恕的闯入舞台中心的行为"，发表了愤怒的评论。〔211〕这种大惊小怪是不合情理的。印度政府不会让步的地方，国防部部长也难以作出让步。但是，这件事不仅表示人们对梅农深恶痛绝的不信任，而且反映出害怕中国会利用印度暴露出来的弱点而以智谋取胜的心理。

这种害怕是毫无根据的；印度政府采取了它的那些最激烈的批评者所希望的强硬态度。尼赫鲁和他的官员们毫不动摇地坚持不容进行全面边界谈判的立场。他们坚持边界已经划定，边界走向就是印度所说的那样，坚持中国军队首先必须撤退，然后才可能就“微小的修正”进行商谈，而他们所可能同意的也只是做这类微小的修正。他们拒绝了中国的解决方案，他们拒绝接受中国提出的建议，即冻结边界现状直到双方能较为心平气和地进行讨论时为止。他们已把文章做绝。中国代表团成员对东欧国家的外交官说，他们对尼赫鲁的那种僵硬态度，对他那种完全不肯了解对方观点的态度，感到大为吃惊。

中国人的观点是什么呢？当时是很清楚的（虽然从那时起有人认为中国人并没有提出什么具体的建议）。中国的一般主张已经在外交文件中反复阐述了，而且周恩来在第二天晚上新德里的国宴上又加以重申。他说，中印边界问题是历史上遗留下来的，不是两国政府中任何一方制造出来的；这“仅仅是一个局部的暂时的问题”，虽然它是复杂的，有其困难的方面，但是它是“完全能够求得公平合理的全面解决的”。在全面解决时，对历史背景和现实情况要一并加以考虑。

中国提出的解决边界争端的具体建议，在会谈开始后几天内就在报纸上刊登出来（当然，这些建议原来是打算保密的，但是新德里对于新闻记者来说是个很好的首都）。中国建议“双方相互接受东西两段的现状，并且组织一个边界委员会”。〔212〕这就意味着，中国在东段接受“麦克马洪线”的走向，而印度在西段则接受当时实际存在的地位——在西段双方的前沿哨所仍然相距很远。这就不会涉及撤出什么具体地方的问题，但印度将放弃对阿克赛钦的要求，而中国则要通过谈判划定一条沿着“麦克马洪线”的边界。然后，边界委员会就可按照在新德里会谈中，或以后更为详尽的谈判中取得协议的边界线，在现场竖立标柱、石标或其他界标。这样，由印中双方官员和勘查人员组成的边界委员会，就能解决对于诸如朗久、兼则马尼等地归属问题的微小争端。这是划界和标界的正常程序。中国和它的其他邻邦以后都照此办理，而且中国和缅甸也已经一致同意这样办理。

北京对上述主张从未背离也从未更改。自从尼赫鲁和周恩来第一次讨论边界问题时起，中国的主张中就已包含这个建议。周恩来当时说，鉴于中国同缅甸和印度有着友好关系，所以，虽然“麦克马洪线”是不公正的，然而中国政府还将予以接受。周恩来就边界问题致尼赫鲁的第一封信中也隐约地重申了这个立场。当印度在 1958 年 10 月 18 日照会中第一次书面提出阿克赛钦的要求以后，中国一贯把印度到达“麦克马洪线”以南地区，同中国自己到达阿克赛钦相提并论。有的时候是以反问形式提出的，例如北京在评论空喀山口事件时指出，如果印度坚持有权在西面中国占有的领土上进行巡逻，那么中国也可以要求在东面有对等的权利；有的时候这个提法是在北京建议按照“目前实际情况”解决争端中表现出来的。中国外交文件提到有关问题时也有同样的含义；例如在 1959 年 12 月 26 日中国对边界问题做全面阐述的照会，将印度地图在西段的画法描述为“深入中国领土”，而对东段则只是说，“边界线全线被向北推移，把原属中国的 9 万平方公里的土地划入印度境内”〔213〕——两处使用了不同的时态，这是个关键。

在高级会谈中，中国方面明白表示，如果印度接受中国在西段的控制线，中国就准备接受“麦克马洪线”；这个结论为亲身与会者所证实。会谈后，周恩来在新德里对新闻记者说：

> 我们要求印度政府对西段地区采取同中国政府在东段地区所采取的同样态度，即可以保留自己的立场，同意从事谈判，并且不越过中国地图上所标出的中国行政管辖线。〔214〕

周恩来刚刚离开印度，尼赫鲁就在飞机场临时举行了一次记者招待会。一名记者指出，周恩来说过，就东段来说，“只有某些个别地区需要讨论”，这可以说他已经接受了印度的立场。尼赫鲁回答说：“是的”“但是现在他们把东段同西段连在一起”。〔215〕一小时以后，尼赫鲁告诉人民院说，他们“试图把东段同西段相提并论，这就是说，按照中国的说法，虽然我们没有权利留在东段，可是我们在过去几年中已经逐步推进到……麦克马洪线”。〔216〕周恩来同印中友好协会会长潘迪特·森德拉尔（Pandit Sunder Lal，他是该协会创始人，也是会见了中国代表团的极少数的印度非官方人士之一）谈话的时候，据说曾经扼要说明他称之为“有予有取”的如下主张：“你们保留你们所掌握的地方，你们也可取得存在争议而又未被双方占领的地方，而我们则保留我们所掌握的地方。”〔217〕

中国准备接受“麦克马洪线”，除高级会谈中讲过的或报道过的话以及会谈前后的外交信件来往中讲过的内容外，还有更为有力的证据。周恩来和他的代表团是直接从仰光来的。他们在那里同缅甸政府签订了一项边界协定，在该协定中，中国接受了“麦克马洪线”的走向。在这样做了以后，中国同印度划定边界时如果再要拒绝接受这条线，在外交上是不可能的，在地理上也是行不通的。

中国人也许认为，中缅边界条约的签订已非常清楚地表明他们是诚心诚意地肯定了印度所要求的东段边界线，因此，印度政府也许就会放弃他们那种露骨的顽固不化的态度。所有迹象表明，他们来新德里确实是期望能同印度像他们同缅甸一样达成协议——紧接着再同尼泊尔达成协议。然而，他们发现，对印度来说，“麦克马洪线”并不是问题的症结所在。在印度看来，解决边界争端的必不可少的条件是：中国不仅要接受“麦克马洪线”，而且还必须承认阿克赛钦是印度领土。从 1959 年年底起，印度人就已看出中国建议以承认麦克马洪的画线来换取印度放弃对阿克赛钦的要求；而这被印度看作是，中国试图以它无理要求的东西去“换取”它非法占有的东西——“只要你宽恕我最后的一次偷窃行为，我就从此不再偷窃。”印度舆论一旦理解了中国的态度，就坚决反对任何这样的解决办法。1960年年初，《印度时报》写道：“现状是中国侵略的产物，要以现状作为最后解决的指导原则，这是我国完全不能接受的。”同往常一样，尼赫鲁对公众的态度是非常——也可能是过分——重视的。[218]在1959年年底1960年年初举行了一次会议，有尼赫鲁、潘特、皮莱（秘书长）和另一人参加，会上讨论了中国的“物物交换”的建议，据说尼赫鲁在结束讨论时这样说：“如果我把那块地方给他们，我就不是印度总理了——我决不会这样干的。”[219]

所以，周恩来要在这个基础上达成协议的尝试，已事先注定要遭到印度方面直截了当的拒绝。印度官员当时解释说，印度之所以不能接受中国提出的“在对等的基础上接受东西两段边界的现实”的建议，是因为这个建议“有损我国北部边界在法律上的有效性，而且也损害国家领土的完整”。[220]

中国发现印度顽固地主张不能以承认“目前的现实”作为解决的基础，于是他们试图贯彻会谈前夕提出的一项建议，即如果争端不能得到解决，双方应同意维持现状。要实现这样的协议，只要双方在边界全线停止巡逻就行，这显然是更为局限的做法，而对尼赫鲁来说是更不易招怨的做法。在会谈的后半段，中国人就设法争取印度同意这一点，可是他们又失败了。印度的拒绝有些含糊其词。自从边界争端在印度成为政治问题以后，印度政府一直受到压力，要它把中国人赶出阿克赛钦，或者最低限度自己把军队开进那个地区，以贯彻印度的要求。议会一直警惕不让尼赫鲁作出任何足以杜绝采取这种行动的让步——因此，在会谈前夕人民同盟才向他提出：“不做任何限制我们权利的事，我们将采取一切必要措施去解放被中国占领的地区。”印度应该在这方面保持行动自由，这是印度方面在会谈中所要关心的首要问题。

在这个时候，印度对边境巡逻的立场不很明朗。中国已经在边境各段停止巡逻，[221]印度只是在东段停止了巡逻。[222]印度对西段巡逻的立场在外交文件中是暧昧的。至少根据有案可查的记载，中国曾假定印度在西段也停止了巡逻，[223]但要求印方对此加以澄清和正式确认。事实上，印度在西段并没有停止巡逻；他们没有派出任何巡逻队，是因为他们不能在后勤上给予支援。然而，印度政府的立场是决不能丧失向西部领土（即中国占有的那块有争议的领土）派出巡逻队的权利；除非中国军队自动撤出，否则，印度到适当时候就要行使这种权利。

但是，如果把这一切都向周恩来说明，就会被认为是一种公然的威胁，必然要招来对方的反驳，这就是在北京的声明里早就讲过的：万一出现这种情况，中国将保留采取同样行动以体现其对"麦克马洪线"以南地区的要求。因此，正如尼赫鲁在会谈结束后明白告诉议会的那样——印度不得不转弯抹角地、含糊地拒绝接受停止边界巡逻的建议。他说："我们觉得对于（巡逻）问题，如果说得太精确是有困难的，也是不适宜的。"[224]中国建议："为了保证边界安宁，便于商谈的进行，双方在边界各段应该继续停止巡逻"；[225]由于印度的反对，在公报中就改成："在进一步审查事实材料期间，双方应该作出一切努力来避免在边境地区发生摩擦和冲突。"按照印度的解释，这只是意味着，当他们的军队开进西段中国主张的领土时，他们将不去攻击中国的阵地和巡逻队。尼赫鲁向议会解释说，就印度政府而言，"我们的士兵可以在这些地区完全自由活动，而不致引起冲突"。[226]

高级会谈失败了，这是从一开始就很清楚的，但是任何一方都不愿使会谈破裂。因此，会谈还是进行了整整五天，但是会谈结束时发表的联合公报说，双方的分歧并没有得到解决。印度方面准备就这样算了，[227]但是中国方面希望使外交上的接触继续下去。因此，双方才同意两国政府官员进行会晤，核对历史材料，并且准备一份报告，开列双方共同点和分歧点。在印度的坚持下，双方官员的工作限期为四个月。对下一步的安排没有达成协议；公报只是说，两国官员的报告“应该有助于两国政府对这些问题的进一步考虑”。

在访问期间，印度政府不但履行了它对反对党所做的承诺，不为客人举办公众集会活动，而且还尽力不让中国代表团与私人和新闻界接触。在会谈的最后一天，外国记者向外交部提出，能否给周恩来安排一次记者招待会（周恩来通常在这类访问结束的时候是要同记者见面的）。他们的要求被拒绝了——但是，当天傍晚中国代表团自行宣布：周恩来将在晚上10时30分举行记者招待会。

新德里的新闻记者对印度的和来访的政治家们向来敢于尖锐提问，这是他们颇引为自豪的。印度记者甚至对尼赫鲁（他在那些日子里每月举行一次正式记者招待会）也是毫无拘束，混得很熟的样子。他们不但随时质问他，还时时同他大声辩论，对他进行规劝训导。[①] 因此，在边界争端中，几乎全部是同政府站在同一立场的印度记者们，都指望着提出一大堆问题来刁难周恩来，以便暴露他们所认为的中国对印度赤裸裸的侵略。但是，从周恩来进入大厅（总统府里的一个圆柱厅，墙上挂着最后一任总督及其夫人的等身画像[②]）的那个时候起，他就掌控了整个记者招待会。

中国人一开始先散发周恩来的声明。这个声明扼要地重申了中国的立场：边界从未划定；问题能够通过友好协商求得解决；在解决以前，“双方应该维持边界的现状，不以片面行动，更不允许使用武力，来改变这种状况”。在这样做的时候，中印友谊不应该也不可能因边界问题而受到损害。声明的要点归纳为六点，周恩来称之为双方间的“共同点或者接近之点”：

---

① 除偶尔发火以外，尼赫鲁总是忍受这种态度，因而造成了一个使其继任者感到不好受的先例。L.B. 夏斯特里一次在新德里举行正式记者招待会，受到的对待十分无礼，以致他从那以后再也不举行记者招待会了。英迪拉·甘地夫人最初也很少举行记者招待会。

② 这两张油画最有力地象征着两国政府在政治上和心理上存在着极大的距离。中国人不能理解为什么自豪、爱国的印度人能够让这种使人回想起过去所受奴役的东西点缀他们总统府的重要厅堂。

一、双方边界存在着争议。

二、在两国之间存在着一条各自行政管辖所及的实际控制线。

三、在确定两国边界时，某些地理原则，如分水岭，河谷、山口等应该同样适用于边界各段。

四、两国边界问题的解决应该照顾到两国人民对喜马拉雅山和喀喇昆仑山的民族感情。

五、在两国边界问题经过商谈得到解决之前，双方应该各守实际控制线，不提出领土要求作为先决条件，但可进行个别调整。

六、为了保证边界安宁，便于商谈的进行，双方在边界各段应该继续停止巡逻。〔228〕

周恩来说，对以上六点，双方仍然存在着一定距离，但继续协商能够缩短并消除这个距离。然后，他宣布愿意回答任何问题，只要求他的回答能全文报道。

记者招待会开了两个半小时，①但除人们关于双方在会谈中所采取的立场方面已知的情况外，它并未提供很多新的情况。一名记者问道，哪一个地段占去总理的时间最多？周恩来说是西段，对那一段“存在着比较大的争议”。他重申他的政府同中国历届政府一样，绝对不能承认“麦克马洪线”，因为它是“英帝国主义在它同中国西藏地方当局的秘密换文中非法画出来的”。他接着说，虽然如此，中国把那条线当作边界线，在谈判时没有提出领土要求作为先决条件。然后，他扼要说明了中国对西段的立场，并且说他曾要求印度政府对这个地区采取同中国政府在东段地区所采取的

① 招待会是在我提请周恩来考虑报馆截稿时间而制止发问后才结束的。翻译人员翻译得很慢，150 分钟的招待会才回答了 25 个问题。其中包括一个美国女记者提出的两个问题。她问周恩来是否考虑邀请艾森豪威尔访问北京，“如果这个邀请并不牵涉到美国承认红色中国问题”。她还说，看来周恩来气色极好，很不像是 62 岁的人，他是如何注意自己的健康的——是否有特别的饮食或是经常运动？周恩来回答说：“谢谢你，我是一个东方人，我是按东方人的生活方式生活的。”

同样态度，但他说："印度政府对这个问题不完全同意。"

一位西方记者问，印方在会谈中是否提出了中国对印度进行了侵略的问题？周恩来回答说，会谈中没有提出这样的问题，并且说如果印度政府提出这样的问题，不仅不合乎客观事实，而且是极不友好的。[229]

印度政府对周恩来举行记者招待会的做法和内容都感到十分不愉快。尼赫鲁一等到中国人登上飞机前往加德满都，飞机在东方的天空还没有消失，就在机场上对记者谈了他的看法。他提到周恩来在"目前的现实"的基础上互让的建议时说："在边界问题上不存在物物交换的问题。"他证实，就东段而言，中国人曾准备接受印度的主张，但说中国人"把它同西段连在一起"。[230]

当天早晨各报刊载说，据周恩来讲，印方在会谈中并没有谴责中国的侵略行为；这就证实了印度人士怀疑尼赫鲁对中国人还不够直截了当是有根据的。新闻记者在机场就这一点向他进行诘难，议员们在议会里也提出相同的指责。尼赫鲁当时也满口指责中国侵略，因为指责中国侵略在印度已成为表示忠于祖国和义愤填膺的口头禅。他解释说，他"不敢肯定……是不是用了侵略这个词"，但说会谈就是为着谈中国侵略的问题；周恩来"来到这里是因为发生了重要的事情，这件重要的事情照我们的说法，就是说中国人进入了我国领土……我们认为这就是侵略"。[231]后来周恩来在加德满都听到以前的东道主讲了这番话是不高兴的。他说："他当面不说，可是，我们一走，就攻击中国政府是侵略。这不是对待客人的态度。这种态度使我们非常痛心，特别是因为尼赫鲁总理是我们所尊敬的人。"[232]

尼赫鲁从机场一出来就直奔人民院，报告会谈的经过。他引述了周恩来所讲的六个要点，说印度政府并没有同意这些要点，然后对这些要点进行了草率的、歪曲的分析：

一、边界存在着争议……

尼赫鲁："当然存在着争议。"

（这是全部问题的核心。印度的立场是说整个边界线的走向不存在争议，而中国为了掩盖其领土要求，制造了虚构的争端。）

二、……存在着一条各自行政管辖所及的实际控制线。

尼赫鲁："这是显然的事，我不知道这句话的重要性在哪里。"

（尼赫鲁拒绝接受中国提出的维持现状的建议，他所根据的论点是实际情况并不清楚。他早些时候告诉周恩来说："当有关现状的事实本身还存在争议的时候，遵守现状的协议是没有意义的。"）〔233〕

三、在确定边界时，某些地理原则，如分水岭（等等）应该同样适用于边界各段……

尼赫鲁："以分水岭来划界可以到处适用的，这是确定了的原则。我们自然同意分水岭是很重要的因素；在山区、河谷等地区，分水岭是最重要的因素。可是这条原则也解决不了我们的问题。"

（印度把"麦克马洪线"说成是一条根据分水岭来画线的边界，并且坚持说，作为一条分水岭边界线，"麦克马洪线"就是东段的恰当的边界走向。但如果把分水岭的原则应用到西段，就会形成一条沿着喀喇昆仑山山脉的边界线，因为该山脉是中亚细亚水系同流入印度洋的水系之间的分水岭。）

四、……边界问题的解决应该照顾到两国人民对喜马拉雅山和喀喇昆仑山的民族感情。

尼赫鲁："我认为这一条回答了喜马拉雅山是印度、印度文化以及同所有这一切密切相关的组成部分这一事实……如果中国人对喀喇昆仑山也有强烈的感情，欢迎他们这样做，我们并不反对。"

（对西段的争议主要是关于边界究竟应该沿着喀喇昆仑山脊，还是如印度所坚持的从喀喇昆仑山口一下子跳到北面的昆仑山脊。针对尼赫鲁反复提出印度同喜马拉雅山有着神秘的亲密感情来为"麦克马洪线"辩护，周恩来在这里提出中国人和喀喇昆仑山也有同样的联系。其含意是：作为中国接受“麦克马洪线”的交换条件，印度应该放弃它在西段越过喀喇昆仑山划定边界的要求。）

五、……在问题得到解决之前，双方应该各守实际控制线，不提出领土要求作为先决条件……

尼赫鲁：“大概意思是说，如果中国对领土的要求没有被接受，他们就不能讨论任何问题；也许是这个意思……不很清楚。”

（印度对于阿克赛钦有领土要求，并且坚持在中国接受他们的要求并从那块领土上撤出去之前，对于边界的实际走向不能进行实质性的讨论。尼赫鲁在这里颠倒了中国的观点，反而说中国坚持在印度接受中国的要求之前，不可能进行谈判！

在印度看来，假如实质性的谈判当时已经开始，而中国仍然占领着阿克赛钦，情况就可能会是那样。）

六、……双方在边界各段应该继续停止巡逻。

尼赫鲁：“这不是我所同意的。”

（正如大家所看到的，这是中国为了消除边界的危险局势所做的尝试，以便能够将问题安然地留待日后去解决，而印度却加以拒绝。尼赫鲁当时还不准备公开宣布印度政府打算进入阿克赛钦地区巡逻——他是在公开场合讲话，好像听众里面就有中国人一样。因此，他就不能使议会里批评他的人放心。当有人就这个问题追问他时，他就感到狼狈。

问：既然我们的总理已经说过我们同意避免冲突，这是不是意味着我们的人员不能到我们的领土上去巡逻？

尼赫鲁：……公报是说，双方应尽力设法使得边境地区的摩擦和冲突得以避免。这是我们双方都接受了的一般性的指示。我们觉得把这件事说得一清二楚是很困难的，也有点不必要。我认为我们不能让我们的人坐在那里，不向右边走，也不向左边走。我认为告诉他们不要采取任何显然会将他们引向冲突的步骤，这总还是对的。

问：……如果因为我们的巡逻人员过去一到我们领土上去巡逻，就被中国人扣留，因而不让我们的人在我们的领土上巡逻，情况将会是怎么样呢？

尼赫鲁：我们的人完全可以在这些地区自由行动而不致发生冲突。

问：这是不是意味着，政府已经承允，在进行实际调查期间不采取任何步骤把中国人从印度的土地上赶出去呢？

尼赫鲁：我认为这个问题是非常清楚的……要么你就得进行战争，要么你就得进行会谈或叫采取某种步骤；没有什么介乎两者之间的办法。我们不能一面为边界问题宣战，一面又谈论如何商谈或派出官方代表团。两者不能并存。）〔234〕

议会里和报刊上对会谈及其结果的评论一般是否定的，这些评论集中地提出两项相互关联的指责。第一，由于同意双方官员进行磋商，尼赫鲁就给了中国以巩固其地位的时间；在进行毫无结果的商谈的同时，中国却“占据着我们神圣祖国成千上万平方英里的土地”。人民同盟的头目兰加在人民院讲道：“他们用肮脏的手指玷污我们祖国的土地。”〔235〕第二，政府没有发表有意迫使中国“撤除其侵略”的声明。即便有些人赞成印度政府对高级会谈所采取的做法，那也如某些国大党议员所说的一样，是由于他们认为尼赫鲁的态度“坚如磐石”。一家报纸还提出：“亚洲舆论是不会忘记印度没有被中国吓倒这个事实的。”〔236〕

* * * * * *

这次显然为中国所十分重视的高级会谈失败了。尼赫鲁说，这是由于会谈在“双方各有一套截然不同的事实的岩石上”碰碎了。〔237〕其实，关键是由于印度坚持其拒绝放弃、修改或者暂缓提出它对阿克赛钦领土的要求。周恩来这次南亚之行，有两处成功，一处失败。他在缅甸和尼泊尔成功地签订了友好条约和边界协定，这两个小邻国并未感到它们的强大邻国欺凌它们或对它们施加压力。在缅甸的问题上，中国接受了“麦克马洪线”作为边界的基础；而对尼泊尔，中国则同意凡是有争议的地区，应该“根据平等互利、友好互让的原则进行调整”。[238]中国地图曾把珠穆朗玛峰画入中国境内，引起了山峰归属问题的争论，但是中国接受了尼泊尔的（和普遍的）观点，即以顶峰作为边界的标志。中国和尼泊尔同意在双方边界两侧40公里内不派驻武装人员。

就中印争端而言，虽然周恩来坚持说会谈并没有失败，说它“进一步增进了了解”，但是高级会谈只是为边境局势的恶化扫清了道路。两国官员的磋商，正如尼赫鲁所预料的，[239]只不过是提出了两个互相对立的报告。中印争端只依靠尼赫鲁称之为“事实”的东西是不可能解决的，它需要的是政治妥协。而印度已经拒绝了就停止西段巡逻问题达成任何协议，目的是使他们可以自由地向中国控制的阿克赛钦领土推进。对这种推进，尼赫鲁和印度政府虽未明说，但早已做了许诺。

高级会谈失败以后，中国的立场强硬了。再也听不到会谈以前中国所说也许印度真正误解了中国意图的提法了。[240]在加德满都记者招待会上，（时任中国外交部部长）陈毅听完美国和印度记者向周恩来提问后，插话说：“我要提醒你们注意，中国是一个受损害的国家。我要强调地说，中国是一个受损害的国家。”[241]此后，中国对边界争端的评论也都反映了陈毅所表现的这种满腔义愤。

第二章

前进政策

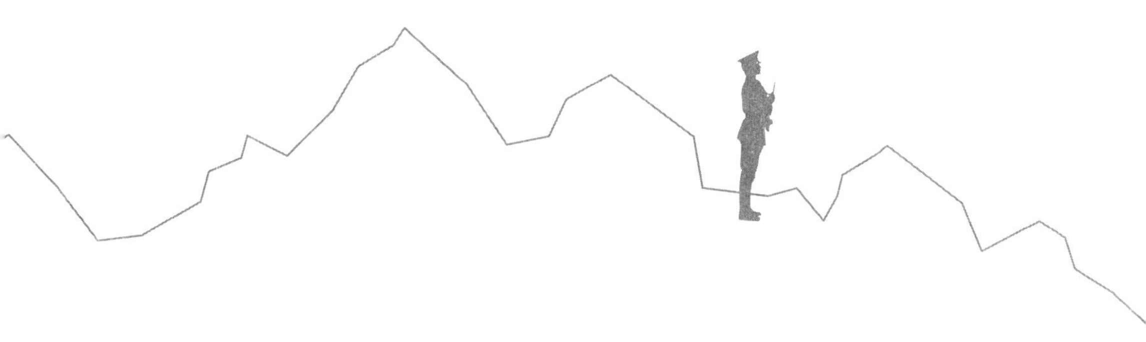

谈判解决边界争端的大门并不是因新德里高级会谈的失败而关闭的。印度在很早以前就关上了大门。事实上，独立后的印度新政府在执政的最初年代研究边界政策的时候，就已经把大门堵死。周恩来离开后，政府直接面临的问题是："下一步该怎么办？"对于这个问题的答案，从来就没有任何疑问，它已经包含在从争端开始以来印度所持的立场中。

那就是说，阿克赛钦一直是，而且不容争辩地是印度领土。中国的主张是虚构的，是为了掩饰非法和偷偷摸摸地夺取这块土地而炮制出来的。如果中国被发觉并且受到斥责后，仍拒绝从这一地区撤走，印度将不得不采取争论以外的其他手段去收复失地；否则，这个局面就会永久化，变成在印度方面不在场情况下的事实上的解决。因此，从周恩来第一封信件起到他在高级会谈中要尼赫鲁接受共同停止巡逻的方案止，印度都回避或拒绝了中国要达成一项维持 1959 年现状的协议的意图。

印度政府把中国军队出现在其主张的领土上描绘为侵略行动，这就把要对此采取措施的责任加在自己头上。如果外交方式失败，那就得使用武力。尼赫鲁抗拒反对党要求使用炸弹、伞兵或步兵把中国军队从印度土地上撵走的叫嚷；但又像他惯常所做的那样，在拒绝打仗的同时，又作出一种许诺，说如外交和谈判失败的话，政府将不会俯首接受那种局面。如直接使用军事力量赶走中国军队，这种做法会引起战争，因而被排除；默认边界现状的做法等于承认失败，因而也被排除；那么，在印度人面前很早就提出了第三条道路。《印度时报》在 1959 年 10 月的一篇社论中提出：

新德里必须派遣有适当装备的巡逻队进入目前为中国人所占领的

地区，以维护其权利，因为长期拖延下去意味着对中国占领的默认，意味着屈服于北京发出的威胁，即如果印度巡逻队胆敢进入拉达克争议地区，中国将大举越过“麦克马洪线”。[4]

周恩来离开新德里的时候，印度政府已得出同样的结论。他动身的那天，一名重要官员告诉我说，不要指望边界会恢复平静了，因为印度巡逻队就要开始搜索中国占领的地区。印度巡逻队不会进攻中国阵地（在高级会谈公报中，双方承担义务“尽一切努力……避免摩擦和冲突”），但将插入中国据点之间的空隙地带。

后来，这就被称为“前进政策”。这项政策不是按政府的正常程序制定出来，而是在印度政府1960年年初所面临的处境下异乎寻常地诞生的。这项政策的制定者究竟是谁，后来有各种各样的说法：有些人在它带来灾难之前，吹嘘自己是它的创造者；在出笼之后，又加以抵赖。一直到1962年10月，当时的参谋局局长考尔将军还对我说，前进政策是他本人想出来，“绕过克里希纳·梅农，直接兜售给尼赫鲁”的；但在他后期的谈论中，又把制定这项政策的责任推给了尼赫鲁、梅农和他自己在军队中的上司们。[5]梅农在这一点上表现得比较诚实些，也比较前后一致；他承认这项政策产生于局势本身，并且坚持说，如能像“下棋”那样走下去，这项政策不一定会遭受失败。[6]

前进政策的目标是：第一，堵住中国人进一步向前推进的可能路线；第二，使阿克赛钦有印度人在场，这样印度方面将不仅只是在理论上参加实施尼赫鲁所建议的共同后撤方案，而且通过外交交涉把中国人赶出这一地区的手段，也就得到实力的支持。除此之外，它从一开始就包含有破坏中国人对争议地区控制的意图，其办法是在中国各据点之间建立印度哨所和派出巡逻队，切断中国的供应线，最后迫使中国军队撤走。不过，上述这些目标是在前进政策制定后才出现的，而且更多是属于原则的推论；前进政策的确产生于这一结论：印度别无其他途径可循。

新德里从来没有认真考虑过这个政策的全部含义。前进政策是从这样一个法理出发的：它假定占有本身就构成了 90% 的法律根据，因此，印度只要向前走并且赖在阿克赛钦尽可能多的地方，就会扭转它对中国的劣势，或至少取得同中国平等的地位。这个政策又是鲁莽的，因为中国人曾多次提出警告：印度如果坚持推行它在西段的主张，中国人就将跨越“麦克马洪线”进行报复，但印度完全置之不理。归根结底，这个政策是荒唐的，因为其基本前提是：只要印度不对中国的阵地发动进攻，那么，无论印度派出多少哨所和巡逻队进入中国主张和占据的领土，中国也不会进行武力的干预。从 1954 年争端一开始，印度边界哨所在中段向前推进并同中国军队接触之后，印度就准备好要对在印度主张线内保持阵地的中国军队进行武力威胁；① 但是尼赫鲁及其同僚都相信中国人绝对不会采取同样做法。当我们回想印度曾在朗久和空喀山口事件中指控中国好战和侵略成性，那么，印度相信中国不会对侵入阿克赛钦的印度部队使用武力就更显得离奇——除非这表明，新德里心里明白：中国指控印度人在上述事件中首先进行攻击的说法是真实的。

前进政策带有过去印度人反对英国时所采取的不合作主义的味道。不过这一次不合作主义的成员都是武装部队，在受到攻击时能够进行还击。印度人相信自己在道义上无懈可击，它能够使中国人打消进攻的念头。这种信念使人回想起他们过去也曾相信英国人不肯对他们使用武力，否则就会自己遭殃那类想法。这似乎反映了尼赫鲁的一种看法，就是认为印度的

---

① 例如，印度在 1956 年 9 月 26 日的照会中通知北京说，在印度主张的领土上一旦发现中国武装人员即会被认为是侵略行为，并将予以抵抗。1959 年 8 月 28 日，印度警告中国说，印度边防部队将“对越境者使用武力”。北京评论说，由于两国对边界和地图的看法存在分歧，印度又把大片北京认为是中国领土的土地视为印度所有，那么，印度就会把那里的中国军队和居民称为“越境者”。这样做，新德里就赋予印度部队以“比较自由地使用武力”的权力。北京方面指出朗久和空喀山口事件的发生，正是这种“全权委任”的后果。[7]

和平天性是举世无双的，并且深信全世界，包括中国在内，都同意这种看法。印度在全世界享有的声誉会给派往阿克赛钦的印度巡逻队披上一层道义的甲胄。

上述这些看法都不过是空想，尤其荒唐的是：前进政策的目标之一是企图改变阿克赛钦的军事力量对比，使得印度能够用武力赶走中国人。尼赫鲁常常说："我的整个灵魂对任何地方出现战争都有反感。"[8]但当他把这种圣徒式的情绪收起时，也能够对战争的前景采取相当实用主义的态度。1961 年，那时前进政策已开始推行，尼赫鲁在印度人民院说："在我国的领土上发生了某种侵略。我们应该怎样对待呢？首先，我们的目标是什么？很明显，我们的目标只能是设法使侵略者退出。怎样才能做到这一点呢？采用外交的方式，采用各种手段，最后，如果你们愿意这样说的话，就采用战争的手段……我们要不断加强我们的阵地，以便在我们认为自己有足够力量的时候，而不是在处于劣势的时候，来应付局面。"[9]但是，怎么能够设想，在印度坚持不懈地逐步加强自己的阵地以进攻对方的时候，中国人会坐视不顾呢？这是难以理解的。而尼赫鲁和他的同僚们却真的这么相信，这不仅从西段，而且也从东段的塔格拉（Thag La）山脊下发生的情况中得到证明，直到 1962 年 10 月，这种信念才被无情地纠正过来。

在此期间，尼赫鲁关于战争问题的发言通常都是被反对党议员的好战言论鼓动起来的。除共产党以外，各反对党在要求政府以武力赶走不愿从印度主张的地区撤走的中国军队问题上是一致的。在国大党方面也有不少人对这种观点给予强烈的——虽然一般是沉默的——同情。他们否认采取上述行动等于战争。马萨尼说："保卫自己的领土不等于进行战争"[10]"我从来没有听说过，从自己的领土上赶走土匪是战争行动。这只不过是在自己领土上进行的警察行动而已。"政府的批评者们一贯采用"警察行动"这个字眼来描绘他们打算对中国人采取的行动。这个字眼在印度第一次是用来描绘1948年对海德拉巴邦所采取的军事行动，当时海德拉巴邦的大君（Nizam of Hyderabad）对邦的归属问题左右摇摆，印度的进军结束了这种状态。这个字眼后来在夺取果阿时又使用了。它意味着进行攻击或采取“警察行动”的一方不仅具有压倒一切的实力，而且具有道义上的权威，因此对于印度人的感情是双重安慰——当然，在其他国家提出要使用武力实现自己的目的时，也会出现同样情况。1959年年底，某独立派议员在印度人民院中概括地说：“我们是个和平的国家，是联合国的成员，我们不相信战争是解决问题的办法……因此……唯一的途径就是采取警察行动，把中国人从我们的领土上赶出去，建立边界的原状，消除侵略，创造谈判的基础。”[11]这种玩弄名词的荒唐见解，即认为改换一个名词就可以改变一个行动的性质的说法，一直遭到尼赫鲁不耐烦的拒绝；在这种情况下，反对党就改变做法，声称战争无论如何并不一定带来最后的灾难，也不一定纯属坏事。克里帕拉尼争辩说，小的局部战争是不能完全避免的，“由于全世界的智慧，这样的战争打响之后，往往都被局部化了，而且过了一阵子就会找到解决问题的可行办法……因此，我们无须拿那种认为抵抗中国侵略就会导致世界大战和全人类毁灭的想法来吓唬自己。世界各国会设法不让这种情况发生的”。[12]

反对党的议员们喜欢提到，战争的阴云还有它光明的一面，指出战争的经验将团结和锤炼印度的人民——克里帕拉尼说，“斗争能使一个国家里最好的东西涌现出来，它能带来团结”，甚至战争的危险也能产生好的效果，“必须而且能够利用（对我国边界的）威胁，促成全国的团结，激发全民的干劲”。阿索卡·梅达向政府献策说：“侵略者的脚步踏上了我国的传统屏障。面临这种情况，全国人民将愿意忍受更大的牺牲。”[13]一幅全国同仇敌忾的幻景，对尼赫鲁也未尝没有一种浮士德式的魅力。他幻想着，如果印度一旦面临战争，就会变成一个“军队的国家”“我们所做的每一项活动、每一件事，以及计划，等等，都服从于一项主要的事实——

因为这将是一场生与死的斗争”。[14]但更经常地，他强调了战争对于印度、印度人民以及全世界的危险性。1961年年底他在上院讲话中说：“印度同中国如发生战争，那将成为世界的大灾难……因为它将意味着世界大战，意味着一场无止境的战争。我们将无法在时间上对这场战争给予限制，因为中国既不可能打垮我们，我们也不可能跨过西藏进军北京。”[15]这个一旦在喜马拉雅山发动战争就将把全世界卷进去的警告，遭到那些要求印度采取军事行动把中国人赶走的人的愤怒驳斥。1961年年底，一家报纸在社论中写道：“一种荒唐的想法麻醉了新德里，使它变得无所作为。这种荒唐的想法就是认为中印在边界问题上的冲突会使全世界陷入一场核子大毁灭。”[16]

尼赫鲁在战争问题上讲话的调门是摇摆不定的。一开始，针对反对党议员的战争叫嚣，他讲到世界末日到来的大战，讲到战争的恐怖；后来，他又逐步后退，害怕人家说他对由于边界争端而激发起来的爱国热忱泼冷水；同时，他承认自己对于这种爱国热忱也感到自豪（虽然他也说过，他希望那些给他寄送用自己的鲜血写成宣誓书的青年，能把自己的精力用于更有建设作用的方面）。[17]因此，他又重申，一旦战争来临，印度决心战斗。他一方面说，擂鼓呐喊和粗暴的语言都是错误的，也是危险的，“战争是个危险的政策；如果战争被强加到我们头上，我们将进行战斗，全力以赴地进行战斗。但是，我将避免战争，尽一切可能的力量设法制止战争，因为战争是一件坏东西，是一桩危险的事情……”另一方面，他又说：“有些事情是任何国家都不能容忍的。没有一个国家能够容忍对它的荣誉、正直品格和领土完整所进行的攻击。为了保卫这一切，就需要承担风险，甚至是严重的风险。”[18]

虽然尼赫鲁在战争问题上讲话的调门时高时低，但这些讲话在总体上倾向于散播一种想法，甚至给这种想法涂上一层体面的色彩。这就是：如果中国不交出阿克赛钦，印度就将同它打仗。在尼赫鲁拒绝反对党狂热叫器的同时，他还是被他们牵着鼻子跑。在边界争端成为印度的一个政治问题之后不久，尼赫鲁就开始把同中国作战说成是一种可能性（他甚至在新德里欢迎周恩来的国宴讲话中还闪烁其词地提到这点）。而在这些闪烁提到最终可能爆发战争的辞藻当中，字里行间所包含的一个思想总是：印度在忍无可忍的情况下和取得了实力地位之后，将进行战争来收复它所主张的领土。中国人对印度的行动所做的反应，或者中国人为了防止印度的行动而采取的措施，都可能导致战争；这些，在新德里文职官员的头脑中从来没有想过。尼赫鲁和他的同僚们自始至终都坚信不疑地认为，无论印度在边界上干些什么事，中国都不会进行攻击。这就是前进政策的基本设想。它是对一个在军事上比自己强大得多的邻国所进行的一场军事挑战。

* * * * * *

20 世纪 50 年代是印度武装力量受到忽视的年代。特别是陆军，遭到独立后国大党政府继母一般地对待。这种情况的产生，可能部分是由于国大党人对于过去曾为外国统治服务过的人有所不满，因为国大党人自己曾因从事推翻外来统治的活动而被投入监狱或受到更恶劣的待遇。无论如何，上述继母式的态度可以从新政府的两项主要决策中得到证实。第一点就是认为不存在印度遭受任何进攻的危险性。

这种信念远在独立之前，甚至远在 1928 年尼赫鲁的讲话中就已形成，当时他在一次对国大党的讲话中，列举了被认为可能对印度造成威胁的国家，又把这些可能性一一排除，结论是："对印度不存在来自任何方面的威胁，即便出现任何危险，我们也能够应付。"[19] 英国的防卫战略一直是以次大陆西北方向的入口为重心。自从 19 世纪 80 年代俄国人吞并了中亚细亚的各小汗国，并推进到阿富汗边界以后，英国人就担心来自莫斯科方面的挑战。这种担心持续到 20 世纪 20 年代，虽然此后不久英国人一度把这种想法放在一边，转而关注同阿富汗作战这一更为局部性质的可能事件。

尼赫鲁把这个俄国魔影说成“大抵是假想的”，他认为来自阿富汗的危险至多只是一些小规模偷袭。

至于中国，那么，喜马拉雅山构成了“有效的屏障，即便是飞行大队也不能从那个方向过来”。[20]在尼赫鲁看来，印度的面积、印度的地理战略位置，加上各大国不愿看到印度再次受到外国统治等因素，将使印度免于遭受任何大规模的外来进攻。“没有哪一个大国会容忍另一个大国取得英国过去长期享有的统治地位。如果哪一个大国竟敢做这种尝试，其他各大国就会联合起来予以严惩。大国间的相互竞争是使印度免于遭受进攻的最有效保证。”[21]从印度独立后直到 1962 年 11 月中国军队进行重大进攻的时候，尼赫鲁对于印度的外来威胁一直保持着这种唯理主义的和实用主义的观点。

在独立后最初几年，印度并不担心来自巴基斯坦的军事威胁，相反，担心威胁的倒是巴基斯坦。从分治前的旧印度陆军中，巴基斯坦所分得的部分自然要小于印度分得的部分。巴基斯坦这个新国家资源不足，组织又不全，相形之下，印度的军事优势就显得更大了。当时，印度教徒反巴基斯坦的民族主义情绪高涨，公开宣称要为 1947 年时所受到的“损害报仇雪耻”，要取消分治。尼赫鲁当时是断然反对这种情绪的，但抑制这种情绪需要时间。在 1947 年到 1948 年克什米尔战争期间，在 1950 年东、西孟加拉邦的部族屠杀重新爆发的时候，以及 1951 年克什米尔争端再度达到危急关头的时刻，印巴两国之间的战争都有一触即发之势。在以上几次事件中，印度都在旁遮普邦边界地带集结重兵，威胁拉合尔（巴基斯坦第二大城市）。1951 年，巴基斯坦把来自印度的军事威胁通知了安理会，这次危机在某种程度上由于美国的外交干涉才得以渡过。[22]

巴基斯坦人这时才认识到，他们必须建设自己的军事力量，至少要达到能够制止对方进攻的水平，否则就要不断受到印度人进攻的威胁。

约翰·福斯特·杜勒斯缔结条约的本领，使这一点在 1954 年变成可能。①由于巴基斯坦的武装力量得到了美国的装备和训练，印度再想打垮巴基斯坦就不那么容易了——也不会再出现一面倒的军事对峙。印度进攻巴基斯坦的可能性消除了，而另一种可能出现了：就是巴基斯坦因拥有美国装备的武装力量而壮了胆，也许会试图在克什米尔问题上同印度决一胜负。（这种地位的变化，表现在双方对待“非战公约”问题上态度的变化。开始，巴基斯坦总理列雅格特·阿里·汗［Liaquat Ali Khan］竭力主张签订公约，而为尼赫鲁所拒绝；〔23〕20 世纪 50 年代中期以后，印度极力主张签订公约，而为巴基斯坦所拒绝。）

在整个 20 世纪 50 年代，印度军队又是根据同巴基斯坦作战的可能性部署战略和训练的，其战略思想开始是进攻，后来转变为防御。陆军方面，由于具有职业性的审慎态度，建议应该对毗邻中国的北部边界防务给予考虑，但得到的回答是这样一个政治性的判断：没有必要进行针对中国的军事准备。〔24〕军方在 20 世纪 50 年代初期还提出建议，要求根据美国和英国在朝鲜作战的经验，编写一本关于中国人战术思想的步兵手册，但这个建议也遭到拒绝。〔25〕一位印度军官说，〔26〕“使印度陆军感到十分惊讶的”是，甚至到 1958 年，一个高级中国军事代表团还被带领去参观印度的主要军事设施。②具有讽刺意味的是：中国人在旁遮普邦参观了一次由第 4 师表演的对步兵进攻的火力支援，当时第 4 师就是由考尔少将指挥的；四年之

① 巴基斯坦参加“巴格达条约组织”（后更名为“中央条约组织”）和“东南亚条约组织”之后，就得到美国的军事援助；美国给予军援的本意是反对共产党“侵略”。但看来华盛顿也可能认为削弱印度对巴基斯坦的军事优势会有利于稳定南亚局势。

② 中国代表团团长叶剑英元帅参观了南印度威灵吞的参谋学院，当时校方赠送给他一个该校校徽的银质模型——图案是一只猫头鹰。当他仔细观察这件礼品的时候，脸上出现了一股阴影。他感谢主人的好意，同时解释说，在中国猫头鹰是一种不祥之鸟，朋友之间不拿它作为吉祥的礼品相互赠送。实际上，在印度，猫头鹰也不是吉祥的东西，猫头鹰这个字眼通常是用来骂人的，意思是说对方愚蠢。但当英国人选择这个西方的“智慧之鸟”作为学院的校徽时，更多考虑到它的古典含义而不是当地对它的态度。

后，正是这个师和它当时的指挥官在同中国进行的边界战争中扮演了中心角色。

政府的第二点政策考虑是从第一点（即认为除巴基斯坦外，印度没有同其他国家发生敌对行动的危险）引申出来的：那就是认为国防力量的经费必须保持在仅仅能过得去的最低水平上。这样，可供发展之用的资源就不会花费在不必要的非生产方面。

在巴基斯坦成立时，印度从旧印度军队中分到的部分大约有 28 万名官兵。新政府在开始时就有意要削减陆军的定额——尼赫鲁说过，一支高度机械化的、人员比较精干的部队，比一支庞大但装备低劣、“用腿走路”的部队更为可取〔27〕——但是这个计划没有实施，陆军兵员反而慢慢扩大了。到 1953 年，陆军官兵总数接近 35 万人，组成七个师，其中六个是步兵师——这六个师的编制以及装备、训练的标准各不相同，一个是装甲师。① 陆军的平时部署反映了印度军事计划人员同前任英国同行们相似的考虑，就是在对巴基斯坦作战的可能和内部安全需要之间保持平衡。有三个步兵师部署在克什米尔，其中一个营在拉达克的列城布防，而这个营当时也是面向南方，针对巴基斯坦人，而不是面向北方。在克什米尔战争中，巴基斯坦人险些占领列城，印度军队开进拉达克正是为了对巴基斯坦人的向北运动进行抵制。印度已下定决心，如果巴基斯坦再一次用武力占领克什米尔，印度就将作出反应，进攻拉合尔；为此，有两个师布防在旁遮普邦作为反击力量。那个装甲师则驻扎在中印度的占西（Jhansi）。

上述部署持续到 1956 年，在此期间，陆军的数量和装备几乎没有什么变化。1956 年那加族人发生叛乱，这就需要不断加强东北地区的军事力量；到 20 世纪 50 年代后期，已经有一个整师被牵制在那加山区的游击战争中。当时东巴并不构成任何战略上的威胁；巴基斯坦军队绝大部分都部

---

① 第 4、第 5、第 10、第 19、第 26、第 27 步兵师和第 1 装甲师。此外，在旁遮普邦巴地阿拉（Patiala）驻有一个独立装甲旅，在亚格拉（Agra）驻有一个伞兵旅。

署在西巴，其中大部分又布防在旁遮普省，面对印度；另外一部分布防在西北边境地区，以应付部族骚乱和可能来自阿富汗方面的骚扰——印巴分治使印度摆脱了这个来自西北方向长期存在的威胁。因为那加战役本身的要求增加，于是就把更多的印度陆军部队从旁遮普邦调到了东北地区；同时，又成立新的部队以维持印度在旁遮普的军事实力，结果陆军又开始慢慢扩充起来。

在 1959 年年底朗久和空喀山口事件发生后，由于意识到边界问题可能发展为难以解决的争端，陆军的扩充变得更有目的性，也更迅速了。1959 年 11 月到 12 月，第 4 师从旁遮普仑促奉调到东北地区；与此同时，建立了一个新的步兵师第 17 师。在东北地区，第 4 师划归新的编制第 13 军领导，军部设在西隆（Shillong），负责锡金、印度同不丹边境、东北边境特区、“麦克马洪线”、东巴基斯坦以及那加的防务。第 4 师负责“麦克马洪线”的防务，从不丹到缅甸一线，全长约 360 英里；而该师的一个旅又很快奉调参加那加战斗。

第 4 师的调防，对印度在东北地区的防御形势没有立即产生很大的变化。当时，从平原地带通向山麓地带的公路，没有超过几英里长的；同时在东北边境特区，根本没有一条横行的公路——从喜马拉雅山倾斜下来的高山峻岭都是南北走向，这就使得横向运动几乎不可能；要到达“麦克马洪线”各段，只能沿布拉马普特拉河谷前进。第 4 师开进东北边境特区的行动慢得出奇。1960 年 1 月，一个步兵连进驻邦迪拉（Bomdi La）；到了 3 月，另一个连开进达旺；到同年 8 月，一个营部在达旺建立起来，另外两个营才抵达东北边境特区，第 7 步兵旅的旅部也在邦迪拉设立起来。军队的布防这时才慢吞吞地完成，而尼赫鲁早在 1959 年 8 月就已宣布“麦克马洪线”的防务要由陆军直接负责。

一直到 20 世纪 50 年代后期，印度政界舆论始终反对增加国防开支。克里帕拉尼 1958 年在人民院说：

我们一直认为，在非暴力的印度，政府决不会考虑增加军事预算；但是我不得不遗憾地指出，我想这一点也会使我们的国父（甘地）在天之灵感到不安，就是最近几年的军事预算逐年增加了大约 10 亿（印度卢比）；而在补充要求方面的预算又增加了 1.4 亿（印度卢比）……请问我们为什么要增加军事设施？〔28〕

甘地主义者从一个方面批评政府，而军方则抱怨预算限制使他们难以对现有设施给予适当维持，更不要说实现现代化了。克里希纳·梅农和莫拉尔吉·德赛之间相互倾轧，加剧了军方的困难，也影响到他们主管部门之间的相互扯皮。一个美国驻新德里的记者在 1961 年写道：“如果印度真的存在近似内阁制政府的话，那么，梅农和德赛二人之间，以及他们主管部门的顾问之间，早已闹得不可开交了。”〔29〕

到 20 世纪 60 年代初期，陆军方面的抱怨更加厉害了。在 1961 年至 1962 年，陆军总部多次上书国防部部长，列举了装备和供应方面的缺陷，并且提出警告说，一旦战争发生，这些缺陷将削弱部队的作战力。这些信件是当时已担任参谋局局长的考尔将军草拟的，他在最后也是最紧急的一次上书中，描述了政府的政策如何使陆军处于困境：“一方面，要求我们尽快扩充部队，并且说，不这样做我国领土就有被外来侵略者占领的危险；另一方面，发给我们的武器、装备、弹药又是微不足道，使得我们不可能用以装备募集的新兵。”〔30〕他还要求把这封信提交给内阁国防委员会，这说明军人们认为克里希纳·梅农过去没有把他们的紧急警告向上反映。但这次上书，同历次上书一样，并没有产生增加军事预算拨款的效果。考尔又利用他同尼赫鲁私人接近的机会，把陆军的要求向他提出。根据他本人的叙述，尼赫鲁的答复是这样的：

如果从国外进口部队所需要的武器和装备就必须动用外汇，而现在外汇已十分短绌。国防开支过大，将使国家在经济上遭受重大挫折，

> 这种情况是他不能接受的。他说，鉴于上述原因和某些政治上的考虑，我们必须主要依靠本国生产武器和装备，这从长远来看是真正解决问题的办法。他最后说，我们必须依靠自己，因为别的国家在任何时候都可能撤销或改变对我们的支持。[31]

这就是政府政策的有力概括。发展要受到优先考虑；外国的军事援助是不能接受的，因为它会损害印度的不结盟地位，而且也是不可靠的。解决军队困难处境的唯一办法，是在印度境内不断建立国防工业的长远计划。这样国家的工业资源就会增加，同时军队的需求也能得到满足。在此期间，尼赫鲁针对军方所提出或别人为军方所提出的申诉和警告，反复论证了这一点。

这种思想本来是无可非议的，只不过它无法适应前进政策带来的风险。尽管各种政治考虑导致了这种思想，或者按照印度人的看法，令这种思想正当合理，但前世政策都意味着对一个比自己在军事上强大得多的邻邦进行军事挑战。当时，印度同巴基斯坦的争端还没有解决的前景，甚至根本没有想去解决它。印度政府的政策又加给陆军一项繁重的新任务，就是在没有削减陆军在其他方面所承担的义务或在军事预算没有重大增加的情况下，要使它同世界上拥有最强大陆军的大国之一进行对抗。1961 年春天，印度已派遣一个旅团参加联合国的军事活动，镇压在刚果发生的加丹加的分裂运动；此外，从 1956 年开始，印度还有一个营参加联合国在加沙地带的行动。

到 20 世纪 60 年代初期，印度陆军的有限资源已消耗得相当大，但它又很难表达它对这一问题的不安。印度独立以后，陆军同文职领导之间的关系是不利于前者的。政府对于国际问题所采取的和平的，甚至是和平主义的态度，对于经济发展问题的强调，对于不结盟的坚持，所有这一切都加深了国大党历来对军人们所持有的那种不大买账的甘地主义的态度。

1957年，梅农出任国防部部长，一开始受到军方的热烈欢迎，因为他们感觉这是第一次派给他们一位精力充沛而且在政治上适宜的部长。但好景不长。不久，双方互不信任和互不满意的情绪就开始影响到高级军官和他们的文职上司之间的日常接触。梅农历来不是个易于共事的人：他讲话尖酸刻薄，脾气暴躁；对待同僚和下属时而怒气冲冲，表现不耐烦，时而又感到后悔，表示亲近。他对于他认为是愚蠢的人公开表示轻蔑；他又自命不凡，因此就不时地把大多数人都看作蠢人。他的这些特性使他难以同高级军官和睦相处，并且很快结束了人们对他被任命为国防部部长的普遍欢迎。除了梅农同蒂迈雅将军——后者在梅农出任国防部部长的同时，被任命为陆军参谋长①——之间个人摩擦之外，军方还日益担心的是，他们认为这位部长对传统上应由军人们自行处理的事务进行了不恰当的、持续不断的，因而也可以推断是别有用心的干预。蒂迈雅和他的某些同僚只是怀疑梅农没有把他们的建议和不满的意见转达给总理或内阁国防委员会；但他们却清楚地看到，梅农在提拔哪些人担任高级军官的重大问题上，对军方的建议置之不理；而正是这一点促使蒂迈雅将军提出了辞呈，引起1959年的轩然大波。

军方对梅农在提拔军官问题上进行干预感到忧虑已有一个时期，后来是集中在布里吉·莫汉·考尔（Brij Mohan Kaul）被不断提升的问题上。考尔在以后边界战争及其前奏中扮演了一个中心的，也是灾难性的角色。

考尔为人变幻多端，捉摸不定，他一生事业的浮沉反映了这一点。印度独立前，他在陆军中确实不很得志；独立后，他指望爬上而且也几乎爬上了军职的顶峰，又一下子在失败和屈辱中被赶下台。他出身于克什

① 1955年，印度撤销了总司令头衔，改称陆军参谋长，这就使陆军同其他两个军种处于同等地位。卡维克斯（L. J. Kavics）在他对这一时期的印度陆军史所做的全面研究的著述中指出，撤销总司令，而代之以“三个独立军种，各军种自行制定自己的政策，竞相从主张节俭和态度十分冷淡的政治领导方面争取预算拨款，并且各自根据严格的平等原则保持平行的机构”，结果就损害了军事领导的参谋作用。[32]

米尔一个中产阶级的婆罗门家庭，青年时代曾对当时民族主义运动献过殷勤，后来又获得英国桑赫斯特（Sandhurst）皇家军事学院为印度人保留的一个名额，并于1933年毕业。按照惯例，在英国部队服役一年以后，他进入拉加普特那（Rajputana）步枪联队，在西北边境地区服役；但仅隔两年，他就被调往陆军勤务部队任职。勤务部队薪俸比较优厚，也有更多机会在兵站工作，在那里，军官可以携带家属，生活一般也比较安逸。但是，对于一个桑赫斯特学院毕业的青年军官来讲，调往勤务部队固然可以免受风险，但也丧失了作战部队提供的加官晋爵的机会。根据考尔本人的叙述，[33]他曾几次试图重返他原属的步兵团或其他步兵单位，但都没有成功。这说明，拉加普特那步枪联队不想要他回去，他不够作战部队所要求的标准。但考尔是个精力充沛、机智聪明、风度翩翩的军官；对他来讲，失宠于步兵并没有关闭晋升的大门——虽然在通常情况下，这是被提升为高级将官的障碍。1942年，他升任代理中校，在南印度某地担任联络工作。次年，他被调往战区，在科希马（Kohima）一带指挥一个摩托化运输部队；据他后来写道，那一次他“经历了在一个作战区通常要遭遇到的各种风险，吃了不少苦头，碰到不少不愉快的事情”。[34]没过几个月，他又被调回基地工作，到大战结束时，他在新德里重新担任联络工作。在将近六年的战争年代，印度陆军扩充得很大并且在很多战场上打过仗，而在此期间，考尔作为桑赫斯特学院训练出来的一名正规步兵军官，却从未参加作战部队，这只能说明他被认为不适于担当作战指挥工作——或者是他本人没有去争取这项工作。

从大战结束到印度独立这一时期，对于陆军和其他军种的印度籍军官来讲，是精神上处于紧张状态的时期，他们比以往任何时候都更加严酷地面临这样一个矛盾：忠于自己的上司，就会被许多同胞看作不忠于自己的国家。对于被英国的敌人所俘虏的2.5万名印度陆军官兵来说，这个矛盾倒是由于他们参加了同日本人并肩作战的“印度国民军”而得到了解决。

考尔没有得到作出这种抉择的机会；但他却从陆军档案中偷来一份文件，交给了 1945 年年底在德里受审讯的印度国民军军官的辩护律师们，这样来表现他自己在精神上是站在印度国民军一边的。他自己后来在自传中，带着明显的自豪感写出了这一段经历。[35]国大党对于印度国民军的态度，在一开始是好恶参半的，但是，由于后来英国人对这个问题在政治上处理不当，使得国大党的同情全面倒向印度国民军方面，而尼赫鲁本人就曾经充当印度国民军的辩护律师之一。[36]

在此以前，考尔就已经设法结识尼赫鲁。尼赫鲁于 1945 年最后一次从监狱中获释并前往西姆拉会见英国总督的时候，考尔就拜见了这位未来的总理。从那以后，一直到 1962 年的溃败，考尔能够随时得到尼赫鲁的接见，而且同他有着亲密的私人关系，他的事业也因尼赫鲁对他经久不渝的宠信而扶摇直上。人们事后回顾，可能认为尼赫鲁在识别人品的问题上又一次表现了盲目性。这往往使他把闪闪发光的东西都当作黄金，并从而作出具有灾难性后果的任命。但当时考尔在很多方面确实能使尼赫鲁对他产生好感。他机灵、英俊、能说会道；他不但同尼赫鲁一样，是个克什米尔的婆罗门，而且还是印度总理的远亲：尼赫鲁家族的姓就是考尔，他的夫人也是考尔家族的人。①此外，考尔某种程度上是个民族主义者，这又使他同那些具有类似桑赫斯特背景的同僚有很大区别，后一类人仅仅是爱国主义者而已。考尔精力充沛，富有想象力，是个不大尊重那些多少有些僵化的军队传统的实干家。一位与考尔共事而不大喜欢考尔的军官，也认为他具有“不少可赞赏的品质……他这人很活跃，有进取心。他头脑清楚，工作积极。他个人品行无可非议。他待人慷慨热情”。[38]他的这些品质可

① 一位曾同尼赫鲁亲密共事的官员（他本人既不是克什米尔人，也不是婆罗门）写道：“总理的敌人常常提到，他寻求人才和发现人才总是局限于他身边的那些人，特别是克什米尔人，而其中又特别是那些在某种程度上同尼赫鲁家族有联系的人。”[37]尼赫鲁在这方面的记录，也的确证实了这一点。他从不认为亲密的家族关系是不能任命某人担任高级职位的理由。但是可以说这些被任命的人往往具有，或者说看起来具有优良的品质。因此，也可能尼赫鲁这种任人唯亲的做法是不自觉的。

能导致尼赫鲁把考尔看作一个出类拔萃、全面发展的军人，而尼赫鲁对考尔的宠信又可能使他看不见考尔的局限性。尼赫鲁也没有看到，自己同一个低级军官进行直接的、公开的来往这种做法，对于军官们的士气和纪律所产生的腐蚀作用。这种做法的危害性，自然也随着考尔的不断晋升而加剧。

印度独立后，考尔爬得很快，他首先得到政治上的重用，并辅之以军事上的任命。1946 年年底，他被任命为负责陆军印度化（到那时为止，在陆军中英国军官自然还占压倒性多数）的委员会的秘书；接着又被派到印度驻华盛顿使馆担任武官，其后又充任驻联合国的印度代表团的军事顾问。1948 年，他回到印度。这时，他希望能让他指挥一营步兵，参加克什米尔战争，但又没有成功，结果是让他领导克什米尔民兵。后来，他同当时的克什米尔邦首席部长谢赫·阿卜杜拉闹翻了。尼赫鲁把考尔调开并予提升，让他指挥一旅步兵——这次他终于调回陆军。如果考尔要在部队中继续得到提拔，这一步是必不可少的。此后，政治和军事上的任命交替进行；不久，他被派参加在朝鲜的中立国遣返委员会；接着，被提升为少将，并指挥第 4 步兵师。在传统上，担任一个师的指挥工作，是被提升为少将以上军阶的必要条件，因而这是考尔生涯中又一个关键性步骤。

到了这时，考尔也被克里希纳·梅农所看中。同样，考尔在许多方面使得这位国防部部长对他产生好感：首先，可能是由于尼赫鲁对他的明显的、尽人皆知的宠信、提携，考尔在十年间从一名低级联络军官一跃成为一个精锐师的指挥官；其次，是由于对考尔不满的那批高级军官当时也同梅农不合；最后，但也是重要的一点，就是考尔在行政工作上的干劲。最后这一点突出表现在显赫一时的“阿马尔（Amar）工程计划”上，这就是在 1958 年至 1959 年考尔指挥第 4 师时，指令该师为官兵家属修筑约 1500 所住房的工程计划。当时，陆军总部是反对动用作战步兵师参与这种修建或非战斗性工程的，而这个计划却得到克里希纳·梅农的批准。不管怎么说，当时官兵很需要住房，而工程又要在六个月左右完成——为完成这项任务，当时曾授予考尔所需要的特别权力和独立性。不论这项工程的功过如何，很清楚的是，考尔也利用了它进行自我吹嘘。工程开始时，梅农参加了奠基典礼；当这个住房区完工时，尼赫鲁和内阁的半数成员以及一些政界人物和三军首脑都亲临剪彩。考尔还专为这个场面编写了一首爱国小调，并要全师官兵练唱。他后来写道："当尼赫鲁听到这首激荡人心的歌词（由两万名官兵齐唱）的时候，他感动得不得了。"〔39〕

1959 年 5 月，考尔又一次被提升，这次是违反蒂迈雅将军的意愿，被提升为中将并担任陆军总部的一项要职。当时，军需局局长——这是一项主要的参谋官职，由中将衔军官担任——出缺，为考尔的晋升提供了机会。还有两名少将，P. S. 贾尼（P. S. Gyani）和 P. P. 库马拉曼加拉姆（P. P. Kumaramangalam），资历都高于考尔，这是考尔晋升的障碍。蒂迈雅推荐贾尼担任军需局局长。贾尼虽然过去工作成绩优异，但未指挥过步兵师，而根据陆军的晋升惯例，这一点却是提升中将的先决条件；根据这一条，梅农驳回了蒂迈雅的荐举。这样，就只剩下库马拉曼加拉姆挡住了考尔的前程，而要取代他则会招致人们的反感。库马拉曼加拉姆不但过去工作成绩优异，在第二次世界大战中荣获过金十字勋章（D. S. O.），而且还出身于一个具有相当政治影响的家庭。① 解决办法是另创一个需要晋级的空缺。结果就这样办了，库马拉曼加拉姆担任了军务局局长。道路已经扫清，蒂迈雅再也不能够——除非他想因这件事引起一场争执——阻挡考尔提升为军需局局长；虽然他对这件事十分反感——不仅由于军需局局长是个关键

① 他的父亲是苏布哈拉扬（Subharayan）博士，是马德拉斯邦的国大党领袖，在印度独立后出任大使。博士有三个儿子：老大担任印度文官职务；他是老二；老三莫汗·库马拉曼加拉姆（Mohan Kumaramangalam）是一名共产党员。博士常讲：通过他的三个儿子，不管印度政局如何发展，他统统保了险。

性职位，还因为担任军需局局长的人会成为“陆军选拔委员会”① 的必要成员，从而能够对于其他军官的提拔问题施加相当大的影响。

考尔这时已成为在军官中起很大分裂作用的人物。在多数的军官食堂中，只要一提“你是亲考派，还是反考派”的问题，大家就心照不宣。考尔又喜欢夸耀他和尼赫鲁的结交。一位高级军官曾悻然地说：“考尔常常吹嘘这一点，他公开吹嘘这一点。我们也常看到他总是去看望总理，他老是晚上去，晚上是总理感到最轻松的时候。”〔40〕从官场的角度来看，这种结交既是考尔权势的证明，也是他权势的来源。另一位职位稍低一些的高级军官回忆道，“陆军中没有一个人不非常害怕总理”；他接着讲道，这位总理可不是个一般的人物，“历史上很少有人像他那样被赋予可以任意支配的全权。如果有谁讲话他能听得进去并且取得他的信任，那个人就掌握了巨大的权力”。〔41〕

作为一个正走运的红人，考尔不可避免地会吸引追随者——他的批评者把这些人叫作“考尔的崽子们”。② 由于考尔是个从无实战经验的军人，人们对于受到公开宠信的人的怨恨在他身上就表现得格外强烈。长期以来，他的同级军官虽然看不起他，但对他还有些亲切感，这时亲切感也消失了。

驳回蒂迈雅的举荐而提升考尔为中将这件事，对蒂迈雅来说，已经可以构成足够的理由来同梅农摊牌。蒂迈雅从多方面来讲是个杰出的军人，在陆军中受到很大的尊重和爱戴，然而他不愿意进行这类斗争；后来又发生很多事情才迫使他采取行动。而他一旦行动起来又很任性，简直是草率从事，使得人家感觉他是不负责任的，甚至是无能的。三军的首脑们原来

① 选拔委员会由陆军参谋长、各军区司令（即西部军区司令、东部军区司令等）及陆军总部的各主要参谋官员组成。

② “考尔的崽子们”（Kaul-boys）在英语中与“Call-boys”谐音，后者有“侍从”的含义。——译注

对梅农都已感到厌恶。这位部长经常当着他们的下属斥责他们、嘲笑他们；他态度骄横，往往为一些微不足道的问题，不分白天黑夜召集他们来开会，有时又临时宣布取消会议。尤其严重的是，对于一些技术方面的建议，他往往以主观的、文不对题的理由予以驳回；因此，据说他们已商定准备共同往见总理，申诉对梅农的不满。但这时，就在 8 月 31 日，蒂迈雅却如他后来对朋友们所讲的那样，由于一时冲动，也由于他已"忍无可忍"，[42]写下了辞呈并递交给总理。

陆军参谋长的辞职，使尼赫鲁处于很大的困境。当时，反对党议员和报界已经在攻击克里希纳·梅农对三军专横无理以及干预军人提升等问题。几天以前，又发生了朗久事件，政府，特别是梅农，都受到批评，说他们忽视了边境的防务。梅农的政敌抓住蒂迈雅辞职的事件，来证明他不适宜担任国防部部长。很显然，这种压力将迫使尼赫鲁不得不让梅农退出内阁——要说起来，梅农的政敌数量在国大党中比在反对党中还要多。梅农无论在私人方面还是在政治方面都同尼赫鲁很接近。尼赫鲁很了解，对国防部部长的许多攻击实际上是对他这个总理的间接攻击。让梅农下台，就意味着屈从于这些批评，不但如此，还意味着内阁中国大党更加正统和保守的分子将占据优势。

尼赫鲁以他惯有的政治手腕处理了这个尴尬局面。他把蒂迈雅请到自己的私邸，劝说蒂迈雅撤回辞呈。蒂迈雅本来是一时冲动，这时也表示服从。据蒂迈雅后来告诉同僚们，尼赫鲁当时向他保证将亲自调查蒂迈雅所提出的不满，并将对梅农进行干预以消除军方的不满。蒂迈雅在同一天中递交了辞呈，又撤回了辞呈；但消息还是透露出去，第二天早晨，各报都以通栏标题报道了他辞职的消息。这样，长时间在政界流传的关于梅农和军队领导人之间冲突的谣言，一下子戏剧性地证实了。尼赫鲁原想避免的一场风暴刮了起来；但由于蒂迈雅已在事实上撤回了辞呈，这就加强了尼赫鲁处理这个问题的地位。尼赫鲁把整个事件说成是一场小小的风波，并且把责任全部推到蒂迈雅身上。尼赫鲁对国会说，蒂迈雅的辞职是“十分不明智的”，是“不该那么干的”——简直是“十分反常的”。他说，国防部部长和陆军参谋长之间的纠葛，归根结底是由于二人“在性情上”有所差异，是琐碎无聊、微不足道的。他还利用印度政客对军人潜在的不信任情绪，示意说在这个事件中应该维护文官的权威，并对克里希纳·梅农领导国防部的才能给予了热烈赞扬。当一个反对党议员问起，总理难道不该对像蒂迈雅这样一位出色的军人说一两句好话的时候，尼赫鲁不得不对这位“很英勇的军官”表示敬意，但还是坚持说：“我不能对他的辞呈表示祝贺。”

尼赫鲁就这样扭转了局面，利用这次流产的辞职的机会，对梅农给予赞扬，又使蒂迈雅受到一次公开的、不体面的斥责。经过这次事件，梅农更加趾高气扬，考尔的地位也显著地加强了。蒂迈雅由于自行退却和接受了屈辱，在陆军中的威信受到损害。尼赫鲁不但勾销了他将亲自调查陆军同梅农之间纠葛的诺言，而且还公开谴责蒂迈雅。如果蒂迈雅获悉这种情况后，再一次提出辞职并坚持到底，那么，可能以后几年的印度历史将大大改观。事实上，蒂迈雅事件使尼赫鲁在军事问题方面更多地依靠梅农和梅农支持的一批军人。这次事件对于印度军人的教训是：从本行的角度对于文官处理军事问题提出反对意见，是得不偿失的。

尼赫鲁对考尔的依赖，以及考尔如何超越正规的陆军惯例而为之效劳，可以从蒂迈雅事件发生后不久另一件事情中得到很好的证明。一次，总理问考尔朗久的地面情况，他当即自告奋勇亲往视察。这次旅行用了将近三周。由于他连朗久都没有见到就折了回来，因而很难相信，这位中将兼军需局局长所亲自完成的使命，换一个更低级的军官就不能完成。但尼赫鲁总算得到一份目击者的情况报告，考尔也从而证明自己的确是个能够在本职之内或者超出本职不顾艰险和不怕吃苦的人。对他最严格的批评者也不得不承认，往返于接近朗久一地的这次旅行，对于一个年近五十的人来说，是要付出相当大的努力。不久，他以类似的方式搭上一架苏联造的直升机，飞越拉达克一些最高的山地，进行了一次有风险的飞行试验。这次飞行是他违反梅农的指示而直接下达命令的，因为他认为梅农正责成空军不经过必要的试飞就购买苏联的飞机。

在这时，似乎有什么东西驱使考尔不断地去考验或者说去表现他的勇气。也可能这是由于他意识到自己从没有指挥过部队作战，而人们在这方面对他的嘲笑，也随着他军阶的不断提升而日益增加。但他所表现的那种勇气毕竟不等于胆略，而且如后来的事件证明的那样，那种自己故意跑到炮火射程之内的做法，也并不符合高级指挥官的身份。

1961 年年初，蒂迈雅到了退休年龄，考尔再次提升的机会到了。蒂迈雅的继承人人选，应在当时的南部军区司令 P. N. 塔帕尔（P. N. Thapar）中将和东部军区司令托拉特（Thorat）中将二人中挑选，这两人的资历大体相当。塔帕尔的资历略高（确切地说，他的军龄比托拉特长两个月），但托拉特过去的工作成绩更优异，因此蒂迈雅推荐了后者。但蒂迈雅的举荐又被驳回，塔帕尔继任陆军参谋长；不但如此，又不顾蒂迈雅的极力反对，任命考尔为陆军总部参谋局局长，这个职位在当时的军事领导层中仅次于陆军参谋长。① 塔帕尔是个有能力但不很出色的军官，有些喜欢取巧；同时，他的任命是考尔为他施加了有力的影响，因而他对考尔也感恩戴德。为了报答考尔的恩情，塔帕尔让考尔当参谋局局长，虽然考尔毫不具有担负这项重任所必需的条件和经验。

这些任命使得陆军晋升问题重新变成一项引起争执的重大问题。1961 年 4 月 5 日，孟买的一家政论杂志《潮流》（*Current*）上刊载了一篇署名

① 印度陆军的组织是仿效了英国的体制。陆军参谋长下属四名主要参谋官员，即参谋局局长（Chief of the General Staff）、军务局局长（Adjutant General）、军需局局长（Quarter-Master General）和军械局局长（Master General of Ordnance）。四人中参谋局局长占最关键的地位，他负责协调、计划、作战、训练、情报、购买武器和有关装备及分发等项工作。他还领导其他一些重要军官，如陆军总部情报处处长、作战处处长等。印度后来取消了参谋局局长的职务。

为“一批灰溜溜的陆军军官”的来信，控诉梅农是“独立印度的恶魔”，指责他操纵晋级，制造效忠他个人的派系。信件内容表明投稿人很熟悉一些军人的历史和最近一些任命的根据，这些材料是只有某些高级军官才能掌握的。信件警告说，最近的一些任命受到操纵，其目的是为考尔早日继任陆军参谋长扫清道路。在议会中，克里帕拉尼指出：一名几乎一直担任陆军后勤工作的军官出掌参谋局，这还是第一次。他说，考尔的任命，证实了近来使得“军官感到痛心、士兵感到不满”的“掩人耳目”的做法；最后痛斥克里希纳·梅农：“我指控他在陆军中制造派系，我指控他降低了我们部队的士气，我指控他浪费了这个贫困饥饿的国家的金钱，我指控他忽视了我国抗御共产党中国侵略的防务工作。”[43]但梅农冷漠地否认他干预提拔的问题，尼赫鲁也给他撑腰，这番抗议也就平息下去了。

考尔感觉到，由塔帕尔当陆军参谋长，自己当参谋局局长，他就可以大权独揽，而他也很快地使别人都感觉到这一点。他喜爱的军官都被陆续拉进陆军总部，担任要职；而属于反考尔一派的高级军官则受到不公平对待。在蒂迈雅退休前夕，政府人士和陆军总部中有人散布谣言说他正在策划一次军事政变，甚至还讲到了具体日期（说是要在1961年1月30日发动）。克里希纳·梅农把他个人的怀疑告诉海、空军参谋长，并警告文职官员要监视蒂迈雅的行动。已担任参谋局局长职务的考尔，也要求蒂迈雅对被认为是可疑的部队调动作出解释。[44]当时，在印度搞政变的条件根本不存在，这些谣言如果不是恶意的，至少也是毫无根据的。但接着又对据说是蒂迈雅在退休前夕讲过的一些话组织了正式调查，并根据类似的指控而对托拉特将军和另一位S.D.维尔马（S.D.Verma）中将进行了调查。这些调查又没有根据通常惯例由军务局局长负责领导，而是由作为参谋局局长的考尔本人负责领导。对此，塔帕尔也只好同意。

这种政治迫害的气氛在马内克肖（Sam Manekshaw）案件上表现得最为突出。马内克肖少将当时担任威灵吞参谋学院的院长，他在资历上比考尔仅低一年，但在每一个方面都是考尔的对立面。虽然他毕业于台拉登（Dehra Dun）印度军事学院，但他在态度和工作上都比考尔更接近于桑赫斯特的标准。他是个有实战经验的军人，在缅甸战场上曾荣获陆军十字勋章；他不大愿理睬那些政客，更不愿理睬那些巴结奉承这些政客的军人。他敢说敢道、聪敏机智（“考尔的崽子们”这句双关话就是他创造的），而且不掩饰他对考尔的轻蔑。

这两个军官代表着，或者说是象征着，印度陆军军官中两种不同的甚至是格格不入的倾向。马内克肖（这是个帕西族［Parsee］的名字）体现了陆军中的英国传统。它最好的一面是：精通本行，热爱军职，厌恶阴谋和厌恶政治（这两个名词被认为是同义语），以及宁愿担任作战任务而不愿担任参谋任务。但这个传统也还有另外一面，就是过多地强调英国部队军官食堂的那一套繁文缛节，而这些在独立后的印度往往会造成摩擦。第二次世界大战以前，在多数陆军食堂中，除了印度仆役以外，很少看到带有印度色彩的东西；印度陆军中的印度籍军官一直居于少数地位，而且他们也像英国人一样地英国化了：只有星期天的午餐才吃咖喱饭，而且要使用匙和叉；进食堂如不穿会餐制服，也必须要穿常礼服；不喝酒会被人认为有怪癖之嫌；吃素是士兵的事，军官没有吃素的；印度音乐像猫叫一样难听；用印地语讲话简直是丢丑。但在大战期间，随着陆军不断扩充，新一代和新阶层的印度人当上了军官。他们大多是在城市里长大，出身于不那么富裕的资产阶级而不是贵族的家庭；他们都懂得些政治，甚至在政治上已有所从属，不像他们的上司那样认为政治即便不是危害社会安全的东西，也是肮脏的东西。这多数新一代军官也适应了军官食堂的那一套传统习俗，但其中有些人却抵制和厌恶它们。对他们来讲，咖喱饭是正规的食品，而且应该用手抓来吃；无论哪一种印度服装都比常礼服更可取，也更舒服；不喝酒、不吃肉只不过是根据本国人民的生活方式行事，完全可以根据每个人自己的好恶决定。印度独立后，这些微不足道的琐事成为更加深刻的矛盾双方斗争的课题，一方是那些有民族主义思想的军官，责怪他们的上司们曾为英国人服务，也瞧不起他们处处模仿过去统治者的那副样子；另一方就是像马内克肖那样的人，他们认为军官食堂礼仪的印度化，就意味着部队标准的降低。对于马内克肖一派人来说，这些传统之所以被认为是神圣不可侵犯的，并不是由于它们来源于英国，而是由于它们历来就是陆军的传统。而他们的批评者则认为，这不过表现了他们奴隶成性、矫揉造作，说明他们还没有接受印度独立的全部含义。

考尔本人属于较老的一代，但在精神上却倾向于民族主义色彩更浓的较年轻的一代。他在自传中说明，他很早以前就不喜欢英国人，也不喜欢那些在他看来是企图“讨好主人，赢得廉价的声望，然后爬上去占据最高军事地位”[45]的印度人。他有充分的理由厌恶这位颇为英国化的马内克肖。1961年下半年，有人报告说，马内克肖公开地对考尔进行了尖酸刻薄的嘲笑，同时也讲了一些对梅农很不尊重的话，这就为他提供了对马内克肖及其一伙进行反击的机会。如同考尔自己所讲的那样：

> 我们某些高级军官，惯于发表轻率的和有倾向性的言论，公开反对我们的国家领导人，颂扬过去在印度的英国统治者。他们有时还暗示说，只有采取某种独裁统治，才能使我国的事务摆脱混乱状态。我了解到有关少数高级军官反国家的轻率言论的具体案情——其中有些话是当着外国人的面讲的。我把这些情况书面报告了……塔帕尔将军，他转达给国防部部长，国防部部长又上报给总理。[46]

于是，就组成了一个调查委员会来审理对马内克肖的指控。指控是说他不逊地批评自己的上司和文职的领导官员，也就是说不忠诚。马内克肖进行了斗争，军事调查委员会指出他本来应该较为谨慎一些，同时不但宣布他无罪，还建议应惩处那些指控他的人——当然不是考尔，而是那些把马内克肖的一些话向上反映的下级官员。但无论如何，由于这次指控，马内克肖的提升被压下来了，而且如果没有发生 1962 年的那次大溃败，他会被迫退休，而退休时仍不过是个少将。

马内克肖案件的教训是清楚的，它对已经受到损害的军官们的士气和团结进一步产生了破坏作用。军官们即使在朋友面前讲话，也都小心翼翼；因为大家都很清楚，要想得到提升，唯一的途径就是博得考尔及其一伙的好感。由于害怕告密而出言谨慎，再前进一步就是选词择句来讨好军职或文职的上司，使得高级军官都变得不是奉承拍马，就是唯唯诺诺，其代价之大，在后来边界战争中得到了可悲的证明。

造成这一切的动机，倒不像它所产生的后果那样清楚。考尔想当陆军参谋长这一点是肯定的；同样可以肯定的是，如果不发生边界战争，他就会接替塔帕尔将军的职位。他是否还有更大的野心呢？ 1961 年年底某些印度的政治观察家认为他是有的。当时，孟买一家政论周刊《潮流》写道，“考尔是个要当心的人物”“他不但会当陆军参谋长，终有一天他甚至会当印度总理”。但提出这种预言的思想是含糊的。“尼赫鲁对考尔将军已经有了信任，并且认为他可以成为抵制任何破坏军队纪律和瓦解民主政治的保证。……”但《潮流》显然没有意识到这篇文章本身的矛盾，接着写道：“如果尼赫鲁想要指定一名继承人，他甚至可能甩开所有那批知名的老国大党人，而不会反对选择像考尔将军这样的非正统人物。”说考尔会按照宪法程序被选为国大党领袖，取得政权，这是完全不可能的。这种提法是荒诞的；但当时关于考尔前途的推测，更多的是考虑到，通过由他发动或由于文官统治的总崩溃而产生一次军事政变，使他取得政权。美国作家威尔斯·汉根（Welles Hangen）这样描绘这种可能的前景：

> 考尔可能把军事统治强加给印度，而同时自己又小心地躲在幕后。他自己可以充当纳赛尔式的人物，而由塔帕尔或其他年高德劭的头面

人物扮演纳吉布的角色。……此外，考尔也不会是一个毫无吸引力的军事统治者。正如他解释自己同梅农的关系时那样，说得头头是道，他也能够巧妙地讲一堆道理，使得印度民主政治的退位变得合理化。在这个暴风骤雨式的变革世纪后半期里，他的登台表演，一定会比优柔寡断的印度民主政治干得更有劲头、更为漂亮……他会成为一切秩序爱好者们的崇拜对象。〔47〕

这种推测也有些牵强附会，这不只是由于在当时（即20世纪60年代初期，该作家写下上面这一段话的时候），进行军事干预的可能性极小，还由于考尔的权势来源于文官统治本身，来源于尼赫鲁和梅农对他的宠信，因而很不可能由他来领导一次军事政变。虽说考尔要把自己的权力扩展到陆军以外的想法是不切实际的，但考尔本人还是很可能产生过这种念头。上述这位作家基本上根据考尔对自己所做的高度评价写下他对考尔颇为赞赏的长篇描绘，他引证说，考尔“像一般印度人那样相信占卜，而他的星占则预言终有一天他将统治印度”。①〔48〕

梅农当时的动机也招致怀疑。人们怀疑他要在陆军中拉上一伙人，制造派系，以便为自己建立基础，一旦尼赫鲁死后，能够争夺政权；《印度斯坦时报》在蒂迈雅辞职事件发生时提到：“梅农先生所选定的一批军官秘密集会，认为武装部队将来有一天会奉命去执行一项政治任务，他们狂妄地把自己看成必须为这种政治任务做准备的人。”但是，认为梅农为了自己

① 除了威尔斯·汉根对考尔表示同情的描述外，还有两种对考尔的描绘。一种是马诺哈尔·马尔贡卡（Manohar Malgonkar）所写的一部熟悉大战期间和大战后初期印度陆军内情的小说（书名《远方战鼓》[*Distant Drum*]，Asia Publishing House，1960年出版），书中一个名叫卡马拉·坎特（Kamala Kant）的角色就是影射考尔的，写的是一个好搞阴谋、有政治野心的军官，大战年代担任参谋工作，后来又回到步兵以谋求提升，之后又当上驻华盛顿的武官。他的描述笔调辛辣，是根据马内克肖派的一名军官的观点写成的。再就是考尔本人的自述，书名《没有讲过的故事》（*The Untold Story*），内容毫不坦率，却颇有启发性。该书是在他下台后为了进行自我辩解和指控他的批评者而写的，书中提到考尔的缺点之一可能是他对他自己的人品和作用做了不切实际的理解。——译注

的长远打算企图建立军事基础的假想，可能只不过反映了人们当时对他的怀疑和厌恶之深；并没有什么证据足以说明他怀有超越宪政的野心。他自己又是很讲现实的人，不会沉溺于这类梦想之中。看来，梅农是和尼赫鲁一样委身于民主政体的；此外，他也是忠于这位总理以及总理的理想的。

与其说梅农是想替自己搞政变铺平道路，不如说可能他认为他在采取措施，以制止某些高级军官搞政变。在印度政客们的头脑中，一直对军人不信任，甚至害怕他们发动政变——可能他们从来也不像西方政治学家那样相信印度文官执政体制是无懈可击和生气勃勃的。梅农干预提升，把自己的人安插到重要岗位，不让那些他特别不信任的人出头，他这样做可能是为了分化陆军最高指挥部，使之不可能策划阴谋。如果对于蒂迈雅和维尔马的指控并不完全是开玩笑的话，那么，梅农及其文职同僚们肯定是有些担心某些高级军官正在发展政治野心。

在考尔当上参谋局局长的时候，他对陆军内部事务的影响是显著的，但还不能影响军事开支或解决军队装备给养短缺。考尔利用他同尼赫鲁的关系，把陆军方面的意见和警告直接向尼赫鲁提出，但在这个问题上，他并没有比那些通过惯常途径反映问题的同僚取得更大进展。这些问题必须从政治上去考虑，尼赫鲁对于涉及外交政策的问题，当然宁愿依靠他自己的判断行事。因此，在听取了考尔的意见之后，根据考尔本人的记载，尼赫鲁讲道，考尔和其他一些将军“并没有充分理解形势。……无论是中国还是巴基斯坦，除了制造紧张之外，都不可能挑起一场（同印度的）战争，因为它们都有各自的问题需要解决”。[49]这是前进政策的一条基本前提，就是认为中国人不会对它作出有力的反应。此外，直到1962年10月10日止，考尔还强烈地支持与此有关的一个假想，就是认为在任何小规模的冲突中，印度陆军都会击败中国军队。

* * * * * *

前进政策形成的时间，也就是说，印度要把巡逻队和哨所推进到中国人所占领地区这种设想变为实际行动的时间，可以追溯到1960年年初。但直到1961年年底，这个政策才真正付诸实行。从开始采纳这个政策到开始企图贯彻这个政策，时间拖了这么长，这反映出陆军方面不愿意实施一项军事上绝对办不到的方针。

印度政府在1959年年底时的政策，如尼赫鲁在他同年9月的备忘录中所提到的那样，是维持边境现状，并审慎地避免任何“不只是大规模的，甚至是小规模的”挑衅（见第一章相关论述）。这样的政策也反映在当时陆军总部发给各有关军区司令部的指令中。11月，东部军区接到指令，要让全体官兵了解“我们必须避免同中国人进行实际的冲突，除非这种冲突的确是强加到我们头上”，而且任何巡逻队都不得进入距离“麦克马洪线”两英里以内的地段——唯有哨所恰好建在这条线上的地区（如兼则马尼）除外。1960年2月，西部军区接到命令，要他们大体沿着穆尔古（Murgo）、错格斯察鲁（Tsog-stsalu）、波布朗（Phobrang）、楚舒勒、碟穆绰克一线建立据点，并“阻止中国人进一步入侵”。当时，印度方面认为中国在最西部的阵地是在克孜勒吉勒尕（Qizil Jilga）、迪拉山口（Dehra La）、萨木崇岭（Samzungling，地处加勒万河畔）、空喀山口及库尔纳克堡（Khurnak Fort）等地；因此，即使印度人建立了上述据点，双方隔开还有20英里至50英里的距离（碟穆绰克除外，该地距中国主要公路的南端不到20英里）。

但印度陆军即便对这样有限的和防御性的任务，也感到力量不足。当时在拉达克只有查谟和克什米尔民兵团[①]的两个营——既没有正规部队，也没有支援火力。当时没有通向西部边境地区的公路，该地区内部

① 这是一支在本地招募的轻装备部队。这支部队在1962年的战争中打得还算出色，因而转为正式部队，并更名为拉达克侦察部队（Ladakh Scouts）。

也没有公路。从斯林那加（Srinagar）到列城之间的筑路工程在1954年就开始了，四年之后又停顿下来，等候关于该工程开支方面贪污问题的调查结果。要到列城，只有一条骡子走的小道，或靠空运。列城和楚舒勒两地还有飞机跑道，而其他地方只能靠空投供应。当时，西部军区估计，除了已在该地区的两个民兵营以外，还需要一个旅团（五个步兵营加上支援火力）。

提出上述要求一方面是根据这样的情报：中国在该地区已经集结了一个团的兵力（相当于印度的一个旅），外加包括某些装甲部队在内的支援火力；同时，中国的公路网已向前延伸得很远，这也使中国军队在供应和调动上都占有很大优势。西部军区要求在1960年内调来四个营，在1961年再调来一个营。

1960年5月，国防部在克里希纳·梅农主持的一次会议上作出决定，要陆军在从什约克（Shyok）通向北面的古时商路上占据阵地，并在尽可能靠近喀喇昆仑山口的地方建立一个哨所。在完成上述任务后，将试探沿奇普恰普河谷向东进行巡逻的可能性。目前，要对未被占领的地区进行巡逻；但部队应避免冲突，如果同中国人遭遇，就向上级报告对方的阵地，而不要企图赶走对方。这个决议可以说是朝着贯彻前进政策的方向做了某种试探，但还远远不是明确的和需要立即采取行动的训令。

这样的训令第一次出现在1960年5月29日由外事秘书S. 杜德（S.Dutt）签署的一份文件中。文件指出：并没有限制印度方面派出巡逻队（尼赫鲁在同周恩来的会谈中，当然是避免了承担这样的义务）；所承担的唯一义务是避免边境冲突。因此，文件建议在西段应采取更加积极的巡逻政策；部队应避开中国的哨所。根据已知的情况，中国人如果在那些地区尚未立足，就应毫不犹豫地跨越中国主张线进入那些地区巡逻并建立哨所，但无论如何，仍应命令部队不得对中国的哨所和巡逻队使用武力。[50]

这份文件送交国防部，国防部又转给陆军总部，但在以后三个月内下达给部队的命令中并没有传达这个精神。在杜德签署文件后第四天，陆军总部发给西部军区的一份电报中事实上又重申了过去下达的命令。电报说，政府的政策是保持边界现状，“坚守现由我方控制的、在国际边界我们一方的阵地。至于有争议的地区，则应维持过去一个时期以来就存在着的现状”。根据这项政策，陆军还必须“对于无争议和（或）未被占领地区施行有效控制，（并且）阻止对我国领土的进一步入侵”。电报接着写道：“这在某些情况下就要求向前进行巡逻，并且在我们目前的防御阵地的前方建立新的……哨所。”电文在关于实际行动部分的结尾，命令部队必须避免同中国军队发生任何冲突，只有在自卫的情况下才能开火。陆军总部的电报，一方面反映了杜德的文件中要求在西段进行更积极的巡逻的措辞，同时又审慎地删掉了它的核心，即要求印度部队进入中国所主张的领土。陆军总部的指令只提到“无争议和（或）未被占领”的地区——这就是说，指那些在中国主张线以外，印度方面还没有建立哨所或派遣巡逻队进入的地区。

从 1960 年八九月间陆军总部下达的一些新指示中，可以推断出印度政府曾催促军方，要他们在西段的巡逻向前推进。训令通知西部军区，可以派遣巡逻队进入中国所主张但尚未占领的地区，“以便弄清楚中国入侵的范围，（并且）保证不使中国军队向至今尚未建立固定哨所的地区继续推进”。这份电报规定要实施前进政策；但它是说可以做，而不是说必须做。是否派遣巡逻队进入中国主张的领土，将由西部军区根据战术上和后勤上的考虑斟酌决定。印度政府在发出指示时没有充分考虑到军事因素，因此，陆军总部在执行政府指示方面显然采取了拖延态度。

陆军总部在向西部军区下达上述新指示的同时，也向文官们提出了警告，指出政府所催促执行的向前推进巡逻的做法，在军事上将招致严重的风险。在参谋局递交给国防部的一份文件中指出：政府所要求的向前推进巡逻的做法，将招致中国方面的强烈反应，“可能使目前处于平静状态的国际边界变得沸腾起来”“运输和给养方面的巨大困难，妨碍了增派新部队，陆军以其现有的有限兵力，将不可能有效对抗中国的大规模入侵”。（当时，蒂迈雅仍担任陆军参谋长，这份文件是由当时的参谋局局长L. P. 森［L. P. Sen］中将执笔的。）

国防部把这个警告转达给外事秘书，他评论说：“令人感到惊奇的是，5月作出的决议到现在还没有付诸实行。”〔51〕陆军总部受到了质问，要他们解释为什么对政府的一项重要和紧急的指示，在执行上表现拖拉。

无论在当时或以后，文职人员，包括官员和政界人士在内，都没有理解后勤决定着陆军的能力，而且没有充分考虑对方作出反应的可能便制定政策。对于外交部、内阁秘书处和国防部的官员来说，他们所认为的被中国非法占领的西段领土问题，基本上是个政治问题，运用政治手腕就可以把中国人赶走。他们不像军人们那样，把前进政策看作对一个比自己强大得多的国家所进行的军事挑战，而是把它看作一种微妙的外交手法的必要和有形的延续。他们认为，采用和平的，甚至是非暴力的方法，派出巡逻队在有争议地区巡逻，并在这个地区插满印度的旗杆，就可以不放一枪地——除了偶然发生的小冲突外——把阿克赛钦搞回来。文职人员对军人们的因循拖拉表示不满，而且当陆军总部及其下属提出由于运输和给养上的困难，文官们要求部队执行的任务根本无法完成时，他们感到不快和不能理解。这一切不只反映了他们确信中国方面不会作出有力反应，而且也反映了他们对一切军事问题完全无知。一位曾任国防秘书的有声望的印度文官说：“印度文官们对军事问题是完完全全无知的……这是一个不言自明也是无可争辩的事实。”〔52〕印度政府，包括文官和政界人士在内，对于军事和技术问题都没有经验（自第一次世界大战以来，军事和技术问题已成为英美文官训练内容的一部分）。印度文官对军事和技术问题缺乏经验，再加上国大党政客们从印度独立前承袭下来的那种对军人的疏远和不信任，很可以说明他们为什么不能把政治上的决定同军事上的因素结合起来，终于导致边境战争和印度的溃败。①

由于文职人员对军事问题的无知而产生的更直接后果，就是他们不理睬军人们所提出的警告和异议，认为它们是别有用心和毫不相干的，甚至指责军人办事拖拉，缺乏坚韧不拔的精神。1961年年初，尼赫鲁为了对付议员们的批评，在议会中声称：西段的军事形势已变得有利于印度。当时负责西段的军长维尔马将军从报上看到这段消息后，立即上书给他的上司塔帕尔将军，指出总理的讲话不符合当前事实。维尔马在后来写给塔帕尔将军的报告中又多次重申这一点，并要求把他的信件转呈陆军总部备案，以表示他与总理提出的关于军事形势的那种令人误会的乐观看法毫无瓜葛。塔帕尔要他撤回信件，告诉他说，政府充分了解西段的真实情况，尼赫鲁的讲话只不过是说给公众听听而已。但是，维尔马依然坚持。〔53〕

此后不久，L.P. 森中将出任东部军区司令，道拉特·辛格（Daulat Singh）中将任西部军区司令。这样，维尔马就被超越了。像他那样资历的军官被超越，按照传统习惯是要提出辞职的。于是，维尔马立即递交了辞呈。接着，就出现了一些不利于他的流言蜚语，导致前述正式调查。文职情报人员把维尔马的档案从头到尾细细翻阅了一遍，找不到任何足以定罪的内容。但维尔马的退休金却被扣押了一年未予发放，直到他亲自向尼赫鲁申诉后才付清。这个事件的教训是十分清楚的：敢讲话的军官受到打击；不吭气的或看上级眼色说话的人受到赏识；那些耿直和爱提意见的人不受欢迎。到1961年年中，一批军官接管了陆军总部，他们对文职人员的要求百依百顺，并下定决心置军职的基本规程和据而提出的一切意见于不顾。从此，印度政府就听不到来自军队中下层的日益急迫的警告和抗议，而迅速奔向灾难了。

不管文官们和政客们在1960年到1961年的要求和态度怎样，这些要

① 印度人接受了这个教训。在1965年印度和巴基斯坦的短期战争中，政治和军事领导之间就结合得很好。

求还是在严酷的事实面前碰了壁，或者说在拉达克东北部难以通过的高山峻岭面前碰了壁。西部军区要求在1961年年底以前必须调来五个步兵营到西段，结果只有一个营按期调来。这个营（第8廓尔喀联队第1营）于1961年夏调来后，印度在西段的兵力只有三个营（其中两个营是民兵），没有支援火力，统一受驻防列城的一个旅部指挥。这几个营所建立的哨所和工事仍然是沿着陆军总部1960年2月下达的命令中所规定的一线——除碟穆绰克一地外，都没有跨越中国主张线。政府要求向前推进的压力，遭到有关军区的抵制，他们不愿把部队派往他们无法得到接济和支援的地段去。在维尔马将军指挥负责该地区防务的第15军期间，只是碟穆绰克周围的某些哨所有所推进。1961年春维尔马辞职后，在喀喇昆仑山口下一个叫斗拉特别奥里地（Daulat Beg Oldi）的地方建立了一个原来他反对建立的哨所；而这个地方也还是在中国所主张的领土之外。直到这时，前进政策仍不过是个行动意图而已。

到1961年中期，印度在西段的兵力经过极大的困难才稍有加强，但与中国对比，它的地位则发生了急剧的、不利的变化。当时，印度的公路还没有修到列城（1961年10月运输队第一次试验性地通车到这个地方，此前部队给养全靠空运或骡驮），而中国人修筑的公路支线已到达他们最西部的哨所。中国人施工处的地形相对平坦，并拥有充足的劳力和筑路装备。新德里把中国人在阿克赛钦加紧活动看作一种带有挑衅性质，甚至是威胁性质的发展。除了某些军人之外，没有任何人想到中国人会对印度的外交姿态和军事集结——虽然是小规模的、缓慢的——作出反应。一个看到这种可能性的军人后来提醒政府：阿克赛钦公路是中国的一条重要战略公路，如果印度的行动威胁到它，即便是遥远地威胁到它，中国也会作出强烈的反应（见本章结尾部分论述）。

到1960年年底，印度军事情报部门对中国在西段的兵力重新做了估计，认为中国的兵力为一个师，还有一些装甲部队。此外，中国的公路网和摩托化运输使他们具有高度的机动性。于是，西部军区向陆军总部提出：为了遏制中国的威胁，需要部署一个整师的印度部队。

需要的是一个师，而印度能部署的军队只有一个正规营和两个民兵营。中国集结的速度和力量，远远超过了艰难行进的印度人。这种情况突出地说明前进政策在军事上是不现实的，但印度政府看不到这一点，还是继续催促推行这个政策。

* * * * * *

印度政府要推行这个政策，并不是由于公众的压力。在 1960 年 4 月新德里高级会谈的高潮过去之后，公众对于边境争端的兴趣就冷下来了。20 世纪 60 年代是印度困难不断增加的年代。独立初期的那种勇往直前的乐观情绪和对国家前途的高度信心，很快消失了，政府和公众在 1960 年面临着许多比中国人出现在人迹罕至的阿克赛钦荒原更加迫切的问题。印度人称之为“分裂倾向”的某些地区和部族要求独立性，使新德里开始感到忧虑。经过长期骚动之后，中央政府作出让步，把它曾希望能保持使用两种语言的孟买邦一分为二，但坚决反对锡克族人自己建立一个邦的要求。[①] 在东北部，那加族人继续进行着要求分治的游击战争；在南印度出现了反对以印地语作为全国官方语文的骚动；克什米尔问题倒还平静，但远没有解决。第三个五年计划刚刚开始；人们在头两个五年计划提出时所具有的信心，现已丧失殆尽；这种信心现在只能在计划规定的指标上还有所反映，但人们对这些指标的实现已不抱任何希望了。

在外交事务方面，1960 年 9 月同巴基斯坦签订了《印度河水条约》，这似乎表明：只要双方怀有诚意、耐心和进行公平的调解，最棘手的争端也终能得到解决。但在条约签订后，尼赫鲁和阿尤布的会谈却说明克什米

① 1966 年年底终于同意了这个要求。

尔依然是问题的核心，在这个问题上印度所愿作出的最大限度的让步，仍然远远没有达到巴基斯坦所能接受的最低限度的要求。同尼赫鲁的会谈使阿尤布深刻地认识到：希望说服印度在克什米尔问题上同意达成某种可接受的妥协方案是不现实的。从此，印巴关系不断恶化，终于在 1965 年 9 月爆发了战争。

在这以前，巴基斯坦及其西方盟国一直满怀希望想在次大陆搞联合防御。这种想法早在印巴分治的时候就产生了，当时曾考虑要成立一个永久性的联合防御委员会。[54] 1948 年尼赫鲁还在制宪会议中讲道："联合防御的问题，对于印度和巴基斯坦双方都是个重要的问题；当条件成熟的时候，政府将乐于考虑这一问题。"[55] 但当 1959 年阿尤布总统提出联合防御建议时，情况已大有变化，尼赫鲁马上就打掉了这个建议，反问道："联合防御吗——防什么人？"[58]

在阿尤布的建议中没有公开说出的含义是：只要印度在克什米尔问题上妥协（这就意味着至少要把克什米尔河谷让给巴基斯坦），那么，印度和巴基斯坦就可以结束争端，并协调双方的防御政策；这就足以使印度感到整个联合防御的念头是荒唐的。此外，巴基斯坦又是中央条约组织和东南亚条约组织的成员国，因而在尼赫鲁看来，任何引向联合防御的行动，都将导致同西方集团的挂钩，从而损害印度在对外关系上的基本立场。在巴基斯坦看来，这个念头本身同样是不现实的；巴基斯坦认为，只有印度是对它造成威胁的国家，正如印度认为对它造成威胁的只有巴基斯坦一样。阿尤布总统所提出的"联合防御"建议，只不过是巴基斯坦玩的一个把戏，用以哄骗西方人特别是美国人，这些人喜欢把几个相互联结的防御条约想象为沿着中国边境而建立的强大而又能遏制的锁链。巴基斯坦提出的联防建议不过是要说明：由于印度在克什米尔问题上的不妥协态度，给共产党进攻整个次大陆提供了机会——事实上，尽管巴基斯坦是一些条约组织的成员国，它同印度一样认为这种可能性是很不现实的。

1960年新德里高级会谈后，中印边境起初比较平静，只出现过一些孤立的和微不足道的事件。但这些事件也成为双方相互提出正式抗议的根据，双方都指责对方破坏了两国总理关于避免摩擦的协议。[57]双方也抗议对方飞机越境。北京说，飞越印度东北部高空的不是中国飞机，而是从曼谷起飞的美国间谍飞机；[58]① 中国方面又转而抗议印度飞机飞越阿克赛钦。新德里拒绝了这个指责，但并没有否认它，因为对印度政府来讲，在阿克赛钦中国占领的领土上空进行侦察飞行，不能被认为是侵犯了中国领空。

两国在边境的对方地区定居的国民，也尝到了争端的恶果。在西藏的印度商贩和放债人感到障碍愈来愈多；印度指责说，被认为是印度国民的克什米尔伊斯兰信众受到了刁难和恐吓。中国回答说，除非这些人自愿选择印度国籍，否则应当作中国人看待，并否认有任何人受到虐待——参与了最近的暴乱的人除外。中国就某些居住在加尔各答和噶伦堡的中国人被驱逐出境一事提出指责；印度回答说，被驱逐的几个住在印度的中国人，曾从事损害印度国家利益的活动。印度在中国驻噶伦堡的商务机构周围布置了岗哨，驻西藏的印度商务机构以及根据1954年协定进行旅行的印度官员，也遇到愈来愈多的困难。8月，印度政府驱逐了新华社记者，并封闭了新华社在新德里的分社，说新华社记者“不是从没有什么地位的报纸就是从反对政府的报纸……选用批评性的评论并突出报道与政府相反的意见”，因而其报道所描绘的印度形象是片面的。② 印度抗议中国有关当局没收了一名印度香客所携带的草药；中国回答说，这些药品有很大的毒性。中国提出，印度哨兵曾举枪威胁一名前往噶伦堡中国商代处送豆腐、进行正当买卖的商贩。印度回答说，最后还是让那个商贩进去了。

① 在1961年中期，有这样一架从台湾起飞的飞机在缅甸上空被击落。[59]

② 这是印度政府到目前为止所驱逐的第一名，也是唯一一名外国常驻记者。政府官员对被认为是消极甚至是反印度的报道虽然感到不快，但是不使这种不快发展为制裁。新德里对外国记者来说还是最自由的首都之一。

双方官员会晤审查双方在边界问题上的分歧——这是1960年4月高级会谈的唯一成果——于6月中旬在北京开始，9月在新德里继续进行，11月至12月在仰光举行了另一次会晤后结束。正如尼赫鲁所预见的，双方提出了两种相互矛盾的报告，报告虽然篇幅很长，但不过是对双方在外交信件中已经阐述的论点进行加工和修饰。在上述会晤中，中国人第一次提出了一份标明他们对传统习惯线走向看法的地图，这份地图同周恩来所说正确地标明了西段习惯边界的1956年的地图〔60〕是不一致的。印度人抗议说，这份新地图对他们的领土提出了更多的要求。两份地图间的差异被称为“偷偷摸摸进行绘图上的侵略”。此后，新德里又在其外交争论和宣传中，就中国“1956年的要求”和“1960年的要求”之间的差异大做文章。

1956年的中国全图是个小比例图，边界线又画得很粗，线本身按比例就占有约10英里的宽度。这张图①标出的中印边界西段，是从喀喇昆仑山口走向东南（而不是印度所主张的那样大体走向东北）。1960年官员会晤中，中国方面提供的地图肯定了这个走向，它所标明的边界是从喀喇昆仑山口沿着喀喇昆仑山的主脉走向东南，而不是像印度所主张的那样翻过昆仑山脉走向北面。但如把这两张图叠放在一起比较，也可以看出两图在这一段边界标记的走向稍有差异。由于这是两张不同的地图，使用不同的比例，这样的差异是当然会有的；这种差异可以是由于两图在测绘上的差别而产生——譬如说，在两张图上连接两地的同一条线所经过的经纬度可能稍有不同。1960年的中国地图也是个小比例图，画出了中印边界全线各段；中国提出的理由是，由于他们所画的只是一条“传统习惯线”，而不是一条正式划定的边界线，所以只能标明大体近似的边界走向，否则是不现

① 1956年的中国地图已收印在《印度北方边境图集》（1960年新德里出版）中，为图集中的第38张图。1960年的中国地图见《官员报告》第264页对面附图。可以指出：有时两国政府在边界问题上取得协议后，双方地图若放在一起比较，仍可能有显著差别。中国和巴基斯坦边界协议的双方附图就是个例证。只有对边界进行联合勘测以后，才能指望双方的地图完全一致。

实的。印度人则坚持他们所主张的边界线是绝对的、确定的，并且断然地、详细地标明了他们的主张线，同时又指出两国对这个问题的态度不同意味着中国目前的态度暧昧隐晦，有意在今后提出更进一步的要求。

中国早些时候（1956 年）的那份地图上并没有，而且从其性质来看也不可能标明精确的边界走向，中国所说的“传统习惯线”在图面上的唯一明确的表达，就是 1960 年那份地图。因此，印度以两份地图的严格对比为根据，指控中国不断提出愈来愈多的领土要求，这种做法如果不是别有用心的，也是缺乏根据的。

双方在 1960 年官员会晤中，都提供了不少地图支持各自的主张。西方的制图家所绘制的地图过去和现在都具有世界范围的影响，但是他们的地图对印度边界的画法，或是直接以印度测量局的地图为依据，或是间接地依照牛津大学出版社或《泰晤士报》印行的、被认为是权威的地图集的画法。因此，为 19 世纪后半期英国地图广泛刊载的、约翰逊—阿尔达所主张的超越喀喇昆仑山的印度边界，出现在 20 世纪中世界上许多地方的地图上——也继续出现在到目前为止刊行的地图上。另外一些制图师则采纳了 1954 年后印度对于中印边界西段的画法。至于说到东段，英国人很长时期没有把“麦克马洪线”刊印到自己的地图上，后来一般在制图中也延续了这种做法。这使得尼赫鲁所写的那本《印度的发现》（1946 年）书中所采用的地图，也把东北边界划在山麓小丘之下，而且根本没有标出“麦克马洪线”。中国人在他们的论辩和宣传中对此做了不少文章，这是可以理解的。

从边界争端的角度来看，大多数已发行的地图都没有很大的作为确证的价值；这些地图更多地反映了某制图师或某政府对于边界应该在哪里的看法，而不是边界确切走向的客观资料。只反映印度对边界看法的地图目前广泛流行，可能是由于印度政府禁止了不根据它的看法标明边界走向的书籍进口——而对不少书刊的销售来讲，印度的确是个不容忽视的市场。

1960年高级会谈之后，关于边界争端是非问题的论辩也沉寂下来；到当年年底，又在中国和缅甸签订的边界条约问题上重开争端，双方就此问题交换了一系列措辞尖锐的照会。这是中国为解决边界问题所签订的第一个条约（当时中国同尼泊尔已达成谅解，但还仅是处于正式协议的阶段），因此，它是值得研究的。① 此外，它和中印争端也是有联系的。

缅甸从1886年到1937年是印度的一个行省，从那以后到缅甸独立前又是作为一个单独的殖民地受英国统治。英国在缅甸边界问题上，与它在次大陆其他边界问题上不同，比较顺利地同中国达成了协议。19世纪80年代的一些条约，以及英中两国1941年交换的照会，确定了边界中段和南段的大部分；但北段，也就是大约从北纬25度到中缅印三国交界处并未划定。“麦克马洪线”延伸到北段的部分地区，中国既没有承认“麦克马洪线”这一段，也没有承认在它西面的“麦克马洪线”的主体。1948年，中国国民党政府通知新独立的缅甸政府说，缅甸地图上所标明的边界是不能接受的（它也同样通知了印度）。1950年，缅甸向北京的新政府提出建议，要求谈判边界问题。中国人把它拖了下来。1955年，缅甸部队在瓦邦（Wa State）边境地带追击逃窜的中国国民党军队时，同执行同一任务的中国人民解放军部队发生冲突，从而使这个问题变成亟待解决的问题。缅甸认为瓦邦以及在北纬25度以北的一大块，是自己的领土，中国在自己的地图上认为这是属于中国的。双方有争议的地区共约7万平方英里。缅甸要求中国将部队撤出瓦邦，退到英国人1941年提出的边界线外。中国人回答说，他们不承认这条线——虽然国民党政府曾同意过这条线。

这样，缅甸和中国就面临着四年以后印度和中国所面临的同样局面。

---

① 有关中缅解决边界问题的分析，可参看多萝西·伍德曼所著《缅甸的形成》（*The Making of Burma*），伦敦克雷塞出版社，1962年出版，以及达夫尼·惠塔姆（Daphne E. Whittam）在《太平洋事务》季刊（*Pacific Affairs*）第34卷第178页和加塔特（N. M. Ghatate）在《印度季刊》（*India Quarterly*）1968年第1季刊中所撰文章。

中国的地图对缅甸认为是属于它的一大片地区提出了要求（同缅甸本身的面积相比较，这片地区的确很大，超过了缅甸领土的1/4），北京否认英国人过去企图确定的边界，主张边界必须重新谈判。1955年的冲突，是比后来朗久和空喀山口交火事件规模更大的冲突，显示出危险。但缅甸并没有像印度后来那样，指控中国侵略，把缅甸国旗插到英国所主张的边界上，拒绝谈判；相反，缅甸总理吴努于1956年访问北京，寻求解决。他发现：中国断然否定过去同英国达成的边境协议，而在事实上却准备就以英国所建议的边境线作为谈判的基础。中国所不能接受的是包含在不平等条约中的这些边界线的来源，这些条约是英国强加在中国头上的，而不是英国所建议的边界走向本身。北京并不愿接受这样的划线，中国在历史上也的确反对这样的划线（甚至在1935年把争端提交国际联盟）；但独立的缅甸继承了英国的主张，而缅甸政府又是同中国友好的。因此，北京准备以此作为谈判解决的基础。

中国提出了吴努称之为解决中缅边境全程的一揽子建议。中国建议：两国边界在北部沿着麦克马洪（当然，没有提到这个讨厌的名字）所画的线；然后通过萨尔温——伊洛瓦底江的分水岭，连接到同英国签订的条约中已划定的边界。中国对处于英国建议线缅甸一侧名叫片马地区的三个村庄提出了要求，并说缅甸从英国继承下来的对“南畹指定区”（Namwan assigned tract）[①] 保持“永租”的旧有安排应予废除，因为它违反时代精神。中国人说，他们所设想的关于南畹地区的新安排是仍让缅甸占有该地，因为中国注意到连接缅甸两个省份的一条重要公路经过该地。缅甸方面则应像英国人一样，承认中国长期以来对片马几个村庄的要求是合理的。吴努在把中国的一揽子建议提交议会讨论时说，这是一项公平合理和切实可行的建议。

但在两国外交交涉中，对这项一揽子建议的解释发生了分歧。中国同

① 即“勐卯三角地区”。——译注

意把南畹地区让给缅甸，希望缅甸给予大小相当的地区作为交换；中国还主张片马村庄应是包括约150平方英里的地区，而缅甸说它只有56平方英里。这时缅甸的政治舆论已开始在边境争端问题上喧嚷起来，吴努的回旋余地也受到了限制。在1958年奈温将军夺取政权以前，谈判没有取得新的进展。奈温上台后重开谈判，他在其他方面都坚持了其前任的立场，只是同意以一块大小相当的地区交换南畹地区。他表示愿亲往北京，达成协议。在北京谈判五天后，奈温在1960年1月28日签署了边界协定，协定肯定了缅甸独立以来所寻求的边界线；协定的边界线，除了几处微小的差异外，就是英国过去所主张的边境线。① 奈温赞扬中国人和他自己在解决一个“将近一百年没有能够得到解决”的问题时的政治家风度。[61]后来，吴努（他在此后不久又重任总理）又颂扬中国领导人在整个谈判过程中所表现的“善意和谅解”。[62]周恩来后来讲到，中缅边界问题要比中印之间的问题复杂得多。[63]

中国人立即指出这个协定对那些“寻求合理地解决其边境争端的亚洲国家”所提供的教训；北京的《人民日报》接着问道：“中国和缅甸之间能够办到的事情，为什么中国和其他亚洲国家之间不能办到？”[64]但当奈温将军在北京签署了一个条约，表明中国接受了“麦克马洪线”的走向时，尼赫鲁却仍然拒绝同周恩来会见讨论中印边界问题。

印度忽视了缅甸和中国的协定对于印度自己的边界争端所具有的积极含义，而且直到1960年10月这个协定变成正式条约之前，没有对它发表

① 中国肯定了1894年、1897年和1941年同英国签订的协定，并接受了在最北部“麦克马洪线”的走向。中国让出了南畹地区，并放弃了根据1941年协定所赋予的、可在边境的缅甸一方开发某些矿产的权利。缅甸方面则让出了片马地区59平方英里的土地，以及在1941年线缅甸一方毗邻中国的一块土地。这样，根据中国人的说法，就“调整了（班洪和班老）部落辖区被1941年线不合理地分割为中国和缅甸两部分的状态”，这个地区约65平方英里，和南畹地区的面积相同。双方对有关地区界限的不同看法将由联合边界委员会解决，委员会将测量、划定边界，并起草边界条约。[65]

过评论。[①] 缅甸和印度接壤，因而中缅边界的西端必然成为中印边界的东端，由于中印边界争执未决，这就给中缅双方在协议起草上造成了问题。[②] 他们设法避开了这个问题，在条约的措辞上只提到他们的共同边界的“西端”，而未标明它的位置。但条约有一个附图，在图上这个问题就没有办法解决了；每一条线——除非是圆圈——最终都要有一个终点。条约的附图标出中缅边界的终点在底富山口（Diphu Pass），与“麦克马洪线”的画法一致，[③] 这看来是给予了印度坚持以“麦克马洪线”作为中印边界的主张以新的有力论据。但是印度不单抓住这一点，而且争辩说，三国交界处不是在底富山口，而是在底富山口以北五英里！[④] 与中国在其同缅甸的协议中接受了“麦克马洪线”这个事实对照来看，这就离题过远，但印度依然指责中缅条约附图把三国交界处标错了，“对印度的领土完整有着不利的含义”。[66] 北京回答说，只有等到有关三方都愿意合作，换句话说，只有等到印度同意通过友好谈判“求得边界问题的合理解决”时，三国交界处的位置才能确定。

就中缅边界问题的解决所交换的照会，只是使印中两国间的僵局更加突出。印度重申，它同中国之间的边界不容谈判，声称边界是已确定了的，“无须进一步或正式划定”。[67] 中国回答说，“这种……拒绝商谈，企图将它们片面主张的边界线强加于中国的态度，实际上是拒绝解决边界问题”；中

---

① 中缅边界的勘界、划界工作进行得很快——虽然那里的地形使这项任务十分艰巨——在吴努再一次访问北京参加 1960 年 10 月 1 日国庆典礼时，条约已拟订完毕，等待签字。

② 中国和巴基斯坦解决它们之间的边界问题时，也遇到同样问题。中巴边界与巴基斯坦—阿富汗边界，即杜兰线相接，而阿富汗对杜兰线是有异议的。

③ 1914 年 3 月 24 日在德里由英国和中国西藏两方代表签署的地图上，清楚地标明了底富山口，地图的比例是 1 英寸等于 8 英里，麦克马洪所画的线恰好穿过底富山口。

④ 这个矛盾是英国人改变主意的结果。麦克马洪原来的画线是穿过底富山口，但后来的测量表明，对英国来说，在它以北五英里的塔卢山口（Talu Pass）是更好的边界地形。因此，英国地图就开始把边界画为穿过塔卢山口。照尼赫鲁说，[68] 缅甸在 1957 年接受了这点，但中国人主张，他们虽然准备以“麦克马洪线”为事实上的边界线，但只是麦克马洪画的那条线，而不是英国人和印度人所修改的线。

国警告说，只要印度坚持这种态度，并继续进行“无理纠缠”，中国就“绝不能”从自己原有立场“做丝毫退让”。[69]

中国心平气和并且公平合理地同其他邻国解决边界问题，这使印度的立场显得理亏。北京戳到了这个疼处：

> 既然缅甸政府和尼泊尔政府能够通过谈判同中国友好地解决边界问题，既然巴基斯坦政府也……协议了谈判解决边界问题，为什么印度政府不能同中国政府谈判解决边界问题呢？这样一个常识性的问题，确实是有些使人为难的。但是，对中国恼火是没有用处的。[70]

既然同其他一些国家边界问题的解决提高了中国的声誉，因此在当时就有人争辩说，而且到目前为止还有人示意说，中国签署这些边界协议的目的，只不过是为了使印度难堪。这种解释是产生于这样一种看法，即认为中国所做的任何事情都不是根据某桩事本身是否合情合理和实际可行，而是别有用心或怀有恶意的。对这样的解释就无从反驳了。

当中国同巴基斯坦开始边界谈判时，印度人的愤慨达到顶点；这不只再一次使印度在边界问题上的态度令人反感，而且也削弱了印度在克什米尔争端上的地位。中国对巴基斯坦提出的划定边界的建议，开始是采取了审慎的态度。这个建议是Z.A. 布托（Z. A. Bhutto）先生1959年11月率领巴基斯坦代表出席联合国大会回国后提出的，在联合国大会期间他同缅甸人的接触使他深信，北京的确准备同那些具有同样愿望的邻国求得边界问题的合理解决。但巴基斯坦的建议提出后，过了两年多中国才作出答复。

查谟和克什米尔的大君（Maharajah）曾一度对巴基斯坦同中国的边境地带（从阿富汗到作为中印边界起点的喀喇昆仑山口）享有名义上的宗主权。自1947年大君归属印度后，印度就对这一地带提出了要求。这个要求是法律上的而不是政治上的：某些有关地区从来就不是克什米尔本土的组成部分，也不能设想这些地区会在事实上变成印度联邦的组成部分。

尽管如此，双方在1962年5月同时宣布，为了发展友好睦邻关系和维护边界安宁，准备划定边界，当时中国和巴基斯坦（后者出于自己方面的原因）①都采取了一丝不苟的做法。他们把双方的边界描述为新疆和“由巴基斯坦控制其防务的地区相接壤的”一段边界；并声明双方将达成的协议是属于临时性质的；在印度和巴基斯坦解决了克什米尔争端后，如有必要可重新进行谈判。这样，签约双方就避免了在克什米尔归属问题上承担义务。而印度的立场是：克什米尔大君的一切领地都是印度的一部分，克什米尔的争端是不存在的；要讨好印度政府就必须同意这个观点。印度这一次反应特别强烈，因为新德里一直认为中国在克什米尔争端的问题上是偏向印度一方的。

印度对中国提出抗议说，“巴基斯坦同中华人民共和国之间没有共同边界”，并指控要在法律上属于印度的领土上划定“一条不存在的共同边界”的建议，是“为了达到中国数年来一直试图侵略印度这一目的的一个步骤”。（到1962年夏季，新德里和北京之间外交信件来往中所使用的语言已经变得很激烈。）此外，印度接着说，“在这一段没有边界争端……”并宣布他们将否认中巴之间的任何边界协议。〔71〕②

---

① 巴基斯坦的立场是：查谟和克什米尔是它同印度之间有争议的领土，这个问题应根据该地区人民的意愿，由联合国主持公民投票决定。因此，巴基斯坦并不主张，目前为它所控制的毗邻中国的这部分领土已在法律上构成巴基斯坦的一部分——虽然在事实上是把它当作巴基斯坦的一部分来对待的。

② 以前，巴基斯坦曾从反面警告安理会说：“无论是印度或是中国，对于有争议的（查谟和克什米尔）邦的领土所采取的立场或所做的任何调整，都是无效的。”〔72〕自由克什米尔（巴占区）主席K.H.胡希特（K.H.Khursheed）说，如果中国“瞒着查谟和克什米尔人民”同印度达成任何协议，将“意味着对印度的扩张主义政策给予道义上的支持”。〔73〕另一方面，该邦印占区总理巴克希·吴拉姆·穆罕默德（Bakshi Ghulam Mohammed）则警告印度政府说：“克什米尔人和拉达克人将不会接受对拉达克领土的任何割让。”〔74〕中印边界争端和印巴对克什米尔争端之间的相互纠缠，将使中印边界问题的解决更加复杂。现在中国将会坚持，在克什米尔归属问题解决前，中国同印度对边界西段可能达成的任何协议都是属于临时性质的；因为如果不这样，就等于默认印度对克什米尔的主张，从而会牺牲中国同巴基斯坦的友好关系。而另一方面，如果印度签署这样一个临时性质的协议，就等于自行放弃它长期坚持的主张，即在1947年克什米尔邦大君归属印度时，克什米尔的法律地位就已最终地解决了。

北京在复照中悻然地质问印度："是不是在制造了中印边界纠纷之后，也希望在中巴之间出现同样的纠纷呢？"事实上，对这个问题的扼要回答应该是"是的"。自1960年以来，印度政府就一直企图教训巴基斯坦在北方边界问题上应该对中国采取什么样的态度，目的是要巴基斯坦采取与印度同样的立场。正如尼赫鲁所说："我们过去在这个问题上曾以友好的态度对待巴基斯坦政府，因为我们认为在这个边界问题上，他们可能采取的任何行动应该同我们正在采取的行动一致起来，而不应该相互矛盾。"〔75〕印度的立场是：从阿富汗到喀喇昆仑山口之间这一段边界，已为习惯、传统和条约所划定。因此，它也同中印边界一样，不能成为协商的议题。印度要巴基斯坦追随它的做法，否认边界争端的存在——这就是说，坚持要中国接受巴基斯坦对边界的主张。

相反，巴基斯坦同意了中国的看法，即认为两国边界从未正式划定，并于1962年10月13日在北京开始谈判。（并非偶然的是，在同一天，中国同其另一邻国蒙古签订了一个边界条约。）在进行了一番巴基斯坦代表称之为"吃力的但是合理的"谈判之后，两国政府在1962年12月26日共同宣布，已经完全"取得了原则协议"，并建立了有关程序着手进行签订边界条约的准备工作。①

第二年3月签订的条约，划定了巴基斯坦同中国之间的边界，这条边界的大部分都是循着1899年英国向中国所建议的边界线。新线同1899年线最显著的差异是有利于巴基斯坦的，使巴基斯坦在从星峡尔山口（Shimsal Pass）到穆斯塔格河（Muztagh River）之间的一段，取得了一条跨过喀喇昆仑山的边界；这个地区是洪扎享有放牧权的地区之一，过去是

①《中巴联合公报》发表的时间，正是印度代表团抵达拉瓦尔品第拟同巴基斯坦就克什米尔问题进行一系列会谈的时刻。很多人推断中国选择这个时间发表公报，是为了对这次微妙的外交谈判制造障碍。事实上，倒是巴基斯坦外长布托说服了北京在12月26日发表联合公报，他是希望这个巴中友好亲善的见证，促使美国加强对印度的压力，使之在克什米尔问题上妥协。〔76〕不管美国施加多大压力也达不到上述目的，这个策略同谈判本身一样，都失败了。

属于中国管辖的，北京把这个地区给予巴基斯坦意味着后撤，同时也背离了指导其他地区划界的分水岭原则。这样，巴基斯坦放弃的只是地图上的要求，而中国却在实际上让出了约750平方英里的领土。

巴基斯坦和缅甸一样，也发现了中国在边界谈判中所坚持的只不过是要以边界并未正式划定为出发点（就中巴段的边界来讲，就连印度也不能为自己的主张找出条约上的根据）；而在此之后，就准备同它的邻国取得妥协，决定一条为双方都能接受的边界线。

* * * * * *

这里提到中国同缅甸和巴基斯坦①如何解决边界的情况，打断了前面的叙述。现在要回过头来，从1961年春天讲起。在一个一目十行、不求甚解的读者看来，印度官员所提出的报告是支持印度主张的浩瀚文献。它也大大加强了尼赫鲁的信心，满以为它会使中国看出自己的错误所在。他在8月对人民院说："我不能设想，他们读了这份报告却不感到自己的立场软弱无力。"[77]为了解中国的立场是否有所改变，印度外交部秘书长R. K. 尼赫鲁（R. K. Nehru，尼赫鲁总理的侄子）在他从蒙古返国途中，曾奉命去北京，见到周恩来。他发现中国的立场并没有改变。中国仍然准备着，实际上是渴望着同印度谈判解决边界问题，而且再度暗示在谈判时，中国将同意"麦克马洪线"。但中国不拟接受印度所主张的西段边界。印度既然坚持西段边界既不能妥协又不能谈判，因此，解决边界的道路依然不通。[78]

外交部秘书长曾到北京讨论边界问题的消息传出后，在印度又触发了过去对尼赫鲁的猜疑，怕他不惜任何代价地主张和平，怕他为了渴望解决边界问题而对中国姑息，把被认为属于印度的领土奉送给中国。印

① 中国同阿富汗、尼泊尔和蒙古都分别签订了边界协定。中国在边界方面其他悬而未决的主要问题，是解决同苏联的边界问题。1960年周恩来谈到这个问题时说："在地图上有很小一点点差别，很容易解决。"这种乐观看法很快就落空了。[79]

度总理只好拿出他那老一套的辩解，再度告诉人民院说：“会谈并不意味着谈判。”[80]他甚至说，外交部秘书长之所以去北京只是因为从蒙古回国最方便的路线是经过北京。

在尼赫鲁和周恩来的会晤中，对于发表官员报告以后的下一步行动未做决定。除了相互提出外交抗议、指控和谴责之外，政治僵局仍然继续。地面上的情况也是如此。

当时，前进政策还没有实行；陆军继续抵抗政府要他们向中国所主张的领土推进的压力。1961 年 3 月，陆军总部解释说，由于空运的限制，拟派往拉达克的那个旅不可能派去；目前在该段的小股兵力只能阻止中国军队越出他们的主张线（对方并没有打算这样做的迹象）和防卫列城。[81] 4 月，陆军接着警告说，拉达克的供应情况万分困难，陆军甚至连防卫这一地段也力所不及。当时署理参谋局局长职务的考尔将军（蒂迈雅仍然是陆军参谋长）在写给国防部的一封信中说：“按照目前的状况，不得不承认，如果中国军队想在他们所选定的地点大举入侵我国领土，我们将无力抵挡。”[82] 6 月，参谋局提出：除非空军能把当月计划向拉达克空投物资的数量增加两倍，陆军最近所设立的哨所中，有几个将不得不撤退。[83]

1961 年夏天，印度陆军在极端困难的条件下维持着一条哨所和巡逻线，该线全程几乎都同中国在西段的主张线相距很远。线的极南端是例外：印度军队在碟穆绰克——在中国主张线内，北京称之为巴里加斯（Parigas）——设立了一个哨所并曾于 1961 年从那里派出巡逻队。8 月间北京指责了上述行动以及印度越过斯潘古尔（Spangur）湖附近的中国主张线进行巡逻的行为，说这是印度“任意在中国边境地区进行武装挑衅和扩大非法占领范围”。[84]新德里复照反驳说：中国所说的地区是属于印度的，“所谓印度军队到印度领土的一部分去就是在进行侵犯，这种说法显然是荒谬的”，印度在其境内为保卫其领土而采取的措施与中国无关。

同月，尼赫鲁对人民院说："不论在什么地方，都没有发现（中国）进一步侵略。"[85]但到10月间，印度在迟迟回答中国的抗议时，却又指责中国"最近多次入侵"。照会列举了11件事例，其中只有2件是在一年内发生的，而且有一些是微不足道的（有一件提到对方侵入80码），而其他事例又讲得含糊。[86]中国认为印度这些指责是企图为自己向前推进制造借口。[87]但印度接着举出了中国设立的三个新哨所，并说它们都在印度领土之内，"确凿地证实了中国人进一步地侵略"。这个指责的消息公布后，在印度就爆发了猛烈批评政府的高潮，人们愤怒地责备政府未能阻挡中国咄咄逼人的蛮横推进。印度政府认为中国在1956年提出的要求同1960年提出的要求之间有差异；印度报纸和反对派就据此责备政府让中国推进到1960年要求的边界线。他们在地图上把据说中国新近设立的一些哨所用线连接起来，包括的面积估计就有2000平方英里，他们于是指责政府把这么大一片土地丧失给中国。尼赫鲁争辩说："这是可笑的，这并不是事实。"凡是中国人占领一个新的据点，他们"只是在这个据点的附近实施某些权力"，但并不是影响到那么大的地区。他的批评者并不信服。一位人民同盟的议员说："他们推进了10英里，这就是说，10乘100，就等于1000平方英里的边境地区。"[88]

所说的中国新设哨所有两个是在库尔纳克堡废墟以北，照尼赫鲁的意见，它们"确实在国际边界上"[89]，就是说，在印度所主张的边界线上。①11月间当议会就中国新哨所提出质问时，他承认"这些哨所究竟是在边界线这面的一二英里地方，还是在那面的一二英里地方，他还不十分肯定，因为在这些山脉纵横的地区很难确切说出边界线究竟在哪里"。尼赫鲁这么一承认，就引起反对派议员叫嚷："那么，这些哨所必定是在我们这边。如

① 印度所主张的边界线，在这个地点是穿过库尔纳克堡，而不是沿着自然地理特征而行。甚至那些把印度主张的疆域画得很大的地图，也把库尔纳克堡画在中国领土之内很远。例如，根据印度测量局1938年地图而绘制的美国陆军绘图处第五类（Series V. 502，Nl 44—9）。

果有疑问的话，那就显然在这边。”[90]不太清楚这是怎么推理的，但尼赫鲁接受了这种看法。他说，即使这些哨所确实是在国际边界上，也是“侵略心理……和侵略行动的标志”。他这句话的含义是：印度把哨所设在它所认为的国际边界上是很正常的，而中国即使将哨所设在印度所主张的边界上也是“侵略的”。

尼赫鲁陷进了印度政府自己造成的困境之中。印度指责中国“重新入侵”，议会就要求政府解释为什么让中国把手伸得那么长。为了替自己辩护，免遭有失职守的指责，尼赫鲁又力图缩小中国推进的范围，指出两年来中国只设立了三个新哨所；如果讲推进的话，只是比以前的阵地稍为推进一些。他要人们注意印度的反措施：“我们在拉达克已设立了半打以上的新哨所，都是重要的哨所。”[91]但是这番话却引起人们谴责他因循自满，他的批评者也据此而说他是在缩小中国的罪行。所以，他又不得不转过来说，即使中国的新推进是很小的，即使在某个地区中国人并没有明显越过国际边界，中国仍然是在进行侵略。这是尼赫鲁的特点，听了批评者的反对意见就随风转舵，结果，他自己的提法也就逐步更趋极端——可能比他原来的打算更为极端。

印度指责中国建立的第三个哨所是在奇普恰普河谷。它成为1961年在总理办公室召开的一次关键性会议上的重要议题。参加那次会议的人，除尼赫鲁外，还有梅农、新外事秘书M. J. 德赛（M. J. Desai）、新陆军参谋长P. N. 塔帕尔将军、考尔、情报局局长B. N. 马立克（B. N. Malik）和其他官员。这次会议产生了一项实行前进政策的新指令。

外交部的官员和马立克从中国在奇普恰普河谷设立新哨所这件事得出结论，认为中国是有目的地向前推进，把占领地区扩展到它所主张的边界。陆军参谋长塔帕尔说，虽然他的部队在9月间第一次看到这个哨所，但不可能判断它是在什么时候设立的。马立克却坚持说，那是在1959年至1960年之后设立的。他争辩说，中国有意要推进到他们的主张线，但是，凡遇到驻有印军的地方，即使只有十几个人，中国人都会避开。所以，他建议陆军应迅速推进以填补真空，否则，中国军队几个月内一定会把真空地带填满。马立克的看法是，印度越过中国的主张线设立哨所，对方除了提出外交抗议之外，不会有其他反应——肯定不会采用武力。印度外交部官员也同意这种看法。

11月2日会议所产生的指令中，有关军事行动的几段如下：

> （1）关于拉达克，我们要从目前的阵地朝着国际边界尽可能地向前推进巡逻。这样做的目的，是要设立我们的哨所，以阻止中国继续向前推进，并制止中国利用他们已在我国领土建立的任何哨所来进行控制。在这样做的时候，除进行自卫的必要外，必须避免同中国军队发生冲突。
>
> （2）在北方邦（即中段）和其他北部地区，没有像在拉达克那样的困难。因此，我们应按照实际可能向前推进，把整个边境地带加以有效占领。如有任何空隙，必须以进行巡逻或建立哨所的方式弥补之。
>
> （3）鉴于军事行动上和行政管理上有许多困难，应沿我国边界努力集中主要兵力，驻扎于前沿哨所后面适当的地方，以便使这些哨所得到后勤供应，并一旦得到通知，就能立即开赴边界以恢复那里的局势。

这几段话的措辞和先后次序，反映了会议上两种观点的争执情况，表明意见分歧并没有得到真正解决。只能在两种相反的行动方针中作出选择：不做好准备就立即向前推进呢？还是先集结兵力（这必然是迟缓的），然后再大大向前推进呢？在指令中，这两种行动方针都有所反映，但立即采取行动的冒险主义方针反映得较强烈：“关于拉达克，我们要尽可能地向前推进巡逻……”然后又照顾到军人们提出的“军事行动上和行政管理上有许多困难”；接着表示让步说，“应沿我国边界努力集中主要兵力……”

根据处理问题要有轻重缓急的正确原则，一个谨慎的指挥官有充分理由把指令中几件事情的先后次序颠倒过来，暂不在拉达克进行巡逻和设立哨所，而是先集中主要兵力以支援这种向前推进的行动。西部军区的道拉特·辛格将军正是这样一位谨慎的指挥官，这可从他过去所提关于推行前进政策的必要条件的意见中看出来。但他没有机会选择那条比较正确的方针。在发给有关的两个军区指挥官的命令中，关于集结兵力的字样全部被删掉。塔帕尔将军 12 月 5 日发给西部和东部军区的信件中说，政府最近审查了在边境进行巡逻和设立哨所的政策，并作出以下决定：

> （在拉达克）我们要从目前的阵地朝着我们所承认的国际边界尽可能地向前巡逻。这样做的目的是建立更多哨所；新哨所的位置应能阻止中国人继续前进，并能控制中国人已在我国领土上建立的任何哨所。

把这里最后一句话和原来的指令第一段对比，就可以看出，原来指令中含糊的地方已经去掉，概念更强化了。塔帕尔在信件中继续写道："执行这一前进政策时，除非进行自卫的必要外，必须避免与中国人发生武装冲突。"下一段讲到中段和东段，是重复了政府指令的第二段。但这封信最后写道：

> 我认识到在拉达克和边境其他地段实行这项新政策，将需要进行大量的军队调动，随之而来的还有后勤供应方面的问题。我要求你们根据政府的新指令精神重新估计你们的任务，特别是涉及增加后勤供应方面的问题。你们在这一方面的建议要在 1961 年 12 月 30 日以前送交给我。与此同时，不论在什么地方，只要有可能，就要采取上面所说的行动。①

---

① 政府指令的原文以及塔帕尔致各军区传达上述指令的信件都没有发表过，但本书作者都看到了。从这里开始，我在叙述中将大量引用未经发表的材料。参看前言。

前进政策于是就成为陆军总部颁布的绝对命令，要下面立即贯彻。

对于这项极端重要的政府指令为什么要进行有意的篡改，其解释只能得自推论。很显然，从档案中找不到任何文字记载的解释。可以注意到的第一个线索是，根据尼赫鲁对前进政策的设想，集结兵力以支持这一政策的执行，是整个计划不可缺少的组成部分。11月底，他在人民院中讲道："问题在于组织强有力的武装小队，每队人数比较少，派去占领一个地方，或把对方从该地赶走……后面要有强大的基地去支持他们。"〔92〕另一次，在12月初，当尼赫鲁在议会中拒绝了有人提出要他采取他认为是冒险主义的行动时，他给这种行动所下的定义是："采取某些行动而没有支持这种行动的基地。"他接着说："这对我们的士兵是不公平的。他们都很勇敢、优秀，使他们处于那种境地是不公平的；而且，采取某种行动，而又不能予以支持，结果是半途而废，这对国家也是不公平的。"〔93〕看来可以肯定，对于前进政策指令的篡改，并不是出于尼赫鲁的命令，大概还是背着他干的。

到这个时候，陆军总部已换了全套班子。考尔自3月以来就署理参谋局局长的职务；到仲夏，塔帕尔就任陆军参谋长；接着，参谋局人事上也有不少更动，考尔亲自选拔了一批人员和他共事。陆军后来对参谋局这一时期的工作进行了检查，发现这一时期内参谋局越来越忽视系统的规划和协调工作，而这些正是参谋局的职责所在，又是"适当的军事行动、态势和布置的先决条件"。另一方面，则出现了"凭灵机一动和假想推断办事因而漏洞百出的情况，而不是先进行细致的军事考虑，然后采取有计划的行动"。参谋局玩忽职守，又不断干预下属单位的军事行动，这种做法也影响到整个军事系统。从1961年年中起，参谋局的工作方向和质量发生了这样的变化，只能以考尔出任新参谋局局长和任用他所挑选的一批军官的人事变动来解释。

考尔也赞成对中国采取进攻姿态，这从前进政策指示拟定以前，他署理参谋局局长时给国防部的一份文件中可以看出。他建议："中国采取了一步步西进侵入拉达克边境的政策。制止中国这种政策最有效的办法之一，就是不时地给以打击……例如，当我们发现他们的巡逻队处于战术上对我有利的地位时，就不妨来个短促出击，造成杀伤或捉拿俘虏，或两者兼而有之。"这一建议并没有被采纳；但考尔的进攻思想，看来是从前进政策指令中删去集结兵力阶段的最可能原因。

梅农在这个时候（1961 年 10 月至 11 月）也主张陆军采取更积极对付中国的方针。这时，印度即将举行大选，印度政治舞台上的斗争日益激烈。在这种背景下，反对派对政府的指责就格外尖锐、响亮，而政府也更加敏感。文职官员同陆军钩心斗角已进行一年半之久，这些因素的出现，使他们更感到有燃眉之急。文职人员深信，中国军队在遇到人数很少而且只携带轻武器的印度军队的前进侦察时，也是会退让的。因此，他们不理睬军人们从战术方面提出的反对意见。陆军根据自己的情报所做的估计，认为印度如采取任何行动侵犯中国所占有的有争议的西部地区，中国军队必会作出强烈的反应；此外，也不能根据敌人不会作出反应的假定来制订军事计划，这是战争的一条根本原则，也是常识的根本原则。当蒂迈雅还是陆军参谋长时，军人们的抵抗是不能压服的，因为如果给他的压力过大，他就可能直接找到总理甚至提出辞职。但从 1961 年年中开始，陆军总部中同文职官员打交道的那班人，要么就是赞成政治的因素将阻止中国作出强烈反应的那种假定，要么就是随大溜的。塔帕尔本人并不抱上述见解，然而，他多次提出不能排除中国会采取报复行动的警告，只是为了备案，而从来没有真正坚持过。说话算数的人是考尔。1961 年年中，抱有同文职官员相同想法和态度的军人担任了关键职位，文职人员同军人之间有关政策的直接斗争，就以前进政策占上风而告终。代之而起的是陆军总部与下属各单位之间的斗争，但军事纪律使得在这场斗争中赢得胜利的只能是陆军总部。

* * * * * *

在印度政府草拟其前进政策指令的同一天，中国对印军从碟穆绰克向前推进一事提出了抗议。中国照会说："中国政府怀着十分不安的心情，注视着印度军队向中国边境地区的节节进逼，并且不能不感到印度方面的这种行动是要制造新的纠纷，并且要以武力来实现其在中印边境地区的扩张。"[94]如果中国边防部队没有奉命避免冲突，印度"粗暴破坏中国领土主权"的行动，可能已经导致十分严重的后果。"中国政府有必要指出，如果印度政府把中国的上述克制和容忍的态度当作软弱的表示，那将是十分错误和危险的。"新德里在答复中坚持说，印度哨兵是在本国领土内巡逻，并拒绝了中国的抗议，说它是对印度内政的无端干涉。[95]

印度认为它所主张的一切领土，事实上都是印度的领土，中国对印军在那里所采取的行动无权指责。北京在另一件照会中，指出了印度这种说法的含义。中国说，这种逻辑是"不能成立的，也是十分危险的"。如果应用到边界东段（中国认为该段真正边界是在喜马拉雅山南麓，而所谓"麦克马洪线"是非法的），那么"中国政府完全有理由派遣军队越过所谓麦克马洪线，进驻从喜马拉雅山脊一直到南麓的广大地区"。[96]客观地说，这个论点是公平合理的。全部中印边界都是有争议的。既然印度拒绝中国屡次提出的双方维持原状的建议，而又在有争议的一段持续不断地向中国占有的领土推进，那么，如果中国在另一段也同样向印度占有的领土开始巡逻和设立哨所，印度也就没有提出指责的正当理由。

但是，印度在边界问题上早已失去客观态度。他们认为，中国的论点不是合乎逻辑的论点，而是进行不断侵略的威胁。在印度看来，根本不存在边界争执。尼赫鲁在几个月以前对议会解释说："照我们的想法，边境上的纠纷完全不是一场争执，也许这是用词的问题。这当然是一场争执。当我们为某桩事争论时，这是一场争执。但是我的论点是，由于我们对于我们自己在这件事上的立场是没有疑问的，因此，这就不是一场争执。就我们来说，我们很清楚这不是一场正常的争执，而是对我国领土提出的一种要求——这块地方是我们的，我们深信它是属于我们的。”[97]因此，对中国关于形势发展逻辑的见解，可以置若罔闻，对中国多次的警告，可以斥为侵略者的威胁而不予理睬——由于印度深信中国的警告是虚声恫吓，就更可以轻易抹杀中国的警告。印度政府的不谈判政策，早在20世纪50年代初期，就已使印度走上了同中国发生对撞的道路。随着前进政策的执行，总要碰到相撞点。但印度仍然深信在这场巨大的“胆量比赛”（Game of Chicken）中，最后扭身逃跑的将是中国。

1961年年末的前进政策指令，并不是印度当时在领土问题上准备采取单方面有力行动的唯一表现，此外还有一个果阿问题。1947年英国离开了次大陆。法国在1954年交出了它的本地治里（Pondicherry）那一小块殖民地。但葡萄牙仍留在果阿及各葡属飞地（enclaves）——这些领土都在西海岸，从16世纪初叶起就属于葡萄牙。印度的外交压力未能使葡萄牙放弃果阿，葡萄牙当然也从来没有想让果阿人独立。1955年，印度企图以他们对英国行之有效的办法来强行解决。一批不合作主义的示威者越过边界进入果阿；但当葡萄牙警察看到人太多，捕不胜捕，就开了枪，打死几个人，打伤许多人。之后，印度同葡萄牙断绝了外交关系，但葡萄牙还是留在果阿。1955年的开枪事件在印度引起的公愤逐渐平息下去，到1961年葡萄牙仍留在果阿，这一事实虽然令人痛心，但并不是亟待解决的问题。印度政府说过要把果阿并入印度，但好像同时也说过不使用武力实现上述目的，而且在这方面，印度政府并没有受到重大的政治压力。

可是，到1961年秋大选前夕，印度政府由于被人指责屈从于中国而感到恼火，很想采取军事行动以表示其决心。前进政策还造不成戏剧性的结果（总之，造不成印度所期望的那种效果），从各方面因素来考虑，在果阿这个行动舞台上收效会更大。10月，亚非国家讨论葡萄牙殖民主义问题的座谈会在新德里召开，代表们向参加座谈会的印度代表尖锐地指出：如果让葡萄牙在果阿的统治继续下去，他们就认为印度并不是真心实意地献身于反殖民主义事业。印度人宣称非暴力是更为崇高的事业。这就引起别人的反驳。他们说在葡萄牙殖民地，非暴力只会引起镇压和屠杀——印度人回忆不合作主义的示威者遭到屠杀的情景，就无法否认这个论点。尼赫鲁后来讲到，这次座谈会“使我们想要考虑一下别人的意见，探索一下（对于果阿）能够做的事情”。[98]座谈会结束后，他马上在孟买举行群众大会说：“重新考虑应采取什么方式把果阿从葡萄牙统治下解放出来的时候已经到了。”

接着，事情就按着大家熟悉的方式进行下去。一方面尼赫鲁宣称印度已忍无可忍；另一方面，政府又利用印度报刊——它们在这方面是盲目地跟着走的——发动一场宣传攻势，讲什么葡萄牙正在屠杀自由战士，北大西洋公约组织所提供的武器在果阿堆积如山，对印度的安全构成了严重威胁。葡萄牙想要同巴基斯坦勾结，这就使得“果阿问题比印度同中国的边界争端还要来得紧迫”。[99]接着，果阿边境事件就开始发生了；这些事件是微不足道的，但印度却把它当作不能容忍的挑衅抓住不放。12月初，印度军队开往果阿边境，其人数如此之多，行动如此仓促，以致引起印度北部和西部铁路交通脱节。印度把大约一个师的兵力摆在果阿周围，待命进攻。接着，更严重的边境事件不断发生，直到葡萄牙当局为了避免边境冲突将其边境哨所后撤，情况才有所缓和。

看来尼赫鲁那时还没有下定决心入侵果阿，他当时的确还没有下达这样的命令。尼赫鲁感到十分苦恼，再度陷于犹豫不决的状态，这在他的性格中是极为突出的。他听任那些比他果断坚定的人推动事态向前发展，直到势不可当。这样，他就使自己扮演了一个本来可以不那么糟糕的角色。当侵入果阿的政治和军事准备正在加紧进行的时候，尼赫鲁还在申明他自己和印度反对使用武力，认为谈判是解决国际争端的唯一方法，并说：“我的整个灵魂都厌恶战争这个想法。”[100]到12月，印度政界大肆叫嚷要求派兵打进果阿。关于这块殖民地情况的宣传令人刺耳，而且是无奇不有。外国记者们在果阿首府潘吉姆（Panjim）幽静的路旁咖啡馆里，一面喝着冷饮，一面听着全印广播电台的报道，说该城已宣布宵禁，葡萄牙总督在逃，从印度去的“果阿突击队”正在进行巷战。尼赫鲁的迟疑不决持续了25小时。好多天以来，美国大使加尔布雷思教授一直致力于使尼赫鲁打消入侵念头。他在12月17日晚上见到总理时，把他的论点讲得很有力，终于阻止了这位总理。加尔布雷思离开后，尼赫鲁告诉梅农说，他所批准的在那天午夜出兵果阿的命令应再度暂停执行——在此以前已经两次改变进攻日期。[101]梅农回答说，要收回成命为时过晚，军队已开始前进了——而事实上，当时军队尚未开动。[102]

考尔是参谋局局长，实际上等于总理的私人军事顾问。他在计划果阿军事行动以及帮助尼赫鲁克服其惶惑不安的问题上，都扮演了重要角色。在考尔自传中详细叙述了尼赫鲁对国外不利的评论感到很烦恼。在最后时刻，尼赫鲁把考尔叫去，问他如果取消这次军事行动印度将会有什么反响。考尔回答说，这对文武官员的士气将产生毁灭性的后果，并建议不要理睬外国的意见。他说，尼赫鲁“勉强同意了”。考尔的评语倒还恰当：“尼赫鲁最后之所以被说服采取这一行动，大概是因为他认识到印度人民期望他解放果阿。他认为如果他不采取行动……印度人民和武装部队都将对他失去信心。”[103]梅农虽然对尼赫鲁很爱戴，但他后来对尼赫鲁在果阿军事行动上的动摇，却作出一个更难堪的解释。他说：“你知道，尼赫鲁的性情很复杂，果阿行动粗俗残暴，这点他不喜欢，但行动的成果他却是享受的。”[104]对尼赫鲁所起的作用有一个较为厚道，也许是最公平的判断：尼赫鲁“老病交加，筋疲力尽，就听凭人家把他一步步逼到很难摆脱的境地。你可以说他不是口是心非，但你不能说他没有失败”。[105]

印度占领果阿是符合世界潮流的，如果任何政府出来谴责，人家就会提醒他们自己也干过同样的勾当。正如肯尼迪总统致尼赫鲁信中所说："一切国家，包括美国在内，都有很大的本领使自己相信他们所进行的某一事业是完全合乎正义的。"[106]然而，果阿事件之所以遭到物议和令人不快，是因为印度，尤其是尼赫鲁一贯主张绝对不应该使用武力作为解决国际争端的手段。现在，印度人却坚持说，占领果阿毫不违背他们所提出的国际行为准则。国内批评他们政府行动的人确实很少，印度报纸和广大政界舆论是热烈支持政府的。尼赫鲁向肯尼迪哀诉说："为什么一定要用最难听的语言去谴责使我国人民欣喜若狂的事情呢？"[107]

对印度政府处理同中国的争端来说，果阿行动有其政治上和军事上的含义。它表明尼赫鲁会被推到一系列毫无转圜余地的行动中，同时表明他对激昂慷慨的政界舆论会如何迁就，即使这种舆论所提出的主张与他自己的本性背道而驰。它也表明印度政府决定政策的过程是何等混乱和主观。占领果阿的决定像前进政策一样，并不是由内阁作出的。它也证明印度对使用武力的态度具有两重性——抽象地谈论或别人使用武力时它是应该受到谴责的，但当印度认为是在有关自己领土的争端中使用武力时，在政治上和道义上就都是正当的了。一家政治刊物概括了印度对于占领果阿的见解："印度并没有进行侵略，因为自 1947 年以来，我们一直认为果阿是我国的合法领土……把非法侵占我国部分领土的入侵者赶出去，这并不是侵略。"[108]

这种态度显然也适用于同中国的边界争端。在果阿军事行动后举行的一次记者招待会上，有人问尼赫鲁，印度现在是否打算对中国采用武力？他回答说："当然，我们是可以使用武力的。我们应该在适宜时机加以使用。"[109]内政部部长夏斯特里也明确表示同样的意见。他在竞选大会上说："如果中国不肯从它所占领的地区撤出，印度将不得不重复它在果阿所采取的行动。印度一定把中国军队赶出去。"[110]有些政客为果阿事件所陶醉，开始叫嚷要把巴基斯坦从克什米尔赶走，把中国从阿克赛钦赶走。

当时的国大党主席桑吉瓦·雷迪（Sanjiva Reddy）说："印度决心不久就把在印度领土上的巴基斯坦和中国的侵略撤除掉"；不能以克什米尔的停火作为永久解决方案，被巴基斯坦占领的克什米尔必须"解放"。[111]

从军事方面看，果阿战役用了一个师以上的兵力，加上海军和空军的支援。战役暴露出陆军装备上的许多缺陷。由于葡萄牙对于占压倒性优势的印军并没有进行有组织的抵抗，果阿战役并没有考验印度军队及其指挥官的能力。印度部队有的缺少步枪和轻机关枪，也有的缺少无线电台或无线电台所需的电池及其他通信工具。陆军还长期缺少皮靴。有一个营半数士兵在整个战役中是穿着帆布球鞋的。这些情况在陆军内部是广泛谈论的话题，但却很少透露到印度社会上。人们把果阿战役当作赫赫武功加以颂扬。销路很广的《闪电》（*Blitz*）周刊还称它为"我们最得意的时刻"。

如果说政府把注意力转移到果阿问题上的目的之一，是降低政界要求对中国立即采取行动的热度，那么，这种打算却产生了相反的效果。印度在果阿战役中轻易取胜，自然就助长了对中国取得同样辉煌胜利的希望。一名印度新闻记者把占领果阿比作"门口站着一头老虎却在厨房里踩死一只老鼠"。[122]这位记者不是说不该踩死老鼠，而是责备政府没有抓到老虎。印度人真以为果阿战役的迅速结束，反映了印度军队的战斗精神很旺盛（而不是由于葡萄牙人没有抵抗），这也就更容易使人们相信政府所提出的关于印度军队情况良好的保证。

由于克里帕拉尼来到孟买争夺梅农的选区，陆军和其他军种的情况就变成一个非常突出的竞选题目。1962 年 1 月，尼赫鲁到孟买为梅农进行拉票。他吹嘘说："梅农担任国防部部长以来，我国国防部队第一次成为一支非常强大和非常有效率的战斗力量。我是深知内情才讲这番话的，看谁能驳倒我。……我们的国防部队第一次有了新的精神和现代化的武器。"[113]尼赫鲁常常用这样的语调讲话，他多次向议会和公众保证说，陆军和其他军种比独立以来的任何时候都更强大，并且已准备好随时迎击对印度的领土完整和尊严的可能挑战，即便应付巴基斯坦和中国的联合进攻，也是绰绰有余。当批评者用“姑息”和“软弱”等字眼儿描绘印度的边界政策时，尼赫鲁说这种政策是有实力基础的耐心和合乎人道主义的决心，这是因为考虑到如果亚洲两个巨人发生战争对人类将引起灾难性的后果。议会中批评尼赫鲁的人在辩论时虽然也会反驳他的看法，但在心里还是接受这种看法。对政府的国防政策批评得最厉害的人也自相矛盾和自豪地相信，印度陆军虽有他们所指责的那些弱点，但只要放手让他们干，他们很快就可以把中国教训一顿。由于军人们不向外透露他们向政府提出的指责和忧虑的详情，因此，批评者对于陆军的缺陷究竟有多大，是没有概念的。① 尼赫鲁相信在一场地方性的冲突中印度军队将打败中国——他如何把这种信念坚持到最后是不大容易解释的，但考尔或许还有其他一些高级军官肯定是一直向他灌输这种想法的。

果阿这一场小表演，使印度被煽动起来的民族热情得到满足，但没有使印度片刻离开那个念念不忘的中心问题——同中国的边界争端。尼赫鲁说过，对印度说来，这比一百个果阿更为重要。〔114〕

* * * * * *

在前进政策的指令作为命令下达给两个军区以前，陆军总部就已开始发出前进巡逻的命令。11 月 2 日政治指令拟出后，莫名其妙地拖了五个星期，才在 12 月 5 日发出陆军总部对该指令进行过修改的、把指令具体化的电报。总部的命令写得很详细、具体。指定哪一部队在什么时候出动，走哪一条路，

① 陆军缺 6 万支步枪、70 门反坦克炮、200 门 2 英寸口径迫击炮。炮弹的供应量低到危急的程度。需要 5000 台战地无线电台，以数千英里计的电线，3.6 万个干电池。如果把 1948 年以前出产的车辆算作过时（绝大部分是不合作战要求的），陆军就缺少载重一吨的卡车和载重三吨的卡车各 1 万辆。有两个坦克团因缺乏零件而不能作战。

在什么地区设立哨所——在正常情况下，这些都应留给基层部队去斟酌决定。关于巡逻和哨所地点的选择等问题，都是由考尔和他的参谋局军官会同情报局局长马立克、副局长胡贾（Hooja），有时还有外事秘书德赛等磋商决定的。从一开头在命令中就讲明哨所应选在能够控制中国哨所的那些地点。

遵照这些命令行事，1961、1962 年间的冬季，就在西段派出很多小股印军从其各主要据点出发向东推进。高入云霄、寸草不生的大山使这些部队只能在山谷里行动，因为需要有可供空投的平地，空军才能把供应物资空投给他们。该地区的一般高度在 1.4 万英尺左右；巡逻队攀登的山口，有的高达 1.6 万英尺。当地气温与北极圈相似，而印度军队的冬衣既不够暖和，又供应不足。稀薄的空气迫使士兵自己只能携带很少的东西，骡子在这样的高度没有多少用，而且骡子也很少。在当地条件下，唯一可依靠的运货牲口是牦牛，但又没有。一切给养，经常是包括饮用水在内，都要靠空投。

当前进政策开始实行时，以列城为基地的第 114 旅下属三个营要负责长达 200 英里以上的防线，从喀喇昆仑山口起到碟穆绰克以外几英里。他们奉命尽可能向前巡逻。在理论上，他们负责的范围是向东 100 多英里昆仑山上的印度主张线，该线位于冰天雪地、空无人烟的阿克赛钦荒原的东面——空无人烟，就是说，除了中国人之外再没有别人。

1961、1962 年间的冬季，是两国外交交涉比较平静的时期。北京对印度的前进政策再度表示抗议的照会是在 3 月 1 日收到的。这一照会认为印度向前推进的巡逻和设立哨所是“蓄意要用武力来实现印度政府向中国提出的领土要求”。[115]这就引起一系列外交照会的来往。在这些照会中，双方各自重申自己的立场。这些照会本质上同过去的差不多，但有的语调和侧重点有所不同。把这些照会内容概述一下是有好处的。

北京的看法是：中国始终坚持通过友好谈判解决边界问题，并竭力主张在边界问题解决以前，双方应该共同维持边界现状。虽然印度拒绝了双方各自后撤20公里的建议，但中国已单方面在边界自己这一边20公里以内停止巡逻。印度政府的立场却截然相反。印度拒绝谈判，并继续向前推进，开始是在中段和东段，后来是在西段，同时，印度对中国人出现于历来就是在中国管辖之下的地区（这一地区自1950年以来就是新疆与西藏之间的重要陆路通道）大叫大嚷，指控中国进行侵略。中国主张“麦克马洪线”不是合法的边界线，但中国仍没有越过这条线，也不要求印度从“麦克马洪线”与山麓——中国主张的传统习惯边界线在山麓——之间的地区撤退。印度宣称它愿意和平解决，但“印度政府的所谓和平解决，就是要中国从自己的领土上撤出，这实际上就是根本否定和平解决”。同样，印度宣称它愿意维持现状，但实际上拒绝维持现状，并再度要求中国撤退。“任何通情达理的人都可以判断，采取这种僵硬和威胁的态度是注定解决不了问题的。……否定维持现状和拒绝谈判，就是拒绝和平解决。印度的行动方针是极危险和可能引起严重后果的”；但“就中国方面来说，谈判之门总是开着的”。〔116〕

新德里的看法是：中印边界早已解决了；它得到数百年传统和习惯的认可，而且几乎全线都得到有效的条约和协定的确认。近年来，中国进行了系统的和不断的侵略，并“试图用无理的领土要求为非法侵占寻找根据”。印度愿意“维持现状”，但只有中国首先从印度领土撤退，从而恢复现状，这点才能做到（“现状”在这里意味着“原状”）。中国的撤退是举行谈判的先决条件。即使举行谈判，也只能“在边境几个地区相互做一些微小的调整”。至于印度向前推进，那“是采取一切必要措施来维护印度领土的完整，是印度政府的合法权利，也无疑是它的责任”。印度是“致力于用和平方式来解决国际争端的”，中国军队从“印度的领土”撤出，将在恢复印中之间的友谊方面迈出一大步。〔117〕

印度就这样重申它拒绝谈判解决边界问题，并且点明印度所能同意举行的谈判，只限于讨论沿印度所主张的边界线做一些微小的调整；即使要进行这样的讨论，也必须以中国撤出印度所主张的领土作为先决条件。

1962年上半年，在另一次外交照会的交换中，把本来是为了巩固印度和中国的友谊，并给亚洲和世界作出榜样的潘查希拉协定——有关西藏通商和交通协定——全部埋葬了。中国在1961年12月3日的照会中提醒印度：1954年的协定将于六个月内满期，并建议缔结一个新的协定来代替原有的协定。[118]北京没有提及边界争端，认为这两件事截然不同；北京希望谈判缔结这样一个新的协定能和缓中印之间的紧张关系，并且为解决中印之间其他问题开辟道路。[119]这正是印度在其他场合所提倡和采取的处理问题的态度。例如，它经常劝巴基斯坦把克什米尔争端搁在一边，友好地解决其他问题，以便改善一下气氛。但这一次，新德里却拒绝在中国从印度主张的领土撤出前举行新协定的谈判。北京说，这是“横暴地要中国屈服的先决条件”。[120]1954年协定所要保护的通商，现在已名存实亡。双方都说它是为对方的管理条例和军事布置所扼杀。协定在1962年6月3日期满。印度从西藏的亚东、噶大克和江孜撤走了商务代理处，中国也从噶伦堡和加尔各答撤走了商务代理处。

这时，前进政策也开始不声不响地推行。印度设立了若干居高临下控制着中国阵地的小哨所，有的就设在中国阵地后面的小路或公路的两侧。参谋局的理论是：这样就会切断中国交通线，迫使中国最后不得不撤出他们的哨所。反映印度官员和参谋局人员当时意见的印度报纸和新德里的外国记者，在年初就预言陆军不久将采取步骤迫使中国撤出阿克赛钦。[121]中国多次提出警告说，如果印度继续向前推进，就会引起“严重的后果”，而且语气越来越重，但尼赫鲁都置之不理。他向议会解释说，中国因为印度在中国哨所的背后设立了哨所而感到不快，并且让那些认为中国语气包含有危险性的议员不要担心。他说：“虽然（中国）照会威胁说他们可能采取一切步骤，但也不值得大惊小怪。如果他们果真采取那些步骤，我们就准备好对付他们。”[122]6月，尼赫鲁再度叫议会放心，他说西段的形势“比以前更有利于印度了”。[123]

这时，又有一个步兵营（贾特联队第5营）开进拉达克，并奉命向前推进。和其他三个营一样，该营也分散成驻守哨所和巡逻的小队。到了仲夏，印度在这一段设立了约60个哨所。与之相对峙的是中国的一个整师。这意味着中国军队在人数上同印军的比例超过5∶1，而且两者间实际作战能力的差距就更大了。这不仅因为中国军队是集中的而印军是分散的，中国军队可以乘坐卡车而印军只能步行，还因为中国军队有一切正规的支援火力，而印度的第114旅却只有一个中型机关枪排。人们可以看到中国把重迫击炮和无后坐力炮对准印度哨所。中国步兵也都配备有自动步枪。印度的最重型武器是3英寸口径迫击炮，大部分哨所连这样的迫击炮也没有；士兵配备着第一次世界大战以前所使用的0.33英寸的李安菲德步枪。①印度的哨所不过是排甚至是班的阵地，这些阵地是在地面上挖得很浅的连在一起的一些兵器掩体（即使在夏天，地面几英寸以下也不解冻）。部队住的是帐篷，或是用木箱和降落伞搭起来的棚子。他们所需的一切供应物品都依靠空投。

1962年年初，中国开始在地面上作出强有力的反应，凡是印度设立哨所控制着中国据点的地方，中国就立即在印度哨所周围构筑更多的据点。4月间，北京通知印度说，在西段，即自喀喇昆仑山口到空喀山口这一段，中国正恢复1959年一度停止的边境巡逻；并警告说，如果印军继续向前推进，中国将在中印边界全线恢复巡逻。照会描述了在奇普恰普河谷的印军如何在中国哨所的两面设立据点，并“逼近中国哨所进行挑衅”（印度陆

① 1953年印度开始设计一种本国出产的自动步枪，到1956年制造出几种类型供试用。步枪适合陆军的要求，军需局决定进行生产。1958年3月，三军参谋长会签了一个文件上呈给由梅农担任主席的军工生产委员会。该文件提出的计划是，要在四年内全部以印度的自动步枪装备陆军。但对这一建议并没有采取任何行动。直到1962年边境战争的最后阶段，印度军队才收到几十支自动步枪，还是美国和英国赠送的。

军显然没有理由去责备那些执行前进政策的部队缺乏热情）。北京说，如果这种挑衅行动继续下去，中国军队将被迫实行自卫，由此产生的一切后果都必须由印度承担全部责任。[124]

印度政府把这些警告看作恫吓，把中国在地面上的威胁性行动都当作虚张声势，一概不予理睬。5月初，中国军队摆开进攻的阵势，向印度在奇普恰普河谷新设的一个哨所推进，并作出打算摧毁该哨所的姿态。西部军区请求批准撤回该哨所，这一请求转呈尼赫鲁。尼赫鲁认为中国是在显示武力，以考验印度的决心，他说应该坚守该哨所并派兵增援。中国的威胁性行动没有继续下去。于是，政府和陆军总部就得出结论，认为总理的判断和胆略已胜利地得到证明，前进政策的基本前提也从而得到证实。他们后来再一次从加勒万（Galwan）事件中得出同样的结论。

在陆军总部的地图上，加勒万河谷看起来是部队进入中国占有领土的最好路线之一。实际上，通过这个河谷的小路是极其艰险的，而且中国至少自1959年以来就在上游一个叫萨木崇岭的地方设立了哨所。在考尔最早下令向前推进的行动中，就包括派一支巡逻队溯加勒万河而上，以图设立一个控制萨木崇岭的哨所。由于地势艰险，要在冬季溯河而上进入河谷的尝试失败了。4月，陆军总部下令试走另一条路，从南面爬越过山岭。西部军区的道拉特·辛格中将对此提出异议。他警告说，中国在萨木崇岭的哨所设立已久，任何威胁这个哨所的行动，肯定会引起强烈的反应。他指出，中国已通知印方，他们在这个地段已恢复巡逻，看来对印度已设立哨所的威胁愈来愈大。因此，应该尽一切力量来巩固这些哨所，而不是试图设立新的哨所。他的结论是：在这种情况下，不可能再在萨木崇岭设立印度哨所。考尔批驳了他，回答说：加勒万河是一个交通枢纽，“中国能够沿着这条河取得重大进展”，所以必须抢先一步，防止他们这么做。

据此，就派遣了一排廓尔喀士兵从温泉（Hot Spring）出发，爬过险峻的山岭，在一个多月后出现在加勒万河上游，并于7月5日在那里构筑了工事。他们这样做，不仅切断了中国在稍下方设立的一个哨所，而且阻拦了中国的一个小运输队。中国首先在外交上作出反应。7月8日中国提出了“严重抗议”的照会，要求印度军队立即撤出，并警告说，中国方面“决不能在印度有增无已的武力进逼面前屈服……也决不会在遭到无端攻击时放弃自卫的权利”。〔125〕印度答复说，印度部队“一直在加勒万河谷例行巡逻，从未在该河谷遇到过任何中国渗入者”。印度也对中国在地面上的反应行动提出“强烈抗议”。印度照会警告说，如发生任何不幸事件，将完全由中国负责，“中国政府应该制止更加深入印度领土的不断侵犯和对印度边防部队进行无休止的挑衅活动”。〔126〕

7月10日，中国在地面上作出反应，出动一个连的兵力摆着进攻阵势，向印度哨所前进；不久，兵力又增加到一个营。中国的译员通过扩音器告诉廓尔喀人，中国比起印度来是尼泊尔更好的朋友；廓尔喀人为印度扩张主义的野心服务是愚蠢的。① 廓尔喀人卧倒在地，紧扣扳机，而没有竖起耳朵。印度政府认为，这是前所未有的最危险的对峙局势，就召中国大使到外交部去，警告说，如果中国军队进一步逼近加勒万哨所，印军就将开火。如果哨所遭到攻击，印度将对中国的阵地采取报复行动。〔127〕几天后，接近加勒万哨所的中国军队稍有后撤（他们曾进抵距该哨所不到100码的地方），但继续以相对多的兵力包围该哨所，切断了它的陆路供应。西部军区打电报给新德里说，企图由陆路运东西给该哨所必将引起冲突，因而请求空投。当天就收到答复说，供应品将由陆路运输。按照新德里的看法，在这场怒目相视的对峙中，由于中国眨了眨眼（没有进攻加勒万哨所），

① 印度也和英国一样，同尼泊尔签有协定，得以招募廓尔喀人参加印度陆军。这时，尼泊尔对使用这些部队于阿克赛钦表现了一些不安。尼泊尔愿意同北京保持良好关系，不愿看到廓尔喀人同中国军队拼刺刀。按照协定，当廓尔喀人被派去参加实际作战时，印度有义务通知尼泊尔，但前进政策是否等于实际作战，当然是一个可以有不同解释的问题。

对峙的局面就缓和下来了。所以，为了保持道义上的主动权，就要派一队人从陆路救援哨所，以此向包围者挑战。因此，另一小支部队被派往加勒万。8月，这一小支部队在中国军队枪口下被迫退回：中国人说，他们如再前进，就要开火。西部军区报告说，使用武力是行不通的，是印军现在力所不及的，而且还会引起公开的敌对行动。于是，加勒万哨所改由空投供给，直至10月20日它被摧毁。

7月11日，印度发表了中国包围加勒万哨所的消息，报道把加勒万事件说成中国入侵印度领土的新挑衅。后来，当报界和政界人士了解到，中国还没有把他们在外交上和军事上要进攻哨所的威胁付诸实施时，他们就认为印度已经取得胜利而欣喜若狂。一名国大党议员说，加勒万事件提高了全国人民的士气。[128]《印度教徒报》(*Hindu*)写道，中国军队“在印度小队守军的坚决抵抗面前”撤退了，这就足以证实前进政策的基本逻辑：只要印度军队坚决，中国除虚声恫吓外不会再采取什么行动。在阿克赛钦舞台上，正如政府间的交锋一样，中国将在相撞前扭身躲开。给加勒万哨所守军的命令，扩大为给西段所有印度部队的命令。原来命令中“只有遭到射击时才开枪”，改为“如果中国军队危险地迫近你们的阵地时就开枪”。

尼赫鲁把印度这时的行动形容为双重政策，就是说在地面上采取军事行动，辅之以持续不断的外交压力。本着这种见解，印度把尼赫鲁在1959年提出双方各自从自己的主张线后撤的建议略加修改，重新提出。正如尼赫鲁再度向议会保证的那样，[129]这个建议意味着中国要撤出很大片的地区，而印度只撤出很小片的地区。中国以前曾拒绝这个建议。新德里现在给这颗苦药丸包上一层糖衣，把尼赫鲁以前在记者招待会上提出过的建议，即在边界问题解决以前，印度“允许……中国继续使用阿克赛钦公路于民用交通来往”[130]——作为正式建议提出。当时，新德里认为：印度既已在中国主张的领土内设立了哨所，北京现在会较为愿意接受，印度认为这是保全中国面子的最好方式。在向北京重新提出撤退建议的同一天，尼赫鲁在人民院重申印度准备冒同中国战争的风险，接着又说："如果我们准备收复（被中国占领的地方），而又足够强大，那么，其他因素也会起有利作用。这些因素再加上我们有决心采取任何行动，就有可能达成使这些地方获得解放的某种协议。"[131]这句话，与同一天向北京提出的照会联系起来研究，就可以看出尼赫鲁是认为印度坚决进入中国占领的领土，会最终迫使中国不得不完全撤退；而且还认为印度已设立的那几个哨所本来就足以迫使中国采取上述步骤了。

如果北京接受这个建议，那么尼赫鲁——在他极为迁就国内压力情况下所能做到的范围内——很可能会对中国在那条路上进行何种运输采取不闻不问的态度。但在中国看来，这个建议是不现实的，是侮辱；正如中国要印度把全体行政和军事人员从"麦克马洪线"以南的地区撤出，而中国则容许印度使用在东北边境特区的公路于民用交通往来，印度也同样会感到对它是不现实的，是侮辱。北京在答复中说："中国在自己的领土上使用自己的公路，何用印度的允许？这简直是荒唐！"[132]如果印度政府真的指望它的建议得到认真考虑，那么，印度政府就应该将同一原则应用于东段边界。但尼赫鲁当然已经把这点排除了。他向人民院保证说："我们在东面不会撤退。"[133]印度在重新提出双方撤退建议的照会中，引用了尼赫鲁5月2日在人民院说的一句话："印度并不希望而且非常不喜欢同中国打仗，但是这不是印度所能控制的。"[134]这就很接近于对中国进行战争威胁了。北京拒绝了这项建议并认为这是"要它屈服的片面条件"，指出中国不是一个战败国，并宣称中国决不会在武力威胁面前屈服。

看来，新德里从这次交换文件中得出的结论是：前进政策的推行还没有给中国足够压力，所以必须继续进行，直至中国承认它必须撤退时为止。

西段的印度军队竭力推进，并在中国哨所的近距离射程内设立了一批小哨所。从他们的所作所为看来，他们倒像是一支强大军队的先锋，而不是一场疯狂的政治赌博的赌注。但在印度政府的国内批评者看来，前进政策肯定还不够大胆，他们继续要求对中国采取更有力和更迅速的行动。印度政府为了替自己辩护，就玩弄数字游戏（以往尼赫鲁的批评者使用同样手法，他是加以斥责的）。官方发言人把地图上标出的新的印度前沿哨所用线连接起来，计算这样画进去的地区面积有多大，然后就宣称印度已收复中国“占领”的土地 1/4 以上。〔135〕一位随时可以见到印度总理并报以肉麻捧场的印度记者报道说：西段印军已“在 2500 平方英里的广阔战线上全面推进”，祝贺尼赫鲁取得了“拿破仑式的大胆规划所取得的独一无二的胜利”。〔136〕真实的情况也不是完全没有人报道：一位同军方有密切联系的政治专栏作家在 8 月间写道，中国军队在西段享有 10∶1 的优势，而且在地形和交通上都处于有利地位。〔137〕但这样的报道是极其个别的，其他记者都报道说，印度实力雄厚，装备优于中国军队，而且中国边防部队战斗力很差。印度人也和许多人一样，对符合自己愿望的话比较容易听进去，因而都轻易相信对西段情况的乐观看法。

但是，这并没有满足批评政府的人，也未能缓和议会中要求采取更强有力的措施把中国人赶走的叫嚷。反对派要知道：如果像政府所说的那样，西段的情况果真已变得有利于印度，为什么陆军不立即举行大规模进攻，把入侵者从印度国土上赶走呢？一名反对派议员 8 月里在人民院说，“我们的军事专家不需要担心……中国的优势这个魔影”；不仅中国的交通线很长，而且中国军队受到他们“伤心失望的人民进行叛乱”〔138〕的威胁而不得不分心。这种气氛助长了主战论，有一些议员已忘乎所以。8 月间，人民院辩论边境形势时，另一名议员宣称：“200 名印度兵就等于 2000 名中国兵。为什么我们要怕他们？为什么我们不能把他们撵回去？”这位议员还说，只要政府发出号召，半年内就可以有“400 万训练有素的印度军队开往喜马拉雅山，把中国军队全部撵走”。〔139〕有人把真实情况讲出来，也根本无人理睬。那年夏天早些时候，印度驻美大使 B. K. 尼赫鲁（印度总理的另一位堂兄弟）曾对电视记者坦率地讲过，印度国防部队的装备很差，无法保障国家安全。

于是，在议会中就有人对他的话提出了质问。虽然议员们指出这位大使说的话同总理屡次保证陆军完全能够保卫边疆的说法相矛盾，但他们却偏重于建议对这位大使的轻率发言给予纪律制裁，而不想去搞清这两种说法究竟哪一种是真实的。

新德里指责说，在西段推进的是中国军队而不是印度军队，结果这种说法反而给自己带来麻烦。情况就好像是三个人争论不休，互相插话：印度政府指责中国进一步入侵，国内批评者就据此攻击政府俯首帖耳地让中国人为所欲为。尼赫鲁于是又后退一步，他告诉议会说，要讲中国是进行了“新的侵略”“并不那么确切”，因为发生的事情只不过是中国人对印度的行动感到不安，因而他们就设立了一些前沿哨所。北京接着就插进来说，尼赫鲁“无意之中讲出了真相”。[140]

政府的批评者认为，这种混乱的说法并没有掩盖中国仍然侵占印度领土的事实。《印度斯坦时报》的编者在专栏中叫嚷道，“还要等多久，忍辱多久”，政府才会使中国认清印度是“决心为尊严而战斗呢”？[141]

头脑比较清醒的看法也是有的。有一位议员在人民院说，一条事实上的停火线已经在西段出现，中国和印度任何一方越过这条停火线都会受到惩罚。他说，关于在克什米尔印度所主张但为巴基斯坦占领的地区，印度过去曾向巴基斯坦做过保证：“我们将不采用武力去解放被侵占的地方”；他建议印度也给中国同样的保证。加尔各答《划时代报》（*Yugantar*）——它一般遵循国大党的路线——警告说：“印度如果要建设新的社会生活，实现五年计划，就必须停止把成亿卢比花费在沿着我国喜马拉雅山2000英里长的边界上保持军事实力的姿态”，它敦促政府进行谈判。[142]

但是议会中占压倒性优势的态度是担心政府进行谈判，并坚持政府不应谈判。1962年7月26日印度致中国的措辞含糊的照会，又引起人们常有的疑惧，担心尼赫鲁会以姑息换取边界问题的解决。7月21日，在奇普恰普河谷发生了空喀山口事件后的第一次冲突，两个印度士兵受伤。同一天，中国就这一事件提出抗议，语气是克制的，“中国不愿意同印度打仗，中印边界问题只能通过和平谈判解决”，虽然中国保持克制态度，却不能坐视“自己的边防部队被侵略者所围歼。在此紧急时刻，中国政府要求印度政府立即命令印度部队停止对上述中国哨所的攻击，并且从该地区撤走……如果印度政府不顾中国政府的警告，继续一意孤行，由此产生的一切后果，必须由印度方面承担全部责任”。[143]

印度在7月26日发出的复照语气特别温和，而且提出一个新的着重点，即印度指出过的“1956年中国的主张”和“1960年中国的主张”之间存在着差异。印度过去指出这种差异并谴责中国“侵入”这两条线之间的地区，纯粹是为了说明中国是在继续扩大他们的要求并推进他们的阵地，但这次印度的照会仅仅责怪说：“诚然，印度政府对1956年中国地图的主张线是有争议的，但是中国地方部队不应该越过周恩来先生所确认的他们自己的主张线。”照会紧接着提醒北京说，在一定条件下，印度准备“进一步讨论”边界问题。[144]

苏联部长会议第一副主席米高扬那个星期正在新德里，这看来提供了印度照会中为什么会出现上述积极语气的最可能解释。印度政府认为：印度在争端中的立场取得苏联的同情是十分重要的，而苏联当时也在敦促进行谈判。另一个原因可能是，梅农刚刚从解决老挝问题的日内瓦会议回国，他在日内瓦曾与陈毅元帅进行讨论，这一点在印度很快就引起人们的注意。但不管是什么原因促使照会改变语气，7月26日的照会全文一发表，立即引起一场喧嚷。它被认为是隐晦地向中国建议：只要中国在西段稍为后撤，撤至他们“1956年主张线”后面，印度就将开始边界问题的谈判。

在议会中，这个照会被说成是可耻的，“一个最令人震骇和出乎意料的文件”，[145]但这还不足以充分表达它所引起的愤慨。《印度斯坦时报》以《通向耻辱之路》为题发表评论说：“印度政府根据它的无限智慧，认为完全改变它的对华政策的时机已经到来了。它已几乎承认了中国侵略拉达克的非法所得，作为同北京霸王进行新一轮谈判的代价。它这样做，就失信于印度人民——人民和议会。[146]

尼赫鲁在回答这种攻击时，对那些“敢于说我们正在采取使印度屈辱的行动”的人加以斥责，并说，他宁愿自己“烧成灰烬”也不肯这样干。他接着解释说，人们对政府的立场“有一些误解和错误看法”，然后，他又重申政府的立场。[147]

印度7月26日的照会重新提出谈判问题；在随后的十个星期中，一方面边境战争日益逼近，一方面双方就派出代表再举行会议的可能性交换了照会。这是和平解决争端的最后机会，甚至是既不解决问题也不发生冲突，而是保持现状的最后机会，因此必须详加叙述。同以往一样，印度的基本立场和这次交换照会中语调上的变化，完全为隐晦的语义所掩盖，这种语义像是一种密码，只有始终记住密码的底本才能理解其含义。

7月26日照会的要点是这么一句话——“一俟目前的紧张局势得到缓和和适当的气氛创造出来之后”，印度政府即准备在1960年官员报告的基础上，重新讨论边境问题。印度政府的批评者根据这句话以及照会中明显强调要中国有限地撤退到他们“1956年的主张线”的提法得出结论，认为政府正打算全盘推翻过去的政策。但是如果把它同以前的外交信件联系起来看，北京当然是会这样联系起来看的，就可以看出这份照会并没有改变印度的一贯立场。新德里准备在“一俟适当的气氛之后”就进行谈判；但它曾一再申明要创造这种气氛的唯一方法就是要中国从印度在西段所主张的领土撤退。按照印度的用语就是：“中国军队从印度的领土上撤出，以恢复原状”，从而“创造有利于边界谈判的气氛”。①

印度的立场是斩钉截铁的。中国必须首先从印度主张的领土撤出一切

① 例如，印度在1962年3月13日的照会中写道：“印度政府希望中国政府……从这块领土（这向来是印度领土）撤退，恢复现状。中国军队撤离其自1959年以来侵入的印度领土，从而恢复现状，这是为两国政府就边界问题举行任何谈判创造有利气氛的必要步骤。”[148]

人员，才能举行任何关于边界问题的会晤或谈判——但只讨论印度所主张的边界的微小调整。北京《人民日报》看到了要害：“如果中国接受这种‘谈判’的条件，印度方面甚至不经过谈判，就可以达到它对中国提出的领土要求，那么，谈判本身不也就成为没有必要的事情了吗？”[149]

8月13日，尼赫鲁在议会重申上述立场，以应付7月26日照会引起的人们对政府的攻击。他宣读了一份准备好的书面声明（这在他说来是不寻常的），说我们心里明白，“除非消除目前的紧张状态，恢复被武力改变了的边界现状，否则就不能开始以官员报告为基础的讨论”。声明接着宣称，印度准备开始另一种形式的讨论，但这是为着对付中国的外交行动。

北京以7月26日印度来照中同样合理和积极的语调对印方做了答复，继续拒绝印度提出的实际上是要中国“从自己的大片领土上做片面的撤退”的建议，但同时接受了举行讨论的建议：

> 中国政府赞成印度政府在来照中提出的两国在官员报告基础上进一步讨论中印边界问题的建议。进行这种讨论不需要而且不应该有先决条件。事实上，只要印度方面停止向中国境内推进，边境局势马上就可以缓和下来。既然中印两国政府都不愿意打仗，既然中印两国政府都愿意通过谈判和平解决边界问题，在两国官员报告的基础上进一步讨论中印边界问题，就不应该再推延下去。中国政府建议尽快举行这种讨论，并且立即通过外交途径商定有关举行这种讨论的级别、日期、地点和其他程序问题。[150]

印度就像一个钓鱼的人——他的鱼钩被一条他丝毫不想钓到的鱼咬住了。

从新德里的观点看来，同中国进行讨论显然是毫无用处的。而且，在中国没有同意撤退前同中国进行讨论，就会促使印度激昂愤慨的政界舆论把姑息和失信这类不体面的谴责加于尼赫鲁和政府头上。国内的考虑排除了恢复同中国在官员报告的基础上（即在边界争执的是非问题上）进行对话的可能——从整个形势来看，即便进行对话，也不会有结果。但其他一些虽不那么直接但仍很重要的考虑却促使印度不是那么直截了当地完全拒绝同中国会谈。

在世界舆论的竞赛场上，印度好比是在自己的场地同对手比赛那样，取得了一切便利条件。观众台上挤满支持印度的人群，印度穿着民主色彩的运动衣，在同一队身体更为强健的对手进行比赛；印方的球技熟练，斗志顽强。当西方世界的报纸和政府看到印度勇敢地顶住了他们认为是“中国扩张主义”的进攻时，他们就大声喝彩，希望印度再接再厉。西方舆论早就把中印两国视为亚洲两个政治集团的决赛对手；现在由于中国骤然“夺取”印度领土，竞赛已经开始了。有关边界历史和文件的争论，除了专家之外，谁都不易弄清，难以抓住来龙去脉；即使对于专家们来说，也查不到那些能看出争论的哪一方是比较接近真理的档案。事情就变为是相信印度还是相信中国的问题了。而在西方，一般对这个问题是没有什么犹豫的。虽然入侵果阿损害了印度的声誉，从而引起一些人对印度的态度和行动产生新的疑窦，但并不影响他们对印度同中国的争论上谁是谁非的看法。费利克斯·格林（Felix Greene）是这样解释美国的反应的：

> 在我们的意识中有一个根深蒂固的概念，就是中国在推行贪婪的、好战的外交政策；不论什么时候发生争端，只要涉及中国，就立即假定这个争端是由中国挑起来的。所有的评论、“新闻报道”和学术性见解，都是根据这个假定而写的。这样累积起来的效果，就更进一步加强了原来的假定；因而下一次再使用这种假定的时候，其效果就来得更大。[151]

美国人特别容易接受的看法是，印度同中国正在争夺亚洲经济上和政治上的领导权。肯尼迪在1959年（当时他还是参议员）主张增加对印度五年计划的援助时说道："我们希望印度在同中国的竞赛中获胜……如果中国胜利而印度失败，从经济发展的角度去衡量，力量对比就将变成对我们不利。"[152]尼赫鲁 1962 年 11 月访问华盛顿后，肯尼迪总统对他的评价大为降低。总统后来说，尼赫鲁这次访问是他接待过的一次"最糟糕的国家元首的访问"。他描写他同尼赫鲁的谈话："你好像是把什么东西抓到了手里，但又发现你抓到的只是一团雾气。"[153]根据阿瑟·施勒辛格（Arthur Schlesinger）所写的肯尼迪政府纪事，总统本来指望印度在以后几年里会成为"世界上或是南亚强大的积极力量"，但是那次会见使总统失望了。虽然如此，美国的政策仍是帮助印度发展，并在它同中国的争端中支持它。1959 年后印度对中国日益敌视，美国对不结盟国家的态度也有改变，这两方面的情况都促进和扩大了美国对印度的经济援助。1962 年，参议院外交委员会代理主席斯帕克曼（Sparkman）说过："我们知道印度在东北边境正在对共产党中国施加很大压力。我们早就希望它这样干，现在它正在朝着这个方向做。"此时减少对印度的援助，对它泼冷水，那是不明智的。[154]

英国政府对印度的支持，似乎和美国一样坚决，但看来白厅内部当时是有意见分歧的。有一些官员，主要是外交部官员，指出印度所提出的关于它所主张边界的历史论据是夸大的。无论如何，"麦克马洪线"和使中国接受一条在西北部的边界线问题，过去一度是英国外交部主管的事，外交部档案中也保存着有关记录。因此，他们建议英国对印度的要求不给予那么绝对的支持。然而，联邦事务部却主张——英国驻印高级专员肯定是更强烈地主张——不管边界过去的历史是怎样的，英国此时此地的利益在于全力地、无条件地支持印度。英国不可避免地采取了这样的权宜之计。

如果说印度可以指望从西方世界得到支持，新德里却有理由对于亚非国家的态度感到不安。阿索卡·梅达抱怨说："我们的邻邦和朋友甚至在中国侵略印度的问题上也持不结盟的态度……他们倾向中国一边。"[155]有些报纸社论宣称印度处于孤立，"在亚洲几乎没有一个朋友"。[156]有些亚非国家对印度以不结盟世界的领袖自居颇为反感，不像西方国家那样按照表面价值接受印度的说法。他们不抱任何成见，倾听中国的解释和论据。听了以后，他们对那种把印度视为讲理的、受害的国家，而把中国视为侵略的、顽固的国家的一般看法，表示怀疑。有些亚非国家发现自己陷于新德里同北京之间外交、历史的争辩这个汪洋大海之中，他们就紧紧抓住他们所能看到的一块坚实土地，那就是谈判的问题；在这个问题上，看来是中国想要和印度进行谈判以求得解决，而印度则拒绝谈判。印度宣称，事实正相反。但印度认识到既然有些人对印度的说法有所怀疑，这就一定使新德里懂得，过于直率地拒绝同北京进行讨论是有风险的。

为了避免受国际或国内任何一方的谴责，尼赫鲁及其顾问们就在1960年把“会谈”和“谈判”加以区别。这样他就能在新德里接见周恩来，而又不显出他是放弃了边界不能谈判的基本立场。但这时中国催促恢复会谈，而国内舆论却愤怒地坚持不举行会谈，于是新德里就制造了另一个微妙的提法。尼赫鲁8月13日在议会宣读的声明中重新肯定在中国撤退之前不能就争端的是非问题（即在官员报告的基础上）进行讨论，他接着说：

> 印度政府准备讨论应该采取什么措施来消除存在于这一（西段）地区的紧张局势，并创造举行进一步讨论的适当气氛。这将为在官员报告的基础上准备进一步讨论，旨在解决两国政府在边界问题上分歧。〔157〕

这意味着印度准备同中国会谈，但不是谈边界的走向。印度要同北京讨论的是中国从印度主张的领土上撤出的步骤。换言之，投降仍然必须是无条件的，但欢迎中国人到新德里来先做初步访问，以便讨论投降仪式的细节。

尼赫鲁在同一次讲话中，指责中国提出一些使会谈不可能举行的条件。半个月以前在关于老挝问题的日内瓦会议结束后，陈毅曾接见欧洲的一名广播电台记者。当记者问他对印度的双方撤退的建议有何看法时，他说："要中国军队从自己的领土上撤退是不可能的。这违反了六亿五千万中国人的意志。世界上没有任何力量能迫使我们这样做。"[158]尼赫鲁引用了陈毅的声明说，这就是"规定了使我们进行讨论和谈判成为不可能的先决条件"。[159]印度在8月22日照会中提出印度关于会谈的反建议时，再度申述了这个论点。陈毅的讲话和北京拒绝考虑尼赫鲁提出的双方撤退的建议，都被说成是"先决条件，它们违反了中国方面一再所说的要通过进一步讨论来和平解决边界问题的说法"。这份照会最后说："显然，正是中国人在规定办不到的先决条件，并且要求在进一步讨论未开始以前就接受中国人对这个地区（西段）边界的主张。"[160]

印度既然认为在中国从印度主张的领土上撤退前开始讨论，就是"对中国的主张做了先决的判断，或接受了中国的主张"，那么，中国在讨论开始之前撤退，当然也就是"对印度的主张做了先决的判断，或接受了印度的主张"了。但在印度看来，印度所主张的边界线是理所当然的国际边界。新德里的那一套论点，表明他们深信凡有争论的领土全部是，而且绝对是属于印度的。这样推论下去，中国在那里出现，就是抹杀不了的侵略行为。因而在他们看来，北京关于渴望和平和协商解决边界问题的表白，就都是言不由衷的空谈。另一方面，中国认为阿克赛钦从来不属于印度，并深信他们表示愿意放弃"麦克马洪线"以南的领土主张是通情达理的，是十分慷慨的。因而在他们看来，印度的表白也同样是言不由衷；在印度军队向前推进时，尼赫鲁关于使用和平方法的保证完全像扯谎。尼赫鲁本人也曾在一瞬间意识到他自己想法的矛盾。他在1962年5月说道："如果你开始像中国人那样考虑问题，是从这样的假定出发，即拉达克，尤其是阿克赛钦现在是属于他们的，过去也是属于他们的，那么，我们所做的一切，都是对他们犯下了罪行。但是我们如果从另一个基点出发，认为这些领土是属于我们的——它是我们的——那么，中国人所做的一切，都是对我们犯下的罪行。这就取决于你从哪一个假定出发。”[161]但是他这一瞬间的见识并没有影响到新德里对边界争端的处理；新德里的边界政策仍然毫不动摇地沿着对撞的方针走下去。

政府的批评者并不理解政府立场的细微区别——就是说它同意举行讨论，但不同意举行北京所要求的那种讨论。因此，他们继续攻击尼赫鲁同意和仍然占领着印度领土的侵略者坐下来会谈。但是，这正是印度总理喜欢玩的那种滚球戏，现在打球的条件正中他的下怀，于是他就大打特打。他在议会中向反对派说：“这是幼稚可笑的态度。”

“首先，谈判和会晤是有极大区别的，有天壤之别。不管发生什么事，不管所处地位如何，也不管前途如何，你总得要谈。如果我有机会，我将同（中国人）会谈。不会晤是十分荒谬的……只要有可能，就要鼓励会晤。谈判是非常正式的事；需要一个非常合适的背景，没有合适的背景就不应该举行谈判。……会晤是完全不同的一回事。”

有人责备尼赫鲁邀请即将离任的中国大使共进午餐，并攻击梅农在日内瓦同陈毅共饮并拍照。尼赫鲁对这些指责感到恼火。他挖苦他的反对者对当代世界的外交全然无知，他说：“他们似乎认为必须把印度对贱民的那套做法搬到我们的（国际的）关系中来。”[162]

议会讨论边界形势时，尼赫鲁需要进行辩护的不仅仅是印度政府的对华政策。对华政策起了三棱镜的作用，它把人们对政府的各种各样的不满和反对意见集中起来，这从8月中旬人民院辩论边界形势时所提出的一个动议中可以看得很清楚。这项动议要求：

1.“立即同中国断绝外交关系。”（这时两国大使都已撤回；印度大使先行撤回，但尼赫鲁在当时，甚至在边境战争达到高潮时都坚决主张维持外交关系，以保持一条往来渠道的畅通。）

2.“召开东南亚自由国家会议，以讨论共同安全措施。”（这里包含对政府的两项批评：第一，政府未能使印度的立场为东南亚各国所理解；第二，它不愿带头同这一地区的较小国家组成防务同盟以对付中国。）

3.“设法从其他国家取得军事援助以加速我国国防。”（尼赫鲁直到这时还奉行不结盟政策，而不结盟政策的根本一条，就是印度不接受任何外来军事援助。尼赫鲁争辩说，接受军事援助就等于加入冷战集团的一方，要加强印度国防的同时又不损害它的独立，唯一的办法就是发展本国工业和军火生产能力。他认为，反复提出要印度寻求军事援助，表明右派对不结盟姿态的根本不满。他说：“要从外国寻求援助，想指靠某个军事集团来拯救我们，这是道义上怯懦的表现。”他说他不让印度“依靠外国军队来拯救它的领土，即使我们在边境遇到灾难”。）〔163〕

4.“改善我们同尼泊尔的关系。”（自从马亨德拉国王两年前举行宫廷政变而使尼泊尔民主实验流产以来，新德里就公开批判他的政府。印度还让尼泊尔流亡分子自由越过印度尼泊尔边境进行恐怖袭击，企图挑动人们对国王的反抗。到1962年8月，印度政府设法弥补同尼泊尔的关系，并对流亡分子进行压制。）

5.“总理本人应兼任国防部部长。”（议会对于防务状态的担忧——虽然这丝毫没有阻碍他们要求对中国采取军事行动——主要集中在梅农身上。许多国大党议员以及右翼反对党派都认为梅农至少是一个隐蔽的共产党人，并且怀疑是他对尼赫鲁施加影响使之倾向姑息。另一方面，人们对尼赫鲁仍然非常尊重和爱戴，连有些批评他最厉害的人也常认为他是被领错了路，而不是他自己走错了路。尼赫鲁以前曾两次兼任国防部部长。）

6.“总理应发表一个断然的声明，申明在中国人撤出印度领土前，决不举行谈判。”（这是印度基本的和不变的立场。但是不管在什么问题上——即便是在这个问题上——发表断然声明都是同尼赫鲁的作风格格不入的。如果要他明确申明立场，他最多也不过是说："我认为按照目前边境的形势，我们不能同中国举行任何认真的会谈。"）[164]

* * * * * *

尼赫鲁早在1961年11月就说过双方军事哨所犬牙交错。[165]在西段遥远的荒野上，现在有些地方的情况正变成这样。在奇普恰普河谷，印中两方的哨所和工事很多——共有二三十个——彼此紧密交叉。有时，印度空军供应物资误投到中国阵地上，于是北京就恼怒地对"满载物资的麻袋和木箱"[166]这些不受欢迎的礼物提出抗议。有时，印度军队要从中国枪口下取回空投下来的供应品。双方开火差不多已司空见惯，但大部分还是骚扰性的射击或测距式射击。9月初印度军队在奇普恰普河谷开始执行五个星期前加勒万冲突发生时对他们下达的命令。当时，中国人迫近一个印度哨所，印军命令他们停止前进并后撤，他们不予理睬，于是守军就迎面开枪。有几个中国士兵被击毙，尸首留在印度阵地周围。印度外交部召见中国使馆临时代办通知他这件事，并要中国安排收尸。①

更南面，活动最频繁的地区是在斯潘古尔湖一带；廓尔喀人在班公湖和斯潘古尔湖之间建立阵地，他们乘汽艇（部件是空投给他们的）在湖上巡逻。到8月底，印度在中国主张的领土内已设立将近40个哨所；其中有许多哨所是由10人或12人守卫的；其他是由30人到50人守卫。印军在人数上和火力上远不如他们的对手，机动性和战术形势更差。他们四面受敌，孤立无援。如果他们遭受攻击，问题就只剩下他们究竟能抵抗多久，

① 印度政府没有公布这一事件；如果北京也不予公布，它就宁愿让这件事情悄悄过去。但1962年9月12日的《泰晤士报》《巴尔的摩太阳报》和9月15日的《印度斯坦时报》都报道了这次事件。印度发表的白皮书中也没有提到这次事件。但《人民日报》后来在讲到前进政策的最后阶段时，曾提到"我国士兵伤亡多人"。[167]

在自己被消灭之前，究竟能打死多少中国士兵。他们是尼赫鲁和他在新德里的文武同僚们深信中国决不会进攻这一信念的人质。考尔6月间视察西段后，报告说：

> 我们与其等待兵力大量集结，不如就在拉达克尽我们力之所及建立尽可能多的哨所，即便是很小的哨所也好。因为我确信中国不会向我们的任何阵地发动进攻，即使我们的阵地不如他们的坚固。〔168〕

在此以前，尼赫鲁斥责他的批评者敦促政府采取更剧烈的措施是冒险主义的思想。他说这对印度军队——“勇敢的、优秀的士兵”〔169〕——是不公平的。但到了夏末，他的态度有了明显的变化。8月，他在议会扬言，“我们在拉达克的这部分竖起了一重壁垒，建立了许多大大小小的哨所”“这些哨所的确是经常处于被人数较多的敌军袭击的危险之下，但这也没有什么关系。我们已经冒了风险，我们已经向前推进，我们已经有效地阻止了他们的继续推进……如果（中国军队）要摧毁我们的某些军事哨所，他们是能够办到的。但这并不等于我们失败。我们将搬出更大的问题来对付他们，更顽强地对付他们”。〔170〕由此可见，不能说尼赫鲁对西段的形势不了解，也不能说他对印军所冒的风险没有估计到。

另一方面，西部军区的道拉特·辛格将军还是不赞成把他的军队投入一场他认为是丧失理智的、无望的赌博。8月中旬，他写报告给陆军总部，指出中国军队在西段占有巨大优势，印度哨所则孤立无援。为了靠近空投地带，印度哨所只能设在河谷地带，因此，中国军队就能居高临下控制着他们。他写道：“军事上，我们无法守住我们已有的阵地，更不要说强行摊牌了。”所以，最重要的是不去挑起冲突。根据过去三年的经验，他认为“只要我们不破坏边境现状，中国不会为边境问题同印度打仗”。但是他说，阿克赛钦公路对于中国来说是一条极其重要的战略公路，如果印度的行动稍稍威胁到这条公路，中国定会作出强有力的反应。他建议当印度在西段的兵力还不能同中国相抗衡时（他说，要做到这点，需要一个由四个旅组成的师以及一切支援火力），应暂停推行前进政策。应该通过某种政治的解决把被围困在加勒万河谷的守军撤回来。他还指出，中国已明白表示非但不会干涉印军从哨所撤回来，他们还会欢迎印军这样做。辛格在结尾给他的文职上司一顿教训：

> 政治方针必须以军事手段为基础。如果这两者不协调，就会造成一种危险局面，使我们有可能在物质上和精神上遭到比过去更大的损失。如果要客观地执行抗拒中国对我国领土不合法要求的政策，就需要在军事上做好准备，舍此没有什么捷径。

辛格差不多等了三个星期才得到参谋局的答复。答复说：事态的发展证明了前进政策是正确的，继续执行前进政策对“实现我们的要求”是极为紧要的。“不这样做，（中国军队）就会拥进所有真空地带，这是他们的惯技。”辛格曾提出，即使要保住现有阵地，也必须要增援（四个步兵营、一个山炮团和若干中型机关枪）。但复信根本没有提到这个问题。复信最后说：“如果摊牌逼到头上，就必须根据当时情况尽力而为。”

大约就在这时，参谋局有一名高级军官来到东段视察，他当时向那些认为中国军队过于强大、难以抵挡的军官们保证说，拉达克的经验已经证明，“朝他们开几枪，他们就会拔腿跑掉”。

进入9月以后，中国在抗议中加重了敦促的语调。北京在9月中旬写道：“枪炮不是儿戏，玩火终必自焚。如果印度方面硬要以武力来威逼守土有责的中国边防部队，因而引起他们的抵抗，一切后果必须由印度方面承担。”〔171〕

印度边境上新的大赌博，两个巨人的“胆量比赛”，已达到高潮。如果双方中有一方是虚声恫吓的话，现在已到它应该最后扭身躲开的时刻了。但对冷眼旁观的世界来说，亚洲两个最大的国家会因争夺那么遥远和荒僻的土地而发生战争，仍然是难以置信的。印度认为不会发生战争，这种看法为自新德里发出的报道定了调子。因此，在世界屋脊附近形成的对峙局面是引人入胜而不是令人惊惶的。一位英国新闻记者表达了共同的感觉，他说："世界怀着兴高采烈的心情理会到中国正遭到公然挑战，印度已经采取了如中国继续推进就难以后退的立场。"[172]

在世界的另一面，这时正在酝酿着另一场更危险的"胆量比赛"。美国中央情报局记下这一事实：这年夏天，苏联载运军火到古巴去的船只中，有两艘装载木头的货船，舱口非常宽大，装货却很轻。但中央情报局还没有推论出它们的意义。[173]

第三章

北京的观点

中国对印度的态度有两个基调：首先是用马克思列宁主义的观点对印度做历史的、辩证的分析，其次是把印度当作邻邦，又是同属亚洲的大国，以此处理同印度政府的关系。开始时，这两者是截然分开的，但事态的发展，特别是边界争端，使两者合拢。因此，中国就认为印度的行动表现出印度的政治本性，这种本性不可避免地导致同中国对撞。

20 世纪 40 年代后期，中国共产党人经历了中国的大动荡，已胜利在望，他们转过头来看印度，就不难识别印度所处的政治发展阶段。尼赫鲁同蒋介石有过长期相互敬慕的关系，[4]他可能成为一个典型的民族资产阶级的领袖，而国大党则同早期的国民党一模一样。例如，1948 年至 1951 年，印度政府也曾出动军队镇压在海德拉巴（Hyderabad）邦特伦甘纳地区（Telengana）由共产党领导的起义；该地区的农民曾夺取土地，建立了自己的政权。当时看来，印度的革命可能已经开始。毛泽东在答复印度共产党的祝贺时说："我确信，依靠勇敢的印度共产党和一切印度爱国者团结奋斗，印度决不会长期处于帝国主义及其合作者的羁绊之下。自由的印度将有一天要同自由的中国一样，作为社会主义和人民民主大家庭的一员而出现。"[5]

看来，印度在开始制定对外政策时就走上了反革命的道路。美国过去支持蒋介石，直到蒋介石垮台——垮得比美国意料的早——现在又准备支持尼赫鲁。中国共产党一家杂志在 1950 年写道："美国把真正的希望完全寄托在印度，这就是为什么美国的第四点计划和其他援助计划优先照顾印度。尼赫鲁既想取得美援，又想扮演一个进步人士的伪善角色，用以欺骗印度人民。"[6]

印度明显地推行英国的喜马拉雅政策，甚至鼓动西藏脱离中国，这就证实了中国共产党人对尼赫鲁政治本性的看法。① 1949 年 9 月，《人民日报》写道："尼赫鲁之流以一个外国政府的名义，来宣布'西藏从未承认中国的宗主权'，这是公然挑拨中国诸民族的感情，破坏中国诸民族团结，公然干涉中国内政……"〔8〕同月，一家上海杂志指责尼赫鲁及印度政府为"英美帝国主义并吞西藏的阴谋"服务，同时，他们自己也怀着帝国主义的野心。该杂志结尾说："帝国主义者已让尼赫鲁充当了蒋介石的代理人。"〔9〕

印度对西藏的意图，中国表示怀疑。这在 1950 年中国军队进入西藏时印度所采取的做法中得到证实。但事实上双方就此问题所进行的外交交涉（见第一章相关论述）标志着中国对印度政策的转折点，中印关系的气氛还是良好的。在更广阔的外交舞台上，中国觉得印度新政府正起着有益的作用。

1949 年 12 月，印度承认中华人民共和国。它是第二个采取这样行动的国家。② 从那时起，它积极活动，要使北京新政府在联合国代表中国。从 1950 年 6 月朝鲜战争爆发起，印度在外交方面为停止朝鲜战争并阻止中美战争出了不少力。当时，由于美国派遣第七舰队布防台湾，中美战争有一触即发之势。这些为和平所做的努力，受到了北京的欢迎。10 月初，中国曾尝试利用印度作为通往华盛顿的热线。周恩来告诉印度大使潘尼迦说，如果美国越过三八线，中国将被迫对朝鲜进行干预。〔11〕这个尝试的失败并不是由于印度的过失，而是美国不听警告。印度在朝鲜停火谈判中扮演了一个重要角色，印度提出遣返俘虏问题的方案，终于打破了谈判的

① 不单是中国人看出新生的印度继承了英国的喜马拉雅政策，一位研究国际关系的美国人 1953 年在新德里著文时也看出："印度对西藏的政策和英国统治印度时所采取的政策极其类似。"〔7〕

② 缅甸是第一个承认新中国的。当时按梅农的意见，印度本来应该更早地承认中国，但印度照顾到外交礼貌，要让英国先承认。后来印度人对欧内斯特·贝文（Ernest Bevin）的踌躇不决实在忍耐不住了。〔10〕

僵局。中国虽然批评了印度在谈判中所起的作用，但还是继续赞同印度外交的总路线。

20 世纪 50 年代中期，是“印中人民是兄弟”的岁月。但在 1955 年万隆会议期间，中国方面对于印度所采取的僭越态度虽未说穿，却感到很反感。当时，尼赫鲁竟公然对周恩来以老前辈自居。他也许天真地没有意识到，他这种做法表面上看来是对中国友善，实际上却含有高人一等的味道。印度后来还经常提起这件事，认为他们的做法理应得到中国人的感激，但在中国看来，这只不过表现了尼赫鲁的极端傲慢。十年后，周恩来回忆起当时的情景，还感到恼火。1965 年，他对巴基斯坦访华记者追述这个事件时曾讲到尼赫鲁的“傲慢”。〔12〕差不多与此同时，他还对一些来访的锡兰（即斯里兰卡）政界人士讲道：“我从未遇到过比尼赫鲁还傲慢的人。”〔13〕当然，这不仅是个人之间的摩擦。潘尼迦就任驻华大使后，很快就体会到，他的驻在国对他的国家是颇为瞧不起的。事后他回忆当时中国对印度虽然真正友好，但多少有点以尊长自居。“这种态度就像一个社会地位已经确立的老大哥对于一个涉世未深的小兄弟所采取的教导态度一样。印度的独立是受到欢迎的。然而，中国作为世界大战后被公认的亚洲大国，指望印度懂得自己算老几，这是不言而喻的。”〔14〕潘尼迦把这些形容为“国民党态度”，但是，看来共产党取得政权后这种态度并没有改变。

按照印度的想法，印中两国的地位应像孪生兄弟那样平等；论资格，印度还要老一些。尼赫鲁毕竟早已世界闻名，他的著作为人传诵，他的事迹令人瞩目，而当时周恩来最多不过是毛泽东游击队的一名指挥官，①在中国以外没有什么名气，他是一个 20 世纪 30 年代的切·格瓦拉（Ché

① 埃德加·斯诺（Edgar Snow）回忆道：“周恩来是我 1936 年进入红区时遇到的第一位共产党领导人。他当时是驻扎在延安以北一个小山沟村子里的红军东线司令员。我刚要进帐篷，一个身穿旧棉军服的、身材瘦高的人出来迎接我。他用那穿着布鞋的双脚立正，用手在那褪了色的红星帽上，行了一个潇洒的军礼……那就是周恩来，这位‘赤匪’的脑袋是蒋介石出 8 万元洋钱悬赏的。”〔17〕

Guevara）式的人物。尼赫鲁在国际上享有的威望和受到的尊重，到万隆会议时达到顶峰。在布鲁塞尔被压迫民族会议（Congress of Oppressed Peoples）上产生了亚非国家团结合作的想法；[15]对尼赫鲁个人来说，万隆会议是布鲁塞尔会议后近 30 年来他为之奋斗的事业的胜利。当时，人们还不了解中国共产党领导人的分量。如果说 1954 年解决印度支那问题的日内瓦会议主要是欧洲人的表演，那么，在万隆会议上则是中国初次登上了亚洲的国际舞台。印度以及西方观察家都认为，主要由于印度的努力，“共产党中国才在亚洲获得一定程度的威望”。[16]因而，在万隆会议上，尼赫鲁以“一个社会地位已经确立的老大哥对于一个涉世未深的小兄弟那样采取教导的态度”，就不足为奇了。当然，在周恩来及其同事们看来，印度和尼赫鲁这个民族资产阶级的人物竟然想充当他们的监护人，这是离奇可笑的。

中国对尼赫鲁和印度这种自封为亚洲领袖的做法，虽然感到恼火，但并没有因此影响中国政府的政策，他们对尼赫鲁往往更多是感到可笑而不是生气。这很可能是由于他们对革命和对中国本身的力量具有自信。中国对尼赫鲁的外交政策给予高度评价。尼赫鲁对帝国主义集团保持着审慎的距离，不让他们在印度建立基地；他很快谴责了帝国主义的一些侵略行为，如 1956 年苏伊士运河的战争和 1958 年英美干涉中东的事件；他一贯支持北京在联合国中的代表权。像《人民日报》所概括的那样：“尼赫鲁是一位中国的友人，一位帝国主义的战争政策和侵略政策的反对者。”[18]这也不奇怪，尼赫鲁的政策和态度，完全符合列宁主义对他这样一个民族资产阶级政府领袖的本性和作用所做的分析：“在近代，殖民地、半殖民地国家的民族资产阶级同帝国主义和封建势力存在着矛盾，他们能够在一定历史时期内和一定程度上参加反帝反封建的革命斗争，因此具有历史的进步意义。”[19]

按照列宁主义者的公式，他们把这个发展阶段叫进步的民族主义；在这个阶段，民族资产阶级的政府不但能起积极的作用，而且应该得到共产党的支持。在反对帝国主义斗争的第一阶段，民族资产阶级和一部分被剥削阶级可以结成暂时而有效的同盟。

但是，这一类型的政府和领袖本质上具有两面性，而且进步的杰克尔可以很快地变成反动的海德①：

> 这些国家的资产阶级，由于他们的阶级地位，又具有对帝国主义和封建主义的妥协性，和对反帝反封建革命的动摇性。至于其中一部分同帝国主义和国内封建势力的利益密切结合的大资产阶级，则是资产阶级中的反动派。他们在某种情况下，也可以参加民族独立运动，但是，在广大人民群众真正起来的时候，在阶级斗争尖锐化的时候，在帝国主义收买之下，就会背叛革命，对内镇压人民，镇压共产党和进步力量，对外完全投靠帝国主义，反对社会主义国家。[20]

按照中国的看法，到 1959 年年初西藏叛乱时，尼赫鲁就开始了这种由杰克尔向海德的转化。

1959 年 3 月，消息传来：西藏东部康巴族的叛乱已经蔓延到西部，拉萨已经发生战斗，达赖喇嘛正逃往印度。这些消息再度引起印度对中国进入西藏所抱的怀疑和不满。尼赫鲁又陷入进退维谷的境地：强大的政治压力，以及他自己的心情，要他起码得讲几句同情和支持西藏叛乱者的话；而从外交上考虑，印度又需要对它承认是属于中国内部的事情保持缄默。他在议会中谈到自己的苦衷：

> 我们没有干涉西藏的欲望，我们最希望保持印度同中国的友谊，

① 这是苏格兰文学家斯蒂文森（Robert Louis Stevenson，1850—1894）的小说《杰克尔博士和海德先生奇闻记》（*The Strange Case of Dr. Jekyell & Mr. Hyde*）中的主角，叙述杰克尔原是仪表堂堂的“善良绅士”，因受诱惑服药后，可随时变成凶恶狂暴的侏儒海德。这个两面人的双重性格经常变换。此处作者指双重人格或两面派。——译注

但同时，我们非常同情西藏人民，对他们无能为力的困境感到非常苦恼。我们仍然希望中国政府能够运用他们的智慧，不使用强大的力量来对付西藏人，而是按照他们自己对西藏地区自治的保证，争取同西藏友好合作。最重要的是，我希望停止正在进行的战斗和屠杀。[21]

《人民日报》以一种遗憾多于愤怒的分析，反驳了尼赫鲁的论断，① 但是中国对印度的行动比对尼赫鲁的讲话更为重视。周恩来说，对于印度给予达赖政治避难，这是国际上的通常惯例，他们没有什么反对意见，[23] 但是他们抗议"印度政府对达赖的隆重欢迎"。当达赖刚到穆索里（Mussoorie，这是印度的一个山区胜地，达赖在那里建立了第一个总部）的时候，尼赫鲁就马上前往访问，这是一个政府对于一个友好邻国的叛乱首脑不合适的接待。[24] 事实上，达赖抵达印度东北部的提斯浦尔（Tezpur）时，受到"隆重欢迎"，部分是由于那里集合了二三百名记者；同时，达赖也需要和报界建立一些正式的接触，因而难免造成这种印象。但是印度政府也的确没有遵守它向北京提出的不允许达赖在印度进行反华的政治活动的保证。中国还再次对西藏逃亡分子在噶伦堡的活动提出抗议，并指责国民党和美国特务也在那里进行活动，通过当时仍然大为开放的边境把反华宣传品、武器和特务偷运进西藏。

在剖析尼赫鲁关于西藏事态发展的声明时，中国驳斥说，尼赫鲁把叛乱归结为"一个生机勃勃、迅速前进的社会"同"一个停滞不前、没有改变、担心可能会在改革的名义下对自己采取什么行动的社会"之间的冲突，那是错误地理解了形势。西藏叛乱不是别的，而是反革命，是特权阶级企图保持"黑暗的、残酷的、野蛮的农奴制"。因此，一点也不奇怪，美国国务院、英国殖民主义者和李承晚之流，都对叛乱者发出同情的叫嚣。《人民日报》接着指出，"我们感到惊异的"是尼赫鲁一方面

① 当这篇文章公开时，北京传称是毛泽东自己写的。[22]

反对这些人物，也懂得他们所玩弄的阴谋诡计，另一方面却“被这个同盟推到他们所谓‘同情’西藏运动的重要地位”。接着，该报引用了《尼赫鲁自传》的一段话，这段话反映了他经常口里谈一套马克思主义的理论，却没有让它来影响他的费边主义行动，“感化一个统治的特权阶级使它放弃它的权力和特权，这样的企图一直是失败的，似乎也没有什么理由说将来能够成功”。中国认为，这话说得很对。但是，“他现在责备我们没有能够感化统治西藏的特权阶级使它放弃权力和特权”。

至于讲到尼赫鲁所说的，印度对中国在西藏行动的愤慨，是出于一种同情心和亲密感情，那么，双方都可以使用“亲密感情”这个词。如果中国组织支援阿萨姆邦和北方邦的人民委员会，印度又会怎么想呢？“如果印度政府可以用对西藏人民的深切同情和悠久联系为理由，要求中国政府给予印度某种保证”，中国政府“不也是可以用深切同情和悠久联系为理由”，要求印度政府对自己的内政给予中国某种保证吗？（《人民日报》没有引用那加叛乱为例，这是意味深长的。如果在这里引用它就更能说明问题。那加人叛乱时间同西藏人一样长久，他们也像一些西藏人一样，主张民族独立，并要求取得主权国家的地位以体现和维护这种民族独立。像中国对西藏地方一样，印度在那加地区曾经使用军队镇压被认为是分裂主义的叛乱。北京不提那加族的问题，意味着中国在这个阶段不愿使人家把它的辩论看成是进行威胁，所以就提出阿萨姆和北方邦这类虚拟的例子。）

《人民日报》最后温和地说，尼赫鲁“跟我们在西藏问题上有某些分歧，但是在总的方面，他是主张中印友好的”，令人遗憾的是，现在不能不同“这位我们友好邻邦的尊敬的总理”进行辩论。[25]如果北京不是出于万不得已，决不至让印度对西藏叛乱的反应破坏整个20世纪50年代贯穿中印两国政府之间的那种友好关系。但是中国没有忽视印度的“大资产阶级”在尼赫鲁背后怂恿他不断向右转。中国人认为这个阶级“同帝国主义有千丝万缕的联系，对外国资本有一定程度的依赖性。而且，大资产阶级的阶级本性，也决定了它的某种向外扩张的欲望”。这就使它在世界范围内反对帝国主义干涉政策的同时，又或多或少地反映某些帝国主义干涉政策的影响。〔26〕用列宁主义的分析，印度政府很容易突然倒向右边，国内和国际都有强大的势力，总在试图把印度拉向右转。中国认为，在 1959 年，美印两国更加靠拢的时候，这种变化就开始出现。

照中国的看法，在艾森豪威尔政府的全盛时代，华盛顿通常对于中立主义者，特别是尼赫鲁，经常表示怀疑，这是对印度最好的评价。相反，到 1959 年，美国态度的转变是一个不祥之兆，这意味着美国不但要改变印度不结盟的操守，而且，华盛顿还估计到，新德里也已准备好委身相事。北京早就开始从印度的态度和政策中注意观察新德里被拖进帝国主义阵营的迹象。

尼赫鲁在 1958 年年末和 1959 年年初所写的信件中，表达了印度对边界问题的态度；在北京看来，这种表态就是这样的迹象。在那以前，中国不会料到同印度解决边界问题会比同其他邻邦解决边界问题更为困难。自 1954 年起，在印度的地图上就提出了对阿克赛钦地区的领土要求。但是，中国地图上也对“麦克马洪线”以南的领土提出类似要求。周恩来曾经告诉尼赫鲁说，中国在举行谈判全面解决边界问题的时候，无意坚持这一要求。印度也讲得很明白，说它不考虑对其作为东北边界的“麦克马洪线”做任何更动，说这条线从 1951 年以来就已成为事实上的边界线。中国除非同印度挑起一场无法解决的争端，否则就只能接受“麦克马洪线”。另一方面，北京在自己地图上对印度东北边境特区的大部分地方所提出的要求并不打算非办到不可，毫无转圜余地，而当时也没有迹象表明印度在自己地图上对阿克赛钦所提出的要求会是那么一成不变。尼赫鲁在议会和其他公共场合中，曾再三声明政府对“麦克马洪线”的立场；但没有任何迹象说明他对西段边界将持同样顽固的态度。印度对西段的主张线，只是在五年前才出现在印度地图上，这条线并不比中国在地图上对东北边境特区大部分地区提出的要求更加符合实际、符合管辖的现状。

北京同缅甸的谈判提醒了中国人（如果说中国人还需要提醒的话）：一旦边界问题成为民族资产阶级掌权的国家内部的政治问题，这些政府在国内压力下会采取不妥协的极端态度。所以，从争端一开始，中国就指出，边界问题并不急于解决；如果由于印度国内的原因，尼赫鲁认为举行谈判有困难，那么，整个问题可以留待以后局势较平静时再说。现状符合两国的需要；如果双方都不去破坏现状，那也就没有迫切的需要用条约对现状加以规定。但是，1959 年秋天发生了朗久和空喀山口事件，这意味着印度并不想使现状不受破坏。这些冲突对中国和对印度，都是不祥之兆。[27]

印度在朗久、兼则马尼和塔马顿设立了哨所，① 单方面擅自对“麦克马洪线”做了有利于自己的修改。中国认为这种做法事关重大，因为这说明印度对于必须通过协议修改边界的基本原则持漠视态度。这些哨所本身其实并无军事上的意义，中国只是向新德里提出了抗议，并没有去碰这些哨所。根据北京的说法，在朗久首先开枪的是印度人。但是，印度在兼则马尼和塔马顿建立哨所后，中国并未试图把印度人逼走，这就间接证明朗久冲突至少带有偶然性质。在中国看来，空喀山口事件倒是个更为不祥的预兆。不论谁先开枪，这个冲突是由于印度一大队巡逻队进入中国领土，并在那里设立哨所而引起的。这不仅是印度在“麦克马洪线”边缘推进几平方英里的问题，而是说，印度如果企图实现其地图上的要求，那就是涉及对中国具有重要战略意义（新藏公路穿过该地区）的成千上万平方英里的问题了。

1959 年年底，尼赫鲁和印度政府致北京的书信和文件中，十分清楚地表达了印度边界争端的立场。印度不同意进行全面解决边界问题的谈判，只同意对印度主张的边界线在这一点或那一点做一两英里的微小调整，而

① 见第一章相关论述。印度在这些地方建立哨所之后才提出要讨论这几个地点的边界走向问题，而这个提议是以中国不但要接受“麦克马洪线”，并要接受印度对西段边界的主张为先决条件的。

且连这样的谈判也必须以中国撤出阿克赛钦地区作为先决条件；不仅如此，朗久事件，特别是空喀山口事件表明，印度不但拒绝谈判解决问题，它还决心在地面上实行自己的主张。这种不但拒绝谈判，而且还拒绝尊重现状的态度，也就等于是拒绝边界问题的和平解决。

印度坚持要中国接受印度单方确定的边界，这就不仅是在东段死抱住一条由1914年英国同西藏的秘密协议产生的边界，而且在西段还提出一项“由英国帝国主义阴谋制造，但是从来没有敢公开提出过的”要求。[28]①印度提出对阿克赛钦的要求也并不是由于它牵涉印度的重大利益，“印度要求中国放弃通往西藏西部的唯一交通公路，而这条公路对印度毫无用处……这是损人不利己的”。[29]

中国根据自己对印度的声明和行动的理解作出反应，感到他们的自尊心受到很大伤害。列强单方面把边界强加于中国，对中国民族感情采取粗暴的轻蔑态度，这些对中国并不新鲜；在中国历史上，外国人的这种蛮横无理、以势压人的事例是屡见不鲜的。但是，现在“中国人民被任意欺侮的日子已一去不复返了”，[30]“解放了的新中国决不能再容许被推回到受损害的旧中国的地位上去”。[31]1959年9月，中国外交部部长陈毅在北京用比较温和的语调谈到印度企图把“麦克马洪线”强加于中国，这说明印度对“中国人民的民族自豪感和自尊心没有丝毫的考虑”。[32]

正如尼赫鲁一度觉察到的那样，中国认为西段的争议地区过去和现在一直是属于中国的；[33]中国从这个前提出发，觉得它自己对边界问题的态度是公平合理和切实可行的：

> “中国政府一贯主张，中印双方应该考虑历史背景和当前的实际情况，根据五项原则，有准备有步骤地通过友好协商，全面解决两国

---

① 大家还记得，英国人从未将约翰逊—阿尔达线（印度就是根据这条线提出要求的）作为边界线的建议通知中国。

边界问题。在此以前，作为临时性的措施，双方应该维持边界久已存在的状况，而不以片面行动，更不应该使用武力改变这种状况；对于一部分争执，还可以通过谈判达成局部性和临时性的协议，以保证边界的安宁，维护两国的友谊。”这个立场是公平的，也是明确的。〔34〕

印度不顾中国的合理态度，仍然采取了只能导致无法解决争端的方针，还对中国“大肆喧嚷，造成中印关系紧张”，〔35〕并蓄意在边界进行挑衅。〔36〕所有这一切表明，印度采取这些行动的真实原因必须从边界问题以外去找答案。中国运用马列主义的观点来分析，印度边界政策的动机和原因就一目了然了。

照中国看来，边境纠纷的根本原因在于“印度阶级矛盾和社会矛盾日益尖锐和尼赫鲁政府的政治危机更加严重”。〔37〕到20世纪60年代初期，印度政府反帝反封建的革命已经为反动的民族主义所代替，它同帝国主义和封建势力的关系越来越密切。但是，北京在相当一个时期里，还把尼赫鲁视为反动势力的俘虏，认为他可能从中摆脱出来，再度对印度的政策发挥进步的影响。1959年9月，《人民日报》写道：“在尼赫鲁总理的领导下，印度政府根据潘查希拉（五项原则）的精神，也做过有益于中印友谊的事情。”尼赫鲁“是受到中国尊敬的”，令人惋惜的是，他“对此没有保持应有的明智态度，竟被卷入印度反华的旋涡中去了”。印度的右翼政客、议员以及某些官员的恶毒攻击迫使中国做详尽的反驳。“但是，即便在这种情况下，仍然使我们不能不感到遗憾的是，我们的争论不能不涉及尼赫鲁总理。”〔38〕1959年年末，尼赫鲁还是在抵制着国内喧然要求对边界问题采取极端和绝对的态度，他力图调和国内的争吵，其目的是使通往谈判解决问题的道路敞开着，虽然当时印度政府在外交文件中都把谈判解决排除在外。

1960年后，中国对尼赫鲁的态度开始发生变化。看来，1960年4月在新德里举行的高级会谈是个分水岭。中国代表团告诉在新德里的共产党国家的外交官们说，尼赫鲁的不妥协态度使周恩来感到震惊。据报道，周恩来曾说尼赫鲁“既靠不住，又摸不透”，[39]不可能同他进行谈判。从新德里高级会谈后，周恩来在加德满都所做的评论中可以看出他对尼赫鲁阴一套阳一套的做法表示反感。在追述中国在公开谈话和声明中一直小心保持友好态度之后，他说：“尼赫鲁总理怎样对待我们呢？……他当面不说，可是，我们一走，就攻击中国政府侵略。”[40]

在1962年年底以前，中国并没有公开指责尼赫鲁，但是有理由推断：自1960年起，他们就已把他看作“印度大资产阶级和大地主的忠实代表”和中国国际敌人的走卒了。

1959年以后，尼赫鲁政府对内执行日益反动的政策，①对外也继续向美国靠拢，这就证明了中国从意识形态上对其预测的正确。1959年艾森豪威尔访问新德里，1961年尼赫鲁回访美国。在中国看来，美国给予印度的不断增长的经济援助更能说明问题。美国对印度援助的多寡反映了印度的不同态度。从1947年到1959年的12年中，美国对印度的援助总共不到20亿美元。但从1959年至1962年，美国已经给予印度或答应给予印度的援助竟超过这个数目两倍以上。中国由此得出明显的结论：“印度越是反华，美援就越增多。”[41]美援的增加“同尼赫鲁政府为美帝效劳、反对中国的程度成正比”。[42]中国从新德里在联合国、在刚果和东南亚问题上的立场以及它在边界所采取的“沙文主义和扩张主义的政策”中看到了印度日益依附美国的后果。华盛顿方面也觉察到印度政策的变化，并且作出用词截然不同但实质相同的结论。北京也注意到这点。1961年中期，一家权威性的右翼周刊《美国新闻和世界报道》从印度对国际麻烦地区的政策中注意到“印度已改变了过去的倾向”，这正如北京过去所观察到的；该杂

① 1959年新德里解散了喀拉拉邦的共产党政府，北京当然注意到这个行动。

志还问尼赫鲁是否“正在改变他的旗号”：

> 4月，尼赫鲁在批评美国干涉古巴24小时之后，来了一个大转弯，说肯尼迪总统“有魄力”，并暗示说古巴事件的当事两方可能各有各的道理。人们注意到这个大转弯发生在美国提出增加对印援助的前夕。尼赫鲁的一些经济学家警告过他，如果不取得大量的美援，就无法解决国内浩大的经济和政治问题。因此，一些美国官员也认为尼赫鲁是迫不及待地想向美国进一步靠拢。

这篇文章最后说：“印度总理尼赫鲁正在变成世界政治家中最受肯尼迪政府宠爱的一个人物。”〔43〕

中国在分析印度的政治、经济政策时评论说：印度虽然取得了政治上的独立，但经济上仍然处于殖民地的地位；到1960年为止，外国在印度的投资增加了一倍半，其中，英国投资增加了一倍，美国投资增加了六倍。〔44〕在这一时期，印度对外援的依赖也越来越大，在印度的第一个五年计划中外援比重占9.6%，在第二个五年计划中占20.6%，在第三个五年计划中则占到30%。印度一家保守的杂志《资本》（*Capital*）周刊1960年指出：“几乎整个第三个五年计划都是依赖‘外援’；如果得不到这种外援，这个计划将被毁弃，因为印度的外汇储备已经低于所需要的最低点。”〔45〕一家独立的杂志《亚洲团结》（*United Asia*）的结论是：到1962年为止，印度经济的依赖性如此广泛和深入，以致“任何削减或停止外援，都将在印度立即引起经济大危机，使大批公司倒闭，生产减缩，工人失业，通货膨胀无法控制”。（1965年印巴战争后美援一度中断，从而完全证实了这种预测。）中国人后来说，帝国主义的“‘援助’到达哪里，哪里实际上就会没有真正的经济主权和经济独立”。〔48〕

至于谈到尼赫鲁政府承诺要建设“社会主义式样的社会”，中国认为它不过是一场闹剧。①"尼赫鲁政府用所谓'计划化方法'、用外国'援助'培植起来的买办性②的国家垄断资本，不仅不是什么社会主义成分，像现代修正主义者所说的那样；不仅不是促进国家经济独立发展的力量，像某些经济学家所断言的那样……"而是恰恰相反，"它使印度经济沦为外国垄断资本的附庸"。[47]

列宁早就预见到这一切：

> 在保持生产资料私有制的情况下，所有这些使生产更加垄断化、更加国有化的措施，必然会加重对劳动群众的剥削和压迫，增加被剥削者反抗的困难，加强反动和军事专制，同时，必然会使大资本家靠剥削其他阶层而得来的利润急剧增加，必然会使劳动群众由于要向资本家缴付数十亿借款利息而遭受几十年的奴役。[49]

中国人还从印度人自己所做的评论中证实了自己的分析。他们引用了G.D. 比尔拉（G.D. Birla）在一次美国商人集会上的讲话。此人是印度一名大资本家（如果印度真有大资本家的话），他也是整个20世纪60年代印度得到庞大扩充的大工商垄断集团的巨头。当时，比尔拉向美国商人保证说："公营部分将成为私人企业的动力。"[50]

20世纪60年代头几年，公开暴乱和政治不满情绪在印度已经开始不断加剧，这甚至成为20世纪60年代印度政局发展的主要特征。中国把遍及印度的日益增长的政治骚动看作革命的前奏，"(资产阶级国有化）加深了广大劳动人民的贫困化，从而加剧了阶级矛盾"。[51]与此同时，中国还

---

① 1955年在马德拉斯郊区的阿瓦迪（Avadi）举行的国大党第60届年会，宣布把"建立一个社会主义式样的社会"作为国大党的目标。在这次大会上，国大党所固有的两重性（即口头上的社会主义和平均主义，而政治上又支持保守和正统）表现在"式样"这个字眼上。正如一名国大党的重要成员所说的那样："我们所要的是社会主义的式样而不是社会主义。"[48]

② 买办：(1) 过去指由当地人充当的管家；(2) 现在，在中国指的是外国商行雇用的当地雇员的领班或代理人。(《简本牛津大词典》)

看到尼赫鲁政府继承了英国的衣钵，不得不经常采取武力镇压的手段。中国人还找到了尼赫鲁自己在他还相信马克思主义时所讲的一段话来描述印度当前发生的情况："只要资本主义还能够利用民主制度的机器来保持政权和镇压工人，民主就可以发展；当它不可能这样做的时候，资本主义就抛弃民主而采取公开的法西斯主义的暴力和恐怖的方法。"[52]

尼赫鲁在国内政治方面不断向右转，中国认为他在外交方面也"实际上抛弃了反对帝国主义、殖民主义的旗子，适应了美帝国主义的需要"。"煽动反动的民族主义情绪，转移印度人民的视线……打击国内进步力量……以适应美帝国主义的需要"，印度政府"充当了国际反华运动的马前卒"。北京下结论说，这就是"中印边界纠纷的根源和背景"。[53]

中国用马列主义的观点解释了印度正在发生的情况，分析了印度的动机是有意投入美国的阵营，制造边界争端作为其对内和对外宣传的借口。中国提出这样的分析并不是为自己的政策和行动做解释或辩护。中国的政策是对现实作出的反应，始终取决于印度对中国的行动，而不是取决于对尼赫鲁政府阶级本性的辩证分析。共产党中国对外关系的记录清楚地说明了这一点。它对其他政府的政策并不是从这些政府的政治性质出发，而是取决于它们对中国的行动。北京的座右铭可以说是"不问其人，但观其行"。中国对巴基斯坦的态度就是明证。

在中国看来，巴基斯坦在整个20世纪50年代对中国采取了不友好的政策；它在联合国追随美国投票反对讨论中国代表权问题；它虽然早在1951年就同北京建立了外交关系，但是又同台湾的蒋介石残余分子维持着得罪北京的非官方接触；巴基斯坦还是东南亚条约组织和中央条约组织的成员。在中国当时看来，阿尤布政府的政策是日益依靠美国，阿尤布提出建立巴印"共同防御联盟"的建议是旨在"挑拨中国和印度的关系"。[54]《人民日报》1959年中期的一篇观察家评论说："巴基斯坦政府应当悬崖勒马，放弃敌视中国人民的态度，回到遵守万隆决议的道路上来，回到中巴两国友好的道路上来。”[55]但前面讲过，巴基斯坦由于本身原因，在1959年年底改变了方针，从解决中巴边界问题着手，踏上了同中国建立亲切友好关系的道路，最后同中国几乎达成了反印的默契。

用马列主义关于政治发展的尺度来衡量，20世纪60年代初期，阿尤布总统在走向资本主义的没落方面比尼赫鲁政府跑得还远。如果新德里的民族资产阶级日益受到大资产阶级、封建分子和帝国主义的控制，那么，阿尤布政府则代表了下一阶段，即由军人统治取代独立后的准民主制度。印度共产党政府在喀拉拉邦被接管，说明印度共产党的活动范围受到很大限制；随着中印争端的尖锐化，印度政府更是一步步加紧了对共产党的镇压——而在巴基斯坦，共产党却已被禁多年。若单纯从意识形态方面考虑，中巴两国应该是继续互不信任和互相厌恶的，但是，即使在中国对巴基斯坦最为不满的时候（当时，巴基斯坦设宴招待了一个从台湾前往麦加、路过巴基斯坦的“中国回教朝觐团”），北京仍然指出：“中国人民一向以中巴两国人民的友好关系为重，耐心等待巴基斯坦政府的态度能够有所改变。”[56]当巴基斯坦真的悬崖勒马，改变了它的敌对立场后，北京立即作出反应。从解决边界问题起，双方接着签订了其他互利协定，诸如允许巴航飞机在中国降落等。到1965年印巴战争后，中国又给予巴基斯坦大量的经济和军事援助，中巴两国友好关系一直是一帆风顺的。

直到中印争端发展后期，中国才在意识形态方面对尼赫鲁及其政府展开全面谴责。1959年中期，《人民日报》发表了《西藏的叛乱和尼赫鲁的哲学》[57]①，语调上还是遗憾多于愤怒，好像有不得已的苦衷。到1962年10月，中印边界冲突爆发后，才发表了《从中印边界问题再论尼赫鲁的哲学》，对尼赫鲁进行了严厉抨击。但在发表这两篇文章之间，中国致印度

---

① 应为《西藏的革命和尼赫鲁的哲学》。——译注

的外交文件仍然一再呼吁恢复中印友好，重申中国决不关闭谈判之门，最后警告尼赫鲁“悬崖勒马”。北京反复重申“中印两国没有根本的利害冲突”，[58]并坚持说边界问题本质上是个不太重要而且是带暂时性的问题。如果印度在1962年10月中旬以前改变了对华政策，同意全面谈判边界问题，或只是中止执行前进政策，那么，没有理由认为中国当时不会作出反应，促使中印关系和缓下来。

中国对尼赫鲁在意识形态上的猛轰，主要并不是为了伤害尼赫鲁本人或印度，因为这是另一场战斗中的猛烈交火，而印度恰好是在火力线之内。这听起来似乎有些荒谬，但事实上几乎一开始中印边界争端就同中苏争吵交织在一起，两者互相影响、互相激化。正如后来中国所说的：“中印边界问题，是我们同苏联领导人之间的重要原则性分歧之一。”[59]他们追溯苏联政策的发展是从假中立真包庇印度走到联合美国公开支持印度。

1955年布尔加宁和赫鲁晓夫①在印度进行热情洋溢的访问，大张旗鼓地表明苏联急于同印度友好和争取印度人民；同年，苏联对印度的经济援助计划已经有了小规模的开端。这是苏联政府新政策的组成部分。这项政策是尽可能地争取新独立国家的支持，而不管根据列宁主义的准则，这些国家是由民族资产阶级还是由帝国主义的走狗所统治。中国在20世纪60年代也执行了差不多同样的政策，中国在之后批评赫鲁晓夫支持新独立世界中的反共政权，看来只是两国关系恶化在理论上的反映和算旧账的表现。根据中国的看法，苏联不顾日益增长的中印敌对行为，在中印争端上开始偏袒尼赫鲁，并继续援助印度，除经济之外，还给予军事设备的援助，这样就使意识形态和国家关系两者混合在一起了。

1959年8月底，朗久事件发生后，边界问题就公开化了，并孕育着使用武力甚至爆发战争的可能。印度把朗久事件说成是中国无端侵略的结

① 布尔加宁时任苏联部长会议主席兼国防部部长，赫鲁晓夫时任苏共中央总书记。——译注

果，自然激起人们的愤怒。不仅印度大加利用，而且西方世界也就此大做文章。西方一向认为印度对中国的友好和支持是愚蠢的，是倒行逆施，现在多少有点幸灾乐祸，好像是中国恩将仇报，反咬了尼赫鲁一口。在苏联看来，事情发生的时刻是再坏不过了。当时，赫鲁晓夫正准备去美国做一次意义重大的访问，他打算把最近在苏联党代表大会上提出的关于世界形势及其政治前景的新论点付诸实施。他从根本上改变了列宁主义的正统学说，认为可以把作为解决国际争端的手段——战争消灭掉，也可以不经过战争使社会主义在全世界取得胜利。赫鲁晓夫在 1959 年整个夏季，一直有目的地设法同美国取得和解。8 月公布了他将赴华盛顿同艾森豪威尔会晤，看来，他的企图将大功告成。

联系到上述情况，朗久事件对苏联外交起了破坏作用。根据印度的说法，这自然毫无疑问是中国蓄意挑起的无端侵略的事例。中国关于冲突的说法则被置之不顾。事件发生后不久，尼赫鲁承认印度曾对朗久这个地方的边界线加以修改，因为“这条线不好”，但尼赫鲁这句话的含意也完全被忽视了。[80]西方观察家早就把中国看作一个好战的、霸道的强国，他们据此来解释朗久事件，从而肯定了他们自己的成见。西方那些反对美苏和解的人振振有词地说，中国对印度进行突然袭击，暴露了国际共产主义不可信任和侵略成性的真面目。他们把喜马拉雅山上的一点点星火看成一场燎原大火，烘托出同共产党国家谋求和平共处的风险。苏联人认为这样就会使赫鲁晓夫关于和平解决争端的那一套表白显得虚伪。

看来，中国意识到朗久事件对苏联产生的影响。9 月 6 日，中国方面按照自己的看法把事件的背景通知了苏联驻北京使馆的临时代办，说朗久事件是在“麦克马洪线”中国一侧发生的，而且根据中国边防部队的报告，是印度人首先开枪的。看来，这些解释并不能使苏联信服。三天后，苏联使馆临时代办向中国政府递交了一份苏联政府拟公布的对朗久事件的官方声明。中国方面劝说他们不要发表这个声明，并把周恩来 9 月 8 日致尼赫鲁信件的副本交给该代办。这是一份阐明中国立场、措辞尖锐的文件，其中指出印度军队“越境挑衅”是造成朗久武装冲突的原因。[61]9月9日，中国再次要求苏联不要发表塔斯社声明，但当天晚上塔斯社还是发表了该声明。[62]

从表面上看，塔斯社声明对谁都没有伤害。该声明说苏联“领导人”对所发生的事件表示遗憾，并对有人（指西方报刊）利用它离间两个亚洲大国关系、破坏和平共处的思想感到惋惜。苏联领导人相信，“两国政府会……解决所产生的误会”。

尽管这个声明讲的是一些陈词滥调，但它却很重要。它受到普遍欣赏，特别是在印度。尼赫鲁向人民院说，苏联政府“对局势采取了比较不偏袒的观点”。[63]北京的反应，虽然当时有所克制，但看来是强烈的。以后中国人说，莫斯科“摆出一副中立的面孔”“不问是非曲直”，仅就朗久冲突表示遗憾，实际上是偏袒印度，谴责中国。这样，苏联人就把共产主义世界的内部分歧宣扬了出去。他们这样做是不听中国劝告，对“中国关于事实真相所做的反复说明置若罔闻”，一心想创造“所谓戴维营精神向美帝国主义献礼”。《人民日报》说：“当一个社会主义国家遭到一个资本主义国家武装挑衅的时候，另一个社会主义国家不但不指责发动武装挑衅的反动派，反而指责自己的兄弟国家，这在历史上倒真是第一次。”[64]

10月，赫鲁晓夫得意扬扬地从戴维营来到北京，北京领导人试图向他说明朗久事件的经过，指出地点是发生在实际控制线以北，挑衅来自印度方面。但据中国人讲，赫鲁晓夫根本“不愿意了解边界问题的真相，不愿意了解谁是挑衅者，一口咬定反正打死人就是错误的”。[65]

在中印争执的整个过程中，中国经历了使之感到烦恼和受到损害的双重困难。第一，中国人有个“信用差距”（credibility gap）的问题。我用“信用差距”这个名词，并不是为了婉转地说中国人说谎，而是要说明人们面对中印双方提出的两种截然不同的说法时，几乎普遍倾向于认为印度的说法是正确的。（不仅西方世界如此，世界上多数共产党也都追随苏联接受了印度的说法。例如，有一个与赫鲁晓夫同时在北京访问的波兰代表团在离开中国后曾表示，中国是因为它自己被排斥于两个超级大国的谈判之外，才故意“向印度挑起”两次边界事件的。）[66]第二，由于印度在大小战斗中都输得很惨，人们一般就很容易得出结论，认为冲突不可能是由印度挑起的。

中苏两方在理论上分歧的核心是：战争是不可避免呢，还是可以避免的？战争是能继续为社会主义事业服务呢，还是由于核战争的危险而必须永远避免？因此，双方在引经据典的争论中，也都以朗久冲突的含义来支持各自的立场。赫鲁晓夫在北京直截了当地反对以战争作为执行政策的工具。他说：“不论共产党人的力量多么强大，都绝对不应对资本主义世界使用武力。”[67]中国认为这是对中国在朗久事件中所起的作用又一次不指名的斥责。[68]赫鲁晓夫回国后，向最高苏维埃所做的报告中，仍然坚持他对中印争端的中立态度。[69]他在听了北京的解释之后，明知中国对苏联所持中立态度是如何气愤，却仍然坚持其中立态度，这在中国看来无疑是蓄意挑衅和公然侮辱。

对共产主义运动本身来讲，中苏分裂是1960年6月在布加勒斯特举行的罗马尼亚党代会上公开化的。中国处理同印度的争端，成为赫鲁晓夫所谴责的北京“‘左倾’修正主义者”的中心内容。

赫鲁晓夫反驳了中国所提出的苏联不站在中国一边反对印度，就是对中国拆台的指责。他说：“事实上是中国拆了社会主义事业的台。”中国同印度争吵，不仅是不同苏联合作鼓励印度走向社会主义道路，而且还进行反对。当然，尼赫鲁是资产阶级，但是中国同他的争论与意识形态无关，这纯粹是民族主义的争吵，这种争吵已经给社会主义事业带来说不尽的损害，更不用说使共产党丧失喀拉拉邦那样具体的事情了。① 在上述情况下，特别是在无法分清争端是非的情况下，中国无权抱怨苏联不给予支持。他嘲笑说，中国夸耀自己人口众多，却还要苏联支持。而苏联人口还没有印度多。他提醒中国，应该牢记列宁对大国沙文主义的谴责，不要忘了列宁出于战术考虑曾准备割让一些领土，而托洛茨基则加以反对。中国行动的结果是使尼赫鲁成为印度的民族英雄，这正是帝国主义所需要的。苏联也有边境问题，但苏联对之采取了负责的态度；如果苏联也采取同中国一样的做法，那它早就会多次向伊朗宣战了。在苏伊边界上曾发生过多次冲突，也有过伤亡，但是苏联不允许让这类事件引起战争，因为那样做是同革命的真正精神背道而驰的。〔70〕

赫鲁晓夫针对中国的立场，说明了苏联在中印边界争端的问题上所持态度的理由。苏联的态度在中印边界争端整个发展过程中都是始终一贯的，除了在边界战争中期达到高潮的那一刻——当时也正是古巴事件苏美对抗期间。② 富有讽刺意味的是，苏联所申述的立场完全同中国的立场一样。《真理报》写道：

> 我们过去和现在都相信中印之间没有理由发生边界纠纷……更没有理由使纠纷转化为武装冲突。……如果双方能坐到谈判桌上来，心平气和地、不带任何成见地讨论他们相互的指控，毫无疑问，冲突早就会得到解决。谈判即使再困难，也总比战争要好，争执的问题必须在谈判桌上通过和平方式求得解决，而不能通过军事方式求得解决。〔71〕

这番话同北京一再用来劝说印度的论点一模一样。北京要印度相信必

① 赫鲁晓夫在这里把时间先后搞错了。喀拉拉邦的共产党政府是在边界争端具体化并成为政治方面的问题之前就被赶下台的。

② 见第四章相关论述。

须通过谈判解决边界问题；公正的和双方可以接受的解决办法是容易取得的；任何一方试图用单方面行动实现自己的要求，必然会导致危险的和灾难性的对撞。

苏联竟向最坚决主张谈判的一方大讲其谈判的好处，这就说明苏联像西方的观察家一样，根本不相信中国在中印争端中就该争端所说的话。他们似乎早已断定中国对边境情况的说法是一派谎言，断定中国提出的谈判建议是虚伪的。由于北京同新德里的争论错综复杂，他们就不去进行客观的调查。（赫鲁晓夫说过："争端的是非曲直是无法弄清的。"）他们对尼赫鲁说他自己渴望谈判的表面那一套信以为真；他们不相信像印度这样一个弱国真的会在地面上向中国挑战。①

鉴于尼赫鲁对苏联以及对中印争端所持的复杂态度，如果当时莫斯科对他施加影响，规劝他妥协或放弃前进政策，本来是可以起作用的。然而，苏联的明确中立态度却鼓励印度坚持自己对边境问题的立场，苏联的飞机更使印度得以推行前进政策。印度的朋友恰好帮助它走上了灾难的道路。

保持同印度的友好关系是苏联对发展中国家的政策的中心环节。苏联同中国的竞争和对中国恶感的增长，无疑促使它站到印度一边。此外，中印和中苏边界问题也有类似的地方，这也很显然是决定苏联态度的另一个重要因素。赫鲁晓夫在布加勒斯特的讲话含蓄地提到这点。他说："苏联也有边境问题，但它对之采取了负责的态度。"赫鲁晓夫提到的虽然只是伊朗的边界，但他明白还有更大的边界问题，需要同中国解决。三年前，周恩来就想同他讨论这个问题。〔72〕

中苏边界是帝俄扩张领土和19世纪中国衰弱的产物。19世纪中叶，俄国恢复了它在200年前就已开始执行的向东扩张领土的政策，并吞了中国在黑龙江以北及其支流乌苏里江以东的所有领土，缩小了中华帝国的版

① 见第四章篇首所引苏共中央1960年2月6日通知。

图，割断了中国同日本海的联系。与此同时，俄国还从中亚细亚方面对中国进行蚕食，侵略中国新疆。在《瑷珲条约》（1858年）和《北京条约》（1860年）中，中国承认丧失这几大片土地。1911 年中华民国成立后，中国的民族主义者开始要求废除在多难之秋强加给中国的不平等条约，收复它以前的边疆。

在革命初期，莫斯科洋溢着反映其革命纯洁性的天真烂漫的激情。布尔什维克党人当时有一种冲动，就是要把沙皇遗留给他们的不义之物清除干净。1917 年，代理人民外交委员列·米·加拉罕（L. M. Karakhan）宣布苏维埃政府废除沙皇政府同中国缔结的一切不平等条约。1920 年的《加拉罕宣言》对上述声明又予以确认：

> 苏维埃联邦共和国政府宣布，以前俄国历届政府同中国订立的一切条约全部无效，放弃以前夺取中国的一切领土和中国境内的一切俄国租界，并将沙皇政府和俄国资产阶级残暴地从中国夺取的一切，都无偿地永久地归还中国。〔73〕

然而在当时，一些俄国人对他们的东部领地就持有不同看法。列宁说过："要知道海参崴距离我们虽远，但毕竟是咱们的城市。"〔74〕① 此后不久，苏联就采取了这种观点：不管是不是不平等条约，中苏边界不能改变。他们以后又把《加拉罕宣言》曲解为只不过是作为谈判基础的基本纲要，而不是苏联政府拟采取的具体步骤清单。〔75〕

---

① 列宁是 1922 年 11 月 20 日在莫斯科苏维埃全会上谈到苏维埃共和国击退了日本帝国主义和白匪并收复海参崴时讲这句话的："你们大家都很清楚，我们付出了多少代价才取得今天的成就；你们大家都知道，内战拖了多么久，消耗了多少力量。现在海参崴的收复向我们大家表明（要知道海参崴距离我们虽远，但毕竟是咱们的城市），（鼓掌多时）我们是众望所归，大家希望我们胜利。这里和那里都是俄罗斯苏维埃联邦社会主义共和国。这种众望把我们从内战时的敌人手中拯救出来，也把我们从进攻我们的国外敌人手中拯救出来。这里我指的是日本。"（《列宁全集》中文版第 33 卷，第 395 页）——译注

中国的民族主义者（以及国民党人）继续主张《加拉罕宣言》怎么说的就应该怎么做。1949年中华人民共和国成立后，也继承了旧日的争端和长期以来收复失地的要求。然而，中国共产党人对中苏边界问题采取了与他们对中印边界问题相同的态度。他们虽然同其他中国人一样，对不平等条约的非正义性以及不平等条约所象征的民族耻辱也深表痛恨，但是，他们准备把已建立起来的边界当作生活的现实来看待，认为失地已不可复得。而且，从实际政治来考虑，必须采取上述方针。如果对100年前已经丧失的领土依然坚持收复失地的要求，那就必然会使新的共产党中国同苏联进行一场无法解决的而且可能是毫无希望的争执。很显然，不能指望苏联人会放弃包括诸如海参崴和伯力等城市在内、为他们所长期占有并已开发的土地。

中国把自己的态度清楚地告诉了苏联人："尽管历史上签订的有关中俄边界的条约是不平等条约，但是，中国政府仍然愿意尊重这些条约，并且以此为基础合理解决中苏边界问题。"[76] 1960年，中国政府曾向莫斯科建议举行谈判以便解决边界问题。[77]看来，当时他们没有料到谈判会有困难。当时有人向周恩来问到中苏边界问题，他回答说："在地图上有很小一点点差别，很容易解决。"[78]这当然是说得有点过分：中苏边界长达几千英里，原有的条约对边界的规定往往很模糊，它根据的是一些即使做了也是很粗略的勘察，但如果双方有共同的立场和解决问题的愿望，无疑是能达成协议的。

1964年的中苏谈判几乎刚一开始就破裂了。苏联对边界问题采取了同印度完全相同的立场。正如苏联人自己事后所说的，他们坚持"边界全线都已由条约议定书和地图作出了清楚、精确的规定"，[79]拒绝进行全面谈判。充其量，他们只准备"谈判在个别地段的边界走向……"

对中国来说，这就意味着苏联既要占有条约规定它可以占有的领土，"又要中国承认它违约侵占和企图侵占的中国领土都是属于苏联的"。[80]

苏联对谈判的态度等于是:“除了我们同意谈判的以外,就没有什么可谈的了。”这同印度的态度一样,同样是中国所不能接受的。

然而,对这两场争端,中国的立场是有明显区别的。中国从来没有向印度正式明确保证准备接受“麦克马洪线”,而中国对苏联则明确表示尊重不平等条约。道理是很清楚的。不管条约是平等或不平等的,那些划定中苏边境的条约是当时中国政府签订的正式和合法的协定。但中印边境则没有这样的法律基础,在麦克马洪同西藏人达成的协议中,中国并不是签约的一方,而且中国从一开始就不承认该协议。中印边界的西段更是从来没有划定过的。

苏联人可能把这些细微的区别看作只不过是中国人模棱两可的官腔,其目的是为提出大片领土要求铺平道路。周恩来在 1959 年 9 月 8 日致尼赫鲁的信(该信抄本第二天也交给了苏联人)中写道:“所谓的麦克马洪线是英国对中国西藏地方执行侵略政策的产物,从未被中国的任何一个中央政府所承认,因此肯定是不合法的。……中国怎么能够同意被强迫接受这样一个丧权辱国、出卖领土,而且这块领土又是如此之大的非法界线呢?”赫鲁晓夫及其顾问们对中国已不信任,他们不懂得:中国讲过他们永远不接受“被强迫接受”的东西,但是当中国在谈判桌上同对手处于平等地位谈判时,则可能完全愿意接受它。同印度一样,苏联把中国反对“麦克马洪线”的合法性的论据看作是中国对该线以南的领土提出要求。如果鼓励中国向印度提出这种要求,那么,中国对丧失给沙皇的土地也就会接着提出要求——先是达旺,然后就轮到海参崴。因此,在苏联人看来,他们有充分理由支持印度的立场。

到 20 世纪 60 年代,当领土问题已成为中苏争端的一个因素时,印度和苏联的立场就更加类似了。1964 年《真理报》写道,没有人否认“沙皇政府是执行了掠夺政策,中国皇帝也是竭力采取这种政策的,(但是)目前的边界是由实际生活和条约定下来的,也不容忽视”。[82] 中国早就很清楚地说过，他们准备尊重旧条约，但苏联像印度一样，对中国的保证充耳不闻。中国就认为赫鲁晓夫及其继承者制造中苏边界争端是别有用心——正如尼赫鲁一样。到20世纪60年代后期，随着中苏边境事件规模的扩大和日益激化，中苏两国所处的地位就相当于中印两国在20世纪60年代初期所处的地位。但这次苏联是军事上强大的一方，倒是它会有心要发动一次惩罚性的沉重打击，以绥靖边境，压倒他们认为是咄咄逼人的邻国的挑战。

在中国邻国中，只有苏联和印度两个大国拒绝就边界问题进行谈判。这种情况可能被认为其他小国是在胁迫下才同中国达成协议的。但是，中国同弱小邻国的谈判经过和协议内容证明这种想法是不合事实的。看来，更可能是由于苏联和印度自以为比中国强大，这就使得他们认为北京在谈判桌上坚持平等好像就是对它们挑衅。

1960年中苏争吵加剧，中国在意识形态上驳斥赫鲁晓夫的“修正主义”时，就把莫斯科对印度的支持当成一项主要罪状。根据北京的分析，西藏叛乱是尼赫鲁向右转的标志。现在印度民族资产阶级政权已进入第二个发展阶段，工人、农民和知识分子已起来同资产阶级进行斗争，尼赫鲁为了延长自己的寿命，就制造了同中国的边界纠纷。在这种情况下，真正的共产党人应该走的道路是很清楚的。他们必须反对印度政府，支持印度被压迫阶级的反政府斗争。但是，赫鲁晓夫放弃了阶级立场，继续支持印度资产阶级，甚至站在他们一边反华。中国认为，这表明赫鲁晓夫对形势的分析是偏颇的和腐朽的。[83]

莫斯科毫不动摇地继续支持印度。据北京估计，到1963年4月，（苏联对印度的）经济援助共计50亿卢比，数目虽然比较小但意义重大。[84] 1960年秋，苏联揭开了中国认为是严重挑衅的新篇章：苏联由小量援助开始，随后向印度提供规模庞大的军事援助。印度国防部代表团赴莫斯科，订购了安东诺夫-12（Antonov-12）重型运输机以及“猎狗式”（Hound）

直升机，这两种飞机都由涡轮引擎发动，适合在拉达克 1.6 万至 1.7 万英尺的高空飞行。印度用重型运输机向列城运输军事物资，每架直升机乘坐 12 名全副武装的士兵或相当重量的物资，这些都是印度执行前进政策的重要工具。最初在拉达克是由苏联飞行员驾驶运输机和直升机，并训练印度驾驶副手，但后来印度议会中有人提出了责问，他们害怕苏联人会把印度军事装备情况泄露给中国。

据报道，1960 年印度还同苏联就洽购米格式喷气战斗机的问题进行了谈判。但由于英美政府的强烈抗议，谈判拖了下来，交易也推迟了。但到 1962 年夏季终于证实，印度将获得米格式飞机。

在北京看来，苏联不只是从道义上支持尼赫鲁而犯了意识形态上的错误，它进而发展到背信弃义，向印度提供军事装备，而印度正是靠这些装备加强边境活动对付中国的。正如中国评论赫鲁晓夫时说的：“他还支持印度反动派对社会主义的中国发动武装进攻，同美国一起，用军事援助，去鼓励和帮助印度反动派向中国进行军事挑衅。”〔85〕

1961 年秋，中国认识到印度在西段增强军事活动是有目的、有协调的行动，“企图片面地以武力来实现其领土要求”〔86〕——印度政府是有意结束两年前空喀山口冲突发生以来的边境平静状态。尼赫鲁和印度政府看来是正式向中国进行挑战。1962 年年中，《人民日报》写道：“显然，印度所奉行的政策是对中国领土采取得寸进尺、逐步侵占蚕食的政策，蓄意要仗恃武力来实现它的要求。”〔87〕中国给新德里的照会中警告说：“如果印度政府把中国的上述克制和容忍的态度当作软弱的表示，那将是十分错误和危险的。”〔88〕《人民日报》的观察家评论也表述了同样的论点：印度当局“把自己的赌注押在对形势的错误估计上。这就是，他们把中国政府以中印友好为重、极力避免边界冲突的态度看作软弱可欺，自以为能够用武力迫使中国屈服”。〔89〕后来中国人说得更明确了。他们说印度人“把中国长时期以来的忍让克制，看作软弱可欺。他们还认为自己有恃无恐，既有帝国主义的撑腰，又有苏联领导人的支持，只要他们动手，就可以迫使中国退让，从而实现他们的领土要求”。[90]

由于印度继续拒绝谈判或作出任何防止冲突的安排，由于印度军队向中国东段的前沿阵地不断进逼，进行骚扰和挑衅，很清楚摆在中国面前的只是两条道路：要么同意从印度所要求的领土上撤走，并按照印度的条件谈判解决边界问题，从而屈从于印度的外交和军事压力，牺牲自己的尊严和威望以及在西藏—新疆地区的战略地位，要么接受印度的挑战，进行战斗。

在印度大举推行其前进政策之前，中国总以为发生战争的想法是荒唐的。1959 年年底，北京给新德里的照会中写道：“更不可能荒谬地设想，我们两个共有 10 亿多人口的伟大的友好邻邦，会为这种暂时的、局部的争端而发动战争。”[91]然而在中国同苏联的大论战中，他们曾主张战争有时是不可避免的；不能因为共产党人（指苏联共产党人）害怕核战争，就在战争面前退缩；中国同苏联一样，希望避免世界大战，特别是核战争；但是不能因此就屈从于帝国主义及其走狗。这是一个对敌人做如何估计的问题：正如毛泽东说过的，在战略上要藐视敌人，在战术上要重视敌人。对美帝国主义和蒋介石集团这样的敌人不能估计过高；他们“已经腐烂，没有前途”，所以在战略上应当轻视敌人。“但是在每一个局部上，在每一个具体斗争问题上……却又决不可轻视敌人。相反，应当重视敌人。集中全力作战，方能取得胜利。”[92]

这就是 1962 年 9 月印度恣意向中印边境西段推进时，中国向它提出警告中所包含的想法：“如果印度方面硬要以武力来威逼守土有责的中国边防部队，因而引起他们的抵抗，一切后果必须由印度方面承担。”[93]

第四章

边境战争

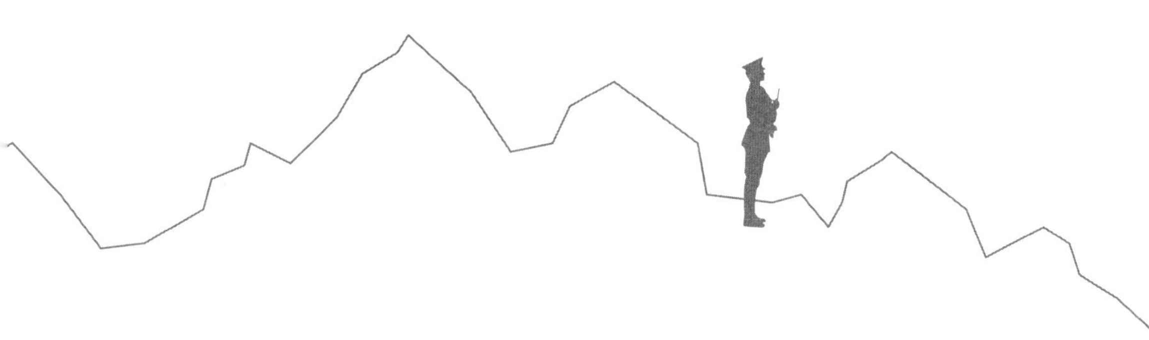

一、山脊和河流

1962 年夏天，印度公众的注意力集中在边界西段。印度政府对一些事件经过的说法颠倒是非，宣传说中国蓄意在西段向前推进，企图扩大其控制地区。这种说法虽然对外界达到了掩盖事实真相的目的，却使印度政府受到国内的指责，说它还没有大胆地、断然地迎接中国的挑战。政府事实上是在执行一种孤注一掷的政策，而人们却责怪它过于容忍，甚至是懦弱无能。这意味着尼赫鲁已自行放弃了任何选择的余地。暂停执行前进政策以解除在西段受到的压力，会被看作是投降和对民族事业的背叛。而且，对于中国在地面上的任何行动，凡可以被解释为新挑衅的，不论情况如何，都不能不采取明显的、强有力的反制措施。既然尼赫鲁使公众误以为印度军队有力量对付中国，他就只能以动用军事力量作为印度的对策，而没有其他选择了。

印度在西段推行前进政策的目标是把中国军队从印度要求的领土上赶出去，于是就使西段边境出现了剑拔弩张的形势。在东段，中国是把“麦克马洪线”当作事实上的边界来遵守的，并没有占据任何印度所要求的领土。然而，正是在东段，印度的小规模推进触发了一场边境战争。

自从 1959 年 8 月的朗久事件后，东段三年来一直平静无事。朗久事件发生后不久，尼赫鲁和周恩来协议双方沿东部边界停止巡逻。[3] 印度陆军奉命不在距“麦克马洪线”两英里以内进行巡逻。然而，前进政策的指令把这些命令都推翻了，使“麦克马洪线”再度出现紧张的局势。1961 年

12 月陆军总部发出一项指示，命令东部军区将哨所向前推进，要他们尽可能靠近“麦克马洪线”建立新的哨所，以便有效占领整个边境，并在哨所之间的空隙地带进行巡逻。这些命令使东段印军面临与西段印军同样的困难任务。他们有时要走上几个星期才到达“麦克马洪线”。而一旦驻守部队按照上级指示把哨所建立起来，如何供应他们就成了尖锐的问题。同西段一样，他们的全部必需品要靠空投。在西段，在河谷的平地上还容易找到良好的空投场所，可是在东北边境特区险峻的、丛林密布的山脊上却很难找到这种合适的空投场所，气候条件之坏也经常使空投任务接连几个星期无法执行。在这种情况下，最边远的驻军就有断粮饿死的现实危险。

像他们在西段的同僚一样，负责“麦克马洪线”地段的高级军官指出：把部队派驻在得不到给养的地方是不切实际的。也像在西段的情况那样，上级把他们的意见都撇在一边。1962 年 2 月，考尔将军亲自到阿萨姆处理那里的军长乌姆拉欧·辛格（Umrao Singh）中将提出的反对意见，正如一位有关的军人后来说的，“其目的是吓唬那些对设立前沿哨所的整个想法表示不安和怀疑的将军们”。[4] 考尔在情报局局长马立克及其副手的协助[5] 下，根据陆军总部的地图具体规定了新的哨所应设立在哪些地方。结果不是派正规部队就是派阿萨姆步枪队去执行这项任务。在 1962 年上半年，印军沿“麦克马洪线”建立了大约 24 个新哨所。

上述部队在东段推行前进政策时困难固然很大，但没有遇到中国方面的对抗行动。只要印度军队还是在“麦克马洪线”的印度一边，中国就没有作出反应。成为爆发点的是像朗久那样双方对确切的边界走向还有争议的地方。1962 年，印度方面没有企图重新占领朗久（1960 年间中国方面就已经从这个村子撤出）。但是，当印度军队在“麦克马洪线”西端的狭长争议地区建立新哨所时，就点燃了边界战争的星火。

根据英国和西藏 1914 年 3 月 24 日在德里签署的那份地图，“麦克马洪线”的终点是在北纬 27 度 44 分 30 秒与不丹交界处。这一地区无分水岭可依循，因此，麦克马洪就沿着他的地图上所画的显著的山脊地形来画线。可是当印度人在20世纪50年代踏勘东北边境特区这一西北角的时候，他们发现如果要把“麦克马洪线”地图上的坐标移到地面上来，它的位置就不在附近最高的山脊上。靠近边界西端的最高的地形是塔格拉山脊①，位于麦克马洪画线以北三四英里处。有证据说明，印度方面至少从1959年年初起就已经决定把塔格拉山脊作为边界，但是直到该年8月，他们才采取具体行动。当时，他们在兼则马尼设立了一个哨所，这个地方无论是根据他们自己的或其他的地图都标明是在位于“麦克马洪线”以北的地方。这就是说，印度对地图上所标明的“麦克马洪线”以北的一块呈直角的三角形地区提出了领土要求，并推进到了那里。这一地区的南面大致长12英里，西面大致长4英里，共计约25平方英里。

中国方面立即作出反应。尼赫鲁在当月稍晚一些告诉人民院：中国派出一支约200人的队伍，把阿萨姆步枪队的10至12人“用武力推回去”两英里。〔6〕接着中国军队就撤走了；两天后，印度军队又回到兼则马尼。中国人打算再次把他们推回去，但这次印度军队显然明确表示他们将进行抵抗，于是中国人就让他们留在兼则马尼。新德里在8月11日照会北京，就这一事件提出抗议，声称兼则马尼是在印度境内，“按照传统和条约地图”，边界是沿塔格拉山脊的。印度的所谓“传统”，指的是南面一个村子里的牧民习惯于在这个地区进行季节性的放牧。然而，北面村子里的人也同样使用这块地方。印度声称条约地图表明边界在塔格拉山脊上，而兼则马尼在印度境内，这纯属虚构。条约地图上根本没有画出塔格拉山脊或兼则马尼。但是印度政府在上述抗议照会中却说兼则马尼是在北纬27度46分〔7〕，而地图上标明的边界则是在北纬27度44分30秒处从东向西走的。

① 又译“塘格拉山岭”。——译注

中国也对此事件提出了抗议，宣称兼则马尼“无可置疑地是中国领土的一部分”，指责印度的行动“严重地侵犯了中国的主权和领土完整”，并警告说，如果印度哨所不撤出兼则马尼，新德里应对由此而产生的严重后果负责。[8]印度在语气缓和的复照中，建议双方讨论在兼则马尼和其他争议地点的边界线的确切走向，并要求中国的人员不要越出塔格拉山脊的北面，使兼则马尼的现状不受干扰。与此同时，印度方面保证不改变这一地区的状况，“以待进一步讨论”。[9]中国提出印度方面如不撤出将产生“严重后果”的含蓄的警告后，并没有采取行动。以后三年里，印度哨所继续不受干扰地留在兼则马尼。直到印度违背自己含蓄的保证而建立了另一个哨所之后，中国军队才越过了塔格拉山脊。

1960年双方官员会晤时，印度方面在口头上和他们提出的地图上都主张塔格拉山脊是边界的标志，并把印度、中国、不丹的三国交界处定在北纬27度48分的地方。[10]虽然印度政府自己对东北边境特区西北角的边界位置看法是明确的、前后一致的，可是，陆军方面却不知道在制图上的变动，或者是陆军总部没有把这事传达下去。在设立兼则马尼哨所时，阿萨姆步枪队是归文官系统指挥，通过阿萨姆邦邦长来领导的。因此，西端的边界与他们的地图有出入这件事，没有引起陆军方面的注意，至少是没有引起新德里陆军总部下属单位的注意。但是，陆军方面还是奉命不要在兼则马尼以西的“麦克马洪线”上进行巡逻。

由于本书现在必须比较详细地谈到印度陆军的编制和各级指挥官，因此需要先说明一下1962年夏季时印军的指挥系统。陆军总部当然设在新德里。P. N. 塔帕尔上将任陆军参谋长，考尔中将是他的参谋局局长。考尔有一帮他亲自挑选的参谋人员，其中最重要的是他的副手J. S. 迪隆（J. S. Dhillon）少将和作战处处长帕利特（Palit）准将。东部军区司令部设在勒克瑙（Lucknow），负责从北方邦起，经过“麦克马洪线”，到缅甸和东巴基斯坦边境这一段漫长的弧形边界，并负责对那加叛乱分子的讨伐。军区司令由前任参谋局局长 L. P. 森中将担任。下属第 33 军，军部在西隆（距勒克瑙 600 英里），负责整个东部军区防地，军长是乌姆拉欧·辛格中将。该军下辖第 4 师，师部在距西隆 200 英里的提斯浦尔，由尼兰詹·普拉沙德（Niranjan Prasad）少将指挥。该师当时有两个步兵旅。第 7 旅旅部在达旺，旅长是约翰·达尔维准将。该旅有一个营驻守达旺，另一营驻守德让宗，还有一营驻守邦迪拉。第 5 旅旅部设在北拉金普尔（North Lakhimpur），下辖三个营分散驻守东北边境特区的其余地区。原由第 4 师指挥的第 11 旅当时在那加地区执行任务，不属该师建制。

1962 年头六个月里，陆军总部为了执行前进政策而下令在“麦克马洪线”上建立的 24 个新哨所，都不在兼则马尼地区。这大概反映陆军总部了解政府已作出保证：如果中国不破坏该地区现状的话，印度也将不予破坏。假使事情果真是如此，总部却没有把兼则马尼三国交界地区的特殊情况下达给第 33 军。因此，1962 年 5 月，那个不准在兼则马尼以西进行巡逻的禁令刚撤销后，该军显然是自作主张，下令建立几个哨所，其中之一就在印度、中国、不丹的交界处。（同时下令在“麦克马洪线”另一端的印度、中国、缅甸三国交界处建立一个哨所，但那里的地形条件太困难，因而巡逻队无法接近。）

当阿萨姆步枪队一个排的巡逻队在 6 月到达西面的三国交界处时，他们也没有理睬自己地图上所标明的“麦克马洪线”，而是把在该线以北三四英里的塔格拉山脊当作边界。于是，他们就在 6 月 4 日建立了一个哨所，该哨所不是设在三国交界处（因为他们觉得那里地势太高，地形困难，无法上去，不是个设哨所的地方），而是建立在地图上所标出的边界以北的河谷平地上。设立哨所的地方叫扯冬（Che Dong），在一条叫南卡曲[①]（Namka Chu）的小河南岸。但是那位巡逻队队长可能由于对哨所的位

① 南卡曲即克节朗河（中国的习惯叫法），以下均译克节朗河。——译注

置有所疑虑，因此他就用地图上所标出的“麦克马洪线”以南两三英里一个山口的名字“多拉”（Dhola）来称呼该哨所所在的地方，从此就引起许多混乱。

巡逻队派出的侦察小组到达塔格拉山口，站在山口上看到一个叫“勒”（Le）的相当大的西藏村庄，却没有发现中国军队，这证实了中国人所说的[11]，他们在东段一直遵守着1959年协议，不在实际边界进行巡逻。这也许可以说明为什么要隔那么久他们才对印度建立多拉哨所作出反应，尽管看来在这一哨所建立后，他们不见得不是马上就知道的。

那位巡逻队队长（一名陆军上尉）把这个新建立的哨所留给一个下级军官指挥，自己回到提斯浦尔，直接向师长普拉沙德将军（就是他的叔父）报告。多拉哨所在达尔维准将管辖地区之内。达尔维对建立一个必然会引起中国反应的哨所是否明智曾提出疑问。但是上级叫他“不要管”，因为建立新哨所事关国家政策[12]——这是加勒万河谷事件的重演。普拉沙德将军鉴于三国交界地区的性质特殊，对多拉哨所的位置选择提出了意见。他建议，如果要把塔格拉山脊当作边界，哨所应该移至塔格拉山口。军部把他的报告和建议转了上去，终于送到了印度外交部。至少从1959年起外交部就很清楚关于“麦克马洪线”西端的一切情况，并一直主张塔格拉山脊是边界的标志。现在印度外交部不顾印度在1959年向北京所做的不改变这一地区状况的保证，答复说，陆军如果还没有把印度管辖权推进到塔格拉山脊的山顶，现在它可以这样做了。

如果说印度由于向中国做过保证，因而起先并没有打算在兼则马尼地区设立另一个哨所，那么印度外交部事后批准设立多拉哨所，就标志着事情已到了无可挽回的地步。假使官员们那时建议说鉴于印度已保证不改变塔格拉山脊下面的现状，因此应撤销新的哨所，那么哨所本来可以悄悄地撤走，而不致有什么困难。陆军方面肯定不会反对。多拉哨所从战术上看是个负担，如果设在南面几英里处会更好一些。既然中国到那个时候还没有对多拉哨所的建立作出反应，那么把它迁到另一个地方去，也用不着害怕有人会指责政府屈服于中国的压力。也许外交部是忘记了它早先向中国做过的保证。① 不过，看来更可能的是，官员们把建立多拉哨所看作执行前进政策的组成部分，即要在印度提出要求的所有领土上行使印度的全部权利。据后来透露，在新德里的军人们也给文官们造成了一种印象，以为陆军在东北边境特区是处于强有力的地位，一有机会，就能把中国人狠揍一顿。根据那种看法，在“麦克马洪线”上取得一个局部的胜利，就可以向中国显示印度是真正说到做到的，从而便于在西段向前推进。

总之，设立多拉哨所是被批准的。但上级却没有对第 4 师澄清边界的位置，也没有批准把哨所移到塔格拉山脊的主要山口上去的建议。但第 4 师师部从一开始就认识到多拉哨所的建立很可能引起同中国的纠纷。不仅印度陆军自己的地图上都标明该哨所的位置是在中国境内，而且 5 月间还在该哨所附近发现一块用中文写的木牌，7 月在提斯浦尔译出，原来是宣告，“这是我国山河”。印军为了防范起见，从达旺派了一个步兵连进驻多拉南面的伦坡（Lumpu），当时估计从伦坡到多拉是一天的路程。

多拉哨所设立后，过了三个月，中国没有采取行动。这段时间里，印度在西段推行前进政策使那里的形势变得十分紧张，双方经常开火，互有伤亡。东段一直还是平静的。到 9 月 8 日上午，中国军队用对付印度在西段的前沿哨所同样的办法，来对付多拉哨所。一支中国军队突然从塔格拉山脊开下来，逼近哨所。哨所的指挥官已经担心了好几天，因为他派出的一个分队曾与中国军队遭遇，中国军队叫他们马上离开这一地区，否则就把他们撵走。他起初认为朝他的哨所开来的中国军队就是为了实现上述威胁的，后来，他承认他向师部报告时夸大了中国军队的人数。〔13〕第一支

① 说印度外交部会干脆忘掉这样重要的一件大事，并非无稽之谈。1965 年，印度政府极力否认库奇—兰恩（Rann of Kutch）地区的印巴边界存在任何争端。印度外交部简直忘掉了大约八年前在与巴基斯坦订立的协议里，曾明确承认这样的争端是存在的。后来，有一名记者提醒政府原来有过协议。

中国军队显然只有60人左右，而他却报告说有600人左右。他盘算着如果他把比较实在的数字报上去，上级就会叫他用他手头的小部队应付局面；而如果报告说他受到几百名中国军队的威胁，上级就肯定会派陆军来支援他。〔14〕

多拉哨所没有被包围。中国军队没有迹象要进攻它。但他们在靠近和可以控制这个哨所的地方驻扎下来。他们重复使用了在西段对付印度向前推进的那套战术。

北京在地面上采取行动后，接着于9月16日在外交上提出抗议。北京的照会回顾了印度军队"1959年侵入了所谓麦克马洪线以北"的兼则马尼，"赖在那里不走"。北京指责印度方面现在更侵入了扯冬。"这种步步蚕食的行动充分暴露印方侵略野心之大，也表明印方正积极扩大紧张局势到中印边境全线"。照会最后提出当时人们听惯了的警告：如果印度一意孤行，必须对由此产生的一切后果负责。〔15〕

印度想单方面对"麦克马洪线"做局部调整，中国对此的态度是始终一贯的。中国虽愿把"麦克马洪线"当作事实上的边界来遵守，但是这必须是麦克马洪所画的那条线，而不是印度企图加以修改的线。这条线没有经过联合勘测（在印度没有同意举行全面谈判边界问题前，也不可能进行联合勘测）；1914年3月24日的英藏换文，没有对该线做文字叙述；因此，在任何一个地点，那条线的位置只能由查看双方都保存有的条约原图上的经纬度并且把那些经纬度移到地面上来加以确定。〔16〕按照这个办法，多拉哨所和塔格拉山脊，与兼则马尼一样，明明白白是在"麦克马洪线"以北，是在中国境内。在把"麦克马洪线"确切地移到地面时，如果为了适应地形状况需要做一些修正，那也只能由双方联合进行新的勘测来进行；在这之前，双方应当遵守原图上的边界线的经纬度。如果可以允许一方任意改变边界，北京问道："中印之间还有什么边界可言呢？"〔17〕

北京这种态度，无论在实际上和法律上，看来都是正确的。任何一方为了适合地形和自己的方便而单方面地对“麦克马洪线”进行调整，不可避免地是着眼于使本方得到好处的。印度所做的一切调整也的确都是把边界线向北推进，扩大了印度行政管辖的范围或增加了印度提出的领土要求。单是为了政治上的原因，印度政府就不可能把边界往南移而使自己被指控为“把印度领土割让出去”。由于同样的理由，假使中国从它自己的观点出发，开始单方面地修正“麦克马洪线”，其结果也只能是把边界推向南面。

然而印度政府却坚持说，大家都知道麦克马洪的原意是要沿着山脊划定边界线，而塔格拉山脊又是在地图标界线稍北处一个明显的特征，因此，边界线就一定是沿着塔格拉山脊的。印度政府一向坚决认为，“麦克马洪线”，也只有“麦克马洪线”，是印度的东北边界；现在更进一步地坚决认为；“麦克马洪线”的确切位置只能由印度单独决定。三年前，尼赫鲁曾建议同中国进行讨论来决定有关东北边界走向的一些细小问题。随着多拉哨所的对峙局面日趋严重，驻在当地的中国人员建议印度派出代表同他们的政治官员会晤，商定各方在当地的管辖界限。这一建议从多拉哨所地区一直上报到当时在伦敦的尼赫鲁那里，他却断然加以拒绝（见本章后边论述）。

在印度政府看来，塔格拉山脊已成为确定的、绝对的边界，多拉哨所像新德里一样，无可争辩地属于印度。对西段的加勒万河哨所或印度已设立的任何其他前沿阵地——这些哨所和前沿阵地都设立在中国占有而为印度所主张的领土上——在理论上也都同样可以这样说。然而，出于政治上和心理上的理由，印度政府对中国包围多拉哨所的反应，与它对中国针对西段的印度哨所所采取的同样行动的反应，是完全不同的。在西段，只是命令受到包围或威胁的哨所坚守下去，问题是看部队的毅力和后勤供应如何。可是政府对多拉哨所的决定却是不但应即予解围，而且应该把中国军队赶到塔格拉山脊以北。

新德里没有去考虑，沿着塔格拉山脊的这段边界线是印度单方面定下来的。新德里也忘掉了，中国派出部队越过这条线，是对印度的行动的反应——虽然是为时稍晚的反应。新德里只看到中国军队现在已经越过“麦克马洪线”，其他就不管了。中国是公开的、有意地这样做，而且（新德里认为）是出动了大部队。对印度政府来说，这只能意味着北京已经开始实施它长期以来提出的警告，即如果印度方面坚持企图以武力来实现它在西段的领土要求，中国就可以按照同样的逻辑越过“麦克马洪线”，进入东北边境特区。〔18〕如果中国军队越过塔格拉山脊的行动是中国执行它自己的“前进政策”的第一步，那么，听任它这样做就会招致中国沿“麦克马洪线”进一步“入侵”，中国的哨所也就会在东北边境特区建立起来，正像印度的哨所已在西段建立起来一样。由于东部边境线很长，而且印度陆军人力物力已捉襟见肘，一旦中国真正开始逐步“入侵”，印度将无法加以阻止。所以，回答是显而易见的。必须对付塔格拉山脊的挑战，要给中国一次有力打击，使他们不仅缩回到山脊那边去，而且放弃越过“麦克马洪线”进一步“侵犯”的念头。

按照印度对局势的看法，这样做的逻辑是很清楚的，然而这种做法却把前进政策推到一个更具有爆炸性的阶段。印度起初的想法只是派巡逻队渗入西段中国占领的领土，中国不会进行报复；后来的想法变为印度设立哨所以切断中国哨所的后路，逼使它们撤退，而中国不会进行报复；现在的想法则是印度向中国军队进攻，迫使他们从已经建立的阵地后撤，而中国也不会进行报复。

即使新德里政界、官方和军方的想法有所不同，然而，中国军队越过塔格拉山脊两天后，印度报纸就报道说这是越过“麦克马洪线”的“入侵”。这就意味着，除非印度政府立即作出强有力的反应，否则就要遭受政界和公众一次新的强烈批评。虽然议会还在休会期间，但是，如果让中国军队留在“麦克马洪线”以南，就不难想象反对党和国大党的后排议员们将会如何利用这次事件。自从人们攻击政府说它允许中国进入阿克赛钦是失职以来，政府的发言人为了部分地开脱责任，就说政府对“麦克马洪线”沿线保持着戒备状态。他们表示，如果中国胆敢在东段进行侵犯，就会发现印度像最激烈地批评政府的人所盼望的那样警惕果敢。政府一直坚持“麦克马洪线”是绝对的、明确的、不可侵犯的，这就使公众相信，即使中国进行很小的“入侵”也是不会被容忍的。再者，官方发言人虽然有意渲染印度军队在西段对付中国军队时所遇到的自然条件和后勤支援上的困难，同时又唱另一个调子来进行辩解，表示沿“麦克马洪线”的情况刚好相反。他们说，在那里，一切不利因素全是在中国一边，相形之下，印度军队是处在有利于防守边境的地位。

事实恰好相反。在西藏高原上，调动部队和修筑道路相对来说是容易的，中国已经在雅鲁藏布江河谷修了一些东西走向的公路，往南又修了一些支线，有几处通到距“麦克马洪线”只有几英里的地方。这些公路都是全天候公路——在山北的西藏那一边，雪也下得小——能够行驶最大的军用车辆。对中国军队来说，适应气候条件是不成问题的。大批部队在西藏已经驻扎多年，其中还有相当一部分人参加过平定康巴叛乱的战役；中国士兵在体力上已经适应在海拔很高的地方居住和作战，而且他们穿着暖和，装备充分。沿着山峰的印度这一边，情况迥然不同。布拉马普特拉河河谷和“麦克马洪线”之间的地形是山峦起伏、崎岖难行、丛林密布的地带。当地降水量很大，雨季大雨倾盆，冬季积雪很厚。河谷大都是南北走向，因而给东西走向的运动造成极大困难，甚至沿河谷上行也很吃力费时。那里的河流雨季涨水，冬天积雪，激湍倾泻，一年里大部分时间不能徒涉。有的地方，像在洛希特河和达旺河上，河水把两岸切成深达300英尺的悬崖绝壁。1962年在这些深涧上曾架过桥，那只是一些用窄木搭起的八字桥，或者是用绳索、竹子搭成的吊桥。骡子根本不能过吊桥，人过木桥也十分勉强，而且有危险。要修筑通过这样地带的公路，必须付出巨大的劳动，而且即使修成，也会被雨季里经常发生的山崩和塌方所破坏。

在整个东北边境特区，条件对印度方面就是这样不利，而印度政府决定要对中国进行直接军事挑战的地方条件最为不利。有一条中国公路通到距离塔格拉山脊只需步行三小时的地方，公路可以行驶载重七吨的车辆。但印度的公路只通到达旺，从达旺到塔格拉地区要步行六天；而从山麓到达旺，即便道路的情况许可，车辆也经得起颠簸，也还需要五天。这条路沿着山脊的凹处蜿蜒而行，时而陡然上升，时而急剧下降。它是一年前才修好的——只能通到达旺——完全没有大部队迅速调动所必需的兵站设备和组织。耸峻的山口常有山崩和积雪，经常使这条路无法通行。因此，刚从平原调来的部队，就不得不在 1.3 万多英尺高的地带，携带着他们所能够带的一切装备，徒步行军。他们到达达旺时筋疲力尽，而且常常由于高原反应和用劲过度而患肺水肿病。①

那么，尼赫鲁和外交部的官员们怎么会到最后还认为东北边境特区的有利条件都在印军一面，认为可以利用这些条件把中国军队好好打一顿呢？考尔和陆军参谋长塔帕尔将军在去年 11 月间曾由公路前往达旺，因此，他们应当领会在“麦克马洪线”上作战所面临的后勤上的困难非常大。但迟至 1962 年 10 月，尼赫鲁还在告诉记者们说，东北边境特区的有利条件在印度方面。〔19〕很清楚，总有人在搞欺骗，不是尼赫鲁蓄意哄骗公众，就是他的高级军事顾问们蓄意哄骗他。梅农也必定是不幸被人哄骗，或者是他故意哄骗别人。但不论是谁在进行欺骗，到 1962 年 9 月，这在印度已被公认为是事实。因而公众期望政府迅速采取坚决行动，把中国军队从塔格拉山脊赶回去的心情，就更加迫切，更加不可动摇。

政府并不需要公众的或政界的压力来推着它采取行动。甚至在关于中国军队越过塔格拉山脊的消息发表之前，政府就已经作出要在该山脊之下

① 这种病常被误认为肺炎。患者如不能被送到地势较低的地方进行治疗，很快就会丧命。

打击中国军队的决定。9月9日上午新德里国防部举行会议，决定立即以武力把中国军队赶出去。但是，这是“政府”在做决定吗？“印度政府”到底算什么呢？

那次会议是由梅农主持的，塔帕尔将军和东部军区的森将军参加了会议。当时考尔还在克什米尔休假。内阁秘书凯拉（S. S. Khera）和国防部一位联合秘书S. C. 萨林（S. C. Sarin），大概还有包括马立克在内的一两位官员也参加了会议。尼赫鲁已经在9月8日前往伦敦出席英联邦总理会议。他的习惯做法是当他离开印度时，对于应由谁实际代他主持政府工作，一向很小心，不做任何表示。倘若他作出表示，从当时的环境来看，会被当作他对那个老问题——“谁是尼赫鲁的继承人？”——的各种答案表示倾向性的意见，而尼赫鲁一直到最后是不愿意做任何这种表示的。如果内阁在他不在时开会，通常是由财政部部长德赛主持。但是，这次德赛同总理一起在伦敦。当时的内政部部长拉尔·巴哈杜尔·夏斯特里，是内阁国防委员会留在德里的资历最高的成员。可是，梅农不打算召开国防委员会会议或是同夏斯特里商量；他自行作出了必要时使用武力把中国军队赶走的重大决定。

这是尼赫鲁作风的自然结果。尼赫鲁习惯于不同内阁商量而作出重大决定。其他部长有时也如法炮制，处理自己主管范围内的事务。梅农同尼赫鲁关系最为密切，在这个问题上他断定印度作出强有力反应的必要性是如此明显，甚至没有理由要同尼赫鲁商量。事实也表明他这个推断是对的。尼赫鲁立即得到了关于事态发展的报告，他把赶走中国军队的决定就作为他自己的决定。梅农起初并不赞成前进政策（考尔在1962年告诉作者和其他人说，这个政策是他想出来的，并且越过梅农，“兜售”给尼赫鲁），他倾向于同中国谈判解决问题。可是，他在这些问题上没有能够影响尼赫鲁，反而跟着前进政策走，并且逐渐成为这一政策最有力的鼓吹者之一。现在他在必须把中国军队从塔格拉山脊赶走的问题上，采取了强硬的、公开的路线。

出席9月9日梅农召开的会议的一些军官，提出与“麦克马洪线”有联系的多拉哨所的位置问题。他们指出，在他们自己的地图上，这一哨所是在中国境内（第4师最先提出这个问题，他们向陆军总部提出的询问没有得到回答）。梅农交代他们不要去管他们的地图，把塔格拉山脊的山峰作为边界。塔帕尔将军接受了赶走中国军队的命令，显然没有表示异议。于是，电报就打到第33军：命令第9旁遮普联队（9 Pun jab）（即最靠近多拉哨所的那个营，其中一个连早已在伦坡）立即进驻多拉哨所，第7旅的其余部分也应在48小时内赶到，所有部队都要准备好投入战斗，“不应示弱”；如有可能，应对围困多拉哨所的中国军队进行包围。赶走中国军队的军事行动的密码代号是“里窝那”（Leghorn）[①]。

这一命令是许多类似命令的第一个，是陆军总部自始至终所采取的做法的典型。它响应政府的政治要求，尽其职守，但忽视了最基本的军事考虑。它不经事先侦察，也不考虑部队的补给问题，就命令一个旅进驻地形险阻、情况不明的地区。它表现了任何军队中最糟糕的参谋人员所特有的一种疑虑，即认为如果不是自上而下严厉地轰着前方的官兵们向前走，他们就会“表现懦弱”，不去打仗。而且，他们没有获得有关多拉哨所附近中国兵力的可靠情报，就命令印度军队在到达多拉哨所后立即主动出击。这第一道命令还包含一项警告：在这种军事行动中，政治因素始终是要压倒军事因素的；这一点后来得到充分的贯彻。在新德里的决策人士中，没有人出来解释真正的军事上的各种考虑，或者，至少没有人能够使得别人听取他对这方面的意见，并且自己有决心一定要使会议在考虑军事因素后再做决定。后来有一位与塔帕尔共事的文官这样评论他当时所扮演的角

① 大概是第二次世界大战时在欧洲服役过的一个印度参谋人员，联想起意大利港口里窝那（即利伏诺 Livorno），所以如此命名。看来，这一军事行动不是用 Leghorn 这个词的另一义（一种白色的鸡）来命名的。

色："他简直是随波逐流，把他的兴趣随时转向别的方面；他不时让他的部下，特别是那些他认为可以缓和梅农脾气的部下，充当他自己和国防部部长之间的缓冲。"[20]当时考尔将军固然休假不在场，但参谋局的其他人员也像文职的领导人一样，对军事前景一直抱着一种不在行的、过分乐观的、根本不合理的观点。东部军区司令森将军驯服地把命令接过来，又传下去。部下提出的反对意见，他一概置之不理或断然拒绝。他还使自己成为新德里的打手，来对付那些被认为在前方贯彻命令不力的军官。

随着东部军区和第 33 军关系的破裂，指挥系统中的裂缝不可避免地逐渐扩大。上面的军官随时听从文职领导人及其政治要求，而且相信文职人员提出的中国不会作出激烈反应的保证。而下面的军官却对于后勤的和战术的因素、中国军队的能力以及印度军队的命运，给予较为充分的估量。森将军和第 33 军乌姆拉欧・辛格将军之间长期以来的个人怨恨，又加深了这种军事上的分歧。

9 月 12 日，乌姆拉欧・辛格提交了一份关于当时情况的意见书，把看法上的尖锐分歧摆了出来。他向上级军官保证他决心采取迅速的行动，但他提出，这种行动的性质应当根据他的部队的能力来决定。他指出，中国方面能在达旺以北很快集结一个师的兵力，因此，不管印度能够投入塔格拉地区的增援兵力有多大，中国总是能够超过的。印度给多拉哨所附近部队的一切补给都要空投，而中国的公路则延伸到了塔格拉山脊后面仅仅几英里的地方。他的部队要在海拔 1.3 万至 1.6 万英尺的高地作战；冬天就要来临，因此需要厚衣服和帐篷。乌姆拉欧・辛格最后提出建议：多拉哨所应当干脆往南撤三英里左右，撤到地图上所标的边界线上（如同印度在 1959 年撤出了在塔马顿的哨所那样［见第一章相关论述］）；如果由于政治上的原因不能这样做，那么陆军承担的任务应当只限于两个营，部署在多拉哨所以南和地图上所标的"麦克马洪线"以南，以对付中国军队进一步的推进。

9月12日，森将军前往提斯浦尔，亲自向乌姆拉欧·辛格、普拉沙德将军（第4师师长）以及其他军官重述了上级的命令：必须把中国军队赶回到塔格拉山脊那边去，因为政府不允许越过“麦克马洪线”的任何侵犯。不要再去怀疑塔格拉地区的边界走向，也不要去管陆军地图所提供的证据——边界就是沿着塔格拉山脊的。如有中国武装人员进入印度境内，军队可以伺机开枪。为了备案存查，乌姆拉欧·辛格再次说明他自己以及师长、旅长们关于赶走中国军队的任务是他们力所不能及的看法，并且指出，如果企图这样做，只能使达旺失去掩护。然而，森将军重申了上级的命令。

与此同时，第9旁遮普联队已在伦坡集中，并于9月14日凌晨出发前往多拉哨所。新德里在9月8日发出命令后，只有这个营能够迅速依令行动——该营当时实际兵力也只有半个营，编制是800名步兵，而当时只有400名。这些旁遮普士兵是在去年冬季进驻达旺的；虽然他们由于缺乏供应过着艰苦的生活，却已适应了当地的气候。这个旅的第二个营，即第1锡克联队（1 Sikhs），驻在色拉（西山口）以东的德让宗，因为如果它也驻扎在达旺，补给问题就不好解决。第三个营驻在平原上的米萨马里（Misamari），正准备上火车到旁遮普去驻防。这个营，即第9廓尔喀步枪队（第1营）（1/9 Gorkha Rifles）是一支有赫赫战功的精锐部队。不过，他们在东北边境特区过了艰苦的三年，已经疲劳不堪，盼望住到营房里，能够心安理得地休息一番。然而，他们却掉过头来奉命开往塔格拉地区。

所以，当第7旅奉命在48小时内进驻多拉哨所时，实际上只有一个营，而且兵额只有半数。如果塔帕尔和森两人对此一无所知，那么，不是他们就是参谋局没有尽到他们的责任，或者是双方都没有尽到自己的责任。

9月14日，旁遮普部队开始从伦坡前往多拉哨所时，陆军总部接到报告说，在塔格拉山脊下面的中国军队的数目，比最初估计的要少得多，实际上只有五六十人。多拉哨所的指挥官把中国军队最初行动的人数说成是

600 人，这是决定印度反应的一个关键性因素。假如报告的数字比较符合实际，说是 60 人左右，印度的反应很可能就不会那样强烈。然而，即使现在报来的中国军队的数目大为减少，新德里仍然无意取消赶走中国军队的行动。相反，陆军总部直接向旁遮普联队发出命令，要他们在 9 月 19 日以前占领塔格拉，并在山脊上海拔 1.6 万英尺的两个山口上修筑工事！[21] 这项命令在 9 月 19 日那天才下达到旁遮普联队，当时他们已在沿克节朗河几英里长的前沿阵地上展开。克节朗河是一条水流湍急、河床很深的山溪，多拉哨所就建立在这里。他们可以看到，沿河的中国军队得到山脊后面大部队的支援。他们完全没有能力来执行上级的命令。如果部队要进攻固守的阵地并获得胜利，那么，进攻的部队就应当至少有 3∶1 的优势兵力，当然，还要有充足的弹药和一些火力支援。旁遮普联队在人数上并没有超过他们可以看得见的中国军队——很明显，中国军队的主力还在山脊后面——而且他们只有子弹带里每人约 50 发的子弹。达尔维准将那时刚到多拉哨所地区，他后来说，他“直截了当地拒绝服从这个命令，而且就这样上报师部。师长同意他的意见，并向第 33 军提出了抗议，第 33 军则要求东部军区撤回这项命令”。[22]

旁遮普联队在 9 月 15 日一早就到达克节朗河。从伦坡到克节朗河有两条路。一条比较短，要经过海拔 1.35 万英尺的哈东山口（Hathung La），有时要爬陡坡（有些地方要用绳子拉脚夫上去），或沿着长满青苔、很容易滑倒的大圆石的陡坡提心吊胆地往下走。① 旁遮普联队背着很少的口粮和子弹带里的弹药向前运动，把重武器、炮弹和挖工事的工具都留在伦坡，经过 24 个多小时的强行军，才到达了前沿。那些还不能适应气候条件的部队，要花两整天才能到达河边，再有一天才到多拉哨所。背着东西的脚夫也要花上三个白天的时间才能赶到（在东北边境特区的深谷里，太阳落

① 通过这种困难地段，部队感到恼火的是非但靴子不够，而且用于加固鞋底的平头钉和小铁片也很缺乏，背着很多东西的士兵不可避免地经常摔下来，而且摔得很重。

得很早，在那个季节下午 4 点过后不久天就黑了）。这条经过哈东山口的路线的不利之处是：部队向克节朗河运动时，中国军队能够观察得清清楚楚。另一条路是从背后绕到多拉哨所去。但是这条路要通过更高、更难攀登的海拔 1.6 万英尺的嘎坡第一山口（Karpo La 1）。与其说行军，不如说是危险的爬山。这两条路上当然都没有蔽身之处，部队要在旷野露宿。旁遮普联队还算有冬衣——虽然不是供下雪天和零摄氏度以下天气穿的——而其他各营是穿着布军衣在 10 月里越过那些山口的，挡风的只有薄薄的毛衣，每人只带了一条毯子。

克节朗河因雨季涨水，河面宽达 20 英尺到 50 英尺，无法涉水而过。像这一地区大部分高山里的溪流一样，河床很深，陡峭的河岸有二三十英尺高。有几处用两三根圆木捆在一起架了桥。印度部队溯河而上时，自东至西，把桥编了号。9 月 15 日，旁遮普联队在第二号桥处，在河流的两岸碰上一个连的中国军队。

> 中国军队里有一个中国文职官员。他们用印地语喊道：印度部队应当从南卡曲（照他们的叫法是克节朗）地区撤走，因为这是中国的领土。他们说，印中人民有着牢不可破的友谊，这种友谊不应当被小小的边界事件所破坏。他们问道……为什么（印度方面）调来了正规部队？他们声称他们只是中国的边防战士，不是人民解放军的士兵。最后，他们要求（印度方面）派（他们的）当地文职官员来讨论边界的确切位置，以便友好地解决问题，避免开枪和流血。[23]

为了响应中国方面的最后那项要求，负责该地区的印度政务官出发前往会晤他的中国对手。但是他到达伦坡时，却接到不要同中国人进行讨论的命令。这就是前述上报给尼赫鲁的那个建议。

旁遮普联队奉命到达河边去为多拉哨所解围；如果通往哨所的补给线被切断，就要设法打通，并防止中国进一步入侵。因此，印度指挥官就把一营人沿着河散开——两个连在下游的各桥旁，还有一个连在靠近第三号桥的多拉哨所附近。他派了一个排去到海拔 1.45 万英尺的居高临下的章多（Tsangdhar），那里有一块平地适于安放大炮或重迫击炮——假如这种武器能够运到这里来的话。旁遮普联队的各个阵地并不是互相呼应的，而且实际上在将近七英里地段铺开，走路就要花两天。守住这些阵地的目的不是为了防御，更不是为了进攻，而是为了防止越界。

在 9 月 13 日晚上，达尔维准将得到命令，要他从驻达旺的旅部前往克节朗河。普拉沙德将军从提斯浦尔打电话给他，狠狠地训斥他没有“到前方去”，命令他“立刻”前往。对于命令的后面一点，达尔维置之不理。当时早已天黑，他对师长说，由于静电杂声的干扰，听不清楚普拉沙德的命令。[24]据后来透露，是森将军叫普拉沙德好好训达尔维一顿，命令他到前面去的。这种非要高级军官到前方去的固执做法，贯穿在整个塔格拉山脊战役的军事集结中。普拉沙德以后也受到同达尔维一样的屈辱。后来竟从军部派了一名负责礼仪、薪金、年金、福利和军纪的高级参谋在战斗前夕来第 7 旅报到，这是上述做法荒谬到极点的表现。达尔维对叫他到克节朗河去的命令有很恰当的评语：“我‘到前面去’干什么呢？旅长的任务不光是赶往‘发生情况的现场’，应当要求他们在一定的距离以外指挥和掌握整个部队，否则他们只会在战斗的混乱中迷失方向，对战术形势不能有正确的了解。当然，他们应当经常到前线去，熟悉地形和战斗形势，如果情况需要也可亲自担任指挥。这完全要由他们自己来决定，而不是由他们的上级来决定。”[25]他在几个月之前，曾亲自到兼则马尼—克节朗河地区进行视察。

达尔维从 1962 年年初起指挥第 7 旅。他当时 42 岁，毕业于印度军事学院，第二次世界大战中他曾参加步兵在缅甸服役，受过表扬。大战以后，他的经历是广泛的，提升是正常的；他曾任驻西段军部参谋，对前进政策在西段所造成的后勤供应上的困难有切身体会。后来，他自告奋勇提出愿负责指挥第 7 旅。

当印度军队十分吃力地在克节朗河集结时，在这条小河另一边的中国军队却毫不费力地与他们齐头并进。9 月 15 日旁遮普联队同原驻在多拉哨所的阿萨姆步枪队那个排会合时，在这条小河与塔格拉山脊之间似乎只有两个中国步兵连。但是第二天又有一个连从塔格拉那边下来了。据情报说，还有一营中国军队驻在塔格拉后面的勒村。到 9 月 20 日，又有情报说中国方面在该地有两个团（相当印度的两个旅），师的炮兵和师的其余部分在错那宗，该宗在塔格拉北边，距塔格拉只约 20 英里，有一条公路几乎可以直通塔格拉。此外，还有人看到，中国在棒山口（Bum-La）集结部队，达旺的古时商路即通过该山口。新德里的陆军总部收到了这些情报，但在十天至两个星期后才转到前方各级指挥部，如果要对制订计划和采取行动起什么作用的话，就太晚了。前方各级指挥部得到的情报是支离破碎的，没有加以适当的分析，也是不及时的。陆军本身的情报系统已经萎缩，而政府的情报局又不起作用。

印度军事情报机关（简称 M.I.）的衰落可以追溯到英国统治的末期。1947 年以前，印度军事情报机关里没有印度人，因此，1947 年后，它的全部人员都是新手。而且，许多事都由警官组成的情报局（简称 I.B.）来处理。军事情报机关的作用也缩小了。情报局的影响和作用日益增长，而军事情报机关则逐渐萎缩，它的一些高级职位渐渐变成闲职或是往上爬的垫脚石。前面讲过，在现任局长马立克的领导下，情报局在政府举行核心会议时讲话很有分量。这种影响，归根结底来自马立克同尼赫鲁的关系。在那些年代，同总理接近和得到总理的信任，是在政府中具有影响的先决条件，而马立克充分具备这两方面的条件。他原先是一个警官，能说会道，机敏过人。他掌握尼赫鲁的许多同僚和对手的档案材料，而情报工作在印度国内政治斗争中又很重要，这便使他同尼赫鲁的关系密切起来。

到 20 世纪 60 年代，马立克对印度国内政治某些方面的意见愈来愈受到重视，而他对中国将要采取行动的预言也几乎被当作事实一般而为人们欣然接受。他曾判断——还不如说他曾预卜——印度哨所一经设立，中国不会加以干涉；这是建立前进政策的信心基石。现在他又认为，如果印度对塔格拉山脊下面的中国军队使用武力，中国不会进行大规模的报复；这种看法同样加强了文职领导人和新德里的军人们贯彻里窝那作战行动的决心。奇怪的是，这种无须担心中国方面会有强烈反应的信念，甚至否定了情报局本身提出的关于中国军队在“麦克马洪线”北面的一些地方加紧集结的报告。而且，这种信念也当然使尼赫鲁和他的顾问们对北京在外交照会中明确、反复提出的警告充耳不闻：中国将作出反应，而且会作出最强烈的反应。马立克所依靠的显然是他的感官以外的知觉，而不是依靠搜集与分析情报的正规工作规则。而尼赫鲁及其同僚们那么过分地、不合情理地相信他的预言，其原因之一无疑是他专拣尼赫鲁及其同僚们所要听的话讲。

尼赫鲁及其同僚们是多么相信这种认为可以不费很多周折就能把中国军队赶回塔格拉山脊那边去的看法，可以从“麦克马洪线”已被越过这条消息所引起政治反应的强烈程度来测量。这则从提斯浦尔发来的消息，由一家通讯社在 9 月 10 日加以传播。印度政府起初想说服那家通讯社撤回这个报道。官员们对企图证实这一报道的新德里记者们说，这一报道是没有根据的。可是，那家通讯社支持它的记者；而且从印度东北部接着又发来别的报道，充实了最初那个报道的内容；到 9 月 13 日，一位官方发言人证实“有一些中国军队出现于不丹三国交界地区……”即使在那个时候以及后来几天里，外交部的发言人在例行的晚间介绍情况时，对记者们还是闪烁其词，避免直截了当地说中国军队蓄意越过“麦克马洪线”。他在 9 月 14 日说：“有一些中国军队看来是到了我们这一边。”

关于中国军队越过塔格拉山脊的消息，印度政府要掩盖或捂住，其企图是可以理解的。如果政府可以不受激动的政治舆论所牵制，那么不管应当怎么办，政府总能更方便地处理当时的局势。但这种企图自然是注定要失败的。不仅是因为有新闻自由，首都的印度政治记者也有本事，而且政府就像筛子一样把消息泄漏出去。无论什么时候，首都的记者总是能够打听到发生了什么事情的：总是知道得快些，而不是慢些。但这次政府最机密的决定在报上出现的速度之快是惊人的；关于这一点，后面还将讲到。

因此，官方企图缩小塔格拉山脊所发生事情的严重性，就像企图用灭火器去扑灭燎原大火一样。批评政府的人认为，即使只有一名中国兵越过"麦克马洪线"，而没有把他立刻驱逐出去，那么政府就违背了它向全国承担的责任；如果中国军队大举越过这条线，那么政府所采取的行动当然就应该激烈得多。自由党很快提出要尼赫鲁辞职，因为他"完全不能保护印度的边界"，〔26〕人民社会党则要求政府对中国发出最后通牒。〔27〕议会正在休会，但即使没有这个讲坛，一场政治风暴也显然正在刮起来，而这场风暴会比政府所经历过的更为猛烈。议会里的反对党当然是一片狂呼，然而危险的是国大党人对所谓中国再次无端的、横蛮的侵略同样表示愤慨，对政府所采取的对策也同样越来越感到不耐烦。

政府发言人和官员后来同记者们的私下谈话又使他们作茧自缚。他们在介绍背景情况时表示，在政府看来，印度不能对中国的挑战不闻不问，因为如果让中国军队在塔格拉山脊下修筑工事，驻扎下来，那么，中国军队就会沿"麦克马洪线"全线进行一系列的这种试探和渗透活动。〔28〕向记者介绍背景情况的发言人和官员们就这样含蓄地表示政府将采取行动。之后，他们还表示印度完全能应付塔格拉山脊下面的形势，从而使敌人处于更加为难的境地。他们就这样助长了那种主张采取激烈行动的政治要求，也更促使人们指望政府会很快采取行动。

文职官员们的上述表示，只不过是反映了高级将官们，尤其是东部军区的森将军所做的保证。他对第 7 旅在塔格拉山脊下集中所需时间的估计，一直是盲目乐观的。一部分原因可能是他本人和某些参谋人员对东北边境特区情况的无知。地图上只有几英里路，那些在旁遮普平原待惯的军官估计部队在几个钟头内就可走到，而实际上部队可能要疲乏不堪地在高山中走上几天。不管如何解释，森将军起初告诉过文职官员，在9月21日前，在克节朗河地区将集中一个整旅的部队准备出动迎击中国军队。事实上，一直到10月初，才只有一个连的部队到达克节朗河增援那半营旁遮普部队。

那位替部下撑腰的乌姆拉欧·辛格将军在第33军里必定是在进行拖延。换句话说，他不让陆军总部和东部军区逼着他把部队摆到他不能加以接济的地方，去发动一场他和他的下属指挥官们明知是不可能的战斗。

塔帕尔将军虽然不接受前方指挥官们的看法，即认为要用能够在这个地区展开的兵力，把中国军队从塔格拉山脊下清除掉在军事上是办不到的。然而，他对中国对印度的进攻可能作出的反应也感到不安。在9月22日国防部的会议上，塔帕尔说他觉得中国大概会对西段的印度前沿哨所进行报复，或许会把中国主张线以东的所有印度哨所都打掉。他以前也表示过这种担心，但是文官们总是作出老一套的保证，强调申明中国不会发动全面攻击。国防部和外交部一致估计：在塔格拉山脊下面给中国军队一次猛烈的打击，以显示印度力量，不仅会使他们在那个地区后退，而且会使他们以后对印度在其他地区的行动采取更为默认的方针。他们认为，中国为了保持威信，可能不得不在西段采取一些局部性的小行动，来挽回在塔格拉山脊下面所遭到的失败。一两个印度哨所，大概包括在加勒万的哨所，也许会丢掉；但为了把中国军队赶回“麦克马洪线”的另一边去，付出这样的代价是值得的。这种看法是在外交部研究了中国政府的语调和态度后形成的，并且为马立克作出的估计所肯定。此外，与这种看法相吻合的是在新德里有一种普遍的信念，认为谁也不会冒天下之大不韪而公开袭击像印度这样孜孜于和平事业的国家。中国尤其不会这样做，因为北京对印度在联合国和其他场合对它的支持是感激不尽的。

因此，9 月 22 日的国防部会议拒绝了塔帕尔关于如果印度坚持在东段执行赶走中国人的计划中国就会在西段进行报复的警告，并重申要陆军把中国军队从塔格拉山脊南面赶出去的命令。塔帕尔乃请求把这项命令写成文字。

在当时的情况下，这一请求意味着抗议。梅农两天前已离开新德里去参加联合国大会，所以这位陆军参谋长满可以把他的疑虑讲出来而不必担心挨骂。但实际上，塔帕尔提出上述请求只不过是要求按通常惯例办事而已。按照政府正常的工作程序，这样一项事关重大的命令理应写成文字。而且，在这项命令中，应当联系到参谋局对情况的估计，应当申明采取这一作战行动所根据的国家政策是什么；这项命令应当是高屋建瓴地来谈这一作战行动，以便陆军参谋长了解他可以在其他地区进行什么部署（在这方面的关键问题是万一同中国发生战事，估计巴基斯坦会采取什么行动）。可是，非但赶走中国军队的命令始终没有写成文字，而且自从紧急局面开始出现后，在新德里很少用笔头来肯定一项命令或做会议记录。从讨论中国军队越过塔格拉山脊的第一次会议起，梅农就规定不得做会议记录。他表示，这样更有利于保密。这种措施对保密其实并没有多少好处；不过，到要追查谁应该对会议所做的决定负责的时候，就使得真相难以查明了。

军人们也跟着如法炮制。陆军总部常常是用电话给东部军区下达命令，由塔帕尔打给森，一般不再补发电报予以肯定；森事实上常到新德里参加会议，因此可以当面给他下命令，自然也是口头的命令。当时，只有军部和军以下单位才按正常的工作程序办事，但后来即使这些单位也不这样做了。也许军官们认为，叫他们传达下去的命令是不妥当或是无法执行的，因此不肯写成文字。这不能说成是改革军队的官僚主义来应付紧急情况。当时机紧迫、生命和国家的安全取决于指挥官们所做决定的时候，书面记录的必要性不是小了，而是更大了。川流不息的军事电报和报告打成一式双份或三份，抄送给下级和上级单位互通情况，可以最有效地保证一个政府及其军队根据已经了解的各种因素，经过全面考虑来作出决定，并使作出决定的人承担责任。

塔帕尔将军到 9 月 22 日才请求把赶走中国军队的命令写成文字，时间已经过晚了。这项命令下达给陆军事实上已有十天了。可是塔帕尔的请求仍然使文职官员们一时感到很为难。当时梅农在纽约，由国防部副部长 K. 拉古拉迈雅（K. Raguramaiah）代理他的职务。他认为肯定一项对中国采取军事行动的命令，超出他正常的职权范围（平时他是管国防生产的，不过问部长的事），但他总算是给梅农打了电话。即使到了这个时候——陆军参谋长对于发出对中国采取作战行动的命令是否妥当提出了疑问，总理和国防部部长又都在国外——也没有同国防委员会或留在新德里的委员商量。

不过，塔帕尔用不着等多久就接到了书面命令。几小时后，命令来了，措辞如下：

> 通盘的决定与前几次会议所讨论的相同，即陆军应做好准备，并尽速将中国军队赶走。据此，指示陆军参谋长一俟准备就绪，就应采取行动，赶走在东北边境特区卡门边区（Kameng Frontier Division）[①] 的中国军队。

命令是由国防部一个地位不很高的官员 S. C. 萨林签署的。

对塔帕尔将军来说，这是经受考验的时刻。根据他军事上的判断，赶走中国军队的军事行动会引起中国的反应，而他的部队是没有能力对付的，他这种判断已遭到否定。他根据一生的军事经历和受过的训练而提出

① 卡门是印度东北边境特区的五个区中最西面的一个区，塔格拉地区算是该区的一部分。

的警告，被当时在西半球正忙于联合国大会事务的部长撇在一边。塔帕尔的这种处境并不新奇，自从人类有战争以来，就出现过这种情况；他的出路也是很清楚的。拿破仑曾经简单明了地讲过：

> 当总司令的人由于执行君主或大臣的命令而在作战中犯了错误，并不能免罪，因为发布命令的人离开战场很远，对最新的形势发展很少了解，或者是完全不了解。所以，任何一个总司令如果执行了他自己都认为是错误的计划，是有罪的。他应当说明理由，坚持改变计划，最后宁可提出辞职，也不要成为毁灭军队的工具。〔29〕

但是，就印度的情况而言，至少就塔帕尔而言，前例并不能使人感到宽慰。就在三年前，他的前任由于同梅农发生了一场冲突而提出辞职，结果是在维护“文官最高权威”的名义下受了屈辱，丢了面子。塔帕尔比不上蒂迈雅，而且即使蒂迈雅也没有胆量来对抗尼赫鲁。塔帕尔于是接受了上述命令，并把它传达给东部军区。

如果说，蒂迈雅在1959年辞职未成是印度陆军无可挽回地衰落下去、走向被中国军队彻底打垮的道路的一个标志，那么，塔帕尔在这时未能提出辞职就是另一个标志。他所做的关于赶走中国军队的军事行动可能引起的后果的判断被文官当局轻率地否定后，他只有一条路可以继续反抗。在指挥系统中地位比塔帕尔低得多的达尔维准将，当时处境与塔帕尔相同，最后提出辞职来抗议。达尔维后来说得好：“辞职在一个民主体制中是部队长官所能采取的符合宪法规定的最后手段。这样做可以使全国的注意力集中到一个根本性的争端上去，让全国对文官当局和军事当局之间不同的意见进行辩论。在一个民主国家里，这是对付不称职的、不择手段的，或野心勃勃的政客们的唯一保证。”〔30〕可是塔帕尔并不这样看。

陆军总部向西部军区传达了经过批准的赶走中国军队的命令后，告诫他们：即将开始的作战行动会促使中国人进攻一些印度的前沿哨所。因此，部队应处于戒备状态，如有可能，哨所的防卫应予加强。如果受到进攻，应坚持战斗。

当公众的注意力以及在很大程度上政府的注意力集中到塔格拉山脊底下的事态发展上的时候，整个9月份，西段的局势也日趋紧张。前面讲过陆军总部也拒绝了西段地区指挥官的一切警告和反对意见。西段的地区指挥官与第33军的乌姆拉欧·辛格将军一样，也认为如果对中国军队再迫近些，他们就会猛烈地进行报复。如果发生这种情况，军事上没有力量去对付中国的进攻。中国军队在不久前开始占领那些位于印度前沿哨所的防御圈以外的空投区。9月22日，陆军总部下令给西部军区说，对方这种行动今后不能再予容忍；对企图占领空投区和插到空投区与哨所之间的中国军队应当开枪。那年夏天，文官们和新德里的军人们深信中国军队是不会还击的。可以说，印度只要像镇压老百姓那样打一阵枪，就可以暴露出中国军队对前沿哨所的威胁只是虚张声势而已。然而，赶走中国军队的命令，对在前沿的印度部队——经常只有一个排的兵力，有时只有一个班——来说，意味着什么，是可以想象到的。在每一个场合，他们都是在数量上多五倍至十倍、装备上好得多的中国军队的枪口下面过日子的。

赶走中国军队的命令经过批准和下达之后，上面就一再催促下面执行。于是，森命令普拉沙德从达旺前往推动。当时搞不到直升机，这位将军只好长途跋涉赶到伦坡。即使对健壮的作战士兵来讲，走这一程也是够受的。有个目睹者说，普拉沙德走到伦坡时，“看来够狼狈的”。[31]且不说身体上受折磨，命令一个师长到前线去，除了使那些军事上一窍不通的人感到满足——为了尽快实施赶走中国军队的作战行动，一切能做的事都做了——之外，没有别的用处。况且这样做使他在三天的跋涉途中与全师失掉联系，离开师部的时间就更长了。

那时达尔维准将已经把旅部设在伦坡，9月25日普拉沙德将军也到了伦坡。森曾下令要准备一份作战行动方案。乌姆拉欧·辛格把这个命令传达给普拉沙德，普拉沙德现在就叫达尔维准备这个方案。普拉沙德像达尔维一样知道要赶走中国军队在军事上是做不到的，而准备这样一个方案只会加强最高指挥部对赶走中国军队的幻想。然而，如果这个方案把战术与给养的问题提得足够有力，可能会对东部军区和陆军总部起教育作用；况且不管怎样，上面已经下令叫准备方案了。

姑且不说给养问题，印度军队所面临的战术问题就够吓人的。克节朗河仍然不能徒涉，架在河上的狭窄而又滑溜的便桥，全在中国炮火的射程之内。塔格拉山脊由西向东倾斜，因此从东面向前推进要爬陡坡。从中央向前推进，过了河朝山脊的正面上去，也是很陡的，而且中国军队的阵地处于居高临下之势。印度部队沿着这个方向前进，会被交叉火力消灭掉。唯一可行的途径是从西面去接近塔格拉这个目标，就是说，从一个叫章勒（Tsangle）的地方，到叫僧崇（Tsengjong）的山包，从这个山包可以从背后和侧翼进攻中国沿河的阵地。但即使这样一个纸面上的方案也全然是不现实的，因为它假定的前提是中国方面不会增援，也不会对印度的推进采取相应行动，而是守候在原地，最后不进行认真的战斗就后退。这就是新德里的设想，达尔维就得根据这种设想来制订方案，而不是根据他自己的军事素养所推断的中国军队的可能反应来制订方案。

然而，在达尔维和普拉沙德看来，在进攻方案中战术上的明显弱点还不是主要的，需要强调和详细说明的是作战行动前必须具备的各种条件。他们要使最高指挥部从这一方面看到里窝那作战行动是不可能实现的。

在增派更多部队之前，需要空投和储存整个旅 30 天的口粮；要运来供一个旅进攻用的最低限度的大炮，即一个半中队的野炮和炮弹；还要有小武器、迫击炮和机关枪用的足够的弹药以及一个旅的全部武器。要把这一切以及更多的物资在克节朗河储存好以后，作战行动才能开始。所需物资共计 580 吨。要一个旅进攻一营装备齐全、固守着居高临下的阵地的敌人，要求这些物资决不是不合理的。然而，在当时当地的情况下，这又是根本办不到的。哈东山口的陆路只能运送少量物资，况且脚夫也很少。一切物资都要空投到这个地区仅有的一块平地上，它在名叫章多的地方，在河的南边，比河面高出 2000 英尺。这个空投区很小，只有达科他式（Dakota）飞机才能发挥作用，因为这种飞机可以飞得很慢，有可能把载运的物资投到空投区里。即使这个地方也不能成为一个好的补给点，因为它距离部队的主要阵地太远，一切物资都要由士兵自己从这里经由陡峭难行的小道搬往前沿。可能空投给这个旅的炮，只有那些伞兵携带的小炮，它们的射程甚至抵不过中国步兵用的迫击炮，所以没有多少用处。更有甚者，这一切都有一个期限。除非所需物资在 10 月 10 日以前运到，否则就要在六个月以后才能行动。10 月下旬就开始下雪，作战行动必须在此以前完成。

乌姆拉欧·辛格将军在 9 月 26 日乘直升机到伦坡。他看了达尔维的方案，建议把所需物资写得再多些，并写上应当更加审慎行事的意见。随后他同意了经过修改的方案，并把它作为他自己的方案，在 9 月 29 日拿到东部军区交给了森。

这时，在新德里的政界人士，包括政府官员，国大党和反对党，都感到不耐烦了。从一开始官方的评论和情况介绍就是满怀信心的，赶走中国军队的命令也没有真想保密。关于这个命令，英国《泰晤士报》在 9 月 23 日的一条消息中做了报道；几天以后，《印度时报》在下述报道中加以证实：

> 印度政府十天前作出必要时使用武力把中国的入侵者撵走的政策决定。据此，已对陆军发出训令说，如果中国军队不在适当的时间内自行撤走，陆军应采取必要步骤把中国军队从塔格拉山脊这边的印度领土上清除掉。陆军当局受权自行选定最适合于实施这样一个作战行动的时间和战术，这一行动的目的并不是把中国入侵者俘虏过来，或给予杀伤，而是逼使他们撤回到边界的他们一边去。[32]

很明显，不管向记者介绍情况的人是谁，他仍然希望只要印度“嘘”一声，就可以把中国人吓回塔格拉山脊那边去。这种认为印度的目标能很快地、轻而易举地达到的乐观想法，开始时激起了公众翘首期待的兴奋心情；但是，随着时间的消逝，政府所做的保证并未见诸行动，已经泄露出来的要发动进攻的诺言也没有兑现，公众原先对政府所表示的决心感到满意的心情冷了下来，转而怀疑政府是在虚张声势。

塔格拉地区发生小冲突的报道，使人们更加失去耐心。9月上半月，克节朗河沿岸还平静无事。在双方对峙的初期，对方还隔河小心翼翼地表示过一番友好，中国兵向没有烟抽的印度兵赠烟，甚至把一些误投到中国军队防区内的印度空投物资交还给印度方面。中国军队通过扩音器告诉印度部队说，两国政府即将举行会谈来解决边界问题，并且要求他们审慎行事，不要开火，以免使局势恶化。在这个时候，中国方面继续进行防御准备，挖掘壕沟，清除射程内的障碍物。达尔维准将回忆道：“有时，中国人还很大方地通知我们说，他们要砍倒一棵树，如果我们听到树倒下来的声响，不要受惊。”[33]然而，两军对峙，剑拔弩张，又近在咫尺，发生冲突是不可避免的。第一次开火发生在9月20日。中国军队从一开始就在二号桥的南端设立了一个警戒哨所，印度部队企图把他们赶回去。中国对9月17日发生的一次事件的叙述如下：

> 两个中国哨兵在值勤时……60多名印度士兵从三面向他们逼近。那两个中国士兵立刻向他们高喊，要他们停止。但是印度军队却以更快的速度逼近他们。有几个印度士兵在约十公尺的地方围着他们，有几个士兵还在三公尺处逼近一个中国哨兵，印军还举着英制步枪和加拿大制轻机枪对准中国哨兵，大叫大吼，肆意挑衅。[34]

这个哨所看来又与9月20日发生的事件有关。关于后一事件，双方都指控对方首先开枪，可是在这次事件中两名中国士兵死亡，五名印度士兵受伤。[35]

北京提出抗议，要求“印度方面立即停止进攻，立即……撤出”，并警告说，如果印度部队开枪射击，中国方面将进行自卫，予以还击。照会说，该“……地区的势态极为险恶，战火可能在那里发生”。[36]《人民日报》用同样的语调写道：“局势是险恶的，后果是严重的，我们要正告印度当局，勿谓言之不预也。”[37]印度的答复和反抗议使用了几乎与北京相同的语言，要中国“停止在印度境内的侵略活动”，退回到塔格拉山脊以北，否则“要对一切后果负责”。[38]双方都在拔刀——但印度的刀鞘里却是空的。

印度官方指责中国方面挑起塔格拉山脊下的互相射击，这就使记者和政界人士提出更为迫切的问题：陆军什么时候才能完成交给它的任务呢？印度政府重要成员和官员们则加以搪塞，说是前方指挥官们办事拖拉，甚至比拖拉还要糟糕。内政部部长夏斯特里10月初向我介绍背景情况时说，陆军由于长期处于和平状态已经失去战斗精神，不过正在更换一些指挥官加以补救，必要的行动即将开始。一些官员在向记者介绍情况时则更加直截了当，他们毫不隐讳地把上述情况归咎于前方的军官，归咎于乌姆拉欧·辛格将军。

9月29日，乌姆拉欧·辛格从伦坡到了勒克瑙东部军区，向森将军递交了书面意见和行动方案。森拒绝接受乌姆拉欧·辛格所开列的作战行动所需物资清单。前面说过，事实上这显然是不可能办到的。乌姆拉欧·辛格在他的方案被否定后，就书面提出抗议，指出命令他采取的行动是不切实际的，森对局势的处理也是不恰当的。东部军区正在直接指挥连、排的行动，他问道：是否可以请他们履行自己的正当职责，只给下面规定任务，而把方法问题留给在现场的人去处理？

乌姆拉欧·辛格的抵抗使森和塔帕尔将军掉进他们自己设置的陷阱中。他们一开始就向文官们保证：赶走中国军队的作战行动是可行的，是可以立即而又迅速完成的。（他们担心的是在边界的其他地方的反响，而文官们保证说，中国不会作出全面反应，所以这一点也就解决了。）可是三个星期过去了还没有采取行动，而现在乌姆拉欧提出的意见、方案和要求，把问题摆得很清楚：如果还让他负责，里窝那作战行动根本不会开始。这种进退两难的局面看来很尖锐，但事实上对森和塔帕尔来说，解决办法很简单——把乌姆拉欧·辛格免职就是了。森提请陆军总部注意乌姆拉欧·辛格的书面抗议并说这证明辛格脾气很大，采取不合作态度。10月2日，塔帕尔和森请梅农批准撤掉辛格第33军军长的职务。梅农同意。据森讲〔39〕，他请梅农委派马内克肖少将去接任——就是那个一年前因为对国防部部长及其亲信出言不逊而受到指控的山姆·马内克肖。照森的讲法，梅农"蹦了起来"，断然拒绝。虽然马内克肖受到控告后已被宣布为无罪，但是梅农却一直阻挠他晋升为中将。梅农显然已经决定：不能仅仅因为需要马内克肖来负责对付中国军队的军事行动，就起用这个批评过他的人。这又是一个转折点。假如梅农不念旧恶，假如塔帕尔或森以辞职相要挟坚持马内克肖的任命，那么，马内克肖毫无疑问会采取同乌姆拉欧·辛格一模一样的立场。也许正是估计到会发生这样的情况，梅农拒绝得更加坚定，森也就更容易接受梅农的决定了。

由谁来接替乌姆拉欧·辛格的问题暂时挂了起来。不过，梅农、塔帕尔和森商定，不能简单地撤掉乌姆拉欧·辛格第33军军长的职务，而应当成立另外一个军去负责东北边界的作战行动。作出这一决定的理由是什么，在档案里查不到，但这是明摆着的。首先是要使事情看起来不那么突然。如果简单地撤掉乌姆拉欧·辛格的职务，人们必然会提出问题。假使真相透露出来，他之所以被免职是由于他对政府已答应的对付中国军队的作战行动是否切合实际的问题，同上级有意见分歧，那就泄露了内部秘密，公众和政界就会鼓噪起来，其后果将不堪设想。因此，应当悄悄地把他换掉，而最不露痕迹的做法是让他继续当一个军的军长，但解除他指挥里窝那作战行动的责任。要这样做，最实际的办法是把第33军的任务分成两部分：对那加和对东巴的边界上的作战行动，移交给一个新成立的军负责，由乌姆拉欧·辛格指挥以保持连续性；第33军继续负责东北边境特区和里窝那作战行动，但由一位新军长指挥。可是这样做会产生另一个难题——第33军的参谋人员怎么办呢？可以假定，他们研究了下级单位的看法后曾向乌姆拉欧·辛格提出自己的看法：同意乌姆拉欧·辛格的判断，也认为赶走中国军队的作战行动是不切实际的。派一个新军长去领导一个旧参谋班底是不会有好结果的。他的部下对情况比他要熟悉得多；而他一上任就得否定他们的一致意见，这只有一个极其执拗的人才可以办到。

于是就决定成立一个新的军，由一位新的军长指挥，这个军应负责立即实施里窝那作战行动。梅农、塔帕尔和森既要不动声色地把乌姆拉欧·辛格弄掉，又要使赶走中国军队的作战行动立即开始，这就促使他们集中了所有可以采取的办法中的最不利的因素。如果按照通常的建制调整进行这种变动，那么就会给予几个星期，最好是一两个月的时间，来组成一个新的军，并使它把任务担负起来。而在一夜之间白手起家组成一个军，并且一组成就要担负一项重大的作战行动，这在军事史上恐怕也是绝无仅有的。当然，实际情况并非如此。这个新的军，番号叫第4军，起初只是一个空架子，是使梅农、塔帕尔和森所允诺的行动能够很快兑现的一种对外联系的政治工具。他们要能够很快实施里窝那作战行动而又要避免在诸如敌我的力量对比、弹药和食物的供应之类琐碎枝节上继续扯皮下去，这样做是唯一的办法。

他们想出成立一个新的军的主意后，就物色一个能对作战计划不抱怀疑的人担任指挥。这样的人倒是现成的：考尔将军从9月3日起就在克什米尔休假。梅农本来是反对这位参谋局局长在边界形势如此紧张的时候度假的。但考尔指出，尼赫鲁、莫拉尔吉·德赛以及梅农本人都拟于9月离开印度；他又讲到，形势不会真是那么危急，并坚持要休假。[40]在陆军奉命要把塔格拉山口下面的中国军队赶走的时候，塔帕尔虽然担心中国会作出剧烈的反应，也没有把他的参谋局局长找回来。考尔也认为没有必要在危机日益严重的时候缩短假期。不过，尼赫鲁 10 月 2 日要从国外回来的消息似乎使他感到有必要中断他在山里的假期，到首都来待几天。10 月 1 日，他回到新德里。第二天，塔帕尔就抓住他，叫他重新管起参谋局局长的工作来。到 10 月 3 日深夜，又决定由考尔去负责新成立的第 4 军。

在这样的时刻派参谋局局长去当军长，是不寻常的。如果重大的作战行动即将开始，作为陆军总部关键人物的参谋局局长，是起着与军长一样的决定性作用的。只有在参谋局局长是一位身经百战的出色指挥官的情况下，这种措施才合乎道理，而前面说过，考尔的情况绝非如此。可是他自己一定是把指挥一个新的军看成是一举成名的机会。作为前进政策的创始人，考尔也深信中国不会对印度的挑战作出大规模的反应。当他刚回到参谋局，森和参谋们向他介绍情况时，一定把里窝那作战行动说成是极为简单的事，只是因为乌姆拉欧・辛格及其下属在前方的军官做事拖拉和胆小怕事才没有必要地被耽搁下来。考尔从未亲自指挥过部队作战，这是他的经历中的一个缺陷。他手下联络处的人员为他所做的掩饰，虽然在政界人士和公众眼里可以蒙混过去，却绝对骗不了陆军里的任何人。眼下他有机会去负责一项关系重大而又简单明了的作战行动；这个行动可以迅速地、戏剧性地完成，使他能满载胜利，回到对他深表感激的首都。这将是考尔得意扬扬的时刻。①

尼赫鲁和梅农一定是把考尔看成救星。有了考尔担任指挥，他们就可以指望在议会复会时或者复会后很短的时间内完成赶走中国军队的作战行动。他们两人都深信这将是个痛痛快快的行动，因为中国不会进行反击。

---

① 考尔自己在叙述这些事情的经过时说，他接受第 4 军军长的任命是有疑虑的，不过作为一个尽职的军人，他同意了。塔帕尔将军和森将军告诉作者说，考尔是自告奋勇的。当作者问梅农为什么要任命考尔时，他回答道：“只有他一人自告奋勇。”

一边是尼赫鲁和梅农，一边是塔帕尔和森，他们一起表演着幻想四重奏。这两位将军深信，如果中国不作出反应，里窝那作战行动可以迅速地胜利完成；尼赫鲁和梅农则深信中国人不会作出反应。这两种幻想融合成一个信念：只要物色到适当的指挥官，很快将大功告成。尼赫鲁从国外归来（从伦敦返国途中访问了加纳和埃及），仍一如既往深信不必担心中国会进行重大的报复。当塔帕尔向尼赫鲁表示他担心中国可能在西段进行反击时，据考尔说，尼赫鲁回答道，他有“充分理由相信中国不会对我们采取什么强烈的行动”。[41]

考尔在被指派为第4军军长的当晚去见尼赫鲁。对尼赫鲁当时的想法，他是这样叙述的：

（他说）他同意外交部的一些顾问的看法，即我们容忍中国军队入侵我国领土实在太久了，现在已经到了我们必须采取——或者显得是在采取——强硬立场而不计后果的阶段了。他认为，中国用进入多拉的方式来实现对东北边境特区的领土要求，我们就必须用尽一切办法争夺多拉。他希望中国能明白事理，撤出多拉；如果不撤，我们就只能把他们从我们领土上赶走，或者至少是尽我们最大力量试图这样去做。尼赫鲁说，如果我们不去采取这样的行动，政府就会完全丧失公众的信任。[42]

考尔在这些事情上讲话不一定可靠，不过，他对尼赫鲁的观点做的这一概括听起来像是真的。尼赫鲁又一次被当时的事态牵着鼻子走。如果事态按照原定的方向发展下去，就可能导致军事灾难；但也可以肯定，如果尼赫鲁这时企图改变方向，“政府会丧失公众的信任”。

10月3日，考尔通宵忙于挑选军部的工作人员，半夜里把他们叫起来。第二天早晨，他就飞往提斯浦尔，这也是他一生命运的转折关头。他的同伴后来在作证时说，他在飞机上告诉他们：各家报纸第二天早晨会把他的任命登作头条新闻；他还说，假如他的使命失败了，政府也就难免要垮台。

* * * * * *

当塔格拉山脊下面的形势向着高潮发展的时候，印度同中国进行着外交交涉的最后一个回合。在边界的小冲突发展成战争之前，他们是否会再次进行会谈？如果要会谈，他们讨论问题的范围将是什么？像以前一样，中国建议举行会晤；像以前一样，印度加以拒绝。

8月，印度通知北京说，他们乐意在新德里接待一名中国代表来讨论双方共同从西段有争议地区撤出的问题。这就是1959年印度建议的双方撤至对方所主张的边界线以外，而且，如同尼赫鲁现在再次向议会保证的那样，“很显然，这包含（中国人）撤出一个很大的地区，我们撤出一个很小的地区”。[43]按照印度照会中的用词，这个建议所提出的措施可以“恢复该地区近五年来被武力更改的边界状况和消除该地区目前的紧张局势，以便为举行和平的讨论造成适当的气候”[44]（见第二章相关论述）。

所以，印度的立场是首先讨论在西段共同撤出的方式，就是中国从印度提出要求的一切领土上撤出，而印度仅仅从最近设立的前沿哨所和早些时候在碟穆绰克设立的哨所撤出。一旦上述撤退完成后，印度准备在1960年双方官员报告的基础上进行会谈。不过，会谈将不涉及全面的边界的解决，只涉及“国际边界”——即印度所主张的边界线——的次要的、细微的调整。

北京在9月13日的复照中指责印度在“寻找借口拒绝……讨论边界问题”，指出印度在西段的军事行动变本加厉，印度的政策，即尼赫鲁所说的双重政策，等于“假谈真打”。如果真想谈判，中国是欢迎的；但是，“打，中国是要抵抗的”。北京再次提出周恩来在1959年首次提出的建议，即双方的武装部队沿边境全线各自后撤20公里，并极力主张两国政府应该迅速在双方官员报告的基础上做进一步讨论。“中国政府正式建议，两国政府指派代表轮流先在北京，后在德里从10月15日起开始进行这种讨论。有关细节，通过外交途径商定。”[45]

双方看来在再次进行讨论问题上有所接近。然而，双方所建议的讨论内容是不同的，这种差异是关键性的。

9月19日，新德里表示同意按中国提议的日期在北京开始会谈——不过，要进行的是印度所建议的会谈，而不是中国所建议的会谈。新德里的复照说：“印度政府准备在适当的级别举行进一步的讨论来制定恢复近年来被武力改变了的西段状况的措施，并且消除该地区目前的紧张局势。”如果中国表示接受印度的提法，就可以安排在10月15日举行会谈。[46]这时，旁遮普联队已进入沿克节朗河的阵地。但印度的建议只是谈西段问题，根本拒绝讨论东段问题。

10月3日中国答复时，克节朗河一带的形势变得像西段一样紧张。中国认为，印度的建议，即“中国从自己的大片地区撤退，然后才能讨论中印边界问题”，是绝对不能同意的。中国方面说，他们反对会谈有任何先决条件，但是并不反对讨论印度方面可能提出来的任何问题。他们因此建议印度代表在已经提议的10月15日到达北京，各方都同意讨论对方愿意提出的边界问题的任何一个方面，并且明白表示中国会提出塔格拉山脊下面的形势问题。[47]这样，如果中国的建议被接受，两种迥然不同的会谈可以并在一起。

印度政府原来同意讨论从西段互相撤退的问题，然而它在10月6日的复照中甚至连这一点也翻悔了。照会宣称：“不在胁迫下或在不断的武力威胁下进行任何会谈和讨论。只有在中国军队撤出塔格拉，而且北京明确同意只谈双方从西段撤退的问题之后，印度才能谈判。”[48]中国把印度这种态度描述为“终于……断然关闭了谈判的大门”。[49]

在印度看来，中国是利用对东部边界进行一次新的蓄意的入侵，使“麦克马洪线”列入会谈的范围，从而导致成为全面谈判。印度立场的核心是它坚决认为“麦克马洪线”绝不能重新谈判，所以，他们拒绝讨论塔格拉山脊下面的形势是理有必至，甚至事有必然的。8月间，北京曾撇开印度提出的先决条件，而采纳新德里关于双方进行讨论的想法（见第二章相关论述），这就使印度政府陷于进退两难的尴尬境地，但印度政府在10月6日的照会里翻悔了原议，使自己摆脱了这种窘境。

印度断然地、毫不含糊地拒绝了会谈，可是它在照会中却又谴责中国阻挠会谈，硬说拒绝谈判的是北京。这样，印度翻悔了暂行同意举行会谈十天之后，又在一个照会里指责说：“中国政府不仅拒绝举行会谈和讨论……而且在东段……制造进一步的紧张和冲突。”[50]这里说的东段就是指塔格拉山脊下面。像往常一样，大多数旁观者接受印度的说法，特别是因为尼赫鲁到最后还表示他是愿意并且随时准备会谈。他在返回印度后说：“不管发生什么事，我总是准备举行会谈的，只要对方行事得体，对我们是合乎自尊的。我从来不拒绝同任何人谈。”[51]

* * * * * *

考尔离开新德里的第二天，报纸的大标题很灵地应验了他在飞机上所做的预言。

成立特种部队赶走中国军队

考尔将军亲赴东北边境特区指挥

印度陆军待命大举出击

有两家报纸[52]的报道说，考尔受政府的特别委托去执行把中国军队赶回塔格拉山脊另一边的任务。《印度时报》把考尔描绘为“一位有非凡的勇气和干劲的军人”。那两篇报道都用了“特种部队”的字眼。考尔本人或是他的部下在他的指示下，根本不顾考尔的任命和新军的组成是最高军事机密，向两家主要报纸的政治记者介绍了情况。事已至此，国防部只得予以弥补，在当晚证实这些事实，但是指出：成立新军是一种通常的行政性的改组，并不存在成立特种部队的问题。他们说，“麦克马洪线”上的形势完全在印度掌握之下。当然，人们原本就乐观地期待着陆军会很快从东北边境特区的印度土地上把中国军队赶走，国防部的这种搪塞的说法一点也没有减低这种期待的心情。

考尔和他亲自挑选的一批军官在10月4日快傍晚的时候抵达提斯浦尔。森将军在机场迎接他，[53]这种把部队礼仪规格颠倒过来的做法正说明当时存在的实际情况。名义上，森是考尔的上司，但是事实上考尔却是统帅，他受尼赫鲁本人的委托来执行一项重大的作战行动，并直接向新德里报告。从这时起，森和他的东部军区就退居次要地位，只是在考尔因病暂时离开前线时才重新露头。

考尔一到提斯浦尔，就正式通知陆军总部他已经就任。虽然当时考尔手下只有少数骨干，第4军本身也只是个空名，但乌姆拉欧·辛格提出要借给考尔一些熟悉情况的第33军的参谋人员时，考尔却谢绝了。对考尔来说，大概对陆军总部来说也是如此，这证实了成立第4军仅仅是为了使考尔能直接指挥里窝那作战行动的一种手段。考尔的任务是在这次作战行动中指挥第7旅，任务完成后就返回新德里担任原职。在考尔回去前，参谋局局长职务由他的副手代理，并没有指派新的局长。里窝那作战行动完成后，第4军就可以结束，或者在一名新的军长领导下正规地建立起来。

考尔、森和乌姆拉欧·辛格的会面一定是一个难堪的场面。森和乌姆拉欧·辛格长期以来是敌对的，现在森又把乌姆拉欧·辛格换掉，这只能使他们的关系更僵。另一方面，乌姆拉欧·辛格和考尔自早期在陆军时就是老朋友。乌姆拉欧·辛格重申了不可能早日实行里窝那作战行动的看法，考尔当然是把他的前任意见当作耳边风。

东北边境特区的军事部署在前几个星期里已起了一些变化。从印度中部调来了另一个步兵旅（第 62 旅），但马上就拆散了，它的三个营分派到三个地方，然后又进一步分散。情报局局长马立克在陆军总部的地图上把中国军队可能渗入的地点标了出来，于是，印度部队就被派往他挑选出来的这些地点，而对全面的军事部署丝毫不加考虑。马立克认为有的地方是漏洞，于是就把两个新来的营派去堵塞漏洞。另一个营，即第 4 加尔瓦尔步枪联队（4 Garhwal Rifles）则被派往达旺加强第 1 锡克联队的防务。（达旺现在成为一个单独的旅管区，临时旅部由一个炮兵军官领导。）第 62 旅旅部设在米萨马里平原上，旅部下面没有部队，旅长不久也撤换了。

在森的直接命令下有两个营开往塔格拉地区，一个是第 9 廓尔喀步枪联队（第 1 营），即在东北边境特区待了三年准备前往旁遮普和平驻地的那支部队，另一个是第 2 拉杰普特联队（2 Rajput）。拉杰普特士兵们也是刚结束在东北边境特区的三年巡行任务，正在平原准备开往北方邦。他们原来是在边界东端的瓦弄一带活动的，如果真的考虑到在东北边境特区进行全面作战的可能性，那么就应当把他们派回瓦弄地区去，但是他们却被划归第 7 旅指挥，奉令进驻伦坡。由于公路不通，只能用卡车把他们运到德让宗；从那里他们就要步行翻越色拉山口到达旺。他们不能适应那样高的地方。他们穿着夏季的单衣，在连绵不断的淫雨中行军，在野外宿营。他们在达旺休息一天后，9 月 24 日才到达伦坡，在路上足足走了两个星期。廓尔喀士兵在 9 月 26 日左右开抵伦坡。这样，第 7 旅名义上有了三个营的兵力。可是新来的两个营在长距离强行军后已精疲力竭，严重减员，而且只携带轻武器和子弹带里能装下的子弹。拉杰普特士兵到达伦坡的第二天，达尔维准将就派他们的一个连去克节朗河增援旁遮普部队。

当考尔就任时，印军的部署如下：

在克节朗河：第 9 旁遮普联队，加上第 2 拉杰普特联队的一个连，还有一个中型机枪排（两挺机枪）。

在伦坡：第 7 旅旅部，第 2 拉杰普特联队的另外两个连，第 9 廓尔喀步兵联队（第 1 营），一队重迫击炮，一个机枪连的剩余部分和几名工兵。还有一个步兵营，即第 4 近卫军联队（4 Grenadiers），正在开赴伦坡的途中，10 月 9 日才到达。

在达旺：第 4 炮兵旅所属的两个步兵营（第 1 锡克联队和第 4 加尔瓦尔步枪联队），第 7 旅调走后，由该旅负责达旺的防务；他们有几门山炮和重迫击炮。

在东北边境特区其余地方：在第 5 步兵旅管辖下的五个营，但分布得很散，实际上每营一般不超过两个连。还有一个营正在去瓦弄的途中。

再细看一下克节朗河地区部队的分布：四个步兵连分布在长达七英里左右的沿河前线上，要三天时间才能从一侧走到另一侧。10 月初，森下令占领塔格拉山脊最西端的章勒。这个地方控制着通往西面主要山口的通道，达尔维和乌姆拉欧·辛格都说在赶走中国军队的作战行动开始之前，不应占领章勒。他们认为，过早地占领章勒，就会暴露印度的意图，使中国军队预先提防。森否定了他们的意见，在 10 月 4 日把旁遮普部队一个连派往章勒，从他们当时的阵地前往章勒要走两天。森还下令说，第 7 旅在开始行动前储备 15 天的给养，而不是乌姆拉欧·辛格规定的 30 天的给养。乌姆拉欧·辛格对这项他认为军事上错误的命令提出了抗议。这大概是他被调往那加和东巴基斯坦前线去之前发出的最后一次电报。

10 月 4 日，当考尔、森和乌姆拉欧·辛格在提斯浦尔商谈的时候，第 4 师师长普拉沙德又一次到伦坡去见达尔维。达尔维问到他们和乌姆拉欧·辛格提出的关于实施里窝那作战行动的意见和方案的下落如何。据达尔维说，普拉沙德当时回答说："你听着，老兄，没有人对你们那个乱弹琴的意见感兴趣。他们关心的只是你们发动赶走中国军队总攻势的日期。"接着他告诉达尔维说，考尔接替了乌姆拉欧·辛格，并命令达尔维立刻前往克节朗河。达尔维提出抗议："我对他说，高级军官在夜里像小偷一样跑掉，太不体面了。我们怕谁，是怕中国人，还是怕我们自己的上司？"不过，他最终还是走了。[54]考尔本人第二天来到伦坡。他离开提斯浦尔是为了去会见在赴克节朗河途中的普拉沙德。他告诉他的部下，在里窝那作战行动完成之前，他是不会回去的。但是在起飞之后他又决定去伦坡，并在中午到达。当时，达尔维已赴克节朗河，代理他职务的旅参谋长与别的军官一起去看究竟是谁突然乘直升机来了，结果这个旅参谋长第一个挨到了考尔的训斥。考尔告诉他，新德里的印象是这个旅不大愿意执行目前的任务，并说凡不能坚决执行上级命令的军官都要撤职，他命令当时在伦坡的部队马上开拔，前往塔格拉地区。旅参谋长提出异议说，该旅在克节朗河没有办法搞到给养。考尔却草率地加以否定，并说，成吨成吨的物资正空投到章多（事实上由于气候关系，那里的空投区已经关闭五天了）。旅参谋长又提醒他说，空投到章多的物资可以找回来的大约只有30%。考尔驳斥道："我的命令是：要么找回来，要么饿肚子。"他后来所做的唯一让步是答应部队可以在第二天拂晓开拔，而不是马上开拔——当时离天黑只有一个钟头了。于是，廓尔喀联队和拉杰普特联队在10月6日开拔了。他们仍旧穿着单军衣，每人只携带一条毯子、50发子弹和轻武器，其他武器有的留在伦坡，有的从平原到伦坡的强行军途中就丢下了。通克节朗河有两条路，他们奉命走的是更艰险的那一条，要翻过1.6万英尺高的嘎坡第一山口，然后下到1.45万英尺高的章多，在那里待命。行军的条件非常恶劣，当时士兵们已疲惫不堪，据达尔维讲，有些人就死在山口上或死在章多。[55]

考尔接着飞往色基姆（Serkhim），那里连夜为他开辟了直升机降落点。在那里，他见到普拉沙德。第二天，即10月6日，他向陆军总部发了一个很长的电报。这份电报反映了他从普拉沙德那里了解到的情况，或许也反映了乌姆拉欧·辛格在提斯浦尔以警告口吻向他强调指出的问题。电报里他强调面临的困难。他报告中国军队在塔格拉山脊下增兵很多，显然配有大炮、重迫击炮和中型机枪，"他们还拥有无后坐力炮和自动步枪以及其他危险的[1]武器”。目前看来，在塔格拉山脊下的那个中国营后面，有一个团作为后盾。不过，考尔说，他正根据这一情况加速集结印度部队，并答应在10月10日开始里窝那作战行动。他在“采取一切可能的步骤，机智克敌，以实现我们的目标”。但是他警告说，中国军队是有可能击溃印度部队的。因此，他建议空军应保持戒备状态，以便必要时能迅速地在空中展开攻势进行支援，以挽回局势。

乌姆拉欧·辛格在他的意见书中提出，如果到那时能集中足够的给养，才可于10月10日开始行动。现在考尔却在没有补给基地的情况下，把10月10日这个日期定为开始行动的限期，这是违反规定的。考尔答应在四天内开始赶走中国人的作战行动，所以时间一刻也不能放松。在克节朗河附近，没有降落直升机的地方，唯一平坦和没有障碍的地区处于中国的那一边。因此，10月6日一早考尔一行前往多拉哨所时，只能步行翻过哈东山口。考尔走得很急，超过他体力所能支持的程度——他并不比他的士兵们更能适应这样高的地势。有一段路他让一个健壮的西藏脚夫背着他爬上山口。许多士兵也是很吃力地爬上这条山路，他们看到他们的军长骑在人背上从身边过去。

10月7日午后不久考尔到达多拉哨所，然后把剩下来的时间全用来研究地形。地形是不可能鼓舞人心的。克节朗河仍然是水深流急，河谷里丛林密布，部队离开小道就很难运动，能够开展火力的射界也很有限。在印度一边，从河边开始，地势逐渐升高，约达500码，然后陡然直上哈东山脊，山脊高于河床约4000英尺。章多的空投区位于该山脊的顶峰。在北部中国占有的一边，徐徐升高的地方更窄，上升到险峻的塔格拉山脊的地势更陡，大部分地方几乎是悬崖峭壁。不过，河的北岸有一处通向一个平坦的牧场，长约1000码，然后升高到一个叫僧崇的山头。这个山头可控制并

① 选用这个形容词暴露了考尔的老底。对作战的士兵来说，“危险的”武器只是那些保险栓有毛病的武器。

可从侧翼迂回多拉哨所正对面的中国阵地。所以，占领僧崇是达尔维最初的进攻方案中的第一阶段目标。

印度的阵地和交通线是在中国军队的控制之下。中国军队除使用步兵以及挖掘和清除树木的工具外，还有不少民工协助。他们修筑了坚固的工事，工事间有交通壕并组成了难以接近的火力网。然而，印度部队却连挖掘工具和斧子都很少，不能很有效地挖掘工事。他们企图用挖掘工具和铁铲砍伐树木，遭到了中国军队的嘲笑。〔56〕

10 月 7 日晚上，考尔巡视现场后，又给新德里发了电报。他的电报很不寻常，电报是绕过正常途径直接发给陆军总部的，只抄送东部军区。不仅如此，电报长得要命，东拉西扯，漫无边际，甚至如谈逸闻趣事一般，像是从前线写给家中一位疼爱自己的叔叔的信件，而不大像一份军事电报。电报是由考尔口授给随从军官的，当随从军官累得记不下去时，就口授给达尔维准将。达尔维后来说："记录员的差使安在心烦意乱的老资格的准将身上，可有点不大相称。"〔57〕电报由通信兵送往伦坡；从伦坡再用电话口传到一个无线电站，然后译成密码，经由提斯浦尔发往新德里。考尔的电报太长，有时要发上八个钟头，堵住了无线电路，使其他电报都发不成。即使是最优先拍发，考尔从克节朗河发出的第一份电报，也要三天后才到达新德里。〔58〕

考尔在 10 月 7 日的电报中叙述了他所面临的困难。他现在才说，中国在塔格拉山脊下面的兵力已增至一个团；印度部队的供应情况濒于绝境，印军所有的弹药仍然只限于装在子弹带里的那些（每人 50 发），从那天开始不得不抠紧口粮定量；冬衣也缺乏，三个营中有两个营穿着夏天的军衣，每人只有一条毯子，而当晚要在海拔 1.5 万英尺的高处露宿（考尔没有说明这是他自己的命令所造成的结果）。自从印军进驻克节朗河以来，部队报回的情况一直是这样说的，考尔这时也无非是用自己的语言重新加以描述而已。所不同的是，自从他命令第 7 旅余部进驻该地以后，局势更形危急。然而，他在电报中接着写道：

> 虽然有这一切困难，我正在采取各种可能的步骤来执行政府和你（指塔帕尔将军）给我的命令。但是我必须指出，尽管我们在即将开始的作战行动的最初阶段能够获胜，但中国军队势必进行有力的反击……把我们从已夺到的阵地上赶走。我没有力量对付这种威胁。鉴于这一地区作战行动的重要意义，我建议现在就集结陆军和空军所有的力量，以便于恢复有利于我方的形势。

考尔说，他自己要与第7旅待在一起，直到整个作战行动结束为止。

考尔原来认为中国不会还击，因此，他自告奋勇去指挥的作战行动将轻而易举地完成。现在，这种信念显然受到严峻的考验。下级所做的关于中国阵地上的兵力、武器威力以及对方增援的方便条件等方面的报告，他再也不能视为怕打仗的军官们的夸张说法而置之不理了。他可以亲眼看到他自己所描述的全部情况，因为中国军队并没有企图隐蔽自己的武器和兵力。但是，“虽然有这一切困难”，他还是要照样进行里窝那作战行动，而且要按照他原定的日期，即10月10日，开始行动。他将命令第7旅去进攻的敌人，在人数上至少与印度方面相当，又可以很快得到增援，武器配备上要强得多，而且占有牢固的防御阵地。而他却要他的这个旅在取得当时要发动进攻所必需的火力支援、弹药和后备给养之前就发动进攻。这就像要手中没有拿着弹弓的大卫去打歌利亚[①]，或者像轻骑兵旅的冲锋[②]。灾难是不可避免的了；从考尔发出的电报中可以看出他已意识到这一点。他两次警告新德里说，他固然担保作战行动开始时能够取胜，但是他缺乏足以

① 大卫（David）是公元前1世纪的以色列国王。传说他当国王前，曾用弹弓和石块杀死非力士人（Philistine）的巨人歌利亚（Goliath）。——译注。

② 1854年克里米亚战争中，英国轻骑兵旅向俄国的炮兵阵地发起冲锋，因指挥错误，造成重大伤亡。后来英国诗人泰尼生（Alfred Tennyson 1809—1892）写了《轻骑兵旅的冲锋》一诗。作者在此处把印军第7旅向中国军队发动进攻比作轻骑兵旅的冲锋。——译注

抵挡反攻的后备力量，所以要求“集结陆军和空军所有的力量”以便挽回局势。（没有谁比他这位参谋局局长更清楚：陆军没有什么力量可以集结，至少附近没有什么兵力可以用来扭转克节朗河地区不利的局面。他自己也很了解：空军的战术支援在这种地形条件下不起什么作用。）如果中国军队真的作出反应——考尔似乎仍然寄希望于他们不会这样做——印度部队初步向前推进后被击溃或赶回，那么他就可以说，他事先已警告过新德里可能出现这种万一的情况，而且具体建议过应当采取哪些措施去支持他。如果他们没有听从他的建议，那么过错在于陆军总部和政府，而不在于他本人。

也是在 10 月 7 日，考尔接到陆军总部转来印度驻拉萨总领事的报告。总领事的情报员告诉他：在塔格拉后面“麦克马洪线”的中国一边，看到有一个师规模的重迫击炮和大炮在集结，中国军队正在谈论进攻达旺。这个情报未加任何评语就转到克节朗河考尔的指挥部，丝毫没有说明情报局、参谋局或政府对这个情报是否重视。如果说考尔为了备案起见在两头押了宝以便在发生灾难时推诿责任，那么，新德里的军政官员在这方面并不落后。假如中国用上述那些大炮和迫击炮进攻达旺，考尔怎么也不能埋怨新德里没有提醒他。从拉萨来的报告没有附任何评语，也可能是反映了新德里有关人士这时像孤注一掷的赌徒那样，意志甚至连头脑都处于瘫痪状态。

第二天，10 月 8 日，考尔揭开了里窝那作战行动的序幕。他命令拉杰普特联队和廓尔喀联队从章多开下来，加入沿河其他部队。章多是一个很好的防御阵地，空投区就在那里。所以，如果第 7 旅留在章多不动，至少该旅的大部分可以就地得到给养而不须从很远的地方运到下面的河边去。正如考尔后来形容的，克节朗河对印度部队来说，是“一个危险的、低洼的陷阱”，[59]但他还是把更多的部队送进这个陷阱。10 月 9 日，那两个营到达河边一线（从章多到河边虽是下山也要走一整天），并在第三和第四号桥的周围进入阵地。

10 月 9 日，考尔透露了他的意图。他对普拉沙德、达尔维和其他军官说，尽管存在着他现已亲眼看到的困难，但他还是只好不惜任何代价在 10 月 10 日采取一些行动，因为 10 日是内阁可以接受的最后期限。[60] 接着，他命令拉杰普特联队第二天开往拥错山口（Yumtso La），该山口在塔格拉西面约一英里，高达1.6万英尺，比塔格拉还高。他还命令他们到达那里后，要在中国军队背后建立控制对方的阵地。

印度部队采取这一行动将能占据塔格拉山脊的顶峰。如果在那里有一支强大并得到充分给养的部队，就将使在山脊南面的中国阵地无法防守。但事实上，拉杰普特联队行军的路线在中国军队火力线之内，因此可能在中途就被消灭；即使他们终于到达了目的地，也一定会饿死或冻死在那里，因为给养根本送不上去。当时，听到这个命令的军官认为这简直难以置信。像他们一样，考尔这时对印度部队的状况也是一清二楚，对中国阵地上的雄厚力量也是能够看到的。然而，他竟然把一个营的兵力投进一项中国军队势必对之作出强烈反应的行动中去——中国军队一再警告说，他们不允许任何印度部队过河。事后，达尔维回忆说："大家听了考尔宣布的命令后，都目瞪口呆……考尔将军先是露出一个提着兔子耳朵的魔术师般沾沾自喜的神情，接着显出轻蔑的神态，似乎是要看一看哪一个敢于怀疑他的命令。"[61]

达尔维和普拉沙德提出了异议。他们指出，部队没有冬衣，在 1.6 万英尺高的地方，无法生存下去，也得不到给养；而且印军如不给予一定的炮火掩护，拉杰普特联队在中途就会遭到歼灭。考尔完全漠视他们的意见，但他同意在整个营行动之前，先派出侦察队。侦察队应立即出发，找好最合适的渡河点，并于第二天拂晓掩护整个营的行动。侦察队的目的地是僧崇。[62]

于是，约 50 名旁遮普第 9 联队士兵组成的侦察队在 10 月 9 日中午前后过了河，天黑前到达僧崇。侦察队长派一个班带着一挺轻机枪去到山脊，从侧翼进行掩护。旁遮普士兵去僧崇的途中，中国军队没有进行干预，当晚也没有攻击他们。当天，考尔接到塔帕尔发来的一份电报，重申政府对他的充分信任。考尔自然是趾高气扬，而那些曾经警告说中国一定要作出反应的军人，却像普拉沙德以后说的那样，当时感到自己是“大笨蛋”。[63]那天晚上，考尔又口授了一份很长的电报，说他“以果敢和机智的战术”，出敌不意，弥补了他的部队所面临的困难重重的不利条件，并在执行把敌人从塔格拉山脊清除掉的任务方面作出了良好的开端。他报告说，他的部队事实上已经占领山峰——这里指的是从僧崇派去的那个班。这份电报里完全没有提到不祥的预兆。考尔描绘了现场的情况，说到他能多么清楚地看到敌人；说他同下属指挥官们开会时，河对面的一个中国阵地上打过来两发自动步枪的子弹。他揣摩着这也许意味着挑衅，也许只是为了扰乱印军，再不然也许是对方胡乱打枪。他接着叙述道，不管怎样，有一个锡克士兵从离发射子弹处最近的印度阵地上站了起来，他背着轻机枪，抹一抹胡子，向中国军队挑战，看他们敢不敢向他开枪。考尔报告说，当天他召集军官们，给他们打气，发现他们全都情绪很高。他向他们保证他将同他们待在一起，一直到作战行动结束。

第二天早晨，拉杰普特士兵们集合起来，开始向通往拥错山口路上的几座桥梁移动。这是 10 月 10 日，考尔遵守他自己规定的期限。但是，这时中国军队终于反击了，不仅一举粉碎了他要赶走中国军队的计划，而且粉碎了印度制定前进政策和对边界争端的整个处理方针的前提。考尔描绘了当时的情景：“在世界的这个角落，天亮得很早。4 点半左右，我已起床，我的勤务兵正在烧水冲茶。我把镜子挂在第四号桥上面靠近我的掩体的树杈上，正在刮脸，这时，我听到河对面猛烈的射击声。”[64]整整一个营的中国军队走出阵地，根本不把沿河的印度部队放在眼里，他们迅速冲下山脊，形成对僧崇进攻的阵势。与此同时，重迫击炮也开始向印度阵地轰击。

如果说考尔有点白日梦想家的味道，这该是他的黄粱美梦转为梦魇般现实的时刻了。黄粱美梦是指挥军队打胜仗。可现实是：只有一小股印军在仅仅一英里以外的山包上；可以明明白白看到中国军队的数目远远超过印度部队，将近20∶1；凶猛的迫击炮构成了火网。达尔维事后说考尔当时对他惊呼道："我的天啊！你说对了，他们真的干起来了。"[65]考尔后来追溯这个时刻说道："说老实话，我那时才完全理解我们陷入困境的全部含义……我想我们应重新考虑我们在这一战区所面临的整个局势。"[66]

考尔把战斗的指挥权交给了达尔维。他同达尔维和普拉沙德商量后，决定他应当亲自去向尼赫鲁汇报，并坚持要普拉沙德与他同行，离开克节朗河一道前往新德里。他同意普拉沙德和达尔维的看法：赶走中国军队是妄想，第7旅应当从克节朗河撤到它能够守得住和能得到给养的阵地。但是，他并没有授权下级把这种战术性的行动付诸实施，以便使大部分部队得以脱身，只在印度的主要哨所周围留下少数掩护部队。相反，他下令说，在新德里作出决定之前，赶走中国军队的作战行动暂缓，但第7旅仍应坚守沿克节朗河和在章勒的阵地。

在僧崇的印度部队的第一次进攻此时已被中国军队击退。中国军队显然没有察觉有一个班的印度士兵从侧翼掩护着僧崇的阵地，因此，他们集中兵力进攻时，遭到正面的射击，伤亡很大。如果中国人原来还有怀疑，那么现在他们一定很快就认识到：这些印度兵虽然衣衫褴褛，装备不足，但仍然是熟练的、果敢的士兵。接着，在僧崇的旁遮普联队的指挥官请求在河边的迫击炮和机枪给予火力掩护，以便使他的部队从绝境中脱身，但是为达尔维所拒绝。达尔维当时的处境是痛苦的。在河畔指挥机枪手的军官一再请求他准许他们向中国军队射击；旁遮普联队撤到河边需要火力掩护。但是，如果把主力投入僧崇这场小战斗，中国军队就会把它全部消灭。达尔维不能冒丢掉全部兵力的危险去援助在僧崇的小分队。

当中国军队加紧进攻时，达尔维命令旁遮普联队脱离战斗，撤到河边。中国军队让他们撤离，在这些幸存者过桥去南岸时也没有对他们开火。这次行动中，印军方面 7 人死亡，7 人失踪，11 人受伤，中国方面说他们自己伤亡 33 人。〔67〕中国军队以正式的军礼埋葬印度的死者，死者的战友在河岸上可以看得清清楚楚。〔68〕

考尔在途中又拍电报给新德里说局势严重，要求准许他亲自回首都汇报“新的突然变化”。他要求必须在尼赫鲁预定 10 月 12 日去锡兰之前见到总理。

僧崇这场小战斗确实有重大的含义。中国第一次强有力地抵抗印度向前推进的行动；他们以重大兵力和坚定的决心进攻了印度建立的一个阵地。对僧崇的进攻说明印度前进政策的根本信念——中国军队决不会蓄意地坚决进攻印度部队，倒是会在摊牌时自行退却——是虚妄的，而这种信念就是印度军队之所以出现在克节朗河和西段的各孤立哨所的理论根据。

考尔在哈东山口下面辗转不安地过了一夜。他像部队里的许多人一样，由于在未能适应的高地上过分劳累，现在肺部有了毛病。这次又不得不把他背过山口。〔69〕在最近的降落点上，有一架直升机在等着把他送到提斯浦尔去。他在当天，即 10 月 11 日晚上约 8 点钟到达新德里，刚好赶上参加在印度总理官邸举行的会议。

这次会议似乎是迄今为止在新德里举行关于边界危机会议中出席人员最全的一次。会议由尼赫鲁主持，到会的文官有梅农、内阁秘书、外事秘书和国防秘书以及其他官员，军方出席的有塔帕尔、森、考尔以及参谋局的军官们。空军参谋长也到会。印度现在显然面临着险恶的危机，但是尼赫鲁仍然不同内阁成员进行磋商，甚至也不同内阁的国防委员会进行磋商。

会议开始听取了考尔关于僧崇战斗情况的报告。大家都认为他的报告是绘声绘色、富于主观想象的。在他第一个发言后，会议究竟是怎样进行的，就不清楚了。几乎所有参加会议的人都有一套自己的说法，即使想把这次关键性的会议实况做片断性的描述，也需要把各种不同说法中的共同点凑在一起。考尔描述了克节朗河的局势之后，会议请他提出建议，他并没有主张把第 7 旅撤回，反而提议印度应当请求美国给予迅速的、大量的军事援助。尼赫鲁显得有点生气地拒绝了这个意见。考尔接着提议推迟赶走中国军队的作战行动。据考尔自己讲，他当时的确曾建议把第 7 旅从克节朗河撤回到战术上较有利的位置。但是别的与会者都说情况恰恰相反，例如当时的内阁秘书 S. S. 凯拉说，考尔建议“守住克节朗河的阵线，并固守章勒”。考尔还接着讲：“如果以后有机会能过河去干一家伙，我将提出报告。”〔70〕看来，会上出现的一致意见是推迟赶走中国军队的作战行动，但即使在这个问题上也没有发出明确的指示，当然更没有正式撤销这个命令。讨论接着集中在第 7 旅到底应当留在克节朗河还是应撤回过冬的问题上。军人们的意见似乎有分歧。塔帕尔和森主张部队仍留原处。考尔说他提出了三种方案：第一，不管中国军队所占的优势，继续集结力量，发动进攻；第二，撤销进攻的命令，但第 7 旅仍留在沿河岸的阵线不动；第三，撤退到比较有利的位置。〔71〕事实上，采纳让部队留在沿河一带的第二个方案是势所必然的。现在，里窝那作战行动的成败已关系到许多文武官员的声誉，所以不能把部队主力撤回来，否则就会明显地表示放弃这一行动。根据许多人的叙述，尼赫鲁对在场的军人说，这样的决定应当由他们来做，叫他们把意见统一后向政府建议该怎么办；塔帕尔和森第二天早晨对梅农讲，第 7 旅应留在原地。这种说法也可以从尼赫鲁本人的讲话里得到证实。印军惨败之后，尼赫鲁对议会说，军事上的重大决定是“在政府同（陆军）参谋长以及其他有关的高级军官进行充分磋商并根据其内行的意见作出的。关于陆军在 1962 年 10 月至 11 月不从东北边境特区的前沿阵地撤出的决定，更是如此”。〔72〕总理在另一处也提到，有人告诉他，前方指挥官们希望把第 7 旅留在克节朗河。尼赫鲁告诉议会说，文官当局并没有命令军人们“在情况不很有利的地方固守下去”“但我们的军队自己不那么愿意撤退，他们坚守到底使他们受到相当大的损失”。[73]

就印度处理边界争端的军事方面而言，看来尼赫鲁一直是很注意让军人们自己做决定，至少他一定自认为他是在让他们自己做决定的。但是，由于尼赫鲁本人长期以来公开宠信考尔，因此助长了陆军最高指挥部的歪风邪气。到1962年，他所打交道的不再是职业军人，而是一班阿谀奉承的人。因此，当他希望得到从军事角度作出的决定时，他听到的只是他的军事顾问们认为他愿意听到的意见；而他又向他们保证中国不会“大干”，这也就给了军人们所希望得到的政治指导。这种互相欺骗的行径就使得10月11日的会议作出了第7旅应留在原地的决定。

第二天早晨，尼赫鲁去锡兰做三天访问——一切如常。他特别注意不暗示在边界上正在发生很富有戏剧性的或危急的情况。他一向是愿意同记者接触的，所以，他在机场上同记者们说了几句，这当然就成了一个临时记者招待会。到那时，政府证实中国军队越过“麦克马洪线”的消息已有一个月了，半个多月前报纸就报道了陆军已奉命把他们赶走的消息。报纸不断报道塔格拉山脊下发生的小冲突，总是说印度部队打退了中国的进攻。前一天报道过僧崇的战斗，说是战斗激烈，是中国军队进攻了印度的一个阵地。人们越来越怀疑政府是否真已命令陆军采取攻势。所以，在机场上向尼赫鲁提出的头一个问题就是：给东北边境特区的部队下达了什么命令？

尼赫鲁回答说：“我们的指令是要解放我们的领土。”记者接着问：“什么时候？”尼赫鲁说：“我不能定个日期，这完全是陆军的事。”随后他指出：“寒冷的冬季在（塔格拉）地区早已开始。中国军队阵地很坚固，因为他们人数众多，还处于更高的地势。再者，他们在边界中国那边的主要基地距离他们的阵地也很近。”[74]记者然后又问到大家关心的另一个主要问题，想让尼赫鲁保证政府无意同中国开始会谈。尼赫鲁说：“只要这次侵略（即中国军队待在塔格拉山脊的南坡）继续存在，看来就没有进行会谈的机会。”[75]

印军惨败之后，人们批评尼赫鲁公开肯定了赶走中国军队的命令，并且指责他蓄意误国。他的话确实是给人们造成了错觉；毫无疑问，他是知道这一点的。只有叫他在答复时发誓，他才会说：“因为赶走中国军队的命令是印军力所不及的，因而已经暂停执行，可能需要很长的时间局势才会改变。”可是，如果尼赫鲁承认这种种事实，那他过去所谈的关于边界问题的军事方面的情况就全都是虚假的。此外，人们也还有理由相信，考尔在前一天晚上曾怂恿尼赫鲁告诉公众：在适当时候是会把中国军队赶走的；有一个参加过那次会议的人声称他听到考尔这样讲过。尼赫鲁后来为他的机场讲话进行辩护时也说，这不是他个人作出的决定，“这也是军人们的看法。他们要那样做。否则我决不敢说那样的话”。[76]尼赫鲁提到了冬季的寒冷气候和中国在地势与给养方面的有利条件，这就很清楚暗示在塔格拉山脊下面的印度军队所面临的不利条件。通过这些话，他确实也企图使他的回答包含一定清醒的看法。

假如尼赫鲁的意图是要强调不利形势，让公众注意到军队在塔格拉下面所面临的困难，公众是不会听的。官方发言人一直保证说，东北边境特区的一切都在印度控制之下，所以，尼赫鲁警告公众的言辞现在就没有什么分量。就在那天早晨，报界把前一天晚上的会议描述成是印度总理同文武顾问们进行“令人宽慰的磋商”。其实，尼赫鲁本人也并不真正相信印度军队面临的种种困难，这表现在仅仅几个小时之后，他在科伦坡向记者介绍情况时，又回过头来使用欺骗的政策，说在东北边境特区一切物质上的有利条件都在印度一边。[77]

所以，难怪印度公众从尼赫鲁的机场讲话里只听到他们所想听到的——战斗的号召。报界兴高采烈。《政治家》第二天写道：“尼赫鲁先生……清楚地、坚定地把全国人民所盼望听到的事告诉了大家，那就是，武装部队已奉命把中国侵略者从东北边境特区赶走，而在把他们从这一片印度领土清除掉之前，不可能同中国会谈。”在南方，《印度教徒报》的想法完全一样：“全国将欢迎尼赫鲁的声明……”还有许多类似的赞成尼赫鲁讲话的表态。①

公众对印度陆军的英勇善战有极大信心，所以，似乎没有一个印度人想到要怀疑塔格拉山脊下面的军队是否能够执行尼赫鲁已经证实的命令。本书作者在发给《泰晤士报》的报道中提到，印度有一种把陆军看成是所向无敌的倾向，果阿战役助长了这种倾向，并且提到，对于政府要求他们采取仓促而缺乏准备的行动，陆军正对此进行抵抗。[79]一位同官方有密切联系的新德里的报纸编辑不赞成我的那些报道。他向我传达了一个旨在纠正那些报道的内部消息：据了解，在塔格拉山脊下面的中国军队是“第三流的边防部队”，一旦印度军队发动进攻，他们不会构成什么问题。这个情报大概来源于马立克情报局里占卜式的推测。这项情报也发给了第 7 旅，他们倒可以亲自核对它的真实性。达尔维谈到同中国军队的首次接触时说：“我必须承认，中国士兵给我的印象不错。这些人不是蹩脚的边防战士；看来他们是身体结实、穿戴暖和、装备精良、意志坚决的部队。”[80]

然而，印度普遍感觉克节朗河的印度军队是一支强大的、装备不错的、信心坚定的特种部队，只是由于政府过分容忍和怯懦，才拦阻了他们去打垮蹩脚的中国军队。尼赫鲁在机场那一番话被认为是宣布让印度军队放手去干，印度正翘首期待它的军队夺回塔格拉的消息。

在其他国家，尼赫鲁的讲话也被看作一个准备打仗的正面声明。《纽约先驱论坛报》（*The New York Herald Tribune*）社论的标题是《尼赫鲁对

① 在尼赫鲁的政治生涯中，也即在印度现代史上，有这样一个特点：他显然未经缜密思考而做的声明，多次产生了重大的、有时是灾难性的后果。也许最出名的是 1946 年 7 月事件。当时，国大党和伊斯兰教联盟（Muslim League）之间就内阁代表团关于建立统一的、独立的印度的计划已达成一项微妙的协议，而尼赫鲁在一次记者招待会上却把它破坏了。当时有人对尼赫鲁 1946 年事件评论说：“历史上有的时刻应该崇尚慎重行事，保持缄默将获益匪浅。印度的命运正处在危急关头，走错一步就会牵动全局。”[78]上述评语也同样适用于尼赫鲁 1962 年的机场声明。

中国宣战》;《卫报》(*Guardian*)把这一声明说成是最后通牒。[81]中国得出相同的结论。《人民日报》写道:“尼赫鲁已经公然以印度政府总理的身份,正式宣布授权印度军方随时可以发动对中国的西藏地方的进攻。”社论得出的结论是:“看来,印度军队在中印边界东段向中国领土的大举进犯迫在眉睫了。”社论要“在中印边界上守卫着的人民解放军全体指挥员、战斗员”百倍提高警惕,因为“印度军队随时可能执行尼赫鲁的命令,来‘清除掉’你们”。中国人也忠告尼赫鲁:“悬崖勒马吧,不要拿印度军队的生命做你的赌注了。”[82]

* * * * * *

中国军队当时穿着厚棉衣,他们很舒服,对自己的力量和武器也充满信心。他们在塔格拉山脊上坚固的工事里俯瞰着下面河岸上不幸的印度军队在挨饿受冻,无法抵御冰天雪地和优势敌军。他们必定认为北京对他们的警告是多余的。很显然,中国没有任何理由害怕印度发动进攻,但有充分理由做好准备。印度政府对其意图并没有保密;中国驻新德里的大使馆无疑像印度本国人一样仔细阅读关于要把中国军队赶走的作战行动准备工作的新闻报道。印军在克节朗地区所做的部署只能有一个解释,那就是他们守住桥梁是为了过河,并企图在河的北岸建立居高临下的阵地,以便在最后发动进攻时掩护自己的部队。假如印度的目的是防御性的,他们的主要阵地就应设在他们后面的山脊上,在那上面可以组织有效的火力网阻止中国军队过河,而且他们会把桥梁炸毁,像中国军队已经炸掉的几座那样。中国情报机关看来已经听到里窝那作战行动要在10月10日开始的风声。10月8日,中国外交部召见苏联使馆临时代办,告诉他印度即将发动大规模进攻。据中国方面讲,几天之后,赫鲁晓夫在莫斯科对中国大使说,苏联政府得到了类似情报,而且说,如果中国受到进攻,中国进行反击是自然的事。中国方面表示:印度在准备发动进攻时使用了苏联的直升机和运输机，这种情况损害了中国边防部队对中苏友好的感情。[83]

北京认为，印度10月6日的照会“终于断然关闭了谈判之门”。几个月来，中国政府一直在最强烈、最明确地警告印度，如果印度坚持其前进政策，中国将进行报复。然而，印度对中国的警告置若罔闻，或者顶了回去，印度军队仍步步进逼。早在7月，中国就断定印度政府把中国未对其前进政策作出强有力的反应，当成是中国软弱可欺的表现。[84]中国这种判断是正确的。中国尽管不断在外交上提出抗议并调动部队，但并没有进攻西段的印度前沿哨所。于是，新德里就把这种情况看成是进一步肯定了前进政策的基本前提，这也鼓励了印度政府把前进政策坚持下去。

印度不但漠视中国要它在西段停止逐步推进的一切警告，而且在6月里建立了多拉哨所，看来是把他们在西段采取过的同样战术开始运用于东段，去占据它所要求的“麦克马洪线”以北的地区。而现在印度陆军又准备在中国军队对建立多拉哨所作出反应的地方，向他们发动进攻。印度10月10日在僧崇的第一次进攻，被中国军队轻而易举地击退了，不过中国方面伤亡也不少。印度方面没有从这次挫败中吸取教训，而是企图在准备就绪后立即发动新的进攻，这已由尼赫鲁本人公开加以证实；而沿克节朗河的部队仍然摆开进攻阵势，并且还得到了增援，表明尼赫鲁的讲话并非虚张声势。

在这种情况下中国政府该怎么办呢？①中国可以坚持一贯奉行的政策，威胁使用武力以阻止印度的前进行动；如果不能奏效，就以局部性的行动作出强烈反应。毫无疑问，在西段，如果印度的哨所或巡逻队同中国军队交锋，印度部队就会被歼或是被俘；在塔格拉地区，中国的阵地很坚固，很容易得到支援，印度军队在可以预见的情况下发动的进攻，会被挫败和

① 除了公开发表的文件声明之外，本书作者没有其他途径获得关于中国的想法或中国是如何制定政策的材料。那些公开的文件声明以及本书前面讲到的关于中印争吵的演变，为人们作出判断提供了基础。下面一节完全是作者自己的推论。

击退。中国在坚守阵地顶住印度军事压力的同时，可以继续设法劝说印度，使印度认识到通过谈判解决边界问题是唯一的途径，并且可以设法使其他国家深信中国的立场是合理的；如果在边界上发生冲突，那是印度的行为造成的。可是，事到如今，北京有理由怀疑执行这种政策是否划得来。印度态度的好转看来是毫无可能。在争端开始时，北京就说："决不认为，那些并无恶意的人对于中国的误解……会长久地继续下去。因为，中国如果真是在侵略和威胁印度或其他国家，否认一万次也不能改变事实；如果事实不是这样，那么，即使有一万个宣传机器在全世界宣传中国的'侵略'和'威胁'，也只能使那些宣传家自己丧失信用。"[85]然而，这种期望落空了。西方国家当然是支持印度的，而且苏联以及大多数兄弟党也同情印度，许多亚非国家看来也倾向印度方面。情况证明，比起中国来，印度更易令人相信。因此，在中印边界上不断发生小的冲突，而印度又无休止地指责中国挑起事端进行侵略，那只能更加损害中国的国际声誉。印度早就在大做文章，指控中国使用武力；如果让大家知道中国果真使用武力会发生些什么事——人们对中国除了反感（假使真有什么反感的话）之外，还可能对中国有所尊重——这倒也不无好处。

边界局势无限期地拖下去，在军事上对中国也是有害的。印度的压力虽然在事到临头时是容易抵挡的，然而，这种压力还是使中印边界全线的广大地区处于剑拔弩张的状态，部队要随时准备投入战斗，后勤方面的负担很重，并且使维持西藏治安的问题复杂化。使部队长期保持防御态势，只有当印度在其所选择的时间和地点进行挑战时才作出反应，这在任何一个战略家看来都是毫无道理的，而且这样做也必然是背离毛泽东的军事学说的。（有些关于边境争端的叙述，虽然最强烈地批评中国，也不能不承认"中国军队与其在印度陆军按照它的打法进行蚕食面前被迫采取守势来保护中国的哨所，还不如按照他们自己的打法在全线发动总攻势"[86]。）再者，虽然当前印度军队很脆弱，但也许不会总是如此。美国有多余的武器。长期以来，华盛顿就在拉拢印度，印度也早已靠上去了。

到 1962 年 10 月，认为中国不能再让当时的局面拖下去的那种主张显得更有道理了。难道说舍此还有什么别的途径可供选择吗？按照印度的条件解决争端，仍然是不可想象的。且不说印度的条件完全无法接受，这样做将意味着低声下气地屈服于压力，而已经在革命中“站起来了”的中国是永远也不会再这样干的。“解放了的新中国决不能再容许被推回到受损害的旧中国的地位上去”。[87] 因此，另一个做法就是对印度的挑战进行一次反击，这一反击要很强大、很坚决，足以终止印度的挑战。

军事行动的政治目标在于一劳永逸地证明，印度开进中国占有的领土以便按照它的条件来解决争端的企图，完全是徒劳的，从而就可以把印度带到谈判桌上来。万一做不到这一点，如果能使印度在同意进行全面的边界谈判之前承认现状应予以保持，那也就行了。

看来，上述的利害权衡，使北京的决策者转而决定采取断然的行动。不过，还有一些因素虽然大概都是次要的，但这些因素也许可以用来证实采取这种行动的正确性和必然性。西方有一种看法，这在美国特别流行——中国认为它应当“打击印度气焰，从而攫取亚洲的领导权”“迫使印度进行扩充军备，从而阻挠印度的发展”。这种看法似乎没有抓住要害，事实也未必如此。作为中国人，中国政府领导人似乎从未设想过除了中国以外，还有哪个国家可以指望取得亚洲的领导权；作为共产党人，他们一定从未设想过存在着资本主义制度和民族资产阶级政府的印度能在经济发展的竞赛中与中国抗衡。即使在 1962 年，当时“大跃进”已经失败，中国的经济遇到困难，对北京的纯正的共产主义者们来说，这种想法也是荒谬的。然而印度人，尤其尼赫鲁，却显然认为他们的国家应该同中国平起平坐，甚至要高出一头——尼赫鲁说过，印度同中国作战要震撼全世界，印中两国谁也不能“把对方打翻在地”。[88] 也许中国觉得，让印度和全世界看到印度这种妄自尊大是谬误的，这只有好处，没有坏处。

看来中国还感到，在边界上对印度进行反击，在另外一个方面也可以得到好处。中印争端已成为中苏之间重大争执的一个因素，对印度进行打击，就可以把中国认为的尼赫鲁与美国共同反华的隐蔽联盟公开出来，从而揭露莫斯科支持印度在意识形态上所犯的错误。这样势必在印度国内削弱尼赫鲁政府，从而也就支援了印度的被压迫阶级和革命力量。这两种结果，都证明北京在反对莫斯科方面所持的立场是正确的。此外，还有战争本身的问题。莫斯科竭力主张：甚至连局部战争都必须避免，否则就会升级为大国核对峙的局面。中印争端是一个理想的测验。美国把自己与印度拴在一起，这是显而易见的。中国打在奴才的身上，就会痛在主子的心里。对印度采取果断的军事行动，像外科手术那样精确，为一贯的政治目标服务，不但可以表明战争仍然是贯彻政策的一种必要手段，而且可以表明，正如毛泽东所说的，有理由轻视帝国主义者及其走狗——只要充分重视他们战术上的长处和短处，并且“集中全力作战”。因此，对印度进行有效的军事打击，就能在两盘不同的棋局里将对方的军。

不过，要使这种打击奏效，就应该是大规模的行动。对中国说来，仅仅拔除印度按照其前进政策在西段设立的 40 个左右的小哨所，是无济于事的。这样做不能指望印度政府改变它对谈判的态度，而且在印度一旦感到有力量再次向前推进时，西段又会遭到骚扰。印度对中国的真正挑衅是在西段。然而，从政治上和军事上来看，进行声势浩大的、毁灭性的报复的机会，只存在于东段，在于强有力地推进到“麦克马洪线”南面的争议地区。所以，印度在塔格拉山脊下采取的行动，绝妙地适合中国的需要，因为是印度的行动挑起了中国的报复，而印度寻衅的地点又恰好选择在中国若进行有效的报复就必须来个全线出击的地方。这就产生了一个问题：9 月 8 日中国对多拉哨所的包围是不是一个圈套，有意要把印度军队引到他们后来所采取的那条道路上去呢？

按照中国的观点，他们对多拉哨所采取的行动，与他们在西段对他们认为是设在自己境内的印度哨所所采取的行动，并无不同。他们在多拉哨所面前摆开优势兵力——虽然只有大约 60 人，而不是印度所说的五六百人——催促人数不多的哨所驻军撤走，同时就印度“新的入侵”[89]将会引起的严重后果对新德里发出警告。多拉哨所无疑是在“麦克马洪线”以北。假如中国军队是在该线以南同印度军队进行这种对峙，那显然是一个圈套；但是，当时即使印度方面也没有指控中国越过了该线本身，[90]东段的冲突是印度单方面修改该线，将该线往北移动而引起的。当西段的印度哨所被围困时，印度并没有作出强烈的反应。既然如此，中国怎么能估计到他们对多拉哨所施加压力就会引起印度军队在当地大规模的集结以发动进攻呢？印度的这种反应是不合理的，因此，看来并不是中国所能预料到的。

最接近实际的结论是：中国对多拉哨所的包围十之八九并不是圈套。不过还有一点疑问：从印度设立这个哨所到中国作出反应之间，相隔有十个星期之久，这是很奇怪的。中国方面没有马上得悉这个新哨所的设立，是有可能的，但也未必那么迟缓。那么，迟迟不作出反应，在 9 月里对多拉哨所迟迟不采取行动，是不是有意的？这个问题只能作为悬案。

不管怎样，当印度把在多拉哨所的对峙局面升级为双方的意志与力量的较量时，北京一定看到这种做法给中国提供了大好机会。印度以自己的行动把紧张局势扩大到东段（在此以前东段在表面上还是安静的），从而给中国提供了越过“麦克马洪线”采取军事行动的时机。

北京到底在什么时候作出发动进攻的最后决定，不得而知。根据印度驻拉萨总领事的报告来判断，中国军队起码从 10 月初起就在集结。但这不一定说明那时北京已下了攻击令。作出决定的日子看来很可能是在 10 月中旬，在 10 月 6 日到 17 日之间：10 月 6 日，新德里突然停止交换关于双方会谈讨论边界形势的照会；17 日，印度方面看到在塔格拉山脊上的中国军队开始为发动进攻积极进行准备。

* * * * * *

10月11日在尼赫鲁官邸举行的会议议而不决，这种状况也反映出对下一步该怎么做的问题出现了混乱和矛盾。是要为立即重新执行里窝那作战行动继续进行准备呢？还是说可以把第7旅的大部分从克节朗河地区撤回，在他们可以得到给养的阵地上过冬呢？10月13日考尔回到提斯浦尔的军部时，告诉部下说："他没有能够使政府认识克节朗河地区局势的实际情况，因而赶走中国军队的命令仍然有效，必须执行。"然而，塔帕尔将军的理解则是里窝那作战行动要推迟，因为几天之后他叫东部军区估计一下：来年春天赶走中国军队的作战行动需要多少部队和给养。

随后的九天里，争论不休，无所适从。有关的档案记载十分混乱，事实上使人感到，事到如今，人们故意要把记录搞得含糊费解，以便一旦灾难降临，可以有所推诿。梅农、考尔和参谋局仍然希望能够设法把中国军队赶回去，而且下决心不从克节朗河撤退。自从中国包围多拉哨所以来，梅农一直坚持采取迅速行动把中国军队赶回到山脊的另一边去。赶走中国军队的真正劲头大部分始终来自梅农和文职官员，由塔帕尔不算热心而森比较热心地传达下去，由考尔接过去并予以大力支持。这时，梅农关于及早采取坚决行动赶走中国军队的公开诺言甚至比尼赫鲁的诺言还要明确。10月14日，他宣称，"印度政府的政策是要把中国军队从东北边境特区赶出去，不管是要用一天、一百天，还是一千天的时间"，而且，在拉达克要坚持打下去，"打到最后一个人，最后一支枪"。[91]如果让大部分军队从克节朗河撤下来，就会暴露这些诺言原来不过是吹牛皮，说大话；当议会复会时，公众的失望必然首先会集中发泄在梅农身上。由于同样原因，考尔也许诺过把部队留在沿河一线。想当初，他负责指挥里窝那作战行动想把中国军队赶回去，大吹大擂，何等威风；而如今，如果政界人士、新闻界和公众听到的不是期待已久的来自塔格拉山脊的凯歌，而是部队撤退时的啜泣，那就会重新掀起一阵要他滚蛋的强烈呼声。至于参谋局，考尔是他们的局长，他们是继续同他合作的。所有有关人员自然很了解，假如从克节朗河撤下来，外界马上就会知道。即使北京不首先宣布这件事，在新德里消息也会泄露出去。

后方的人员大叫“前进”！前方的人员则大叫“后退”！达尔维准将和普拉沙德将军都知道，从后勤支援来看，第7旅留在克节朗河过冬是办不到的。尽管如此，还是派了增援部队给第7旅，从而使得给养的问题更加严重。10月12日至14日，另一个营，即第4近卫军联队抵达克节朗河，他们是从新德里调来的，因而既不能适应当地气候，又疲惫不堪，而且装备也跟别的营一样糟。后来几天里，又来了450名左右脚夫。他们都没有带口粮和冬衣，因此就要给更多的人开饭、发衣服。到那时，印度这边共有约3000人，其中2500人是军队官兵。冬衣和帐篷只够供应二三百人，其他人依旧穿着夏天的军装，斧子和挖掘工具也很缺乏，只好用树枝或降落伞的材料勉强搭成住处。10月17日，河谷里下了第一场雪。接着，有一些迫击炮从山口那边运到这里来，还用降落伞投下了四门伞兵用的野战炮，不过，弄到手后只有两门能用。炮手是从亚格拉的伞兵旅基地直接调来的，他们行军爬过1.6万英尺高的嘎坡第一山口，一路上由于不习惯高山地势和挨冻，死亡不少。[92]

10月9日以后，开始压缩部队的口粮，但尽管如此，口粮也只剩下了两天的储备。糖、盐、火柴都没有。上面派来更多的较大型飞机给部队空投物资，但供应情况并没有显著改善。较大的美制包裹式运输机（Fairchild Packets）不能飞得很低很慢，所以，物资能投中章多那块狭小空投场的机会不多。这种飞机每天能够空投的时间也有限制，只是从拂晓到大约9点半为止，9点半以后空投场就被浓云遮住。许多投下的东西找不到，或者由于降落伞未能打开而坠毁了——为了节省外汇，陆军多年来都把用过的降落伞回收修理和重新装置，所以出现了这种情况。投下的物资只能找回

30%。当然，第 7 旅面临的问题还不只是找回空投物资。这些物资找到后还要用人力从空投场背下 3000 英尺的陡坡，运送给沿河的部队；而那时，部队的阵地已经大大延长，从一头到另一头，要走七天之久。当脚夫的老百姓不断逃跑；军队本身的工兵如果不发给食物和冬衣，他们也拒绝运送物资。

把部队置于这种境地，让他们与在军事力量的各方面都占优势的敌人对阵，这是荒谬的、有罪的；把他们留在原地度过大雪纷飞、气温在零度以下的冬季，简直就是叫他们一直受风雪和疾病的严酷折磨，而不要多久就会挨饿至死。在战争时士兵能忍受这些而去作战，但这不是战争，这是一场政治游戏。

10 月 12 日，第 7 旅接到考尔的命令，重申部队应留驻原地。同日他们从新闻广播中听到尼赫鲁肯定他们仍应执行把中国军队从塔格拉山脊清除掉的命令。据达尔维讲，10 月 16 日上面告诉他说，国防部部长已向军队交代：11 月 1 日是内阁可以同意的完成作战行动的最后期限。〔93〕①

前方的军官认为第 7 旅的大部人员应当撤回来，这种主张得到了第 4 军一位举足轻重的参谋官员的大力支持。军参谋长 K. K. 辛格准将在书面意见里有力地指出，把这个旅留在克节朗河地区是办不到的。他极力主张把克节朗河地区的部队减少到一个营，并且集中到在战术上能接应多拉哨所的阵地上。其余三个营应当撤回到伦坡过冬和重新装备。这种意见与乌姆拉欧・辛格将军六个星期前的建议几乎完全一样。

在第 7 旅应当留在克节朗河地区，还是应当撤走这个压倒一切的问题里面，还包含着章勒的问题。这个地方是在克节朗河的河源（一个小湖），

① 在陆军关于这些事件的报告中，没有提到这个新的期限。可是，调查委员会并没有要达尔维提供证据，而且第 7 旅的档案材料也已毁掉，或者是在溃败时丧失了。由于当时命令是口头传下去的，没有用书面形式加以重申，因此，关于这一指示没有档案可查是不足为奇的。拿达尔维写的书《喜马拉雅的失策》中的叙述与陆军的报告里搜集的材料来对照，表明达尔维的记事是细心的、准确的。

有一个牧羊人的草棚作为标志。军部仅有一份根据不按比例的草图画出来的关于这个地区的详图。在这份地图上，章勒距离多拉哨所两三英里，而事实上，走路要走两天多。印度测量局出版的关于这一地区的地图把章勒画在不丹境内。然而，印度陆军奉命不去理睬印度、不丹那一段边界，就如他们早先不去理睬地图上所标的“麦克马洪线”一样。（不丹官方的一位代表及时拜访了第 4 军军部，对印度军队越境表示不满。[①]）章勒具有战术上的重要性，因为经过那里可以从侧翼迂回到塔格拉下面的中国阵地，达尔维为赶走中国军队的局部作战行动而制订的临时方案中规定，印军出击时应经过章勒开到僧崇。他在乌姆拉欧·辛格的支持下，强调指出在真正开始作战行动之前，暂不要对章勒采取行动，以免失掉出其不意的效果。可是，森将军否定了下级的意见，在 10 月初他下令派一个连去占领该地。中国方面就很快派出部队控制了这一通道。

当考尔离开克节朗河去向尼赫鲁汇报时，他命令要守住章勒的阵地，除非是中国对该地施加压力；如果那样，普拉沙德将军可以相机行事，把部队撤走。然而几天后考尔变了卦，下令不惜一切代价固守章勒。但达尔维、第 4 军的 K. K. 辛格准将和普拉沙德都极力主张从章勒撤退，因为要维持这个阵地，会给总的补给问题增加严重的额外负担。达尔维是这样描述给章勒运送给养的困难情况的：

> 从四号桥去章勒，有无法通过的悬崖峭壁，因此没有直达的路。我们被迫经由章多绕道前往。到 10 月中旬，要在结冰的小道和很滑的斜坡上走，这样往返一次的时间增加到五天，要在这条路线上运送给养是划不来的，因为运送的人自己就要带上十天干粮……大多数脚夫在途中把运去的物品陆续扔掉，而比较刚强的脚夫所运去的物品数

① 不丹是一个主权国家，国王一再拒绝印度要在该国驻军以资防御的建议。不丹和印度之间并没有防御条约。关于不印关系的条约只规定不丹的对外事务受印度指导。

量也很少，根本不值得派他们去走这一遭……由于天气奇冷，章勒高达 1.55 万英尺，往返章多与章勒之间的所有脚夫都要发给能在下雪天穿的服装。要设法使那里的部队和脚夫能防御严寒，否则他们就会冻死。唯一的办法是让克节朗河地区的守军脱下衣服来，送给章勒的守兵，使他们能穿上最低限度的御寒服装。这是最糟糕的解决办法。[94]

但是考尔固执己见。梅农、文官们和陆军总部看来也都认为守住章勒的阵地具有很重要的政治和战略意义。10 月 17 日，梅农、森和考尔在提斯浦尔举行会议，重申必须守住章勒。他们命令达尔维再派一个连去增援已经在那里的一个连。固守章勒并增派驻军的做法，终于使第 7 旅后来非垮不可，因为这种做法使供应能力负担过度，无法支持下去，并且使沿河的兵力空虚，沿河一线就暴露出致命的弱点，不堪一击。

第 7 旅的处境就这样越来越坏。与此同时，考尔在克节朗河所得的肺部毛病并无起色。到 10 月 17 日他发烧了，呼吸困难，全身不适。第 4 军军部的军医诊断是呼吸道感染和操劳过度而加重了支气管过敏症。当晚，考尔的病情似乎不断恶化，就通知了陆军总部。印度政府的首席医务顾问立即从新德里前往提斯浦尔为他治疗。这位医官在 18 日清晨赶到，经他诊断，考尔的病情比所说的还严重。虽然提斯浦尔有一所设备很好的军医院，病人还是要马上乘飞机去新德里治疗。考尔亲自打电话给塔帕尔将军后获准再次返回首都。据考尔说，森将军也准许他离开作战地区。[95]但森却坚持说，当他获悉考尔已到达新德里后，他才知道他的这位军长因病离开了前线——这两人的说法完全相反；这类情况是屡见不鲜的。

考尔在 10 月 18 日到达新德里后并没有进医院，而是直接回到自己家里。[96]他的病并不严重，这可从他没有放弃第 4 军军长的职务这件事得到证实。他的床上铺满地图，手边有几部电话，继续对克节朗河地区部队发布详细的调动命令。他双管齐下，一面直接给在提斯浦尔的第 4 军挂长途电话，一面又通过陆军总部的电讯系统发电报。

10 月 18 日晚，考尔下令再派两个连去加强章勒，其中一个连部署在五号桥，另一个连派到五号桥与章勒之间巡逻。当普拉沙德将军向达尔维（口头）传达这个命令时，中国军队对第 7 旅阵地的全面攻击显然已迫在眉睫。达尔维愤怒地表示反对。普拉沙德本人曾经提出反对意见，不过，他还是把达尔维的反对意见转达给躺在新德里约克路 5 号卧室里的考尔。考尔的答复是，章勒兵力必须加强，同时威胁说，不执行这项命令的军官将予撤职。普拉沙德把这一警告传达给达尔维，还说，如果达尔维和他的营长们再对增援章勒的行动表示反对或提出异议，他们将受到军法审判。[97] 10 月 18 日，印度方面看到中国军队在塔格拉山脊南面的活动加紧了。连日来他们加速储存物资，使用了成百匹小马和民工队伍。19 日起开始调动部队，据计算在僧崇有 2000 兵力。印度军队可以看到中国军队的测标小组为准备夜间进军而在工作。中国军队并不想隐瞒他们的意图。达尔维把这些明摆着的发动攻击的准备情况报告给在吉米塘（Zimithang）第 4 师作战指挥部的普拉沙德。达尔维说，按照第 7 旅目前这样的部署，中国军队如果发起进攻，他们将抵挡不住，并请求准许他把章勒驻军及增援部队撤回来。这样可以抽调出大约一个营的兵力，把他们重新部署在比过去大大缩短的阵线上，使防线有一定的纵深，防御也就算加强不少了。然而，普拉沙德接到的考尔的命令是绝对的，章勒必须不惜任何代价守住。普拉沙德拒绝承担不服从命令的责任，他拒绝了达尔维的紧急请求。于是，达尔维在多拉哨所附近的旅部里，当着旅参谋长和其他军官的面，在电话里对普拉沙德讲，“与其站在一边，看着部队被屠杀”，不如提出辞职。他说：“这是采取坚决立场的时候了。”达尔维的话被记下来，由普拉沙德转报给在提斯浦尔的第 4 军军部。可是在那里负责的军官 K. K. 辛格准将不能承担违背军长明确命令的责任，他答应同在新德里的考尔联系。关于这个问题，后来在第 7 旅没有听到下文。第二天拂晓前，廓尔喀联队剩下来的两个连仍按原计划准备开往章勒。

10月19日至20日那个夜间，中国军队摆开进攻的阵势；他们等待进攻的时候，燃火取暖，他们完全有把握印度军队是不会开枪的。那时水位已经下降，克节朗河已能徒涉，印度最高指挥部关于守住那几座桥的全部计划前功尽弃，那些木头架的桥已不起作用。当晚，中国军队在四号桥的西面过了河——印度各个阵地之间相隔很远，有时从一个阵地到另一个阵地要走上几个钟头。因此，一旦克节朗河可以徒涉时，就无法阻止中国军队的这种渗透。中国军队有一路直取通往章多的山脊，其余部分集合在一起，准备拂晓从侧翼进攻沿河的印军阵地。10月20日清晨5时，中国军队发射了两颗照明弹。中国军队一看到信号，就不加伪装地把迫击炮和大炮拉到塔格拉山脊的前沿斜坡上，向印军的中央阵地猛烈开炮。达尔维回忆道："第一批炮弹在头顶上呼啸而过时，有几分钟我们都吓得目瞪口呆。""这种场面与迄今为止的沉寂状态相对照，更令人胆战心惊。双方军队挨得如此之近，以至看来好像是部队发生了一场哗变一样。"〔98〕

中国军队进攻的重点指向印军沿河的中央阵地，廓尔喀联队和拉杰普特联队首当其冲。他们的阵地已被渗透；有些廓尔喀士兵在开往章勒途中为中国的炮火截住；拉杰普特士兵则两面受敌。印度部队在众寡悬殊的情况下，猛烈地进行反击，然而他们的阵地一个接着一个被攻克；在中国最后一次进攻时，印度士兵拼了刺刀。到9点钟，沿河的廓尔喀和拉杰普特士兵全部完蛋。中国军队接着进攻章多。当时，这个要害阵地上只有属于廓尔喀联队的力量单薄的一个连防守，还有两门伞兵的炮，他们原来是准备开往章勒的。这时他们开炮平射，坚持战斗，直到全部官兵被消灭为止。

第7旅很快就溃不成军。旅部通向各营的电话线已被排炮打断。拉杰普特联队和廓尔喀联队的通信兵不得不关闭电台，拿起步枪。达尔维的指挥部同部队一起在河谷里，在受到两面包抄的时刻，他请求普拉沙德准许他们撤退。他一直在同第4师保持着联系，这时，普拉沙德仍然迫切要求增援章勒，即使再派一个排也好，因为这一增援行动是“最高当局”下的命令！[99]后来，普拉沙德批准他们撤退，旅部就撤往章多，打算与廓尔喀士兵会合，进行整编。

中国的作战计划显然是中央突破，然后占领章多和哈东山口。这两处攻克后，沿河残余印军就会被截住，既不能逃脱，也得不到补给，中国军队就可以从容不迫地对付他们，或者在印军撤至山口时把他们打垮。这个计划进行得十分顺利——由于中国军队的火力和兵力都占极大优势，也势必如此。处于印度阵地右侧的旁遮普联队和近卫军联队没有受到强攻，但中国军队隔河向他们猛烈轰击。普拉沙德命令他们经由哈东山口往后撤。可是中国军队已先期到达山口，截住了朝着他们而来的印度军队。于是该旅的残部向西败退，历尽千辛万苦，经由不丹走回到印度。达尔维准将一行人落荒而逃，企图同第 4 师的残部会合，但于 10 月 22 日被俘。另一支中国军队在攻下兼则马尼后，也形成一个钳形攻势。普拉沙德将军和他的作战指挥部受到这支中国军队的威胁，就撤向达旺，在 10 月 22 日傍晚到达那里。第 7 旅从此不复存在。

印度军队把章勒看作政治上、战略上很重要的阵地，防守这个阵地却加速了第 7 旅的毁灭，而中国军队则对之未予理睬。章勒只是在里窝那作战行动中才有其战术上的重要性；而且中国的地图大概同印度的一样，也是把它画在不丹境内的。

* * * * * *

中国军队同时在西段发动了进攻，猛烈攻击奇普恰普河谷、加勒万河地区以及班公湖地区的印度哨所。从 8 月起就被包围的那个加勒万的主要哨所曾报告说，中国军队已开始向它开炮射击，以后就再无下文。其他一些哨所的士兵尽力作战，不过很快就被击溃，小股驻军不是被打死就是被俘。按照西部军区的命令，有些在第一天没有受到攻击的最小的、最孤立的哨所都撤退了。前进政策终于同里窝那作战行动一样，遭到真正军人从一开始就预见到的那种下场。

二、两个山口之间

10月18日晚上，当中国军队开始为发动进攻做最后的准备时，在新德里印度总理的官邸外面发生了一场骚乱——示威群众企图冲过警察警戒线，以便向尼赫鲁面交请愿书。结果约20人受伤，其中包括妇女和警察。这次示威同出现在北部边境上的战争并不相干。示威的组织者认为印度政府“对于穷人的疾苦和要求不闻不问”，示威就是对这种情况的一种抗议。[100]由于前面集中地叙述边界争端，也许会给人一种印象，认为边界争端当时已成为印度政界唯一的或最关心的问题。但情况并非如此。甚至到1962年10月，边境上日益加剧的紧张局势也不是印度报纸连续报道的主题；边境事态发展有时是头条新闻，有时刊登在次要版面，但报纸往往根本没有提到边境。地方报刊或小型报刊更少登载这类新闻，甚至全国发行的英文报纸有时也不刊登边境事件。《印度教徒报》在10月中旬登过这样一条标题，“对印度的无端攻击”。它并不是指边境事件，而是指在尼泊尔发生的焚烧尼赫鲁模拟像的事件。反对英语的运动；喀拉拉邦政府的垮台；印度同巴基斯坦边境上的射击事件；旁遮普锡克族政治新动向等——人们对国内政治的兴趣还是像以往一样广泛。

就边境而论，没有什么不祥的征兆，也不存在任何恐惧。直到最后时刻，印度政界还在期待着印度向塔格拉发动的进攻告捷。10月19日发表的一篇访问记报道说，梅农重申印度政府决心“要把中国人撵走，直到把一切侵略行为从印度领土上清除掉为止”；他还叙述了克节朗河地区战斗的经过。他承认，在那一带中国军队的数量超过了印度，而且他们的补给基地比印度的为近。他说，中国军队企图在克节朗河南面建立桥头堡，但已一再被击退。[101]同日，印度《政治家报》刊登着一条“据传印军大举推进”的标题，指的是印度国防部泄露出来的消息，说塔格拉山下面的印度部队已经在一条15英里长的战线上推进了2英里。第二天，印度各报都刊登了官方否认这种消息的声明。数小时后，克节朗河地区印军惨败的新闻开始传到新德里。

梅农惊慌失措。当记者们问到他认为在哪里可以挡住向前挺进的中国军队时，他说：“他们打得那么猛，跑得那么快，要到哪里就能到那里。”[102]过去关于东北边境特区的自然条件对印度有利的种种保证都全盘推翻了，却成为印度失败的辩解。当天晚上，梅农在一次群众集会上解释说：印度“还没有使它的后备部队适应作战要求”。印度士兵在高原打仗，给养不得不依靠空运，而中国军队的据点则可以直接从西藏高原得到供应。“我并不是为这件事发牢骚，但是我要你们懂得在这个问题上存在着某些困难”。[103]

印度报界这一次见不到总理了，议会也没有开会。但是第二天尼赫鲁接见了两位反对党议员。据他们讲，总理表现镇定、乐观，而且，如果有什么值得一提，那就是他倾向于贬低中国军队这次进攻。当天早上，有一家报纸宣布印度正在作战中；[104]但尼赫鲁告诉这两位议员说，印度政府不主张同北京断绝外交关系，也无意寻求军事援助。议员们问现在是否要“接受友好国家主动提供的不附带任何条件的军火援助”，他回答说，印度能够在其现行政策范围内得到所需的军火，而其政策是反对军事援助的。[105]北部边境上发生的事件引起了首次震动，但还没有出现责备尼赫鲁的倾向；尼赫鲁反而被认为是象征着受损害的、坚强的印度，同情和信任本能地转到他身上。梅农再一次成了尼赫鲁的替罪羊。在中国军队进攻后才三天，一些议员就酝酿要采取坚决行动，把梅农赶下台。

10月22日，大约30名国大党议员在新德里开会。他们并不认为议会和全国是上了政府的当，而认为尼赫鲁、议会和全国都上了梅农的当。一家报纸这样说："议会一再听到，拉达克的情况并不是很有利于阻止中国军队的推进，然而有人却在国内制造出一种东北边境特区的形势是万事如意的气氛。"[106]议员们把这些都归咎于梅农。他们向尼赫鲁陈述了他们对梅农的不满和指责，最初尼赫鲁把它岔开了，说现在还不是论列是非功过的时候。接着，克里帕拉尼和其他一些反对党议员也参加了对梅农的围攻，要求尼赫鲁亲自接管国防部。可是，攻击梅农的主攻力量来自——也必须来自——国大党。由于越来越多的议员拥到新德里，支持撵走梅农的人也增多了。各邦的首席部长（他们都是国大党党员）加入他们的行列，终于使反梅农的力量占了上风。印度总统拉达克里希南博士在促使各邦首席部长联合一致、提出把梅农赶下台的要求中，也起了一定作用。这就使对梅农攻击的力量增加到足以罢掉他的官，但是最初也只能罢掉他的国防部部长的职务，而且还只是形式上的。

10 月 31 日，政府宣布由尼赫鲁接管国防部，但梅农仍作为国防生产部部长（一个新职位）留在内阁。事实上，几年前就曾酝酿过这项变动，当时梅农把它说成"那些既得利益的代表反对他"[107]的阴谋诡计。然而在 1962 年 10 月的政局背景下，这就成为尼赫鲁政治作风的典型行动。尼赫鲁在必须罢免梅农国防部部长这个原则问题上做了让步，然而，他仍把梅农留在内阁，以图愚弄梅农的——也是尼赫鲁的——批评者。因此，尼赫鲁就失去了政治上的喘息时间，而当时他如果完全同意解除梅农职务的要求，本来就可以取得这种喘息时间。人们怀疑尼赫鲁的让步只不过等于把梅农的官衔改换一下而已——第二天就有人引证梅农说过的话："什么都没有变动"；这种怀疑从而得到证实。政治记者们报道说，事实上国防部的工作程序也没有任何改变。[108]为了消除这种疑虑，政府就发布一项正式通知，说明国防部的大部分工作都由尼赫鲁本人负责，而梅农差不多只管一些军械方面的事务。但既然宣布梅农还将负责"总理可能随时委派他的任何其他事务”，因此，人们就怀疑实际上还是梅农在管国防部。11月7日，尼赫鲁面对国大党议会党团，抛出了最后一张牌来保梅农。他表示，对梅农的指责其实应该是对整个政府的指责；如果一定要什么人辞职的话，也许只好由他自己提出辞呈。一名国大党重要成员反驳他说：（尽管原话传闻不一，但大意还是一致的）“好嘛，您如果继续追随梅农的政策，我们恐怕也只好不要您了。”于是，第二天政府就宣布梅农辞去内阁职务。尼赫鲁遭到国大党的公开反抗，这还是第一次。他拿辞职相要挟，看起来像是最后的威慑手段，拆穿了不过是虚张声势而已。尼赫鲁为了保全自己，就必须以梅农的下台作为牺牲品。

觊觎国防部部长位置的大有人在，特别是奥里萨邦（Orissa）首席部长B. J. 帕特奈克（B. J. Patnaik）。这个人进入国内政治舞台是为了出人头地。对他来说，如果把国防部部长位子搞到手，就可以飞黄腾达。然而，尼赫鲁虽然对帕特奈克有好感，却还不想让他进入内阁，而是分配他去完成一项秘密使命——后来弄清楚，这项使命就是网罗一批西藏的，尤其是康巴族的人，组织游击队。这个计划的意图是：派遣这批在印度训练和武装的非正规部队越过边境去骚扰中国的交通线。在台拉登（Dehra Dun）附近开办了一个游击训练学校，但不知道它的毕业生是否同中国人交过手。1962年后，似乎发生过越境进入西藏进行袭击的事件。一名同西藏方面有密切联系的作家乔治·帕特森声称他参加过这类袭击。

尼赫鲁选择了马哈拉施特拉邦（Maharashtra）的首席部长Y. B. 恰范（Y. B. Chavan）接替梅农。恰范非常勉强地接受了这项任命，边境战争结束的那天他才抵达首都。

印度在边境战争中的失败，使新德里政治力量的对比产生了深刻的变化；梅农被撵下台，以及他被撵下台的方式，就是这种变化的第一个表现。在这以前，尼赫鲁在道义上的权威几乎是绝对的，这时很快跌落。国大党议会党团开始崭露头角；在其背后，各邦的首席部长在中央的政治斗争中第一次起了决定性的作用。

印度以外的整个世界，至少在印度看来，也正起着显著的变化。在西方，中国的进攻被认为是对亚洲主要民主堡垒的打击，正如英国《每日电讯报》提到的，这是“亚洲大陆上共产党巨人同非共产党巨人争夺亚洲人心的第一个回合”。也有人呼吁联合国像在朝鲜那样进行干涉。[109]英国《经济学人》（*The Economist*）杂志说：“必须抵制那种对于印度目前所处的困境幸灾乐祸的念头。”伦敦《泰晤士报》表示无可奈何，不加评论地在社论中刊登了尼赫鲁自我解嘲的话：“我们同现代世界的现实脱离了接触，而生活在一种自己创造的、虚假的气氛中。”然而，以英美两国政府为首的西方世界总的反应，是向印度表达迅速和毫不犹豫的同情和支持。肯尼迪总统写信给尼赫鲁说：“在这种局面下，我们完全同情你。你在同中国人打交道中已经表现出高度的克制和耐心。凡是伟大的宗教领袖们所极力提倡的，你都已身体力行，而他们的信徒中能够做到这样的却是寥寥无几。”肯尼迪在颂扬了印度政策的高尚精神之后，紧接着就建议向印度提供物质援助。感恩不尽的印度舆论在感情上摆向美国一边，这当然使美国驻印度大使加尔布雷思教授非常满意，而他本人也不遗余力地鼓励这种倾向。于是，他就发表声明，说美国政府承认“麦克马洪线”是一条“为现代惯例所承认的”国际边界线。在这以前，美国在这个问题上一直是力求含糊，不愿明确表态的；甚至到这个时候，加尔布雷思教授还不得不首先克服美国国务院的顾虑，然后国务院才授权他表态赞同“麦克马洪线”。他一得到国务院的批准，就立即发表声明，唯恐华盛顿在台湾地方当局的压力下改变主意。他的声明发表后，台湾国民党政府果真提出了“疯狂的抗议”。[110]英国政府也同美国一样迅速地、毫无保留地表示同情印度，谴责中国，并建议提供援助。

如果说西方世界是坚定地站在印度一边，不结盟国家（过去印度曾指望充当它们的领导）的反应，相形之下，就显得有所保留和谨慎；一句话，是不结盟的。印度驻中东一名记者报道说：“即使在入侵一周以后，还没有任何一个阿拉伯国家的政府、党派、报纸以及知名人士表示同情印度。”〔111〕另一名记者从非洲发回报道说，肯雅塔（Kenyatta）总统和其他领导人也都态度暧昧。〔112〕加纳总统恩克鲁玛走得更远，他斥责英国迫不及待地表示愿向印度提供军事援助。他写信给英国首相麦克米伦（Harold Macmillan）说：“不管印度和中国之间的斗争是非如何，我肯定，只要我们大家不采取可能使局势恶化的任何行动，就是最好地为和平事业服务。”〔113〕恩克鲁玛的态度尤其使印度人恼怒，因为尼赫鲁访问过加纳才不久。在参加过 1961 年贝尔格莱德不结盟国家会议的国家中，只有埃塞俄比亚和塞浦路斯这两个国家从开始就公开站在印度一边。其他国家都宁愿扮演以往常常是印度所扮演的角色，力劝双方要有克制和耐心，并且自愿出来调停。印度议会复会时，尼赫鲁对那些正试图促进停火的外国朋友，对那些“好心肠的国家”表示愤慨。他说：“人们劝我们要学好，不要打，好像我们喜欢战争的样子。其实，本院很清楚，要说起来，我们就是没有好战心理；因此在进行一场战争时我们就有弱点。……所以，人家对我们说，要我们做好孩子，要和解，这些都没有什么特殊意义，除非他们亲自研究一下有关问题。”〔114〕他说，“这些所谓不结盟国家”（这种措辞出于尼赫鲁之口，真有点意外）是糊里糊涂的，也有点怕中国，所以，如果“（因为）它们不直截了当地站出来替我们辩护，支持我们的立场，我们就跟它们生气；那是无济于事的”。〔115〕

同莫斯科一开始采取息事宁人的路线相比，不结盟世界的反应对印度所造成的损害要少些。莫斯科一度明显地倾向于中国一边。10 月 20 日，在中国发动进攻几小时后，尼赫鲁在新德里收到赫鲁晓夫一封信，这是莫斯科态度变化的第一个暗示。信内对印度企图以武力解决同中国边界争端的报道表示关切，并且警告说：“这是一条十分危险的道路。”〔116〕（当然，印度从未隐藏其要在塔格拉山下对中国使用武力的意图。当里窝那作战行动正在准备阶段时，[117]苏联大使曾两次见到梅农，梅农无疑把一切都告诉了他；梅农也许希望莫斯科告诉北京，说印度是说话算数的；使中国人能认识到，在这件事上谨慎是外交的主要手段。）赫鲁晓夫在信中劝尼赫鲁接受中国关于会谈的建议。更糟糕的还在后头：10 月 24 日北京重新提出脱离接触并开始会谈的建议。次日，《真理报》就赞扬中国方面这一行动是诚恳的、建设性的，为举行会谈提供了一个双方可以接受的基础。社论写道，中印边界问题是英殖民主义者统治印度时遗留下来的问题；当时英殖民主义者多次任意涂改亚洲的地图。臭名昭著的“麦克马洪线”从来也没有为中国所承认；它是偷偷地塞给中国和印度人民的。帝国主义集团在与这条线有关的边境冲突问题上进行投机，竭力想借以挑起一场武装冲突。帝国主义者日夜梦想使中印两个大国火并，并破坏苏联同兄弟般的中国和友好的印度之间的友谊。

《真理报》接着说，“印度国内的反动集团”正煽起冲突，并且警告说，“甚至某些思想进步的人”在激动的时刻也可能屈从于沙文主义的影响。

《真理报》这种含蓄的批评和表示支持中国的弦外之音，给印度政府当头一棒。《印度教徒报》的政治记者写道，过去认为苏联人最多不过是继续采取中立主义态度，但是当《真理报》发表了一篇全力支持中国立场的社论后，所有这些希望都落空了。……赫鲁晓夫致尼赫鲁的信和《真理报》社论唱的完全是同一个调子。

不仅首都的官方和非官方人员，而且一部分印度共产党人都对此感到沮丧。他们认为苏联的态度不仅是不能体贴别人，而且是伤人感情的。[118]

苏联人为了表示他们态度的转变不仅是口头说说而已，还通知印度驻苏使馆说，他们不能实现继续向印度提供米格式战斗机的诺言。[119]在以后几周里，莫斯科继续喋喋不休地讲这个问题。

当时的情况是：在加勒比海的一场胆量比赛，恰巧同喜马拉雅山的危机同时发生并达到高潮。10 月 14 日，华盛顿开始侦察到苏联在古巴安置导弹的证据。美国政府有一周之久未动声色，在此期间考虑如何应付这个局面，并作出决定。10 月 22 日，肯尼迪总统宣布美国对古巴实行海上封锁，抽查船只。次日，美国驻印度大使把他的一份声明交给印度政府。在美苏对抗中，对赫鲁晓夫来说，尽一切可能弥补莫斯科和北京之间的裂缝，或者不如说是向全世界表示双方的裂缝业已弥补，显然具有头等重要意义，因此就在中印争端中公开站在中国一边。①（中国后来说，苏联语调的暂时改变只不过是“出于权宜的考虑，讲几句表面上好听的话”。）〔120〕

尼赫鲁最初对苏联的立场大失所望，但他很快就懂得了其中的奥妙。10 月底，美国电视记者向他提出有关苏联态度的问题，他答道：“我猜想大概是古巴事态发展等原因，使得苏联人认为有必要不同中国人闹翻。”他说，导弹问题现在已“不是个障碍了”（赫鲁晓夫已于 10 月 28 日同意撤回导弹），他希望苏联将会回到它原先的立场——苏联也果真很快地恢复了原有立场。〔121〕

* * * * * *

对于败退的部队来说，它必须作出的第一个，而且也是最重要的决定是：在什么地方进行抵抗？这个问题只能根据时间、地形和后勤等军事因素得出答案。如果答案错了，就足以使部队再次遭受失败。

塔帕尔将军和森将军最初的想法是试图守住达旺。森将军于 10 月 22 日乘直升机来到达旺，并下令要那里的部队——两个步兵营（第 1 锡克联

① 当时以及后来都有人设想，中国发动进攻选择的时间是为了配合导弹危机。约瑟夫·艾尔索普（Joseph Alsop）在 1962 年 11 月 12 日的《纽约先驱论坛报》上写道：“中国能够通过同古巴的重要接触，或者通过它在苏联参谋部的同情者，很容易非正式地得到消息。无论如何，难以相信这完全是巧合。”完全肯定或否定这种设想是不可能的。但我个人认为，中印边境争端的发展以及诸如克节朗河水位等地方性因素，足以说明为什么要选定 10 月 20 日发动进攻。总而言之，更可信的是这一点，而不是什么由于中国预见到美国对在古巴安置导弹会作出那种反应，或获得了有关情报，而精确地选定了进攻的时间。

队和第 4 加尔瓦尔步枪联队）和一些炮兵——不惜任何代价固守达旺，说还有两个旅很快就会调来增援。森将军要在达旺过夜，他的直升机就空机飞回提斯浦尔。第二天早晨，他会见了率领战术指挥部人员刚从吉米塘来到达旺的普拉沙德将军。他们两人事后谈到这次会晤时，都说对方已经丧魂落魄——森将军的地位高一些，当然能够使自己的说法为人们所接受——双方对森将军在 10 月 23 日飞回提斯浦尔时究竟留下什么样的命令也有争论。然而，在陆军总部和提斯浦尔的第 4 军内部，有一些头脑大概要比这两位将军冷静一些的人强烈地争辩说，要想固守达旺，必然会带来一场灾难。

中国军队已展开三路攻势。击溃了印军第 7 旅的中国军队，兵力估计约三个团，转向东南，经过萨客地（Shakti），于 10 月 23 日到达距达旺不到十英里的卢姆拉（Lumla）；这一支部队已经同经过兼则马尼、沿娘江河（Nyamjang Chu）而下的第二路部队会合。23 日，中国军队还开辟了第三条推进线，通过棒山口并沿着古时商路直捣达旺。这样，达旺南北两面腹背受敌。达旺没有天然屏障，任何部队企图在达旺抵抗敌军都显然会像克节朗河地区印军一样易于遭受围歼。在新德里，陆军总部作战处处长帕利特准将极力敦促塔帕尔必须撤出达旺。塔帕尔征询尼赫鲁的意见。尼赫鲁说要在什么地方打以及怎么个打法，现在必须由军方自行决定。在提斯浦尔，第 4 军参谋长 K. K. 辛格准将也极力敦促森将军撤出达旺。考尔这时候又不出头露面了；在中国军队进攻的那天早晨，有人说服考尔放下电话筒，放弃了对第 4 军的指挥。

结果，10 月 23 日第 4 军给驻守达旺的部队下命令，要他们撤退到邦迪拉。邦迪拉距达旺约 60 英里，位于通往印度平原的公路上。根据第 4 军的估计，印度部队能够比中国军队集结得更快的最靠北面的地点就是邦迪拉。一切有关的部队也都接到在邦迪拉集结的通知。

然而在陆军总部，作战处处长帕利特准将，却极力主张命令部队据守色拉（达旺后面仅约 15 英里处的一座很高的山口）。帕利特在被考尔选拔担任陆军总部作战处处长之前，指挥过驻东北边境特区的第 7 旅。他早就认为：如果不想让入侵者进入印度平原，必须守住色拉，因为色拉是个坚不可摧的天然阵地。帕利特讲话有魄力，而且又讲得头头是道，他鼓吹这种观点，一定受到梅农，也许还有塔帕尔的欢迎。尽管印度总理指示过必须完全根据军事上的理由作出决定，这班人决不会看不到：丢失给中国军队的土地越多，克节朗地区的失利看起来一定就越糟。不管怎样，森将军终于在 10 月 23 日收回了退到邦迪拉的命令，并下令坚守色拉。K. K. 辛格准将要求通知新德里：要在色拉集结足够的防御力量，后勤上根本办不到。可是森将军回答说，内阁已经决定必须固守色拉，政府的命令必须执行。

这个决定是关键性的，而且是灾难性的。色拉这个地方确实有诱惑力。山口本身高达 1.46 万英尺，两侧的山峰还要高出 1000 英尺。从达旺河谷到色拉要攀登 5000 英尺高山，道路陡峭，并受到山口及其侧翼居高临下的控制。通向印度平原的公路经过色拉，绕过色拉的只有一些小道。色拉是个牢固的防御阵地，然而它对印度部队又是个圈套。色拉离印度平原太远，因而不能很快地把它建成主要防御阵地；那条公路至多也只能行驶载重一吨的车辆，从山麓地带到色拉要行驶好几天，跑一趟很累人。山口附近有几块良好的可供空投的地段，然而在那种地形条件下，空投不但浪费，而且要冒风险。同时，气候的变化也使得空运根本没有把握。而且色拉太高，守卫色拉就要求部队在 1.4 万至 1.6 万英尺之间的地段行动，但守卫部队只能是直接从印度平原抽调来的部队拼凑而成。最后，色拉离达旺太近；中国军队只需稍事重新部署，而不必将后方基地向前移动，就可以向色拉发动进攻。

决定据守色拉，就要保卫邦迪拉和邦迪拉与色拉之间的公路。中国军队可以从几条小路包抄色拉，所以还得保留足够的后备兵力，使公路畅通，不被中国军队切断。决定据守色拉还使印度部队不得不据守从色拉到邦迪拉之间的广大纵深地带；色拉与邦迪拉之间相隔 60 英里，连接两地的公路蜿蜒于崎岖不平的高山地带，艰险难行。

对于这个阵地的空中支援只能限于后勤供应任务。印度政府已作出决定，不能使用轰炸机或对地面攻击的飞机进行战术空中支援，怕中国人对印度城市，尤其是加尔各答，进行报复。第二次世界大战时日本人在加尔各答胡乱扔了几颗炸弹，曾引起全城一片惊慌，其影响所及，远远超过这座城市。想到这层，就足以使印度政府下决心不再冒第二次风险。考虑到东北边境特区的地形和印度空军的局限性，印度空军进行战术干预究竟会有什么成效，也是大可怀疑的。然而，使印度政府把空中战术支援排除在外的，还不是这些考虑。

10 月 23 日，几百名文职人员，包括寺院的喇嘛，跟着部队一起撤出达旺。中国人 25 日占领了达旺，没有遇到任何抵抗。印度部队在让河（Jang River）地区和让河后面构筑工事；其中从达旺撤出的几营兵力多少还是完整的，加上从克节朗河溃败下来的散兵，还有一些非战斗人员。10 月 24 日夜，有一个营，即第 4 加尔瓦尔步枪联队，突然惊慌失措向后溃走，但在半路上被挡住，给他们打气后，又把他们送回防线。后来，这个营打退了中国人从侧翼包抄色拉阵地的多次进攻，总算洗刷了自己历史上的污点。

中国军队占领达旺后稍作停留，随后向沿着“麦克马洪线”的其他印度哨所进攻；这些哨所都在不同程度的压力下后撤了。在东北边境特区的东端，他们于 10 月 24 日和 25 日到达瓦弄，进行了试探性进攻；自那时起，东北边境特区暂时处于沉寂状态。

与此同时，在西段，中国军队紧接着第一次进攻之后，向南移动，并集中进攻印度其他前沿哨所。10 月 21 日，经过激烈的战斗，中国军队占领了班公湖北边的所有哨所，廓尔喀守军几乎战斗到最后一个人。

27 日，中国军队对碟穆绰克周围的哨所发动进攻，取得了类似的战果。有好几个哨所，包括斗拉特别奥里地哨所在内，在中国军队进攻之前就根据西线指挥部的命令撤退了，但中国军队并没有占领斗拉特别奥里地，因为它在中国主张线以外。西部军区的道拉特·辛格将军从克什米尔调来部队，有条不紊地、迅速地沿着受到中国军队威胁的前线集结力量。军区的后备运输力量也全部集中起来使用，以增援拉达克前线。于是，那里的印军力量迅速增加。到 11 月的第一个星期，已经在列城建立起师部，外加一个旅，下辖四个步兵营。11 月 17 日，另一个旅也调到列城。

然而，在东线却缺乏这样的坚决果断和迅速行动。10 月 24 日原驻防西姆拉的哈巴克希·辛格中将（Harbaksh Singh）调任第 4 军的新指挥官。森将军解除普拉沙德将军第 4 师师长的职务，另派帕塔尼亚少将（Major General A. S. Pathania）接替——帕塔尼亚过去立过战功，但是这次他是突然调离新德里的国家士官团的领导岗位，从一项最舒服的、坐办公室的工作调来指挥一个师作战。东部军区的很多精力是花在这一类的指挥调动上。第 62 旅的指挥官也换了；过去训练并且指挥过这个旅的旅长被调走，换来的新手是霍希尔·辛格准将（Hosiar Singh）。第 65 旅在邦迪拉等了很久，接不到行动命令，直到新师长要求更换该旅旅长被批准后，才结束了这种状态。负责瓦弄一段的第 5 旅旅长也更换了。与指挥官频繁调动的同时，各部队也调来调去。最后，在东北边境特区没有哪一个旅还辖有原来曾由它指挥的营。

看来，第 4 军应该能够逐渐安定下来了。哈巴克希·辛格将军在 10 月 24 日接任军长后，就开始对他负责的地段积极进行视察，并对他面临的军事任务进行了研究。

* * * * * *

这一回轮到北京放出文字烟幕，以掩盖地面上正在发生的实际情况。10月20日，中国国防部发表了一项声明，说那天早晨7时印军不仅在克节朗河地区，而且从他们在西段的奇普恰普河和加勒万河谷的哨所发动了大规模进攻。声明接着说："我边防部队迫于自卫，也实行了坚决的回击，并且清除了印军在我国领土上设立的几个侵略据点。"这里，中国把它自己经常——而且不是没有理由的——指控印度使用的"颠倒是非"的战术接了过来。10月20日克节朗河地区的印军并未发动进攻；印军正在增援章勒，当然这也是一种侵略行动，但是说"（他们）在猛烈炮火掩护下，在克节朗河全线和兼则马尼地区向中国边防部队发动了大规模进攻"，则简直是编造。[122]说西段的印度部队从他们孤立的小据点"发起了全面进攻"，也是纯属杜撰。

中国人掩盖真相，显然是为了有利于宣传，但他们把事实真相弄模糊了，反而帮了印度的忙。印度军队打算在塔格拉山脊下向中国军队发动进攻，这在当时是尽人皆知的。10月12日尼赫鲁在机场谈话时又加以证实，这就使那些还没有风闻里窝那作战行动的关心中印关系的国家都知道了印度想干些什么。如果北京干脆说中国不愿坐待印度军队发动其大肆宣扬的进攻而先下了手，那么，新德里再叫喊"侵略"就很难令人相信了。先发制人的理论现在已如此广泛地为人接受，所以按照这个理论行事而获胜的人一般是不会受到谴责的。然而，事实既如上述，中国指控印度军队"发动了大规模进攻"，结果就适得其反，因为人们普遍怀疑印度是否有力量进攻中国，而且，北京自己宣布中国"边防部队"在其自卫行动中正连续攻克印军阵地，这就马上暴露了中国的指控不大真实。

那个虚假的声明说是印军于10月20日发动进攻，而周恩来最初并没有这么说，这也许是意味深长的。他在11月4日给尼赫鲁的信中，只提到克节朗河地区的印度军队“积极部署大规模的进攻”[123]。这个提法是完全正确的：按照到那时为止的边境冲突的规模来衡量，部署一个旅（四个营）的兵力发动进攻，当然可以说是大规模的。然而，周恩来十天后在给各亚非国家政府的信中，也写道：印度“发动了大规模的全面进攻”。[124]

中国现在采取的行动的核心是军事措施与外交措施相结合。中国的下一步外交行动选择的时机和内容都是很巧妙的。10月24日，北京发表声明，扼要追溯了中印争端的过程，结束时提醒对方说，在以往的三个月内，中国政府三次建议就中印边界问题进行谈判而不附加先决条件，但是三次都遭到印度政府的拒绝，尼赫鲁还公开下令要印度军队“解放印度领土”。①声明指出不可能用武力解决边界问题，指出需要重新进行和平谈判，并为此目的提出了三项建议：

（1）双方确认中印边界问题必须通过谈判和平解决；双方尊重实际控制线（指1959年11月时的状态），双方武装部队从这条线各自后撤20公里。

（2）如果印度政府同意这项建议，中国武装部队就撤到“麦克马洪线”以北。

（3）为了谋求中印边界问题的友好解决，中印两国总理应该在北京或新德里再一次举行会谈。

周恩来在同日致尼赫鲁的信中重复了上述建议。这是两国总理1960年4月在新德里分手后的第一次通信。他劝导说，“我们应该向前看，我们应该采取措施，扭转局势”，而不要对冲突的起因多费唇舌。周恩来还呼吁尼赫鲁作出积极响应。[126]

① 10月24日我国政府声明中的原文是“……印度政府竟然在拒绝了中国的和平建议之后，在10月12日下令印度军队‘清除掉’中国边境上的中国军队……”——译注

中国的建议在任何细节上并没有新的内容；它同周恩来1959年11月7日致尼赫鲁信中提出的建议完全一样，只是在某些地方做了些修改，以适应中国军队那时已到达“麦克马洪线”以南的情况（10月21日，北京宣布在东段作战的中国军队可以不管“麦克马洪线”——当天中国军队就向中国认为是边界山口的哈东山口以南移动）。事实上，如果接受中国的建议，就可以形成一条沿着“实际控制线”的停火线（北京从一开始就使用“实际控制线”这个名词形容1959年中印边界争端尖锐化时的局面）；中国军队将撤至“麦克马洪线”以北，据守西段的一些残存哨所的印度部队将撤至1961年前进政策付诸实施前印度所据守的一线。然后双方武装部队——不包括文职人员——都再后撤20公里，以便沿着上述那条线建立非军事区。这些建议并没有含糊不清之处，虽然建议中没有精确地提出有关地点的细节，例如，建议中没有提到塔格拉山脊，也没有提到“麦克马洪线”。然而，北京一直使用“实际控制线”这个名词形容1959年11月时的情况，那时中国军队还没有到过“麦克马洪线”以南，甚至还没到过塔格拉山脊以南——尽管当时印度已在兼则马尼建立了据点。对印度来说，接受这些建议可能引起的领土变动只是：需要撤出它推行前进政策时越过中国主张线在西段建立的哨所——指那些还没有被消灭的哨所——也不能重建多拉哨所。

中国人说他们自己的建议是平等、互让的，是基于互相尊重而不是“武断专横”的。[127]如果客观地去看待这些建议，这些形容词的确是当之无愧的。但印度自然不能客观地去看待这些建议。在印度看来，中国军队在西段出现于印度所主张的领土上本来早就是侵略，现在又进行了新的、更为粗暴的侵略，中国目前不过是想通过外交手段把他们罪恶地夺取到的东西加以确认。

新德里立即拒绝了中国的建议——新德里根本没有等待正式接到上述建议而是根据通讯社所报道的内容就采取了行动。10月24日新德里发布了一项声明，作为对中国的答复：在声明中，印度政府首先声称它自己是“坚持和平和和平方法，（并）一向谋求通过会谈和讨论来解决分歧”的；但声明接着说：“印度不能也不会接受这样一种状态：中国军队继续侵入印度领土，占领印度的大片土地，并且利用这些土地作为强行按照他们的条件进行解决的讨价还价的筹码。”

印度提出反建议前，先把中国建议搞混乱：

> 中国人提出的从他们所谓“实际控制线”后撤20公里的建议，是没有任何意思或意义的。这条“实际控制线”是什么呢？这是他们通过自从9月初以来的侵略造成的那条线吗？通过肆无忌惮的军事侵略前进了40或60公里，而建议撤退20公里，如果双方都这样做的话——这是一种骗局，愚弄不了任何人。

新德里外交部的官员们不会真的不了解中国建议的意思。照北京的习惯用法，“实际控制线”的含义一贯是清楚的。然而，中国人没有说得更详细些，就留下一个漏洞。于是，印度就利用了这个漏洞，要求对方澄清——这是印度历来用以拖延时间的一种外交手段。印度接着提出了反建议：

> 如果中国人自称要和平以及和平解决分歧的说法的确是真诚的，那么，让他们至少后退到他们于1962年9月8日以前在边界全线所处的地位上去。然后，印度将准备在双方同意的任何一级上举行会谈和讨论，以便达成双方同意的措施，来缓和紧张局势和纠正片面用武力改变中印边界现状所造成的局势。〔128〕

声明最后说，如果中国接受上述建议，印度就准备欢迎周恩来去新德里。

如果说中国的立场是前后一贯的，印度的立场也是前后一贯的。事实上，这个反建议就是新德里在10月6日收回了它同意开始会谈时所提出来的建议（见本章前面论述）。这个反建议是要中国人撤回到塔格拉山脊以北（9月8日是指中国军队最初围攻多拉哨所的日期），并放弃他们在西段所占领的哨所，印度人就可以重返上述各地以及多拉哨所、克节朗河附近另一些地方和兼则马尼的阵地。中国一旦接受并执行这个建议，印度就准备会谈——但只谈中国军队撤出阿克赛钦的问题。10月27日尼赫鲁致函周恩来，并将印度政府的声明和建议附在信里。从当时正处于尼赫鲁所说的“中国入侵印度”〔129〕的局面来看，这封信的语调显得格外温和。

在印度，尼赫鲁致周恩来的信遭到批评，说是语调温和，反建议软弱无力。在中国军队进攻之后，印度的心情是把同意谈判与投降等同起来——有一名议员说，谁要是提出印度应该同意会谈，就必须按叛国罪论处。〔130〕因此，中国的建议不可避免地遭到拒绝，中国根据印度的要求所做的澄清也起不了什么作用。

周恩来在11月4日发出的另一封信里，不厌其烦地解释了中国政府的建议。他说，中国所指的“实际控制线”基本上是他在1959年11月提出的作为双方后撤起点的那条线。“中国政府的这项建议以1959年的实际控制线为基础，而不是以目前双方武装部队的实际接触线为基础，这就充分说明，中国方面没有因为最近在自卫反击中所取得的进展，而把任何片面要求强加于印度方面。”印度的反建议规定印度部队得恢复他们在克节朗河地区的进攻态势，并重返西段哨所；周恩来把这些比作“强迫战败者”接受的条件。“中国政府怎么能够同意恢复这样的状况呢？”他呼吁尼赫鲁重新考虑中国的建议。〔131〕

尼赫鲁第二封信的语调有显著的改变。〔132〕中国军队进攻后他所写的第一封信，调子是低沉而又彬彬有礼的；现在他态度粗暴了，他把中国军队进攻描绘成是“冷酷的……大规模的侵略”，并宣布如果印度接受中国的建议，那“便意味着向一个侵略的、骄横的、扩张主义的邻国乞怜苟活”。他重申印度部队一定要重返他们在9月8日沿边界全线占领过的阵地，并且说中国可将部队撤至他们在1959年11月的阵地，以表示自己的诚意。这样一来，印度就将重新占有他们的一切前沿哨所，而中国人则将撤至为了对付印度前进政策而设立的阵地后面很远的地方。

印度立场的核心是坚持要中国军队撤到塔格拉山脊后面，印度部队则回到塔格拉山脚一带（多拉哨所和兼则马尼），并重新占领印度采取前进政策后在西段设立的各个哨所（当时这些哨所的大部分已被打掉）。这就是坚持恢复9月8日位置的含义。

在中国人占领达旺后那一段沉寂时期里，双方的外交文件来往表明，新德里对于边界争端的态度变得更加僵硬了。印度像以前一样坚决不肯谈判解决边界问题，他们坚持要回到西段前沿哨所以及克节朗河地带。这就表明前进政策的计划和设想并没有变。北京粉碎了印度对塔格拉山下中国阵地的小小威胁，并打掉了西段印军前沿哨所的半数，而无所得。印度人觉得虽然自己打了一次败仗，但真正的战争还没有开始；他们比以往更为自信了。印度当时的政治气氛几乎一致是好战的。中印边界已经成为难以愈合的创伤，而印度人又不断扩大袭击的规模与决心。中国如果把部队留驻原地不动，那就会招来一场长期的消耗战。另一方面，如果中国撤到“麦克马洪线”以北，又会引起人们的讥笑，他们会说什么中国军队谨慎有余，威武不足，说什么中国军队如不是靠人多势众和突然袭击就不敢同印度交手。不但如此，采取这样的做法，边境争端还是得不到解决。假如北京当初盘算的就是这些，那么，把军事行动与外交手腕结合起来，以便一劳永逸地解决中印边境争端的那种尝试，就可以说是彻底失败了。

然而，中国方面的意图决非已经贯彻完毕，当时只不过是贯彻的开端。在10月20日中国进攻前，有人听到北京的一位高级别的部长说，中国将不得不向发生局部性争议的地点以南挺进，然后再撤回来。[133]中国第一次的进攻很像拳击家向对方闪击一拳，表面看来只不过是冲击了对方一下，而实际上是摆好架势准备最后把对手打翻在地。

如果说中国的作战行动在军事上是按照计划进行的，那么，在政治上它也是按照计划进行的。由于印度在克节朗河地区遭到惨败，而且尼赫鲁认为，印度正开始同中国进行一场虽然是不宣而战但是长期的战争，这就使尼赫鲁完全放弃了过去拒绝接受军事援助的想法。仅仅在几个星期前，他曾再次断然拒绝寻求军火援助的建议，说接受这种援助就意味着变成“别人的附庸”；他把接受军事援助与“加入某个军事集团”等同起来，并声称“即使我们在边境上遭到灾难”，也绝不会同意接受军援。[134]但到10月29日，当美国大使拜会尼赫鲁，并表示愿向印度提供它所需要的军事装备时，他立即表示接受。那天晚上，我在发给《泰晤士报》的一篇报道中写道：“印度完全改变了立国以来所维护的政策，在今天的一次内阁会议上正式作出接受美国军事援助的决定。尼赫鲁的军事顾问们在此以前已经说服他，只有配备美国在数量上和质量上所能提供的装备，印度陆军才有可能打败中国军队。”当时印度已准备好它所需要的军事援助物品的清单，并已交给美国人。使新德里的美国大使馆感到惊讶的不仅是印度要求的范围十分庞大，而且从订货单内容之混乱也可以看出印军组织混乱的程度。五角大楼使用了新开发的计算机盘点物资的办法，才能够在五天后很快地把第一批供应品装上喷气式运输机，从联邦德国起飞，运往印度。

周恩来提请亚非各国政府首脑注意这个问题。他说：“印度政府已公开向美国乞求军事援助。”[135]《人民日报》说，印度长期以来接受美国经济援助，现在又接受了美国的军事援助，这是“一个有历史意义的标志”：

它表明尼赫鲁政府不结盟政策的外衣已最后脱落下来了。……尼赫鲁越是投靠美帝国主义，就越要适应美帝国主义的需要，坚持反华；

> 他越是坚持反华，就越要投靠美帝国主义。这是一种恶性的循环。尼赫鲁一步一步丢掉了“不结盟”政策，正是他投靠美帝国主义和坚持反华的必然结果。[136]

如果这种发展足以证实北京对尼赫鲁政府的本质的分析——同莫斯科争论中这是个关键性论点——这也一定使北京意识到有必要不使这场战争拖下去。11月初，一名在北京的西方记者报道过一位中国官员“厌恶地”对他说：“只要印度人继续攻击我们，他们从美国要什么，就可以得到什么。从这几次前哨战，他们就拿到几百万美元。大概他们今后还会继续搞下去。”[137]

在印度人看来，亚非国家不肯公开站在印度一边，是忘恩负义、胆小怕事；但在中国人看来，这可能表明这些国家终于对印度关于边境事件的说法产生了怀疑。11月中旬周恩来致函亚非国家首脑，解释中国的立场，并衷心感谢他们“推动中印双方直接谈判的公正努力”，并宣称中国所要求的就是和平地解决同印度的争端。[138]

与此同时，随着古巴危机的缓和，莫斯科也抛弃了它对于中印争端所采取的昙花一现的客观态度。正如尼赫鲁预料到的，苏联人迅速恢复了中国认为是偏袒一方的中立态度。11月初，莫斯科不顾印度刚刚再一次拒绝了谈判的事实，号召双方实现停火并进行谈判。[139]在北京看来，在古巴问题上赫鲁晓夫犯了“冒险主义”的错误，首先他把苏联导弹安置在古巴，从而造成了美苏对抗；接着他又在美国压力下后退，拆除了导弹，从而又犯下了“投降主义”的错误。中国反击印度的作战行动获胜，向全世界表明了对帝国主义及其走狗的恐吓威胁置之不理或予以蔑视，不但无害反而有利，这样也就格外显示出赫鲁晓夫及其“修正主义集团”的虚弱和无能。

* * * * * *

初期军事上的失利，揭开了雷声大雨点小的印度对华战争的序幕。惊骇的情绪逐步消逝，化为断然的决心，进而又产生乐观情绪。人们把战争看成是印度的伟大时刻加以欣赏，并认为这场战争的结果只能是国家的完整和最后的胜利。

印度对中国进攻的最初反应是毫不掩饰的惊讶和愤慨。它几乎忘记了是印度陆军早就要采取进攻行动，忘记了是印度政府拒绝同中国会谈。尼赫鲁当时诉苦说，[140]如果中国人"有什么领土要求的话，他们本来可以提出来讨论，拿出来谈谈，并采取各种不同的和平解决方式的"。后来，阿索卡·梅达也问道："在我们的耐心、善意和显然急于求得解决的态度面前，中国人为什么还要坚持侵略呢？"[141]印度人民院正式通过决议，重申"印度人民决心把侵略者赶出印度的神圣领土""本院深为遗憾地注意到，尽管印度对中国一直多次表示善意和友谊……中国却辜负了这番善意和友谊……并实行侵略，对印度发动了大规模的入侵"。在责备中国使用武力时，倒还没有完全忘记印度也曾打算使用武力。尼赫鲁指出："我们完全有理由把他们赶走并进攻他们。"[142]

印度的一些政治阶层和某些城市群众的反应是十分强烈的。他们举行公众集会，每个党派包括印共①在内都谴责中国。各募兵站拥挤一时。还有一些消极的行动，如学生们焚烧毛泽东和周恩来的模拟像，还有的用血书签名保证忠于祖国事业；新德里和加尔各答的华侨商店，不管是开鞋铺还是卖古玩，都被捣毁一空，华侨店主都挨了打。日本外交官员在小汽车上贴上日本的国徽和印地文的国籍证明，以免被手脚太快的暴徒误认为是

① 然而，这时印度共产党的内部分歧由于中印边境争端的激化已变为难以掩饰的分裂。现在回顾起来，该党领导集团谴责中国进行边境战斗，保证该党无保留地支持尼赫鲁的行动，可以说是不可避免地使该党最后公开分裂为两派。

中国人。印度政府发布了一项法令，甚至规定把华裔印度公民当作敌国侨民对待，有几千名华侨被关进拉贾斯坦（Rajasthan）的集中营，后来又被驱逐到中国去。印度政府宣布打算建立国民自卫队和全国步枪协会，此外，还打算扩大全国士官团，以便让每个大学生都可以入伍。女学生也参加了军训和操练，议员们拿着步枪摆出瞄准的姿态拍照；在旁遮普邦，政府的部长们还决定穿军服出席立法议会。[143]庞大的比尔拉工商业财团向国家献纳了一个小型的步枪靶场，以便新德里市民能够用0.22厘米的步枪练习射击。在首都，公园里挖了许多狭窄的壕沟，政府办公大楼门口也堆起沙袋。财政部部长德赛发起国防基金运动，要募集现钞、黄金或首饰——“用首饰换军备”成了一个流行口号，并发行国防公债。他号召所有的人都要厉行节约。各军工厂也宣布将日夜加班。

群众支持同中国做斗争的这类表现受到表扬，认为这证明前几年令人担忧的不团结和“一盘散沙”实际上只是一些表面现象，骨子里却是举国上下同仇敌忾。人民院赞扬“印度人民对这次紧急状态作出令人钦佩的、发自内心的反应……在我国各阶层人民当中兴起了强大的高潮……”[144]尼赫鲁更富有诗意地感谢中国的这次行动，他说这次行动“骤然揭开蒙在印度脸上的面纱，使人瞥见印度沉着的面貌，刚强、镇定、坚决，虽然是个古老的面貌，却永葆青春而又充满活力”。[145]反对派的前排议员有些话也可与此相媲美，一名社会党议员乞灵于“我们的殉国士兵的鲜血。鲜血凝成种子，正在印度孕育出一代崭新的、年轻力壮的国民”。[146]

人们带着明显的嘉许态度来对待他们自己感到的一场战争的来临，但尼赫鲁却佯作不知，仍然坚持说印度人具有内在的不可动摇的和平主义的思想。他说同印度人相比，中国人所受的陶冶使得他们更容易接受战争，似乎“认为战争是事物的自然状态”；而印度人则“厌恶战争，极端厌恶战争的念头——不只是厌恶战争的后果，而是从感情上就厌恶战争”。他援引甘地的话，提醒印度议会说，“从根本上看，我们是一个温和的民族”，并且表示他担心战争将改变这一切："如果因为战争的迫切需要，我们竟会野蛮化，变成一个野蛮的国家，这使我感到不寒而栗。我想，那将意味着印度的整个灵魂和精神的堕落，而那是非常有害的事。我确实希望我们大家将牢记这点。"[147]尼赫鲁的中心信念是相信印度人民具有内在的、与众不同的和平主义思想，是温良和顺的。他在同中国的争执过程中，不仅在他的国内演讲中，而且在他致周恩来的信件中，以及致北京的外交照会中，都对此大肆宣扬。尼赫鲁之所以相信这番神话，也许源于他同甘地的密切关系。但是实际情况既不是像尼赫鲁所讲的那样，说印度人是一个温和的民族，也不是像尼拉特·乔杜里所讲的那样，说"人类社会中很少有（比印度人）更加好战和更加喜欢流血"，[148]① 而是介于这两种看法之间。

然而，在这个时刻，尼赫鲁对"野蛮化"所表现的惴惴不安却有点不合时宜。当时，几乎所有的报刊评论对公众反应都表示极度满意；《印度时报》刊载的一幅漫画就是这种情绪的一个缩影。漫画的标题是"对中国作战"，画出了尼赫鲁和他的内阁同僚洋洋得意地浏览挂满墙上的图表，各图表上分别写着"同仇敌忾""劳资协调""人民信任政府"等字样。所有图表的指示线都标志着急剧上升。尼赫鲁站在旁边评论说："我们的日子从来没有这么好过。"事实上，印度总理也用更高雅的辞藻说出了这个论点："这个挑战可以转化为一个机会，使我们得以成长，把笼罩我国边境的乌云转化为我国自由和繁荣幸福的灿烂阳光。"[149]

尽管印度民众的反应被那些脑袋发热的印度人夸大了，但人们对所谓对华战争的挑战所引起的反响也的确是比较广泛的。这种反响当然绝不是什么"强大的高潮"，但至少是掠过印度社会这一潭死水上的一阵微波。

① 乔杜里争辩说："印度族的军国主义是一种真正的和强大的力量，影响着印度的外交政策。"他特别举例说："和中国的冲突……几乎完全是由印度族的好战思想鼓动起来的，印度族的占有欲作为第二位的潜在因素，也起了作用。"[150]甘地自己有一次也提到印度民族"一直是好战的"。[151]

对于印度的一些政治阶层来说，这种反应是自发的；其他国家突然感到自身处于作战状态时也差不多会有这样的反应，但是印度的反应却没有在这种情况下人们通常会有的那种痛苦感。对于这类印度人，战争是遥远的、浪漫的，而且是能治百病的。对于城市群众来说，战争好像是一场马戏，是为他们提供参加游行、高呼口号的机会。对于乡村来说，战争是遥远的事，但有些令人惶恐不安，因为战争与其说是对国家、不如说是对农村带来威胁——无论如何，对印度农村群众来说，国家是他们不怎么关心的一种概念。最初，政府呼吁为国防基金捐款，人们还是踊跃输将，但不久就怨声载道。人们指责地方官吏强迫村民捐献，连最贫苦的阶层也受到勒索。

印度当时鼓励慷慨激昂的情绪和发誓保证的那些做法。与此相反，中国对这场战斗始终轻描淡写，并不在意。一位驻北京的西方记者报道说："中国报刊更多是刊登政治方面而不是军事方面的新闻。甚至中国打胜仗的消息也轻轻一笔带过。报刊没有打算引起读者们强烈的战争感觉。新华通讯社关于局势的措辞谨慎的报道，一般很简短，报刊上也不常见。"〔152〕

而印度政府却发表了许多声明，咬文嚼字，把边境战斗说成是一场不宣而战的战争。尼赫鲁解释说，从法律上看，"我们也许还没有处于交战状态，但是事实上我们的确是处于交战状态，虽然我们还没有这样公开宣布过——目前还没有必要这样做，但是将来怎样我就不知道了"。〔153〕然而，尼赫鲁自始至终顶住了主张同北京断绝外交关系的强大压力。中印战斗爆发后不久，刚巧联合国正考虑每年一度的中国代表权问题，印度仍继续支持北京进入联合国，只是不再像过去那样带头催促解决这个问题了。

印度宣布了紧急状态，授予中央政府最高权力，停止公民自由权利，印度议会也提前十天复会（尼赫鲁拒绝了要求议会立即召开紧急会议的主张）。这时，克节朗河溃败所带来的震惊情绪业已消失，代之以一片升平气象——有人称之为"败北后解围的狂欢"。〔154〕我在 10 月底给《泰晤士报》发的报道中写道：“新德里的信心明显增强了，印度认为不论中国军队的意图如何，印度都能挡得住，而且到一定时候能够打败他们。”东北边境特区暂呈沉寂，只是报刊上有时登载一些有关侵略者进行巡逻活动以及印军开炮轰击的报道。印度报纸报道说：“有令人鼓舞的迹象说明，印度东北边境特区的印度军队在初期失利后，已开始进入有效的防御阵地巩固自己，甚至已开始尝试把中国军队从印度领土上赶走。”[155]信心的恢复，加上梅农已经从前排议席贬黜到后排议席，使得印度议会在11月8日复会时，人们那种忧心忡忡和愤愤不平的情绪有所缓和。尼赫鲁当然还有许多解释工作要做，但是他很自信，而且毫不感到内疚。

他说印军失利的基本原因是寡不敌众。第7旅是否应该从克节朗河撤退，曾经有过争论；尼赫鲁只在下面这一段话中隐约提到：“我们唯一的过错……如果说这是个过错的话，就是在军事形势不太有利的地点还要坚守到底。我们并没有命令他们坚守到底——任何政治家这样做都是愚蠢的。但我们的军队自己不那么愿意撤退，他们坚守到底，使他们受到相当大的损失。”[156]人们可能会从这番讲话推断尼赫鲁根本不知道前方指挥官们曾紧急建议迅速撤兵，想必考尔、森和塔帕尔等人给他的印象是印度军队“不那么愿意撤退”。

当时，首都已流传在塔格拉山脊下的印度部队装备不足，供应匮乏。为了应付起见，尼赫鲁冗长地重弹印度议会久已听惯的老调，说要依靠自己制造军火。议会两院①静静地而且和往日一样肃然起敬地倾听他讲话。对于许多议员来说，尼赫鲁在议会的形象的确由于人们感到他成了印度全国的战时领袖，一时变得更加高大起来。自由党的兰加教授曾对尼赫鲁充当战时领袖是否合适提出疑问，但是没有人支持他。尼赫鲁十分自信，他对一个就军火问题提出疑问的议员抢白说：“这儿有许多人对军火问题一

① 根据印度宪法，政府的部长们在议会的联邦院和人民院两院都可以发言。

窍不通，居然也大谈军火，岂非咄咄怪事？”他似乎受到克节朗河战斗失利的震动并受到那种决心备战的激动气氛的影响而又重获青春。有些人提到敦刻尔克撤退和丘吉尔的先例，也许尼赫鲁很是享受这种联想。[157]尼赫鲁对待军火问题，如同他过去对待梅农的问题一样，也是用釜底抽薪的办法，对反对派要求的中心主张表示让步，使他们的攻击不能得逞。自从1954年巴基斯坦开始接受美国军事援助以来，特别是从1959年同中国开始边境冲突以来，议会一直敦促印度政府仿效巴基斯坦接受凡是可以到手的援助，以加强武装部队。尼赫鲁过去认为这样做等于抛弃独立、抛弃不结盟政策的核心而加以拒绝，因此曾受到尖锐的批评。在印度议会前一届会期内，他曾说：“接受军事援助是同不结盟政策根本背道而驰的。（它）实际上变成同援助国结盟了。”[158]但是，现在美国的喷气式运输机每天有八个班次在印度着陆，每架飞机运载大约20吨重的装备——自动步枪、重迫击炮、无后坐力炮等。英国在这方面甚至比美国的动作更快。在尼赫鲁表示接受肯尼迪提供援助的建议的那一天，英国的第一批军火援助就已到达新德里。

要想迅速补强几十年来弃置不顾的印度军事部门，显然只有美国才有办法和动机提供印度所需要的大规模援助。但也许是为了使得印度转向华盛顿的变化不致过分显眼，印度政府呼吁各方的军事援助，而且强调说印度不但向美国，而且也向苏联提出了要求。印度的要求是马上供应军事装备，付款条件应是非常优厚，或只付名义的代价。英国把最初的几笔援助干脆算作捐赠；美国把偿付条件留待以后再议；法国等其他国家则认为没有理由放弃惯常的商业规定，结果在新德里引起相当大的反感。在那危急的时刻，印度甚至还向以色列求援。印度过去由于担心失掉阿拉伯国家在克什米尔问题上对它的支持，一直拒绝同以色列建立外交关系。这时新德里询问以色列，他们同意提供的武器是否可以由不挂以色列国旗的船只运载——这样印度就可以获得以色列的援助而不致招阿拉伯国家不快。但是，据说以色列总理本 - 古里安（Ben Gurion）的答复是，“不让挂旗，就不给武器”。结果，还是用一条以色列的船满载重迫击炮运抵孟买。[159]

当美国武器在离新德里几英里远的地方卸下来时，印度议员们就再也不能指责政府由于坚持不结盟政策而损害本国的安全了。相反，有些议员还举出了使英国在 1940 年后得以支撑下去继续作战的《租借法案》作为印度接受外援的先例。一名“独立派”议员提议，印度应向西方指出它正为民主制度打一场世界大战，并重复丘吉尔的名言：“给我们家伙，我们就能完成任务。”[160]尼赫鲁坚持说，因为军火供应是“无条件的也是不附加任何要求的”，所以决不影响印度的不结盟地位。[161]（其实）军火供应确实影响了印度外交政策的独立性，这一点他不久就看到了，英国和美国果然利用它们的军火供应——并隐约以断绝供应相威胁——迫使尼赫鲁和巴基斯坦就克什米尔问题重新举行谈判。

经过六天辩论，共有 165 名议员发言，反对派议员加上几名随声附和的国大党议员，仍然对印度政府的政策提出了笼统的批评。尽管由于新德里的解释和说服工作已促成较多的国家谴责中国，① 但是人们仍然强烈地感到印度被人家拆了台。自由党党魁问道，“我们在世界政治的各方面曾经为这么多国家干了那么多事”，而它们对印度却不同情、不支持，“这究竟是怎么回事”？印度一方面对不结盟世界和亚非国家表示愤慨，感到这些国家没有报答印度过去对它们的慷慨协助；另一方面又掀起一阵浪潮，对美国和英联邦满腔热情。《印度斯坦时报》描述道：“这是一种伟大的国际伙伴情谊，对其中一个成员国的安全与自由突然激发出责任感。”在要求

① 11 月 7 日，据新德里计算，共有 39 国支持印度，即埃塞俄比亚、厄瓜多尔、危地马拉、约旦、卢森堡、墨西哥、多米尼加共和国、美国、英国、玻利维亚、尼加拉瓜、法国、锡兰、塞浦路斯、新西兰、澳大利亚、特立尼达、联邦德国、荷兰、瑞士、委内瑞拉、哥斯达黎加、伊朗、挪威、智利、海地、日本、希腊、利比亚、刚果（利）、乌干达、巴拿马、加拿大、菲律宾、冰岛、尼日利亚、阿根廷、意大利、马来西亚。一名印度漫画作者画了一些官员一面匆忙地查看地球仪和地图，一面说：“我们最近没有听说还有哪一个国家支持我们。”

对基本的外交政策态度做重新考虑的一片混乱声中，新德里甚至改变了它对国民党政府的态度。一家报刊评论说："印度应该策划对中国开辟第二个战场……这意味着我们必须竭尽所能促使台湾实施其对华南沿海的入侵威胁。……（而）为此目的就需要与台湾保持联系，尤其需要和五角大楼保持联系。"[162] 印度政府也确实同台湾当局进行了多次接触，次年 3 月国民党的一名代表来新德里同印度外交部进行了会谈。[163] 他们自然准备联合印度进行敌视中国政府的一切活动，但是他们也小心地指出，当问题涉及边界争端时，他们自己同中国共产党人并没有分歧。10 月底台湾发表了一篇正式声明："所谓的麦克马洪线是英国统治印度期间单方面提出的。中华民国从未接受过这条分界线，并且强烈反对英国的这项主张。"[164]

议员们在议会里发表的批评意见中还有一个显著特点，就是对尼赫鲁反复申述印度人特有的和平性情以及印度人对非暴力的深厚信念等老调表示很不耐烦。部分原因是，尼赫鲁显然是利用追怀国大党甘地主义的传统办法，来搪塞人们对政府在军事上毫无准备状态的抨击；但更加深刻的原因也许是，议员们的态度表达了这样的感情：现在战争既已来临，对印度来说，纪念那个曾经拿起武器和日本人一道打英国的苏巴斯·钱德拉·鲍斯（Subhas Chandra Bose）①，比怀念甘地和他的非暴力主义更有意义。[165]

从 10 月底起，官方有关东北边境特区形势的报道，使得人们认为最险恶的局面已经过去，胜利就在眼前，这种一片乐观的情绪不断增长。报纸也宣布："印军在大炮掩护下发动攻势——东北边境特区振奋人心的进击。"[166] 曾到前线的一名国大党议员向议会报告说，部队士气旺盛，印军不计一切物质上的困难，"高呼圣雄甘地和总理的名字来振奋自己的热情"。[167] 拉尔·巴哈杜尔·夏斯特里在 11 月 12 日对公众集会讲话说："印

① 苏巴斯·钱德拉·鲍斯（1897—1945），印度激进独立运动家，也是自由印度临时政府的领导人、印度人民军最高指挥官、国大党领导人。曾追随甘地进行非暴力运动，但后来与甘地意见相左。1943 年在新加坡领导日本支持的自由印度临时政府。——译注

度现在已经强大到足以击退中国进攻者，而且正在建立军事力量要把侵略者从印度土地上赶走。”[168]

中国军队在10月和11月初继续有条不紊地逐个消灭印度在西段的前进哨所，先是集中兵力，然后用猛烈的排炮摧毁印军阵地，最后，步兵攻上去加以占领——有一次，据某哨所的无线电报告说，中国军队还使用了坦克。但是，在西段印军的节节败退没有使人们的乐观情绪受到影响，他们认为在东北边境特区将是另一番情景。人们注意力集中在瓦弄前线，热切期待着即将出现一场印军大捷。这种情绪突出地表现于11月16日的头条消息——印军转入进攻。[169]

* * * * * *

就连陆军总部也相信，中国人在东北边境特区不会发动进一步进攻，相信克节朗河溃败后的最险恶局面已经度过；这种信念也普遍反映到总部以下的整个指挥系统。有几次，在印军开始遭到痛击时，指挥部门仓皇失措，下令要部队立即赶赴东北边境特区，而在中国人停止前进时，又把这些命令撤销了。在此后三周内，印军在色拉附近的集结并不显得很紧迫。为了守卫东北边境特区而制订的应付紧急局面的防务计划，历来是以巴基斯坦不会利用中国的进攻这个假定为依据的；但1962年10月间情报部门提供了关于阿尤布总统对印度当前所处困境的态度的报告，这使得新德里改变了原来的想法，不愿意把部队从旁遮普调到印度的东北地区来。美国人对巴基斯坦的游说以及后来对印度所做的保证，解除了印度的焦虑，但从旁遮普抽调部队的计划已遭到拖延。其后果是：最后抽调出来的三个师当中，只有一个旅赶上了这场对中国军队的作战。这三个师中，一个师调到锡金，另两个师在停火以后好久才到达东北边境特区。原先就近在那加驻防的一个师，开始时接到命令准备开进东北边境特区。但当前方沉寂下来，又停止前进。最后真的调动时，又是零零碎碎地调走，各个旅和各个单位被拆得七零八落。

中国军队在做法上却更加专心一意，更显得紧迫。驻防色拉山脊北麓的印度前沿部队自他们的掩体中发回的报告证明了这一点。他们能够听到中国军队从“麦克马洪线”上的棒山口沿着通向达旺的古时商路赶修公路的爆炸声；中国人一天工作24小时，不断向前推进。11月初，空中侦察发现中国的卡车在达旺奔驰——说明公路已经修通。接着，中国军队又开始修整从达旺到色拉一段的印度公路。同时，他们向印度阵地前方和周围地带搜索前进，而且——虽然当时印度人还不知道——已从几个山口和小路插入东北边境特区色拉的东北。

哈巴克希·辛格将军在第4军并没有待很长时间。他花了四天时间熟悉战术上存在的问题，视察了瓦弄和其他前沿地带；之后，就向全体官兵发布了一项命令，表示为他们感到自豪，并号召他们“带着对我们的民族，对我们的领袖，对我们祖国的神圣事业的坚定信念……”进行战斗。但这篇讲话却戏剧性地被当晚全印广播电台发布的一条新闻所压倒：新德里正式宣布，考尔将军不久以前“在前线受寒患严重支气管炎”，现已痊愈，并将重新指挥第4军。

森将军只是从广播里听到这项消息，他当即向塔帕尔将军提出抗议，反对这个新组建的军在四天内两次更换指挥官。据森讲，当时塔帕尔将军回答说，在政府的坚持下，考尔即将返任，因为他的名誉非得挽回不可。[170]当考尔回到首都的消息传开后，在新德里出现过一些离奇的谣言；有的说因为他擅离职守已被软禁。议会复会时，尼赫鲁利用这个机会为他的老部下恢复名誉出了一臂之力。尼赫鲁说：“我特别要提到他的名字，因为人们关于他讲了一些非常不公道的话。”他指出，考尔被任命为军长后，24小时内就赶到东北边境特区。他接着说：

> 有人说，他没有任何作战经验。这是不正确的。他有过在缅甸作

> 战的经验。当克什米尔出事的时候，他是我们驻华盛顿的武官，但他却请求把他派到克什米尔。我们把他派到了克什米尔，他就到了那里。我认识很多军官和其他人——他们当中很多人在勇气、主动性和勤奋工作方面表现都不错，但我怀疑我们是否能够找到一个超过他的人。[171]

不管尼赫鲁对考尔的军事经历如何看法，事实真相正如蒂迈雅将军所讲的那样："陆军中的每一个官兵都知道，考尔是个从没有进行过实际作战的军人，在陆军中无法把这类事掩盖起来。军官们都不尊敬考尔。"[172]驻防东北边境特区的部队听到考尔继续担任该军军长的消息后的反应，是同蒂迈雅的看法相吻合的。第4师师部的军官们从无线电广播中听到了这条新闻，根据一个当时在场的人回忆，大家公开的评论是："他又回来了吗？让上帝保佑我们吧！"[173]

我在10月26日，正好在考尔将军回去指挥部队之前，到他家里去拜会他。他当时已完全恢复健康，而且丝毫没有因克节朗河的溃败感到沮丧。他向我叙述了印度部队的缺陷和弱点，并且说，他所采取的战术是一种有意的"大胆策略"。僧崇战役就是他试探中国人意图所采取的行动。他有信心能在色拉把中国人堵住，然后再把他们打退。[174]

考尔的前途如果要得到挽救，他就必须回到第4军去。如果他在担任了生平第一次作战指挥职务之后没有几天，就以身体不适这个被认为是陈腐的借口放弃这个职务，回到参谋局去，那么，他虽然在政界有那样强有力的靠山，也不大可能再得到提升。从军事上反复考虑，自然是完全不能赞成考尔重新出马。当时哈巴克希·辛格将军已深入了解当地情况，而考尔却是不熟悉情况的——他在东北边境特区的短期逗留，完全局限于塔格拉山脊这一地区，而这一地区现已为敌方控制。但如果不使考尔官复原职，那么，受到损害的就不只是考尔的个人名誉而已。考尔的失败和丢脸，势必给梅农，而且下一步也将给尼赫鲁，增加政治上的困难。政治上以及个人的考虑都要求再给考尔一次表现的机会。10 月 29 日，他恢复了第 4 军的指挥；哈巴克希·辛格调往第 33 军；乌姆拉欧·辛格则明升暗降，调往新德里担任一项参谋工作。

这时，印度部队在东北边境特区正在集结——但在做法上与陆军方面原来的意图大相径庭。1959 年 10 月，当时由托拉特将军指挥的东部军区，曾经建议在东北地区搞三道防御线。根据这个方案，首先要在尽量靠近“麦克马洪线”的地带建立一批哨所，以监视从西藏进入东北边境特区的主要通道。这些哨所只不过起个绊脚索的作用，一旦中国军队进攻，这些哨所就向后撤。在这条前沿哨所线的后面，要建立第二层据点，这些据点要有足够的力量进行阻滞战斗，以迫使入侵者在进一步向前推进之前必须在这里重新集结，并将自己的后勤基地向前推移。第三层是正式防线；其设想是入侵者如果进攻到这里，它的补给线就会拉得过长，因此就可以在这里击溃对方。邦迪拉将是这道防线的一个支撑点，这道防线的其他据点都不应距离平原过远，以便能够及时得到给养和进行集结。这种设想的优点是，它可以使东北边境特区极其恶劣的地形转而为防御服务，使中国军队背上包袱，为他们自己的狭窄并拉得过长的供应线伤脑筋，而印军的主要阵地和平原之间却有距离不长的交通线相联结。这种设想的缺点，在印度人看来，是属于政治性的。1959 年后人们认为政府对边界防务采取了拖拉的态度，而上述防线战略就可能，而且也的确被说成是这种态度在军事上的体现。1959 年 10 月底，美联社自新德里发回一份报道，准确地反映了这个防线计划的内容及其论据，报道说：“印度陆军已经放弃了保卫在喜马拉雅山边境大片地区不被共产党中国侵入的希望……印度的军事战略将是实际上不放一枪就让出大片土地。印度人只准备在深入他们领土内部的地点进行抵抗。”[175]

但无论如何，这个防线的设想还是被接受了，并且成为陆军在东北边境特区规划的根据。为了执行这个计划，开始时估计需要一个师（下辖四个旅）的兵力；但1961年森将军估计最低限度需要两个师（下辖六个旅）。如前所述，当中国军队跨过“麦克马洪线”时，印度在东北边境特区却只有两个旅。自那以后，这个防线设想就被束之高阁。后来调到东北边境特区的部队，分布很散，不是从一个全面的防卫计划出发，而是根据情报局关于中国军队可能向什么地方进军的估计进行部署。部队被分割成营、连或更小的单位，拿着能够随身携带的武器和弹药，徒步走进山区，进入新德里总部在地图上选好的阵地，而且要靠已经非常紧张的空运来供应。这样的部署不是出自军事上的考虑，而是出自要在“麦克马洪线”上同中国人打仗的政治需要。这种做法之所以被认为是合理的，依然是根据中国不会发动强大进攻的信念出发。尼赫鲁11月在议会中讲到这些，他解释陆军为什么要在“从军事观点来看非常不利的形势下”，企图在塔格拉山脊下作战，而陆军原来的意图则是把主要防线建立在更南面的地带。尼赫鲁说，之所以要这样做，“部分是由于我们一直到最后都没有料到这样大规模的入侵，部分是由于我们不喜欢……在我们的领土内后退的想法”。[176]在边境战争发生了五年之后，梅农承认，如果“让（中国人）深入印度领土之后，再同他们打仗”，可能从战略意义上考虑是更好一些。但是，他说：“我们当时不可能说服舆论接受这一点。”[177]这样，梅农就毫不感到羞愧地承认，他和印度总理都自觉地违反了战略上的有利条件，以图安抚浅陋无知的“舆论”。

依照上述防线计划，陆军就不需要派大部队开进东北边境特区东端的山区，而是要在布拉马普特拉河谷的提祖（Teju）和山脚下的哈尤良（Hayuliang）等地附近，等候中国人穿过极难通行的地带来到这里。这一带有一条险峻的古时商路，1950年发生了一次地震后已不能通行，只有小股突击队才能穿过这条路到达平原。但是，到1962年，情报局认为洛希特河谷是中国军队可能的进军路线，印度人就在瓦弄进行集结，该地距公路终点提祖约 100 英里——地形十分险峻，要走两个星期才能到达。瓦弄有一条临时的飞机跑道，但跑道很小，能够使用这条跑道的印度空军飞机只有小型的加拿大制水獭式运输机，而这种飞机每次仅能运载六名武装士兵。10 月 21 日，中国军队在那里发动进攻的时候，瓦弄和距瓦弄两日路程的前沿据点基比图（Kibi thoo）由两个步兵营和一部分阿萨姆步枪队的士兵布防。基比图无法接济给养，部队在那里住了三天又撤回瓦弄。中国军队跟踪追击，但他们对瓦弄印军阵地首次发动的进攻却被击退，损失很大。于是，双方就停下来，进行巡逻和集结，有时中国军队的试探性进攻会打破沉寂的局面。

组织上编制的不断削减和变动，增加了印军集结的困难。瓦弄地段原由第 4 师第 5 步兵旅负责防守。但达旺失陷后，又决定设立一个新师部，负责指挥整个东北边境特区的部队——色拉到邦迪拉一段除外，该段归第 4 师指挥。新编番号为第 2 师，由 M. S. 帕塔尼亚少将（此人是新任第 4 师师长 A. S. 帕塔尼亚的堂兄弟）任师长，第 181 旅也划归该师指挥，负责瓦弄地段防务。但这丝毫不合帕塔尼亚的心意，他坚持要把 181 旅全部调开。他的要求被接受了，于是，第 11 旅终于在 10 月 31 日接管了瓦弄地带的防务。驻防瓦弄的各营在十天内接连更换了三名旅长及旅部参谋人员。第 4 师也出现了同样的情况，A. S. 帕塔尼亚也同样要求更换他下属各旅旅长。这种人事调动，看来只能以有关军官的私人关系来解释。

指挥官不断调动所引起的混乱，直接影响到印军集结的速度和作用。有一个旅在瓦弄干等了近一个星期，没有接到任何命令；因为 A. S. 帕塔尼亚在搞到他所要的旅长以前，不愿给该旅下达任何命令。有一个廓尔喀营开到瓦弄，随即调回平原，后来又再次把它调往瓦弄。

到 11 月初，第 2 师才算安定下来。M. S. 帕塔尼亚师长搞到了他所要的旅长，这个旅有三个步兵营和几个阿萨姆步枪排驻防瓦弄。M. S. 帕塔尼亚相信，并且也说服了考尔接受这个信念：如果瓦弄的兵力再增加一个营，他就可以在这一地段把中国军队赶回到“麦克马洪线”。但第 4 军参谋部却持有不同看法，他们估计，中国在察隅靠近“麦克马洪线”的兵力有一个师。他们在 11 月 11 日把这份情况估计意见书送给 M. S. 帕塔尼亚，但他没有再转达给承担作战任务的旅，而印军发动进攻的准备工作仍照常进行。按计划，要在 11 月 13 日发动进攻，11 月 14 日结束战斗。

增加的那个营，从 11 月 13 日开始才搭乘水獭式运输机陆续到达，但第 11 旅并未因等候增援而推迟进攻时间。考尔和 M. S. 帕塔尼亚都赶到瓦弄，要亲自掌握这次作战行动，但这不足以说明为什么一定要按照原定时间表发动进攻。原定的日期并无军事意义，也不存在同其他地段的作战行动协调配合的问题。但在制订进攻瓦弄计划的人看来，11 月 14 日是个重要的日子：因为那一天是尼赫鲁的生日。总理 73 岁寿辰快到了，从瓦弄向新德里发回一份如考尔所希望那样的电报，报告“我们对敌军取得了首次重大胜利”，这岂不是再好不过的一份寿礼？

11 月 14 日，第六库马翁营的两个连，在为支持这次进攻而空投来的重迫击炮和几门野战炮的火力支援下，开始进攻中国军队据守的一个山头制高点。据守山头的中国军队估计是一个连。这批来自喜马拉雅山脉西段山麓的健壮的库马翁士兵，曾在基比图的一次激烈战斗中挡住中国军队，接着花了两天的时间撤回到瓦弄，在这之前大约十天光景，曾投入一次局部性进攻，而且几乎不断地执行巡逻任务——这次又被用来进行这场作为生日献礼的进攻战。他们冒着中国掩体中发出的猛烈炮火，连续战斗了六个小时，冲到离山顶只有 50 码时已精疲力竭，不得不停下来。当晚，中国军队进行反攻，把幸存的库马翁士兵全部赶下了山，这支出击部队返回营地的不足半数。11 月 16 日，印度各报以印军转入进攻的大标题欢呼这次作战行动，其真相就是这样。

中国军队追击败退的库马翁士兵，并且突破了印军的主要防御阵地，印军阵地因出击而遭到削弱。印度炮兵为了支援库马翁士兵，早已把炮弹全部打光。因此，当中国军队在 16 日拂晓发动主要攻势时，印度炮兵已无法参加战斗。印度部队这一仗打得很顽强：停火后，小股印度部队回到那里，发现有的阵地上全部人员都战死在岗位上。但由于主要防御工事已被攻破，整个旅的阵地已无法守住，早晨 10 点钟左右，考尔批准该旅旅长下令撤退。但有的部队没有接到撤退命令，仍继续作战，直到弹药打光或战死。考尔和 M. S. 帕塔尼亚二人坐上“倒数第二架水獭式运输机”〔178〕撤离瓦弄。考尔从提祖发回了一份冗长的语无伦次的电报，报告瓦弄战败的经过。电文最后写道：

> 由于敌人攻势十分凶猛，兵力十分强大，我有义务敦促你请求最高当局争取愿意帮助我们的外国军队的支援。否则，我过去已讲过现在还要重申：我国的武装部队将无力抵挡锐不可当的中国优势兵力，而且敌人已经集中并且将继续集中其优势兵力来对付我们，使我们处于不利地位。这个意见不是出自惶恐，而是正视严酷的现实。

显然，一个时期以来，考尔的头脑中已经考虑过争取盟国派遣远征军开入印度的想法。当考尔还在新德里卧床养病的时候，内阁秘书曾去看望他。根据这位官员的叙述，当时考尔“从枕头底下抽出一份建议书。其中建议：印度应该寻求某些大国的支援；应该劝说蒋介石和韩国在美国的支持下进攻中国。‘应该敦请某些外国军队开到印度，协助印军翻越喜马拉雅山发动大规模进攻’。必须在未来的 12 个月内建立十个师，并投入战斗。应该设立一个新的指挥部，统一指挥军事和经济工作，指挥部应设一名总指挥官作为最高统帅——总部应设在新德里或阿格拉”。〔179〕考尔没有说他认为应该由谁来担任这位莫卧儿式的最高统帅。

瓦弄旅的残部已失去控制，分散成若干小股，沿洛希特河谷向平原落荒而逃。瓦弄的各阵地间横着洛希特河，河间峡谷高 300 英尺，无法徒涉，河上只有一条绳做的索桥（中国人携带了渡河的橡皮艇），河东岸的印军残部在撤退时吃尽了苦头，又遭到中国军队的伏击，伤亡惨重。第 11 旅终于落得一个与第 7 旅同样的下场：进行了一次没有配合好的毫无希望的进攻，在中国军队坚定果敢和周密部署的攻击下遭到溃败。中国军队没有追击败退的残敌。

考尔没有回到他在提斯浦尔的军部，虽然他的参谋长催他回去。第二天，即 11 月 17 日，他却乘直升机去寻找第 11 旅的残部。他在飞机上看到了旅长，就命令飞机着陆。考尔在他的书中写道："我立即飞快地跑到他面前，看到他（旅长）和他的随从人员都安然无恙，我才松了一口气。我邀请他并挑选几名军官搭我的飞机到哈尤良吃些点心，然后再送他们返回他们的部队。但他说，他宁愿和他的士兵们在一起。当然，他这样做是很对的。"[180] 考尔回哈尤良时，接到一份电报，说陆军参谋长塔帕尔将军和东部军区的森将军已启程前往提斯浦尔。他直接赶回军部，而他们已先期到达。幕布已揭开，关键性的色拉—邦迪拉地段的高潮就将来临。但在叙述这狂风暴雨的最后一幕以前，还需要先讲一讲西段的情况。

西部军区一直主动进行大规模迅速集结，他们集中了一切能搞到手的运输工具，把原在克什米尔停火线上布防的部队撤回，调到拉达克。10 月的第一周，列城到楚舒勒之间的公路已经修通，到 11 月中旬，楚舒勒成为一个旅的营地。这个村庄和临时修筑的飞机跑道都位于中国的主张线之外。但在它以东，某些印度防御阵地却越过了这条线。事实上当时在西段，这是印度在中国所主张的领土内仅有的几个阵地。所有其他哨所，不是已被打掉，就是已自行撤掉。不像在边界另一端的东部军区和第 4 军那样，西部军区对保存部队实力表现了更大的关心，而不是命令孤立的小部队"打到底"，作出毫无意义的牺牲姿态。根据战术上的理由，需要固守一处阵地时，那里的部队也的确打到底，打光最后一颗子弹或打到最后一个人。但不是像东段经常发生的那样，西部军区没有叫部队去固守毫无战术意义和难以守卫的阵地，一直到被对方攻破为止。

西部军区把楚舒勒当作关键地带，因为他们预见到，如果中国军队企图攻占列城，那么，在高山之间的斯潘古尔峡谷（楚舒勒即位于峡谷之内）显然会成为他们的通路。因此，印军就在楚舒勒以东的山地上建立了阵地——恰好跨过中国的主张线。其中有些阵地高达 1.6 万英尺（楚舒勒的高度已接近 1.4 万英尺），冬天在这样的高度，给部队造成极度艰苦的条件。封冻的土地挖不动，只好炸开；空气十分稀薄，就是已经能够适应高原气候的部队也只能进行短暂的体力活动。连做燃料和修筑掩体用的木头都没有；什么东西都要由部队自己装成小包从山谷下搬运上来；骡子也爬不到这样高的地方，楚舒勒虽然有一些牦牛，部队却不会驾驭。但无论如何，到 11 月 17 日，总算修建了一些比较牢固的阵地。

在这以前，中国军队唯一的迹象只是进行了一些侦察性的巡逻，对某些印度哨所进行了逼近的公开的观察——这些哨所接到的命令仍是除非受到攻击或威胁，否则不得开枪。但到 11 月 17 日，看到有大股的中国步兵向前运动。18 日凌晨，中国军队开始对印度的前哨阵地以及河谷中的旅部阵地和机场进行炮击；拂晓时，步兵攻击了山上的印军阵地。重迫击炮、无后坐力炮和火箭炮把挖得不深的印度工事几乎削平。中国军队的正面进攻被击退，他们迂回包抄印度阵地的侧翼和后方，经过激烈的肉搏战，攻下了这些阵地。在一个叫热赞拉（Rezang La）的山脊上据守工事的库马翁营（第 13 库马翁营）的一个连，只有三个受伤的士兵回到了山谷中的营部，还有五个士兵当了俘虏。三个月后，一队印度士兵爬上热赞拉山脊时，该连的其他士兵还留在他们的阵地上——他们都已死后冻僵，手里还拿着武器。中国阵亡的士兵已经抬走，战斗的遗迹表明中国方面阵亡的数字也不小。

在中国人发动进攻后五个小时，印军的山上阵地或被攻破，或因无法防守而撤走。印度军队集中在山谷里旅部周围的高地上。但中国军队没有进行追击，他们在中国主张线上停了下来，没有进攻楚舒勒。

与此同时，在东北边境特区色拉——邦迪拉一段的印军集结速度虽比较缓慢，但到 11 月 17 日，第 4 师已拥有满员的步兵共十个营，以及一些支援火力：野战炮、重迫击炮，甚至还有 12 辆轻型坦克。如果集中用于防御，这支兵力也可能是很可观的；但它却分散在三个主要地段，彼此相隔 60 英里，山路狭窄，崎岖难行。主要防线设在色拉周围，由新旅长霍希尔·辛格指挥的第 62 旅负责，下辖五个营。邦迪拉由第 48 旅驻守，下辖三个营。大约在两地当中的德让宗[①]是师部所在地，驻有第 65 旅和两个步兵营。从平原上的米萨马里到色拉，全程 140 英里；卡车来回一次，如果路上不出什么事故，需要六天时间。色拉的部队由空投和陆路供应，但他们得到的给养仅够当天的消耗。因此，弹药的储备仍感不足；防御物资，如带刺的铁丝网、挖掘工具、地雷等仍感缺乏。色拉已得到优先供应，邦迪拉的给养情况就更坏了。

第 4 师所摆的阵势从色拉到邦迪拉这条线铺得很开，它本身存在严重弱点。色拉是整个防御体系的关键。经过侦察，证明这个地方并不像初看那样坚不可摧。色拉山口本身倒是个坚固的防御阵地，但在它的南北两侧都有小路可通。邦迪拉有三个居高临下的山头，组成非常坚固的防御阵地，如有足够的部队防守，会给进攻者造成极大的困难。德让宗地处山谷之中，在防御上有利条件不多，第 4 师在那里也没有修筑防御工事，师部人员都住在帐篷和临时兵房里，几乎没有进行任何土方作业。第 4 师摆的阵势是为了应付中国军队沿着大路进攻；如果中国人只从那个方向打来，一路打到色拉，死板地循着公路的轴线而下，那么，印度军队是有可能给进攻者造成重大伤亡的。但是，通向整个阵地还有一道旁门，那就是贝利小道。

1913 年，F. M. 贝利上尉徒步进入西藏，进行一次长途勘查，为麦克马洪画出边界线提供地理资料；他回程从雅鲁藏布江出发，大体沿着一条

---

① “宗”是西藏的行政和宗教中心，一部分是城堡，一部分是寺院。当这一地带受西藏的行政管辖时，达旺宗是主要的中心，德让宗是第二中心。

自北向南的直线，经过现在成为东北边境特区的地方。他和勘查员摩斯赫德（Morshead）上尉跨过了图龙山口（Tulung Pass）的主峰线，翻越了高达1.56万英尺的错山口（Tse La），① 穿过高约1.4万英尺的波辛山口（Poshing La），下到登班（Tembang）。登班这个村庄地处一道横岭之上，俯视着色拉和邦迪拉之间的主要河谷。到1962年，登班控制着色拉和邦迪拉之间的公路。A. S. 帕塔尼亚将军对作战任务做初步估计时，预见到中国军队能够沿着贝利走过的路径，出现在德让宗与邦迪拉之间的公路上。但他又认为中国的大部队不可能通过那条路线过来，新德里的陆军总部和情报局支持他这个假定。贝利曾描述这条路的某些部分很不好走。[181]印方可能是这样估计的：既然在1913年五六个人的小队要通过这条路都很困难，那么，50年后大部队就无法通过这条路了。即便有一小股中国的偷袭部队从这条路插过来封锁这条公路，也可以——或被认为是可以——从邦迪拉或德让宗派出一些部队把他们清除掉。

给帕塔尼亚和第4师的任务是坚守色拉，从而封闭穿过东北边境特区通向平原的入口。但一开始第4军给帕塔尼亚的命令中还有一项但书：就是如果他在色拉还没有集结好足够的固守兵力前，中国已发动对色拉的进攻，那么，他就有权把部队撤出色拉，并以邦迪拉为主防阵地。这个但书没有规定失效期限和所说的足够固守兵力的数量。因此，第4师就有可能随时把部队撤到邦迪拉。但印军的各级领导，对战斗一旦打响后究竟会出现什么样的局面，都没有明确概念。如果中国军队切断了色拉的退路，就可以采取“箱形”防御战术固守色拉。这是第二次世界大战中英军在缅甸战役后期行之有效的战略。但要固守一个为敌军包围的阵地，不但需要有高昂的士气，还要有绝对可靠的空运给养；但到11月17日，色拉驻军的给养仅够一周作战之用。如果想要采取“箱形”战术固守色拉，把邦迪拉

① 不是色拉，在地图上同色拉相距约20英里。

当作后方的另一个坚固据点，那么，在德让宗露宿在帐篷里的第 4 师师部和第 65 旅又是干什么用的呢？如果中国大部队迂回色拉，他们就能迅速消灭师部。第 4 师的部署，看来还是反映出印度方面那种潜在的和反复出现的信念，即认为中国不会进攻。

从 11 月初开始，帕塔尼亚又不断派出小股部队，封锁他认为是中国军队进行迂回运动的可能道路，这更增加了他的师由于布局分散而产生的困难。他派了一个连进驻德让宗以南的普汤（Phutang），防止中国军队越过不丹，从那个方向迂回色拉；又派了一个排进入贝利小道，增援波辛山口的阿萨姆步枪队（波辛山口大约位于从邦迪拉去“麦克马洪线”的中途）。这些部队都是从邦迪拉的驻军中抽调的。

11 月中，帕塔尼亚和第 4 师师部愈来愈重视贝利小道。11 月 12 日，从邦迪拉抽调了另一个排，第二天又抽调了两个排，增援波辛山口的第一个排。就这样，从邦迪拉驻军中抽调了一个连（属警卫旅联队第 5 营），零零碎碎地派往波辛山口。迟至 11 月 15 日，收到一份电报证实中国军队沿贝利小道南下的消息。电报说，印军先头部队与一个营的敌军遭遇，并被消灭。这份电报转给师部，但帕塔尼亚根本不相信中国军队有一营之多的估计。情报局曾经向他保证，在来年夏季以前，这么多人马不可能在这条道路上运动。因此，他命令派出另一个连循贝利小道北上，以恢复那里的局势。第二天，又派警卫旅联队第 5 营的其余部分从邦迪拉沿贝利小道北上，以肃清小道上的中国军队。为了防止敌军改道袭击师部，又从德让宗派出一个连北上，封锁一条可能的通路；并从邦迪拉抽调一个连到德让宗代替该连防务。

这样，到 11 月 16 日晚，邦迪拉的驻军已从 3 个营（12 个连）减少到 6 个连，仅达该地进行有效防御所需兵力的 1/3。

在这个时候，警卫旅联队的士兵连夜向贝利小道末端的登班进发。11 月 17 日晨，他们到达登班，并立即构筑工事，午后不久就遭到攻击。中国兵力估计约有 1500 人。印军抵挡了约三个小时，使敌方遭受重大伤亡；但后来弹药打尽，他们在取得第 48 旅的批准后，试图向邦迪拉撤退。由于黑夜降临，又要穿过茂密的原始森林，部队失去了控制，溃不成军，没有一个人回到邦迪拉；几个星期后，才有些散兵游勇在平原出现。印军又一次部署失当，在没有后勤支援，只有在强行军中能够携带少量弹药的情况下，同数量上占优势的中国军队作战，并付出了代价。警卫旅联队溃散后，中国军队切断了邦迪拉和德让宗之间的公路。

正当警卫旅联队在登班打败仗的时候，另一个印度营却击退了中国军队的多次进攻。警卫旅联队是从邦迪拉构筑好的工事中被拉出去，在半路上迎击敌人的，而色拉的防御仍按原定计划进行。印度有一个营作为掩护部队布防色拉以北数英里的地带；17 日拂晓，中国军队对这个营发动进攻。从黎明到午后，中国军队五次试图突破防线，但都被击退。进行这场坚决阻击战的是加尔瓦尔步枪联队第 4 营，就是三周前在达旺以北曾无故惊惶失措、一度溃散的那个营。

第 62 旅旅长霍希尔·辛格准将，根据计划，命令加尔瓦尔营及其他掩护部队后撤至山口周围的主防阵地。印军五个营的阵地都能相互支援，而且又有足够的大炮。因此，在这里，给养能支持多久，部队就能固守多久。但是，当中国对师部阵地发动钳形攻势的轮廓和压力变得明朗时，帕塔尼亚就开始计划和准备撤退。17 日中午过后不久，他要求在提斯浦尔的第 4 军（他同军部有电话联系）批准旅部自德让宗南撤。当时，考尔还在乘坐直升机在瓦弄失利的战场后方巡视，第 4 军的值班参谋拒绝批准帕塔尼亚的要求。

中国大股部队在登班出现，并切断了返回邦迪拉的公路后，帕塔尼亚开始催促上面批准他把第 62 旅撤出色拉。帕塔尼亚这时已看清形势，中国军队切断了公路就意味着色拉将完全依靠空投给养。如果敌军保持一个星期的压力，阵地上的补给就会耗尽，那时敌军将能席卷色拉，消灭守军。

在这个时候，德让宗还完全没有做好防御准备，师、旅两级的指挥部都在那里，非战斗人员占了很大比例，因此很容易被中国人攻占。帕塔尼亚原来一直低估中国军队沿贝利小道南下运动的危险性，现在似乎又转而夸大在他后面的敌军兵力。他当时提出的建议还是有道理的，假使不去考虑建议提出的时机的话。如果第62旅从色拉撤出，与德让宗的部队会师，然后打通道路，并在邦迪拉集中近三个旅的部队，印军实力就会大大加强。第4军的参谋军官们一开始就极力主张这样做——就是说，必须在邦迪拉坚守，因为在那里能够集结一支强大的部队，并且能够从平原上得到支援。原来发给帕塔尼亚的指示中，也规定可以如此调整部署。当11月17日中国的进攻愈来愈猛烈的时候，他开始要求实行上述调整。然而，在战斗愈来愈逼近的压力下，帕塔尼亚没有看到：他的师已经不能再作出这样的抉择来巩固自己的地位了。在中国军队发动进攻前，这样的做法本来是恰当的；但从进攻发动之时起，它就必然要导致灾难。当时，第4师只有两种抉择：要么在准备好的阵地上坚持战斗，拖延时间，直至补给断绝，失败成为定局时为止；要么是为时过晚地赶回邦迪拉，而沿着一条可能受到敌人袭击的山路仓促撤退，那就要冒溃败的风险。

17日傍晚，帕塔尼亚再次给第4军打电话，要求批准把部队撤出色拉。那时，考尔还没有回来，但塔帕尔和森已到达提斯浦尔军部，他同他们两人通了话。这两位官员当然是考尔的上司，而且一直都密切参与制订抵抗中国进攻的计划，因此，他们既不能推说没有权力，也不能推说不了解情况。但他们都拒绝给帕塔尼亚下达任何命令，而是要他等考尔回来后再请示。在提斯浦尔这个平静的军部里，陆军参谋长和东部军区司令在责无旁贷的情况下，竟然拒绝负起责任，作出一项紧急的作战行动的决定。对于印度军队来说，真正最糟糕的时刻，正是在这个军部里所度过的一小时左右，而不是在东北边境特区陡峭的山岭中即将遭到的溃败。

在这个时候，帕塔尼亚一直同霍希尔·辛格旅长进行通话。当时以及当天夜里，他们两人之间究竟讲了些什么，各有各的说法。几天后，霍希尔·辛格就被打死。帕塔尼亚的说法，同第 62 旅旅部幸存的官员们及该旅各营营长所提供的材料，是有矛盾的。本书是根据后者提供的情况写成的。当时，帕塔尼亚提出要撤出色拉。霍希尔·辛格抗议说，他的部队还守得住；此外，加尔瓦尔联队和其他掩护部队正在返回主防工事的途中，在他们返防前，不能把第 62 旅撤出。霍希尔·辛格表示，如果命令撤退，也要等到第二天晚上才撤；如果企图在当晚撤退，那将会造成灾难。帕塔尼亚似乎接受了这个看法，因为他当时下达的唯一要立即行动的命令是从色拉抽出两个连到德让宗以加强那里的防务。这件事，以及从邦迪拉抽调部队增援德让宗的类似调动，帕塔尼亚都没有报告第 4 军。

考尔于当晚（17 日）7 时半左右回到军部，很快就同帕塔尼亚通话。那时，第 4 师师部已得到消息说，中国军队向色拉周围运动，并有再次切断公路的危险，这次是色拉到德让宗之间的一段。因此，第 62 旅如不立即撤退，也可能根本撤不出来了。帕塔尼亚紧急要求批准撤回该旅。考尔说明了至少要坚持一夜的道理，但他在电话中并没有下最后命令。然后，考尔、塔帕尔、森和随同塔帕尔来到提斯浦尔的总部作战处处长帕利特准将等人进行了一次讨论——当时，第 4 军所有的参谋军官都奉命离室。约半小时后，考尔手拿一份电稿从屋里出来，交给第 4 军参谋长 K. K. 辛格准将，要他立即发给帕塔尼亚，电文是要部队从色拉和德让宗撤到邦迪拉的命令。

正巧在那时，与第 4 师的直接联系中断。因此，辛格就把电报发给驻邦迪拉的第 48 旅，要该旅转达德让宗。但没过几分钟，考尔又告诉他说，电报要停发。当时，那份电报还没有从邦迪拉转发出去，于是就在当地被扣住并撤销了。

看来发生的情况是这样的：帕利特准将极力主张要 62 旅坚守色拉。开始他的主张没有被接受，但他仍坚持自己的意见，并且提醒塔帕尔和考尔说，“如果 1.2 万人的部队没有打仗就跑掉，那么陆军今后就无脸见全国人民了”，或者讲了一些诸如此类的话。这番告诫使他的上司们感到，命令部队撤到邦迪拉的决定是做得过于仓促了。于是，考尔同塔帕尔和森又拟出另一份电文，拍发给第 4 师。电文内容是：

> 一、你们必须尽力坚守现有阵地。当阵地守不住时，我授权你们可撤到你们能够防守的任何其他阵地。
>
> 二、约 400 名敌军已切断邦迪拉到德让宗之间的公路。我已命令第 48 旅旅长今晚迅速坚决攻击这支敌军，并不惜一切代价扫清这条道路。你们可能在申隔宗（色拉背后）、德让宗和邦迪拉各点被敌军截断。你们的唯一出路是尽力打到底。
>
> 三、第 67 步兵旅，除一个营外，将于 11 月 18 日晨开到邦迪拉。要最充分地使用你们的坦克和其他火器扫清交通线。

考虑到前后的情节，这份电报是在军事上推卸责任的杰作。对它可以有两种理解。如果帕塔尼亚认定必须在色拉打到底，电报授权他可以这样做：“你们必须尽力坚守现有阵地。……你们的唯一出路是尽力打到底。”如果他认定，色拉阵地已守不住，因此必须撤退，这份电报也授权他可以后撤。但考尔在发电时既已知道帕塔尼亚已断定色拉守不住并极力要求立即后撤，那么，这份电报实际上并不是命令固守，而是批准后撤。它等于是重复了那份没有发出的电文，只不过它的措辞把作出决定——作出任何决定——的责任推给帕塔尼亚。①

考尔要驻邦迪拉的第 48 旅旅长“迅速坚决”使用坦克和步兵扫清道路的命令，由电话下达给该旅旅长格巴兹·辛格（Gurbax Singh）准将。

---

① 考尔在他写的那本书里引用了这份电报，并认为帕塔尼亚应对溃败负责；他说，后者命令撤出色拉是“违反了我的指示的精神”。

辛格提出了抗议。他指出：他手下只剩下了六个步兵连防守邦迪拉，中国军队已运动到他现有阵地的周围。在夜间派出一支部队沿着曲折狭窄并已为敌军控制的道路前进，等于是白白断送这支部队。在夜间，这条没有填平的道路上扬起的尘土，同地面上迷蒙的烟尘混合在一起，形成伸手不见五指的厚雾；在这种情况下，原来在这种地形用处就不大的坦克，将变得毫无用处。结果，考尔同意在第二天早晨之前，暂缓执行他的命令；届时，将有两营增援部队到达邦迪拉。

考尔发给帕塔尼亚那份模棱两可的电报，事实上在第二天凌晨才到达第 4 师。在此以前，帕塔尼亚接到的只是考尔在电话中下达的命令，即第 62 旅可以准备撤退，但要等到第二天早晨才能下最后命令。这句话的含义仍然是模棱两可：准备可以解释为"计划"，也可以解释为"采取预备性的行动"。

霍希尔·辛格早些时候告诉他所辖各营营长说，当晚肯定不撤，旅部正制订第二天夜间或许要撤退的计划。防守在山口周围堑壕阵地里的部队等候着中国军队。中国军队彻夜调动的情况有时可以看得很清楚，他们拿着火把沿着小道匆忙赶路；有时则可从居民已撤走的几个部落村庄里突然传来的犬吠声中判断出来。但在午夜以前，霍希尔·辛格和帕塔尼亚之间又通了一次电话，之后，有一营原据守色拉一个关键阵地的部队，奉命立即撤至山口后面下方的一个地点。帕塔尼亚坚持说，这次调动是霍希尔·辛格的主意，这等于在色拉调整部署，而不是开始从色拉撤退。但据报道，霍希尔·辛格当时曾对提出了抗议的营长说，他本人也是接到绝对命令要他把这支部队立即撤退。这次调动不管是由谁提出的（根据前后的情况判断，帕塔尼亚要尽早撤退，而霍希尔·辛格却力图拖延），结果它是给中国军队打开了色拉的防御阵地。

午夜过后不久，有关部队奉命撤离了他们的阵地，本来他们正打起精神准备在拂晓时迎击进攻的——中国军队到那时还未放一枪。这些印度部队穿过另外两个营的阵地回到了山口。这次事前没有发出通知、在黑夜里进行的完全出乎意料的调动，就是对士气最高的部队也会产生泄气的作用，更何况这些印度部队的士气本来已经够低了。指挥官们突然改变坚守的命令所表现出的左右摇摆，使得部队对他们还怀有的一点点信任也烟消云散了。至于说到中国军队，印度军队不管在什么地方碰上他们，都要被打垮。就在几天以前，从色拉派出的一支约200人的强大作战巡逻队，曾遭到伏击并被歼灭。毫不奇怪，这次出乎意料的撤退，使留在前沿阵地的一些其他部队处于一种一触即溃的地步。

中国军队仍然一枪不发紧紧地跟着后撤的印度部队，占领了他们已经修筑好的阵地。中国军队一开火，就有一个营的印度部队开始溃退。这时，全旅的阵地已开始瓦解，中国军队已插了进来。霍希尔·辛格一定是认为他这时已没有别的抉择，只好下令立即实行原拟在第二天晚上开始的全面撤退。

看来，中国军队原来的意图是：11月18日在边界的东西两段对印度的残存阵地同时发动进攻。18日拂晓，中国军队袭击了西段中国所主张的领土上最后的印度部队，席卷了楚舒勒以东山上的各阵地。在东北边境特区的瓦弄一端，印度发动的作为生日献礼的进攻，可能被中国方面看作不可失去的大好机会，并使中国军队提前两天发动主攻。18日凌晨，在色拉的印度防御阵地上已空无一人，构筑这些工事的部队那时正沿着公路后撤。他们的重武器、大炮和其他军用物资丢在原处，其中包括许多尚未开箱的美制自动步枪。中国军队进入山口周围被丢弃的阵地，并朝着下面正在后退的印度部队开火。

在德让宗，虽然帕塔尼亚在头一天晚上感到有些惊慌，表示担忧，但到18日拂晓，情景又完全不同了。那天早晨5时左右，有两名坦克部队的官员到师部去请示，他们发现师部那里非常安静，军官们都在临时兵房里睡大觉，士兵们也裹着毛毯睡在走廊上，连岗哨都没有。如他们后来所描写的那样，是“毫无战争气氛”。当时，德让宗同色拉（第62旅旅部位于色拉山口的后面）、同邦迪拉还能通电话。在那两位坦克军官到过师部之后不久，帕塔尼亚了解到防守色拉的部队正在向德让宗撤退；但同时又得到报告说，中国军队已出现在色拉后面的公路上，退路有被他们切断的危险。帕塔尼亚不久前曾派出一个连掩护一条通向德让宗的道路；这时，这个连的连长跑来了，看样子吓得魂不附体。他报告说，他的部队遭到猛烈的攻击；他丢下正在作战的部队，一个人跑了回来。几乎在同一个时刻，中国军队的小型武器从大约1000码的距离向师部开了火。这一下子，局面就不可收拾了。

帕塔尼亚命令同他一起驻在德让宗的第65旅向平原撤退；他离开师部，匆匆忙忙地向驻扎在附近的骑兵部队发出口头命令，要他们设法一直向邦迪拉打过去；如果行不通，就丢掉坦克，奔向平原。于是，帕塔尼亚就带领随从军官和少数部队，离开德让宗，奔向普汤。他后来解释说，他这样做的目的，是要找到他过去派到那里的一连印度部队，一起绕道回邦迪拉；但到了普汤以后，获悉邦迪拉已经失陷，就直接奔向平原。

在德让宗，没有任何人接替帕塔尼亚指挥。11月18日晨7时过后不久，驻在该地的部队——大约两个营的步兵，一个轻坦克中队，一个野炮中队，还有几百名师部和旅部的工作人员——都各自争先逃生。当时也有几名少校级和校以下的军官，企图把他们集合成一支杂凑部队，以坦克为中心，一起打到邦迪拉，但是他们在路上一碰到中国军队就给打散了。只有一个营没有散回到平原，其他部队都分散成小股，七零八落地退了下来。中国军队的伏击，以及险峻的山地和冬季的气候，都给他们造成了伤亡。师部并没有通知任何人就撤出战场，在色拉和邦迪拉的指挥部以及在提斯浦尔的军部，对此都毫无所知。

从色拉后撤的部队，开始还能够维持某种程度的控制。当他们发现一些中国军队用火力封锁通往后方的公路时，就将其清除。但接着，这支密集的、向前运动的队伍的先头部分，遭受到重机枪的猛烈射击。霍希尔·辛格几次组织火力，企图打掉这些重机枪，但都失败了。这时，道路已无法通行，退却的部队挤成一团，陷入混乱状态，中国军队的火力给他们造成重大伤亡。接着，全旅就散成零星小股，分头奔向平原。以后的几天里，很多小股在路上遭到伏击，不是被打死就是被俘。霍希尔·辛格准将也于11月27日在普汤被击毙。

到11月18日上午，驻在邦迪拉的第48旅已成为印度在东北边境特区唯一有组织的部队。该旅有6个步枪连，分散防守原来由12个连据守的半周形阵地，因此，阵地上就出现了许多缺口。但印度部队是据守在已准备好的阵地上等待中国军队的进攻，同时又有野炮、重迫击炮和四辆轻型坦克的炮火支援；两个增援营中的一个营的先头部队，这时已到达并立即进行了布防，堵住了阵地上的一个缺口。其余的增援部队都落在后面，过几个小时才能赶到。中国军队肯定能够拿下邦迪拉，但看来他们还得为此而进行一场恶战。可是，11点钟左右，考尔从提斯浦尔打来电话，命令第48旅派出一支机动部队解除德让宗的围困（他当然还不知道，当时除了几名躺在师部医院里的病员外，德让宗已空无一人）。格巴兹·辛格准将再次提出抗议说：他的处境并没有变化；除50名先头部队外，增援部队还没有到达；再从他的阵地上抽调部队等于把邦迪拉奉送给中国人。考尔怒气冲冲地断然命令他：机动部队必须在半小时内上路，不管这样做对邦迪拉会产生什么样的后果。

于是，第48旅就从阵地上抽调出两个连的步兵，外加两辆坦克和两门山炮，组成一支纵队，准备沿着20多英里长曲折的山道，向德让宗方向打过去。为了填补阵地上的空隙，把工兵、伙夫、文书编成了几个临时排——纵队启程后十分钟左右，中国军队就发动进攻，这班人首当其冲。中国军队的第一次进攻被打退。这时，已上路的纵队中的步兵，奉命返回原阵地，但他们发现自己的阵地已被中国军队占领，因此在中国军队发动第二次进攻，也是主要的一次进攻时，他们身在旷野毫无掩蔽。接着，由临时排防守的阵地被攻破，中国的火力转向旅部和后勤区。印度方面组织的反攻失败了。进行平射的印度野炮和坦克，堵住了中国军队；但下午4时左右，格巴兹·辛格下令部队向南方八英里左右的鲁巴（Rupa）撤退。他希望能在鲁巴同增援的两个营会合；但当时一个营距鲁巴还很远，另一个营走的路线不同，开进邦迪拉时第48旅已经撤走。中国军队没有向他们开火，黄昏后格巴兹·辛格又返回邦迪拉，才把该营拉出来。

18日夜间，该旅开始在鲁巴周围组织防御，但又接到第4军的命令，要他们再撤到接近平原的伏特山（Foothills）。部队根据命令后撤的过程中，又接到考尔的命令，要他们在鲁巴固守！这次，考尔又不在军部，而是跑到了伏特山，他从该村派了一名通讯员来传达命令。于是，部队又根据这个命令折回鲁巴——这时中国军队已占领鲁巴周围山上的阵地，居高临下地对回来的印度人进行射击。这就使得鲁巴无法防守。全旅这时还保持为一个单位在战斗着，又接到军部的命令撤向查库（Chaku）——沿公路南下的另一个可能组织抵抗的地方。中国军队从山上跟踪追赶了一阵子，不时地袭击沿山路后撤的印度部队，后来就脱离接触。第48旅到这时只剩下三个营的残部，加在一起大约有一个营的兵力，在11月19日全天，徒步后撤，傍晚过后抵达查库。先头部队事先已对该地做了侦察，并分配好各单位到达后应防守的阵地；这次撤退还算是没有失控。但午夜过后不久，中国军队从三个方面进攻查库，并伏击了一支向该地运送弹药给养的纵队。燃烧着的车辆照亮了防御工事，中国军队很快就突破了印军阵地。全旅至此已失去控制，终于溃败，残部分散成小股奔向平原。

11月20日清晨3时左右，第48旅已瓦解。这时，在东北边境特区以及在西段中国方面所主张的领土内，已经不存在任何有组织的印度军事力量了。从军事上来说，中国方面取得了完全的胜利，印度方面遭受到彻底的失败。

但撤退并没有终止。11 月 19 日深夜，考尔回到了提斯浦尔军部，确信中国军队将进一步向平原地带推进。第二天早晨，考尔同森将军进行了会商，并当着森的面，下令要军部立即撤至高哈蒂（Gauhati），该地在提斯浦尔以西约 100 英里，位于布拉马普特拉河南岸。当时，K. K. 辛格准将和其他几名参谋坚持认为他们应留在提斯浦尔，这是他们的职责所在。经过一番争论，考尔也留下了。当天下午，军部的其他人员，除医院和伤病员等之外，都前往高哈蒂。第二天，考尔搭乘直升机，飞过沿着小路溃向平原的第 4 师残存人员，并让帕塔尼亚和几名伤员搭上飞机回到提斯浦尔。

* * * * * *

新德里到 11 月 18 日才发布瓦弄失陷的消息；事先还公布了关于瓦弄地区正在进行激战的报道。这个消息比塔格拉山脊溃败的震动更大。一般公众都认为，在塔格拉山脊印度部队是遭到了突然袭击，认为中国军队的进攻像是一次由步兵偷袭的珍珠港事件。但瓦弄却是一个重要据点，控制着通往布拉马普特拉河谷的通道，而印军在这里足足准备了三个星期——事实上是采取着攻势——现在又败退下来。此外，当天晚上印度政府向报界介绍情况时，还宣布中国军队已进攻色拉，战斗仍在进行。第二天，人民院的议员们在整个提问题的时间里，精神紧张、心烦意乱地坐在那里。到了中午，尼赫鲁站起来，宣布最新消息。

自上次议会休会后，度过了一个周末；在此期间大家都满怀乐观情绪，期待着印军在瓦弄大捷的消息。现在，总理不但证实瓦弄已经失陷——当天早上各报已报道这个消息——还说色拉也失陷了。议员们鸦雀无声，屏息听完了尼赫鲁的简短发言。他刚一坐下，从反对党议席上就爆发了愤怒的质问和训斥，并发展成一片鼓噪。议长要议员们遵守会场秩序，可是他的声音为一片呼喊声所压倒，根本无人理睬。过去碰到这种情况，总理就会站起来，用他那尖刻而又带讽刺味道的语调压住喧哗。他能比议长更有效地驾驭议会，因为他拥有更大的权威。但是，处于这个全国危急的关头，很明显地需要议会表现镇定和克制的时刻，尼赫鲁却坐在那里，一言不发。他往日对于议会的统治，已经一去不复返了，他本人想必也意识到这一点。

当天晚上，尼赫鲁对全国发表了一个广播演说，但这也无助于恢复他的地位。在这已历时三周的雷声大雨点小的对华战争中，他讲话里时常出现的那种丘吉尔式的辞藻现在也消失了。这时，他的声音显得衰老、疲乏，他讲的尽是泄气的话，而且使听的人也感到泄气。在这场不断扩大的灾难史中，他又增添了新的一项，就是邦迪拉的失陷。他的讲话还特别针对阿萨姆邦人民，他说："已经发生的事情是非常严重的，也是使我们非常伤心的。我很能理解我们在阿萨姆邦的朋友们现在的心情，因为这一切可以说都正在他们的大门口发生。我愿意告诉他们，我们很同情他们，我们将尽一切可能来帮助他们。"阿萨姆邦的人民对这番讲话的反应是辛酸的：他们觉得尼赫鲁是在伤心地同他们告别，预料他们不久将处于中国占领之下，并且默认政府对此是无能为力了。尼赫鲁接着说："在侵略者撤出印度或被赶出印度之前，我们是不会甘心的。我们不会接受他们提出的任何条件，否则他们就会认为我们多少是被一些挫折吓倒了……"

关于这一天，也就是11月20日，美国大使在他的日记中这样写道："这一天在德里出现了极度的惊惶，这是我生平第一次看到公众士气的瓦解。"到处是恐惧和流言，说中国军队正要攻占提斯浦尔，甚至要派伞兵在首都降落；说考尔将军已经被俘。关于最后一点，拉达克里希南总统评论说："不幸的是，这不是事实。"〔182〕

当天深夜，尼赫鲁直言不讳地紧急呼吁美国进行干预，要美国派遣轰炸机和战斗机中队同中国军队作战。他的想法是，如果中国军队继续向前推进，就要美国飞机截击在印度领土上的中国军队；如果中国空军企图袭击印度的城市，就要美国飞机对这些城市提供空中保护。呼吁书提得很详细，甚至写明了所需要的空军中队的数字——15个。[183]这说明尼赫鲁接受了某些军方人士的意见，但他事先既未同他的内阁同僚们商量，事后也没有通知他们。这份呼吁书唯一的一份副本保存在印度总理秘书处，而没有按照惯例送给外交部。①

根据印度的请求，美国从太平洋派了一艘航空母舰驶向印度海面；但在尼赫鲁提出呼吁后24小时，危机已经度过，因而那艘航空母舰在抵达孟加拉湾前又返航了。尼赫鲁还要求派遣运输机，美国立即答应了，就派遣了一个美制C-130运输机中队飞抵印度。

上述呼吁还不是在溃败的震动下所采取而又很快翻悔的唯一步骤。战争一开始尼赫鲁就竭力强调，印度只不过是同中国作战，并不因此就意味着同共产主义作战；把二者区别开来，不但对于不结盟的姿态是必要的，而且对维护印度同苏联的关系也是必要的。但是11月20日，新德里命令各邦逮捕几百名共产党的领导成员。原来的意图是：只逮捕实际上已分裂出去的共产党的左翼成员，把那些不赞成该党领导承诺去支持印度政府的

① 这件事有两年多的时间在印度没有人知道。到1965年3月，已故的国大党议员苏迪尔·高希（Sudhir Ghosh）在人民院的一次讲话中提到了这件事（在尼赫鲁提出这项穷途末路的呼吁后不久，肯尼迪总统把这件事告诉了高希）。对此反应是强烈的，又是奇特的：人们指责高希污辱了这位“不结盟之父”的死后名声，而且是扯谎。当时的总理拉尔·巴哈杜尔·夏斯特里把高希找去，说他不知道有这样的呼吁，在部里的档案中也没有关于这件事的任何记载。高希要他同美国人查对，并说如果美国人否认这件事，他愿收回他的发言并道歉。以后去问美国大使馆，大使馆肯定当时的确有这样的呼吁，并将呼吁书的原件出示给印度人（经过进一步搜寻，在总理秘书处的档案中找出了该件的一份副本）。加尔布雷思在他的《大使纪事》一书中描述过那份呼吁书的原件。以后的做法就很不像样了。夏斯特里在议会上发表了一篇措辞审慎的声明，这篇声明从字面上看是符合事实的，但从效果上看是骗人的。高希提到有一艘美国的航空母舰曾奉命开往孟加拉湾；夏斯特里否认尼赫鲁曾要求美国派一艘航空母舰，并说美国航空母舰也没有开进孟加拉湾。高希表现出一种夏斯特里所不配的忠诚和庄严的风格，保持了缄默，虽然这样做使他自己的正直品格受到了损害，因为许多印度人不愿意知道尼赫鲁在惊慌失措的时刻，已把不结盟忘得一干二净。但高希在他的自传里把事情的真相讲清了。[184]甚至到1965年，梅农也还不能相信尼赫鲁真的发出了上述呼吁。他说，“潘迪吉（Panditji，这是对尼赫鲁的尊称，意为‘有学问的长者’。——译注）没有发出过那个呼吁”“……潘迪吉在这点上是肯定的：不论他本人要付出多大代价，他决不会干那样的事”。[185]

成员关进牢房。但内政部把事情搞乱了，他们从情报局的档案中抄下了一批要立即加以逮捕的名单，没有经过审查就发给各邦首府。结果，该党的许多中间派以及某些亲莫斯科派成员都遭到逮捕。过后不久就发现这件事办错了；尼赫鲁向内政部部长夏斯特里表示不满，并且说这样做会损害印度在共产党国家中的声誉。但如果打开牢门把他们统统放出去会使局面更加尴尬，因此决定把那些抓错的人一个一个地放出去，这样就可以避免给人造成是承认错误的印象。〔186〕

在内政部如此这般为国家安全而操劳的同时，有些政客又在为国家的政治稳定性而担忧。一批反对党和国大党的议员找上了拉达克里希南总统，建议他进行干预，施行某种形式的总统统治，暂时停止议会活动，把内阁变成总统的咨询委员会，由尼赫鲁担任首席顾问。宪法中没有条文规定可以采取这样的步骤。这项建议是昏头昏脑的，也是不切实际的，几乎等于搞一次政变。它反映了这些人对尼赫鲁作为战时领袖的不信任，也反映出他们认为像拉达克里希南这样一个同导致灾难的政策没有任何联系的非政治人物是非常时期的适当人选。总统对找上门来的议员们并没有给予任何鼓励，但由于某些被认为同他比较接近的政客（特别是T. T.克里希纳马查里［T. T. Krishnamachari］）在首都把他们的想法广为传布，因此，总理就有了疑心，认为拉达克里希南对上述想法并不完全反对。①

与此同时，在提斯浦尔，人们害怕中国大举入侵印度的心情表现得更为突出，甚至担心入侵者在几小时后就会到达。11月18日晨，考尔打电话给提斯浦尔地区专员，告诉他有关军事形势的最新消息，他在电话中把局势描绘得十分危急，以致这位专员在接电话后很快就携带家眷溜往加尔各答（实际上这位专员由于正常工作调动正要办理移交手续，但当他听到

① 尼赫鲁对拉达克里希南原来是友好的，在这次事件后，尼赫鲁对他的态度显然冷淡，可能上述猜疑是原因之一。另一个因素可能是总统曾组织各邦首席部长共同施压来反对梅农。而且人们广泛引用总统所讲过的话，即这次溃败是由于“我们的轻信和疏忽”，这点可能刺痛了尼赫鲁。

考尔讲到无法抗拒的中国大军正朝着提斯浦尔方向席卷而来时，认为没有必要等候继任者的到来而推迟自己的行期了）。新的地区专员到达后，发现当地的民政机构已停止工作，市政当局曾通过扩音喇叭告诉市民说，当局已不能继续对他们的安全负责。有些当地政客乘机活动，纠集了一伙群众对他们发表演说。

“（这些政客）由于感情冲动，把提斯浦尔描写成印度国防的堡垒，并劝告市民不要离开自己的家园，与其撤走，莫如死于敌人的炸弹之下。这些政客又讲了许多这一类的话，然后，他们自己却溜走了。提斯浦尔的市民也小心谨慎地效法他们。”[187]大批的群众，包括从疯人院中放出来的疯子和被释放的罪犯，拥挤在渡口，等候明轮汽船把他们渡到布拉马普特拉河彼岸。这只渡船的安全载重量是300到400人，这时，每次装载达1000人。有些没有走掉的人在国家银行里拨弄一堆尚有余温的灰烬，细细搜寻。在此之前，银行的人员点了一把火企图把约30万镑的现钱烧掉，其中包括硬币；他们原想把硬币都扔进一个湖里，但后来看到许多人都跳到湖里去捞硬币，他们才改变主意。[188]当时，许多东北边境特区晕头转向的部族人从一个方向拥进市镇，本市居民又从另一个方向蜂拥逃走，市内可能很快就发生抢劫和骚乱。但这时新的地区专员设法让一些粮店开了门，并开始重建秩序，有些陆军的工兵也采取主动，接管了发电厂和其他重要公用事业。所幸当时在场的工兵部队不多，印度中央政府已派遣民防处处长来到阿萨姆邦，负责执行“焦土政策”，这位官员正在制订计划要把该邦一切能炸毁的东西统统炸掉，从提斯浦尔的机场到迪格博伊（Digboi）的油田，都在炸毁之列。当时还议论要烧掉茶园；当然，一切发电厂、自来水厂以及诸如此类的东西都要炸掉——如果能找到足够的人员来干的话。

后来，人们把提斯浦尔出现的混乱状态归罪于该邦政府和地方行政当局，但至少一部分责任可以追到新德里的内政部所发出的指示，指示要求分清主次进行撤退，并销毁现钱、档案，破坏加油站和发电厂。要优先撤出青年人，以免他们被将占领该市的中国军队弄去进行思想灌输；政府官员的家属也应在第一批撤走。阿萨姆邦政府接着又给新德里拍了一份紧急电报，强烈建议把该邦政府的各部部长列入优先撤走的重要人员名单，理由是如果他们一旦落入敌人手中，就会成为国家的耻辱，对公众的士气也是一个打击。〔189〕

20日晨，考尔又在他的军部向两名邦政府的部长介绍情况，告诉他们说：中国军队快要到了——可能在米萨马里进行空降，并很可能对提斯浦尔进行空袭——因此，军部“根据上级命令”正在撤走。军部离开时开出一长队军车，增加了提斯浦尔市外道路上的拥挤，而且增加了市内的恐惧气氛。

不过，印度陆军士气扫地的状况，终于要通过唯一的办法，即从上到下动手术的办法加以解决。11月19日晚，塔帕尔将军从提斯浦尔回到新德里，并向总理递交了辞呈。甚至到这个时候，尼赫鲁的第一个念头还是想让考尔接替塔帕尔担任陆军参谋长。〔190〕① 他同拉达克里希南讨论了这个问题（当时还没有国防部部长），总统认为任命考尔的想法是荒唐的，他建议由南部军区司令乔·纳·乔杜里将军担任新的陆军首脑。尼赫鲁同意了。第二天早晨，他在人民院宣布，由于塔帕尔健康不佳，准予长期休假，乔杜里将军将署理陆军参谋长的职务。全场为之欢呼。

乔杜里所下的第一道命令，是要在东北地区正在后撤的部队，在他们认为能抗御敌人的地方构筑阵地，不再后撤。接着，他免去考尔第4军军长的职务，由马内克肖将军——考尔曾指控他不忠诚从而企图毁掉他的前程，梅农在10月初也曾拒绝任命他指挥这个军——接任第4军军长。军部在奉命撤离提斯浦尔24小时后，又奉命返回提斯浦尔。

① 两年以后，梅农竟然还说：“失去考尔，对印度陆军来说是个损失。他不是一个坐在办公室里的指挥官，他以很大的勇气和胆量在那些险峻的高地上执行了任务——总有一天全国会认识到这一点。”〔191〕

新德里获悉阿萨姆邦对于总理讲话的反应以及提斯浦尔行政机构的瓦解，决定派遣夏斯特里前往视察，给地方民政当局打气，并将当地情况向尼赫鲁汇报。11月21日清晨6时左右，内政部部长一行人来到新德里机场，准备搭乘每天一次的班机前往阿萨姆邦。这时，一名随从人员注意到在报摊附近聚集着一群人，表现很兴奋，他便走过去买了一份报纸，看到报上的头条新闻是宣布中国将单方面停止战斗，并将从东北边境特区后撤。夏斯特里及其随从人员便立即乘车前往总理私邸，那时总理刚刚起床，正在穿衣服。夏斯特里的印象是：当时尼赫鲁还没有听到中国的声明，虽然几小时前各报社都已收到了这项消息。[192]这样，印度政府才知道，中国不是要侵略印度，而是要进行一场大规模的惩罚。

第五章
停火以后

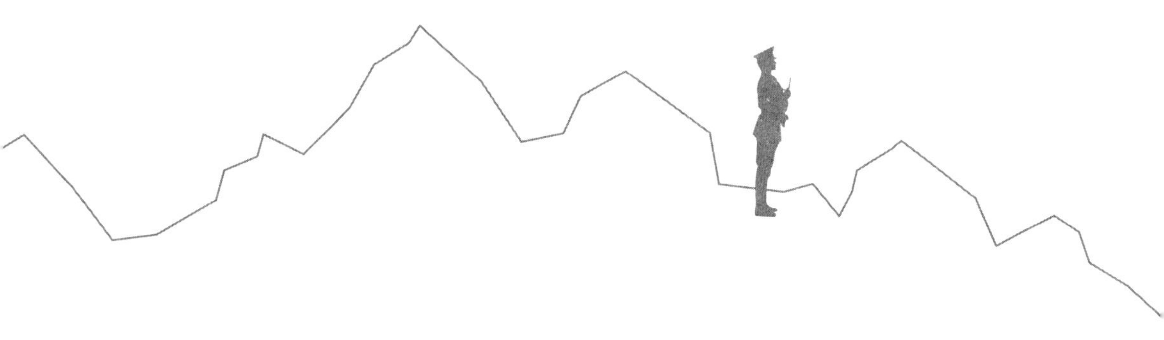

1962 年 11 月 21 日，全世界都获悉喜马拉雅山两侧的最大国家间的战争，由于中国单方面的停火和后撤已宣告结束。《泰晤士报》的评论几乎代表了全球的反应，它说："中国这个突如其来的决定与其说使人们松一口气，不如说使人们大吃一惊。"11 月 20 日午夜①前不久，中国政府宣布，在 24 小时后他们的部队将停火，九天以后将后撤。前一天晚上，周恩来召见了印度使馆临时代办，把中国的意图详细地告诉了他。[3]②后来又正式公布：

> 1. 从 1962 年 11 月 21 日零时③起，中国边防部队在中印边界全线停火。
>
> 2. 从 1962 年 12 月 1 日起，中国边防部队将从 1959 年 11 月 7 日存在于中印双方之间的实际控制线，后撤 20 公里。

这已经是够清楚的了。然而声明又一丝不苟地写明：

> 在东段，中国边防部队虽然至今是在传统习惯线④以北的中国领土上进行自卫反击，但仍准备从目前的驻地撤回到实际控制线，即非法的"麦克马洪线"以北，并且从这条线再后撤 20 公里。

---

① 北京时间应为 21 日 0 时。——译注

② 令人费解的是，在北京公布之前，新德里好像没有从印度使馆临时代办那里收到关于这次接见的报告。官员们后来解释说，这是由于收发和译电耽搁了时间，但是这也很难解释怎么会拖了 24 小时之久。

③ 北京时间应为 22 日 0 时。——译注

④ 这是沿着山麓的那条线，即"麦克马洪线"出现以前的边界线。

在中段和西段，中国边防部队将从实际控制线后撤20公里。

中国希望印度武装部队同样从实际控制线后撤20公里，如果印度政府不那样做，“中国保留进行自卫还击的权利”。双方政府可以在实际控制线本侧设立民警检查站。北京建议双方官员在边境会晤，商谈有关设立检查站的地点，实现共同后撤和归还被俘人员的事宜。然后，两国总理就可以重新举行会谈，谋求友好解决。中国欢迎尼赫鲁前来北京，如果尼赫鲁有所不便，周恩来愿意再次前往新德里。中国期待印度“作出积极的响应”。“即使印度政府不能及时作出这种响应”，中国也将执行上述措施。[4]

这个建议是周恩来早在1959年11月7日给尼赫鲁的信中第一次提出过的（从而暗示以那个日子为准来规定“实际控制线”），克节朗河战役后又重申这个建议。在争论过程中，中国三番五次劝告印度，说这是消除边境冲突危险，为解决边界问题扫清道路的唯一可行的办法。然而，印度却始终加以拒绝。印度在中国开始进攻后，在24日，尤为粗暴地拒绝了上述建议。现在，打了胜仗的中国并没有在硝烟未散之时，把胜利者的条件强加于对方，中国坚持的仍旧是它一直建议过的东西。不同的是，它现在已不再是建议了，中国决意将它付诸实施，并且警告印度，如果它不采取相应的行动，把部队从实际控制线后撤20公里，则将引起严重后果。可是，与中国下面的一个警告相比，这个警告也就算不了什么：如果印度试图在西段恢复前进政策，或者派军队重新进入塔格拉三角地带，“中国则保留还击的权利”。这是北京表明意图的声明中真正带威胁性的条文。

过后，中国说明了它的计划。它把部队开到“麦克马洪线”以南是“为了彻底击退印度反动派的武装进攻，打破印度反动派用武力改变边界现状的计划……为通过谈判解决边界问题创造条件”。中国说，这些措施是没有什么不可理解的，印度“懂事了一些，中印边境局势才基本上和缓了下来”，[5]这都证明上述措施产生了作用。只是由于人们过去广泛地接受了印度对于事态发展的说法，所以才对中国的行动感到出乎意料。甚至那些并不相信中国发动对印度侵略的人，也认为“中国全面占领它所要求的全部领土以后，再从这样的实力地位出发进行谈判，这乃是中国进军的逻辑”。[6]但如果中国真的这么干，不仅会破坏中国对一切边界问题的立场，而且会使中印边界成为难以愈合的创伤。如果中国军队留驻东北边境特区，那么，当印军一旦恢复过来，必然要开始从平原地带试探北进，那时，北京将无法摆脱这场没有止境的战争。英国外交部前常务次官卡西亚勋爵（Lord Caccia）1966 年回顾这场边境战争时说，据他所知，“中国在战场上取得胜利之后撤回原线；一个大国不利用军事胜利索取更多的东西，有史以来这还是第一次”。[7]中国所追求的不是领土，而是边界的解决，军事行动正是为了达到这一目标。撤退是这种想法的组成部分，为了使考虑周详的军事上和政治上的策略赢得全胜，就需要走出这最后的一步。

打到了边境又突然收兵的军事行动，并不足以迫使印度政府同意谈判。因此，中国的军事行动不一定能达到正式划定中印边界的基本目的，但正如北京 1960 年向印度所建议的那样，这是可以等待的。中国军队的行动已确保在等待期间——至少在几年之内——边界现状将不受干扰，印度方面将不致再蓄意侵犯或出击挑衅。

至于印度陆军对停火必须作出怎样的反应，这已是不成问题的了。新任的陆军参谋长乔杜里将军报告说，他的部队除了对等地响应中国的停火行动外，别无他途可循。他命令部队在午夜以后，如不再遭到射击，即不得开枪。至于那些政客的看法，照例是大不相同的。那天早晨，在议会的休息室里，在有圆柱的宽敞走廊上——记者们在会前都聚集在那里——激动的谈论中最经常听到的是“耻辱”这两个字。中国单方面的停火虽然使军人们感到如释重负，可是那些文职人员却感到好像是在他们的伤口上撒盐一样。他们几乎一致主张应该马上拒绝北京的“提议”。有几名阿萨姆邦的国大党议员主张接受中国建议，但立即被其他大喊大叫的声音压下去了。一方面是难以挽回的军事败局，另一方面是慷慨激昂的政界舆论，尼赫鲁又一次穷于应付，就采取了拖延时间的做法。尼赫鲁首先把新任的国防部部长恰范介绍给议会，然后简单地说，他至今还没有接到北京关于停火的官方通知，在接到通知前，他对北京的建议不拟发表意见。至于说到谈判，“我们的立场……仍然是……必须恢复 1962 年 9 月 8 日以前存在的位置”。[8]印度政府对中国前一次外交行动是立即予以断然拒绝，而目前这番表态却是字斟句酌、小心谨慎，两者形成鲜明对照。这似乎是美国驻印大使加尔布雷思竭力劝阻的结果。加尔布雷思担心如果立即明确地拒绝中国的建议，印度的处境会变得更加糟糕，所以，他力促印度政府采取不置可否的态度。①

尼赫鲁刚一坐下，反对派议员就马上跳起来，对法兰克·安东尼所称的“典型的、盘算好的中国诡计”进行谴责，要求政府保证不要理睬停火并继续拒绝谈判。另一名议员大声叫嚷：“为了体面，为了尊严，为了自尊，只有把那些野蛮人赶出去之后，我们才能谈判。”阿索卡·梅达说，中国的做法是“欺诈”，另外一些人则认为它是最后通牒。同往常一样，国大党的普通议员说话比较克制，但他们也一致认为必须拒绝中国的建议。就在当天晚些时候，除了印共以外的所有反对党发表了联合声明，声明说：“中国提出单方面停火的建议只是他们搞的另一个臭名昭著的诡计，其目的是要借此在我们全国阵线中制造混乱和分裂，赢得时间，以巩固其地位并调集兵力，对我们再一次发动可耻的进攻，阻止我们动员内外资源，并在世界民主国家的朋友中制造思想混乱。”声明要求印度总理切勿陷进圈

① 到那时，美国大使加尔布雷思实际上已成为印度政府的枢密顾问，他对担任这样一个角色很卖力，干得也很老练。他所著《大使纪事》（*Ambassador's Journal*，伦敦哈米什·汉密尔顿出版社，1969 年出版）一书中对这些事情讲了不少。

套，要求政府向全国保证：政府将坚持坚决抵抗和不谈判的政策。[9]

印度政府于当晚宣布，已经收到中国声明的文本，但政府发言人只讲了一句“让我们等着瞧吧”，此外不加任何评论。在当时或是以后，官员们都不肯证实业已命令军队遵守停火。如果说已下令停火，人们一定会认为这等于承认印度已经投降。相反，政府努力给人们造成一种印象，似乎印度才刚刚开始进行战斗。尼赫鲁这个人非常喜欢年轻人，停火实施的那一天，在一个小学生的集会上，他再一次讲道：“印度同中国的战争将是长期的战争，也许要拖得很久，可能要拖到你们中有些人已长大成人能参加这场战争的时候。”[10]

印度政府在同北京的外交交涉中，也再次使用了它惯用的假装不理解的手法，以拖延时间。新德里在获悉北京的停火声明当天，印度外交部就召见了一名中国使馆人员，要求他澄清一些问题：“实际控制线”的确切意思是什么？中国所说的 9 月 8 日以前的位置，其精确含意是指什么？[11]两天以后，中国使馆临时代办又被叫去，并向他提出更多的问题：中国建议中所说的从实际控制线后撤 20 公里，是否仅仅适用于西段？如果中国军队从“麦克马洪线”后撤 20 公里，“那究竟是什么地方？”中国是否要在“麦克马洪线”以南设立检查站？[12]北京认为提出这些问题是横生枝节，无理取闹。[13]每一项问题都可以从北京原来的停火声明中找到答案。驻新德里的中国外交官把问题的答案重复申述了一遍，可是印度政府仍然责怪北京的澄清是含糊的。印度政府在得到进一步的说明后才能对“中国的停火建议充分考虑”。[14]

中国的打算显然不能满足印度政府的愿望。印度在初期失败后所提出的要求是：中国方面必须先撤退到 9 月 8 日，也就是在中国包围多拉哨所那天以前的位置，印度才同意讨论问题。按照这样的撤退，中国方面就要从塔格拉山脊后撤，在西段，中国方面要撤出它所占领的所有印度哨所（这些哨所是印度在前进政策下建立起来而在战争中被摧毁的）。印度则将恢复他们在西段中国主张线以内曾占领过的阵地以及在塔格拉地区地图上标明的“麦克马洪线”以北曾占领过的阵地。北京的停火声明已经指出，中国军队从1959年实际控制线全线后撤20公里，事实上将远远撤至1962年9月8日位置的后面。但新德里认为，中国仅仅撤退部队还不够，还要所有的中国人员统统撤走；印度要尾随中国的撤退重返他们在推行前进政策时所占领的阵地。

停火一个星期后，周恩来再度致函尼赫鲁，呼吁印度对中国的行动采取相应的措施。周恩来讲到中国政府的决定已“充分地照顾了双方的体面、尊严和自尊”，并说，实现这些措施，双方都不会发生一方占便宜、另一方吃亏的问题。但他警告说，仅仅中国一方面自行后撤并不能保证防止双方冲突。如果印度拒绝合作，停火还会遭到破坏。[15]如果中国曾指望通过军事行动这样的外科手术来改变印度争吵不休的态度，那么，尼赫鲁的复信必然使中国人明白过来。尼赫鲁在复信中重弹了印度的老调，并暗示印度的论点已为中国所肯定和接受。他还假定周恩来也接受了印度关于战争起因的说法。“如你所知，以往之所以发生小冲突，是因为你们的军队攻击了印度哨所小的巡逻队，这些哨所是为了防止对印度领土的偷偷入侵”，等等。他反复地讲，对中国这个“相当混乱和复杂”的建议需要得到“积极的澄清”，并再次敦促中国接受“明确的、直率的（印度）建议”以恢复9月8日以前的位置。[16]

12月8日中国发出了一份措辞强烈的照会，指责印度“故意纠缠，逃避对实质问题的答复”。北京提出三个尖锐的问题：“印度政府究竟同意不同意停火？……印度政府究竟同意不同意双方武装部队脱离接触，并且从1959年11月7日实际控制线各自后撤20公里？……印度政府究竟同意不同意双方官员会晤？……”印度在当时的处境下，对这些问题的公开回答，只能是“唯唯否否”。考虑到国内外的影响，尼赫鲁及其同僚们说，印度同中国的斗争将继续下去，对包藏祸心的中国建议必须予以拒绝，对中国不准印度把军队开到“麦克马洪线”去的警告应置之不顾。事实上，下达给印度军队的命令却是遵守停火，避免对中国军队进行任何挑衅。印度不再打算把军队开到“麦克马洪线”前沿去，尼赫鲁甚至把他在这个问题上间接的秘密保证通过锡兰总理班达拉奈克夫人转达给周恩来。〔17〕前进政策已寿终正寝，两三千名印度士兵的阵亡就是它的殉葬品。然而，边境战争的失败更坚定了印度政府的根本立场。拒绝谈判仍然是印度的基本立场。如果印度要改变其基本立场，那只有在战败的余痛和耻辱被忘却以后很久，在尼赫鲁及其同僚下台后才有可能。但是像开头那样顽固不化地拒绝谈判的立场，必须加以伪装；阻挠解决争端的责任，一定要推给中国。

像往常一样，印度要办到这点并不难，因为当时印度爱好和平的声誉还是那么高，而当时人们对中国的一般评价又是那么低。各方面几乎一致报道说，边境战争是中国对印度的无端入侵，所以它也就进一步加强了人们的一般印象，即北京奉行不顾一切的、沙文主义的、好战的外交政策。人们又从中印关系之外去寻找中国单方面停火和后撤的原因。有人猜测，这可能是苏联的最后通牒的结果。〔18〕也有人说，中国之所以停止对印度的“侵略”，是因为当时美国已从古巴危机中脱身，可能进行干涉帮助印度。许多人很容易接受印度宣扬的那种说法：中国的交通线拉得太长，很难抵挡印度的反攻，因此中国不得不停火和后撤。如印度某一议员所说，事实上中国后撤“根本是出于恐惧”。〔19〕到后来，人们几乎相信尼赫鲁所讲的“中国不敢面对觉醒了的印度人民意想不到的愤慨”，于是就拔脚逃跑了。〔20〕

* * * * * *

在东北边境特区前线，11 月 21 日午夜①停火的实施只不过是一种形

① 北京时间 22 日 0 时起。——译注

式而已。早在48小时前，当第48旅的残部最后在查库瓦解时，有组织的战斗实际上就已经结束了。自那以后，双方在东段的一切地方都停止了接触。中国军队没有追击从瓦弄向洛希特河谷方面撤退的印军，也没有追击从查库逃奔平原的印军。虽然中国军队在前进时绕过数以千计的印军并把他们抛在后面，而没有企图围歼他们，但停火后零星的战斗在东北边境特区仍然持续了一个星期。有些印度部队在转移到平原的途中遭到伏击，有时在这些战斗中遭受重大伤亡。大部分后撤的印军并不知道停火的消息，看来在某些场合中国军队也没有理睬停火的决定。

西段的停火则比较明确。中国军队在摧毁了热赞拉高地周围的印军前沿阵地后，没有向楚舒勒挺进，中国军队一直炮轰楚舒勒周围和机场附近的印军，而在指定停火生效的时刻停止了炮击。西段的印军没有发生像东段溃败时那样混乱和优柔寡断的现象，他们在停火时仍保持战斗的姿态，准备在中国军队继续挺进时进行战斗。印军还继续大力增援楚舒勒；停火几天后，印军还再次派出巡逻队同敌人接触，试探其意图。

在东北边境特区南面平原地带的印军则较为小心谨慎。新派去的一个旅奉命不准越过中国的主张线，也就是说，不得进入山区。印度陆军总部还指示第4军不得进行挑衅，并避免在巡逻中发生冲突。那些溃败中的幸存者稀稀拉拉地进入平原地区时，军方把他们按原来的编制单位加以收留，准备慢慢进行改编，并恢复他们丧失殆尽的士气。好几个星期以后，幸存的士兵还陆续从山麓地带走出来，因为他们回来的这条路途极其艰险，许多印度士兵饥寒交迫，死在路上。

过了很久，印度才统计出伤亡的数字。印度国防部于1965年发表了下列数字：

死亡：1383名

失踪：1696名

被俘：3968名

26 名印度人员在被俘期间因伤重死亡，其余的被遣返回国。其中，伤病员在停火后几个星期内即被遣返，其他被俘人员在六个月后被遣返回国。几乎 90% 的印军伤亡都发生在东北边境特区。

据印度陆军事后估计，中国在东北边境特区战场使用了三个师的兵力；其中有一个正规师和一个轻装师担任主攻，插向达旺、色拉和邦迪拉，直抵山麓。另一个师，或者是一个独立团，用于瓦弄地区作战。印度在东北边境特区的兵力最多时约 25 个步兵营，略低于三个正规步兵师。因此，中国的兵力全面来看，在数量上只占很小的优势。但是，印军部署分散，所以在大多数战役中，中国军队不难实践毛泽东的“每战集中绝对优势兵力”的教导。在兵力不占绝对优势的情况下，例如在色拉，由于印军在受到打击前已经自行瓦解，使得中国军队避免了一场恶战。

在印军坚守阵地和进行战斗的地方，看来中国军队的伤亡就较重。例如，11 月 17 日在登班的印军警卫旅联队曾坚持战斗，事后据印度的情报判断，有 300 至 400 名中国士兵阵亡。当印度军队回到瓦弄战场和西线的热赞拉时，他们发现了中国方面伤亡相当严重的迹象。没有一个中国人员被印军俘虏。

中国只派了一些强大的巡逻队进入查库南面的山麓地区，于是印度陆军就利用停火，在东北地区开始重建兵力。新任的陆军参谋长乔杜里[①]建议把被免职的考尔调到旁遮普邦负责一项训练工作，但考尔却提出辞职。据考尔的叙述，尼赫鲁试图劝说他不要辞职，随后又给他写了一封表示慰问的信：

亲爱的毕奇：

对你的辞职，我感到遗憾。我曾努力劝你不要这样，但是既然你

① 塔帕尔休假期满后，乔杜里的任命即得到批准。

坚持要这样做，我也就无能为力了。导致你辞职的事件是令人伤心的，我们中间许多人也为此感到苦恼。但是我相信，关于这些事件也不能特别责怪你。有许多人要对这些事件负责，也许这些事件只是由于当时的环境所造成的。

我相信，像你这样一个精力充沛、有爱国心的人是不应该无所事事，不为国家效劳的。也许，不久你可以找到这类对国家有用的工作……

你的亲挚的

贾·尼赫鲁〔21〕

根据考尔的叙述，以后尼赫鲁又详细说明了信件结尾的那点暗示，告诉考尔，他可能被任命为喜马偕尔邦的副邦长。显然，新德里对考尔的任命可能产生的政治反应进行了试探；也许印度总理得出结论，认为委派考尔担任任何职务，即使是这类闲职，也会引起强烈反对。无论如何，这个念头还是放弃了。但是，在尼赫鲁授意下，一个叫特贾（Teja）博士的后来聘用了考尔。特贾是一个金融资本家，他曾说服印度总理要政府对造船工业大量投资。考尔不久也辞去了这个职务，特贾则因欺诈而受到控诉。

塔帕尔将军的运气稍好一些。他被任命为印度驻阿富汗大使，他的委任状是尼赫鲁在1964年去世前最后签署的文件之一。森将军仍任东部军区司令，在这些事件发生后不久，他也辞去了陆军的职务。在克节朗河战役溃败以后，被森将军撤销第4师师长职务的普拉沙德将军，经亲自向总统申诉后，重任师长，在西部军区指挥另一个师。1965年印巴战争期间，他的一些私人文件落到敌人手中，其中有一份是对他被免职一事的抗议书；抗议书中激烈地批评了他的上级和政府，巴基斯坦对此大肆宣扬。结果，普拉沙德很快被调离军队。曾在色拉—邦迪拉溃败中指挥第4师的帕塔尼亚将军在停火后不久就辞职了。达尔维准将于1963年5月被遣返回国。

他同其他被俘印度军官不在一起，是单独监禁的，后来则同其他少校以上的印度军官一同被遣返回国。中国方面向他们解释说，其他印度俘虏经由东北边境特区回国的那条路对军官们来说过于艰苦，所以中国用汽车和飞机，把他们送到昆明，由印度空军派机从昆明把他们接回印度。

达尔维以后两次得到提拔，掌握实权。1965 年印度同巴基斯坦的战争中，他指挥一个旅。看样子达尔维是要升官了。但 1966 年在提升少将时漏掉了他，他就提出辞职，印度军队从而失去了一名杰出的军官。也许堪以告慰的是达尔维以后写了一本关于克节朗河战役及其背景的书，书名《喜马拉雅的失策》[①] 是再恰当不过了。这本书将来可能被认为是军事文献里的一部名著，它概述了他作为一个军官在接到他明知会使他指挥的部队遭到覆灭的命令时所处的困境。

马内克肖将军由第 4 军军长提升为东部军区司令，1969 年又被任命为陆军参谋长。梅农在 1967 年大选前一直作为国大党后排议员留在议会。在 1967 年大选中，孟买选区的国大党组织不再提名梅农为议员候选人。于是，他以独立候选人的身份竞选，结果被击败了。他的竞选对手在大选前夕逝世。梅农又做了一番努力，但再度失败。1969 年，他以独立候选人身份参加西孟加拉的补缺竞选，在当地联合阵线政府的支持下，才当选为人民院议员。

* * * * * *

在印度国内，以及一定程度上在国外，对于中国是否会按它所宣布的那样把军队撤到“麦克马洪线”的后面去，还存在着怀疑。但 11 月 30 日，中国国防部宣布：中国军队即将开始后撤。12 月 1 日中国军队准时后撤。撤退是缓慢的。12 月 5 日，中国人在邦迪拉把一些受伤的战俘交还给印度，

① 这个词印度人听来特别耳熟，因为这是甘地创造的。（《喜马拉雅的失策》英文是“*Himalayan Blunder*”，也有“喜马拉雅山般的、极大极大的错误”之意。——译注）

大概在一星期以后，中国军队才从邦迪拉撤出。中国军队有许多打扫战场的工作要做，在做这些事情时，他们一丝不苟，甚至有些小题大做。他们把印军撤退时遗弃的全部装备尽量完好地归还印军，他们认为这对他们来说是个带原则性和引以为傲的问题。他们把印军的装备收集、叠架、堆积、排列起来，揩净擦亮，并且详细开列清单——轻武器、迫击炮、大炮、卡车、炮弹和弹药、服装以及一支战败军队通常所遗留下的其他辎重。在交还的武器中，有一些美国的自动步枪，这是美国第一批军援。在色拉，印军还没有来得及打开箱子把美式装备分发下去，就被缴获了。在被缴获的武器中，还有一架尚能使用的苏制直升机。

北京通知印度安排接收军用物资的事宜，印度方面指派了若干行政官员办理交接手续。中国一一点交了移交的物资，并拿到了收据。中国并没有公布这桩异乎寻常的交接行动，后来也说过它并不打算公布；中国之所以采取这样的举动，只是为了“进一步表示争取和平解决的诚意”。[22]印度方面虽然按照中国通知正式接收了交还的军用物资，但是他们却感到这件事对他们是分外的耻辱，因此满怀怨恨，并指责中国的举动是个宣传伎俩。这样一来，反倒引起了人们的注意。

印度军队没有紧跟着后撤的中国军队回到东北边境特区。该地区的行政管理由民政官员接手，这批官员于1963年1月21日到了达旺；好几个月之后，第一批印军才回到东北边境特区。停火仍然是非正式的，印度方面小心翼翼，却又秘而不宣地遵守停火。在西段和中段，新德里没有理睬中国所提出的印军应从实际控制线后撤20公里的要求，北京也没有加以催逼。然而在东段，印度人再没有进入塔格拉山脊与地图上标出的“麦克马洪线”之间的地区。“麦克马洪线”以南地区的巡逻任务也交由阿萨姆步枪队负责。印度陆军由于它本身战术上的利害关系同中国的要求不谋而合，所以也就远远退缩到后面去了。

* * * * * *

中国宣布停火以后，印度政府发现，许多亚非国家明显地倾向于认为是北京方面作出了使争论回到会议桌上的真诚努力。新德里觉得外界对它有压力，要它接受中国的停火建议，因而感到非常恼火。11月底，新德里的官方发言人解释说："中国的建议是带有欺骗性的，那些不理解其中全部含义的人，自然会问我们为什么不接受（中国的建议）。"尼赫鲁带有几分气愤地指出，尽管许多事对印度来说是了若指掌，但不结盟国家却总是理解不了。[23]

对阿拉伯联合共和国①总统纳赛尔，印度政府当时是没有任何理由感到不满的。印度发现纳赛尔是"百分之百地"支持他们，并准备替印度打掩护，把印度的意见作为阿联的建议提出。[24]在印度的鼓励下，阿联提出召开亚非国家政府会议的建议，以讨论有关停火和是否可能进行双边谈判的基础问题。锡兰总理班达拉奈克夫人同意在科伦坡召开这次会议。12月10日，锡兰、阿联、柬埔寨、加纳、印尼、缅甸等六个国家的代表团出席了科伦坡会议。有关政府事先已经听取新德里派出的部长级特使仔细说明了印度的最低要求。印度最低要求的实质仍然是要恢复9月8日的位置，换句话说，在西段应当准许印度回到他们在执行前进政策时建立的各个哨所；在东段则回到多拉哨所。

在科伦坡的阿联代表团就按照印度的意见，坚持要全面恢复9月8日的位置。但这是中国显然不能接受的，因此，阿联的意见遭到其他与会国的反对，最后提出了一项妥协方案。关于东段，科伦坡会议国建议以实际控制线（即"麦克马洪线"）作为停火线。这个建议虽无视中国提出的双方部队从实际控制线后撤20公里的规定，却将有争议的特定地区（例如

① 阿拉伯联合共和国是1958年2月1日由埃及和叙利亚合组的泛阿拉伯国家，后北也门也曾加入，1961年叙利亚和北也门先后退出导致其解体，但埃及仍然保留这个国号直到1972年。——译注

塔格拉山脊以下地区）的问题，留待将来双边讨论解决。

然而，科伦坡建议的核心，正如整个争端的核心一样，在于西段。科伦坡会议国建议中国应该按照其停火声明中的建议后撤20公里；而印度方面则不必采取相应的行动，印度部队仍可留驻原地。“在边界争端最后解决以前，中国军事撤退后所空出来的地区将是一个非军事区，由有待商定的双方民政点进行管理，而不损及印中双方过去处在这个地区的权利。”〔25〕科伦坡建议的这一段话表明印度部队可以回到他们执行前进政策时渗入的地区，因此，从新德里的观点来看，这是对印度的一个关键性的让步。但科伦坡建议却有意地将这一点搞得含糊不清（大概也是不顾阿联的反对），因为这也可以解释为印度在西段越过实际控制线（中国主张线）设立民政点必须同中国方面“商定”。

次年1月，当班达拉奈克夫人到新德里提出科伦坡建议时，印度劝说她允许印度消除上述含糊不清之处。结果由班达拉奈克夫人发表了印度外交部起草的对原建议的“澄清”，① 其中关键性的一段是：“西段由于中国军事后撤形成的20公里的非军事区，由中印双方民政点进行管理。这是科伦坡会议的建议实质性的一部分。应由印中两国政府达成协议的是关于检查站的位置、数目及其人员组成等问题。”〔26〕于是，尼赫鲁就通知班达拉奈克夫人，印度原则上接受经过澄清的科伦坡建议。〔27〕与此同时，周恩来也通知班达拉奈克夫人，中国原则上接受科伦坡建议，〔28〕似乎中印双方这次总算取得了一致意见。

但是，周恩来声明他有“两点解释”，事实上是两点保留。按照印度政府所“澄清”的那样，科伦坡建议就是要中国实施其停火声明中大部分规定，而印度则没有采取相应措施的义务。因此，周恩来建议印军在东段也应同在西段一样，留驻原地不动。但按照中国的观点，难题出在他的第

① 班达拉奈克夫人在3月致周恩来信中承认她在新德里所做的“澄清”，是由印度政府起草的。她在信中写道，文件“是由印度政府准备好的……用的是印度政府的语言”。〔29〕

二点“解释”上。周恩来指出，决不能容许印度人员，无论是军队还是民政人员，重新进入印度在执行前进政策时渗入的西段地区。北京认为，如果容许印度这样做，就“等于承认印度在1959年以后直到1962年使用武力侵入这个地区设立43个军事据点是合法的”〔30〕。周恩来主动提出，中国也愿从这个地区撤出所有的军事哨所或民政检查站。周恩来说，不应因为他的“解释”或印度方面的保留而拖延会谈；这些分歧可以在会谈中求得解决。

印度政府却仍然一如既往地反对同中国进行任何形式的直接商谈。尼赫鲁在人民院讲道：“除非我们认为，我们所提出的条件，即恢复9月8日的状态已经得到兑现，否则就不可能举行任何会谈，哪怕是初步的会谈。”〔31〕

局面仍旧同过去一样混乱，一样矛盾重重。中国再次主张早日开始会谈，印度又予以拒绝，甚至对范围有限的官员“会谈”也提出了条件。议会的反对派对尼赫鲁不断施加压力，要求他更加明确地保证，在中国没有从印度的每寸领土上撤走以前，他将不同中国进行任何会谈。尼赫鲁似乎在蔑视那些要求，他不厌其烦地重弹老调，说什么他愿在任何时候同任何人会谈，“即使是在战争中也同敌人会谈”。〔32〕但在这些漂亮的辞藻后面，印度的态度并没有改变；印度正竭力寻求一种办法，既避免同中国人会晤，又不使人觉得它在阻挠科伦坡会议国的努力。北京对科伦坡建议的保留给印度提供了答案。印度获悉这个消息后，马上宣布它“全盘”接受经印度澄清的科伦坡建议，同时宣称，在北京没有全盘接受经印度澄清的科伦坡建议之前，不可能对会谈或讨论采取进一步行动。印度运用巧妙的外交手段，再一次以中国作出实际让步为先决条件从而避免了谈判。阻碍会晤的责任似乎又落到中国的身上。

一般印象总认为印度似乎是千方百计地探索和平解决的渠道，而中国却加以阻挠。在这个时候，尼赫鲁提到把边界争端提交海牙国际法庭的可能性，这样一来就使这种印象更为加强了。不久前，尼赫鲁还断然排除了把主要的边界争端交付判决或仲裁的可能，① 现在，他似乎翻了个筋斗。他告诉人民院说，“当时机到来时，如果议会同意的话，我甚至准备把关于疆界要求的基本争端提交给如海牙国际法庭这样的国际机构来审理”〔33〕。于是，外国报纸就把这说成是印度的一个重要让步，但尼赫鲁过后不久对他的这番话加了注解，这却没有被人注意。提交国际法庭的设想在议会里遭到反对，议员们反对把祖国的一部分领土拿去作为裁决的对象。尼赫鲁立即后退。他解释说，这是一句随口讲出的话，“我说的是如果当时机来到的时候，如果人民院同意的话，如果议会同意的话，我们也许可以做这样设想”。〔34〕尽管他已用种种条件冲淡了他开始提到的交付国际法庭审理的意见，但尼赫鲁在以后给周恩来的信中，依旧引用了这个提议，以此证明他是多么真诚地希望谋求和平解决。〔35〕这一步棋是保险的，因为北京根本不会接受这个意见，也不可能把有关中国主权的问题交付裁决，尤其是交付一个由国民党代表中国的组织去裁决。

到这个时候，事情已经很清楚了：由于在边境战争中失利，印度拒绝通过谈判解决争端的决心更坚定了。1963 年 4 月，周恩来给尼赫鲁的信中，谴责尼赫鲁采取不诚实的做法，指出印度根本无意举行谈判。周恩来说，印度利用科伦坡建议含糊不清的地方，把科伦坡建议解释为符合印度关于恢复 9 月 8 日位置的要求，一方面又企图把科伦坡建议变为裁决，强加在中国身上。至于提交国际法庭，“说穿了无非是为了掩盖印度政府拒绝谈判的事实而已”。周恩来反复申述，中国准备以双方原则上接受的科伦坡建议为基础，立即开始谈判。“如果印度政府由于国内外政策的需要，一时还不准备谈判，中国政府也愿意耐心地等待。”〔36〕

一年以后，尼赫鲁在议会里讲，如果中国军队在西段从边界线的中国

① 但提出愿将引起较小变动的印度领土要求交付仲裁或判决。见第一章有关论述。

一侧20公里地区内全部撤出，他将愿意考虑会谈（暗示印度将放弃坚持在那个地区重新设立哨所的主张）。[37]而周恩来过去提出的正是同样的妥协方案。伯特兰·罗素（Bertrand Russell）的两位代表同尼赫鲁讨论后把这个意见告诉了中国政府，中国并没有拒绝，只是说，如果这是个认真、严肃的建议，应该由印度政府自己提出来。但新德里却立即否认尼赫鲁曾委托罗素的代表转达任何口信，只是说，如中国军队从西部地区撤走，“这种新情况……可能值得考虑”。[38]但是，中国政府这时已决定，除非印度的态度有根本改变的明证，否则，中国同印度进行边界问题的讨论将是徒劳的。北京说，它有充分理由认为：

> 即使在印度要求的先决条件都得到满足的情况下，印度政府也并不准备认真谈判和解决边界问题。印度政府历来的态度是：它根本不承认中印之间存在着边界问题；它武断地认为，它所主张的边界就是中印之间的已定界；它顶多承认双方有一些小的“分歧”。因此，它实际上认为，印度已经占了的中国地方是不容谈判的；印度企图占领的中国地方也是不容谈判的；如果要谈，也只是谈中国的撤出或印度的进入。……在这种情况下，可以想见，即令边界谈判能够举行，又能有什么结果呢？[39]

双方外交文件的往来继续了好几年，新德里继续公布了这些文件。在辩论的技巧上，印度赢得了赞赏；它继续把自己打扮成一个受害者，把中国说成是侵略的和顽固不化的。但地面上的局势已同过去完全不同，事实上，中国压倒一切的胜利已经解决了边界问题。

* * * * * *

随着战火硝烟的消散，大多数关心国际形势的印度人士不得不适应一个令人黯然神伤的新世界。昨天还是永恒不变的真理，今天已证明是虚妄的。那些被看作是支持者和朋友的人既然没有真的支持自己，因而也就再算不得朋友了。印度认为不结盟国家背叛了它，因为这些国家对停止印中战争的问题想得太多，而对中印争端的起因和是非却考虑太少。印度却忘记了正是它自己过去竭力鼓吹要对世界上发生的争吵都采取这种态度。印度对那些不问是非的中立主义者拒绝给予印度所要求的无保留的同情和支持，[40]产生很大的反感。他们对苏联也有几分不满。倒是美国、英国和其他西方国家在印度危急之际挺身而出，谴责了中国，向印度提供了武器和其他方面的援助。

盛行一时的不结盟的热烈气氛，特别是印度装模作样加以渲染的那一套，已发生了深刻的变化。同样，在更广阔的国际范围内，那些使得印度的不结盟显得有意义且在不久前颇受欢迎的各种条件，也发生了变化。冷战已成过去，代之而产生的是美苏之间审慎的和解。美国在亚洲越来越积极地进行活动，反对中国。虽然当时还不能清楚地看出苏联也是朝着这个方向前进，但莫斯科和北京之间严重分裂的端倪已现。印度同中国的不和，适应了正在出现的大国间关系的新格局，使得印度在实际上走向双重结盟，既联美，又联苏，共同反华。苏联并没有因为美国对印度提供大量军事援助而被排斥在外（当尼赫鲁把呼吁美国援助一事通知莫斯科时，苏联人答称他们理解印度的请求和需要）。[41]相反，他们自己也不断增加了对印度的经济和军事援助。1965 年以后，美国中止了军援，莫斯科乃成为印度防务装备的最大供应者。

边境战争的直接后果，看来是印度不加掩饰地向美国靠拢。尼赫鲁仍声称，不结盟依然存在，并未受到损害。但是，据加尔布雷思讲，1963 年 1 月印度外事秘书向他表示，印度政府愿意“同美国在亚洲各地进行政治上和军事上的合作”以遏制中国。[42]印度的提议没有得到什么反应——据加尔布雷思说，美国国务院看来对此采取了审慎的态度——印度的这个提议同 1962 年以前它所持的态度相比较，也许是个 180 度的大转弯，而新德里出现美国军事代表团以及美制 C-130 运输机大队往返拉达克运送美援物资，却公开证实了印度在中印边境失败的打击下，离原来的立场的确已经走得很远。肯尼迪总统接到尼赫鲁请求援助的呼吁后，曾派出艾夫里尔・哈里曼（Averell Harriman）率领的国务院和五角大楼的高级顾问团；此外，还派遣了美国为随时应付地面紧急情况而组成的机动突击部队的司令保罗・亚当斯（Paul Adams）将军来印度访问。哈里曼一行离开华盛顿以前，中国就已宣布了停火。不像派遣到孟加拉湾而又返航的美国航空母舰那样，这个代表团并没有取消此行。哈里曼等人乘改装的喷气式空中加油机经 18 个小时的飞行于 11 月 22 日晚上抵达印度，印度方面立即请他们去会见尼赫鲁。尼赫鲁对哈里曼是很了解的，同他也合得来，因此，他们的会见是老朋友之间的会见。但是，尼赫鲁的态度似乎有些拘谨。代表团成员罗杰・希尔斯曼（Roger Hilsman）后来写道："尼赫鲁写给肯尼迪呼吁援助的信把情况描绘得险恶万分，但当面对面进行谈话时，他似乎又想完全回避谈论这一点。"据希尔斯曼的观察，"尼赫鲁大概感到，在他长期遵循的中立主义政策已成废墟的情况下来接待美国人是很为难的"。[43]

以（时任英国国防大臣）邓肯・桑兹（Duncan Sandys）为首的英国代表团与哈里曼代表团同时来到印度，他们两方为以后三年对印度提供大量军援奠定了基础。不久，肯尼迪和英国首相麦克米伦在拿骚（Nassau）会谈，对此达成了协议。① 美国人的第一件事就是教训印度人不要胃口太大，哈里曼对他们说："美国愿意援助印度，但印度对现代防务的昂贵和复杂性应有现实的理解。"

1963 年更晚些时候，英美远程战斗机开到印度，使用印度空中基地举行了一次联合空中演习。当时人们还不知道尼赫鲁在 1962 年 11 月要求的正是这样一种干涉的方式，因此，政府感到对这种为了迅速建立"空中

① 根据拿骚协议，美英两国平均分摊价值 1 亿到 1.2 亿美元的轻武器、军械和子弹的费用。

保护伞”而进行的演习难以作出解释。他们说举行这次演习只不过是为了训练印度技术人员，否认“(英美政府)承担了在印度一旦遭到攻击时进行任何援助的义务”。[45]他们还强调指出，苏联也正在帮助印度建立国防力量。

尼赫鲁在过去拒绝接受军事援助时曾一再指出，在这方面依赖别国政府，势必削弱印度的独立。尼赫鲁与哈里曼的第一次会见，一定会使他痛切地体会到这个真理。据哈里曼的一位同事讲，哈里曼用极其文雅的方式“暗示印度需要解决克什米尔的争端，并采取同巴基斯坦进行联防的措施”。[46]但是，他这种文雅的手法很快就收起不用了，哈里曼和桑兹一道转而大力利用军援的许诺压印度同巴基斯坦解决争端。这意味着印度起码要让出相当一部分的克什米尔谷地来进行妥协，这是印度根本不会同意的。英美对印度的“不惜任何代价把中国人赶出去”的心情产生了错觉。印度各阶层人士都在说，同巴基斯坦解决争端的时机到了，但是，他们的含意是按照克什米尔的现状来解决。对巴基斯坦来说，这并不是解决争端，倒是拒绝解决争端。但哈里曼和桑兹仍旧不断施加压力(桑兹压得更厉害)，他们抵达印度一周后，新德里宣布尼赫鲁和巴基斯坦总统阿尤布·汗将要会见，以讨论解决克什米尔争端。使桑兹感到沮丧的是，在上述消息宣布后的第二天，尼赫鲁却在议会中向那些焦躁不安的议员再一次保证，他将不考虑任何“足以破坏克什米尔现状”的意见。在他的脑海里，同阿尤布·汗会见，很清楚不是“谈判”，而是“会谈”。印度为了解决问题所准备作出的最大让步——调整停火线——远远没有达到巴基斯坦的最低要求。当这一点已经变得十分明显时，印巴之间的交涉就在进行了一系列毫无成果的、部长级的初步会谈后宣告破裂了。

尽管巴基斯坦多次提出强烈和惊惶的抗议，美国仍继续给予印度军援。1965年，由于巴基斯坦企图以武力使克什米尔摆脱印度的控制，触发了历时三周的印巴战争。这时美国也中断了对印度的军援，印度就转向苏联要求军事援助。与此同时，巴基斯坦从解决它自己的边界问题着手，同北京的关系日趋友好，并开始从中国获得军事装备。

边境战争以后，印度在国际事务中的地位大不如前。毫无疑问，这主要是战争失败的影响：战争无情地暴露了印度的虚弱；同时，尽管印度矢口否认，但看来它已暗中和美国结成同盟，共同反华。因此，它已不再能充当不结盟国家的领导者了。除此之外，从 20 世纪 60 年代开始，印度的国内困难也在日益加剧。边境战争及其后果可能加速了这些困难，但看来还是由于印度政治和经济发展的内在原因促成的。印度经济的困难和政治的虚弱日益加深，就必然削弱其国际地位。

* * * * * *

度过边境战争的印度政府，感到失败的后果也许并不那么严重。国家似出现了前所未有的团结，政府甚至满怀信心地认为这并不是昙花一现，因而停止了过去为促进国家团结而建立委员会的工作。政府解释说，这场战争已为该委员会完成了这项任务。[47]那批神话编造者也很快开始为这次军事失败进行粉饰。在停火一星期后，有一名记者从提斯浦尔发来一份报道说："如果敦刻尔克可以作为英国在敌我力量极为悬殊的情况下英勇作战、坚定不屈的范例载入史册，那么，几千名印军官兵在东北边境特区海拔 1.4 万英尺的色拉地区被包围的情况下有计划地撤出，也必定会被将来的历史学家视为军事史上光辉的一页。"[48]人们大体上都接受了官方对这次溃败所做的解释，把溃败的原因归咎于中国，而不是归咎于印度政府或军方领导。官方暗示说，中国军队之所以能够取胜是由于他们在人数上占压倒性优势，而且往往不顾伤亡进行突然袭击。官方还大肆渲染印军所面临的气候上和后勤供应上的困难，而很少有人追究印军既然没有准备，为什么还让他们在这样不利的情况下同中国军队交战。政府指示陆军对东北边境特区的失败进行调查，但是调查人员亨德森·布鲁克斯（Henderson Brooks）少将和巴加特（P. S. Baghat）准将两人却奉命不要去追究在这次溃败中的个人责任。国防部部长恰范后来在议会里说，调查人员“在任何情况下都不得对那些与这次战役有关或参加了这次战役的人进行政治迫害”。[49]此外，还不准他们向参谋局和陆军总部其他部门的军官进行查问，不准查阅陆军总部的档案。塔帕尔将军拒绝向调查委员会发表意见，但表示愿意在调查报告完成后写上自己的批语——他的继任者认为这是完全不符合制度的。考尔递交了两份很长的声明。陆军总部的一些军官，特别是作战处处长帕利特准将，向新任的陆军参谋长提供了几份报告，但是那些报告没有送给布鲁克斯。就连达尔维准将于1963年5月从中国被遣送回国后所提出的报告，也没送到布鲁克斯手里——当时，调查实际上已经差不多要结束了。

可见，布鲁克斯和他的同僚们并没有掌握全部情况，也未能对文官领导与陆军总部之间一些带关键性的交涉进行调查。然而，上级决定总要影响到下属部队单位，可以在事后产生的影响中去追溯当时上级所做的决定。所以，布鲁克斯的报告中就提到了灾难的根源在于“更高级的作战指挥”，也在于自1961年年中以来，某些高级军官没有能够抵制他们明明知道——或者说应该知道——是不切合军事实际的政策。报告详细回顾了东北边境特区战斗的过程；虽然没有公开指责考尔、森和塔帕尔等人，但还是点明了他们对于溃败所负的责任。这份报告的内容当然只能给尼赫鲁和印度政府的名声带来极大的损害，因此，印度政府就把这份报告当作绝密文件存档了事。恰范说，“我们不应该讲，或者做那些助长敌人气焰，挫伤自己锐气的事情”，所以，他仅就这份报告向议会做了一个声明。[50]声明中很温和地提到，陆军的上级机关对若干本应由前线军官来决定的战术问题进行了某些干预。某些旅以上的指挥官的确存在着某些“缺点”。关于克节朗河到邦迪拉的“一系列挫折”，恰范所做的解释是：“那些战斗是在我们最遥远的边境上，而且在陆军从未到过的高原上进行的。那些地方在地理上对我军完全不利，而对敌人则十分有利。”他用这样的说法来安慰大家："初期的这种挫折是战争发展的常态，关键是谁能赢得最后的战役。"布鲁克斯的报告本身一点也没有粉饰失败，但这份报告经过政府这么一番剪裁，遂被用来粉饰失败，反对派对之也无可奈何。不管东北边境特区的溃败是由于什么样的错误指挥或疏忽所造成，大家都很清楚，国防部和陆军毕竟已换上了新的领导班子，陆军的大规模改组、扩充和重新装备的工作也正在进行。因此，国大党准备既往不咎。看来，除非有朝一日非国大党的政府在新德里上台，否则，布鲁克斯的报告是不会公布的。

尼赫鲁没有作出打算要辞职的姿态。他和他的政府就这样勉强地度过了危机，表面上还同过去一样。要是别的民主国家的内阁遭到这样的灾难，老早就垮台了。从表面看，甚至尼赫鲁个人的地位也没有太大的降低，人们普遍觉得国家仍处于战争状态，这种感觉压住了对领导人的批评。① 但事实上，尼赫鲁过去对议会和国大党在道义上和政治上的主宰地位已一去不复返；这种地位在他一生最后的 18 个月中，也始终没有得到恢复。国大党议会党团执行委员会在它就梅农问题上责难尼赫鲁，迫使梅农辞职，并且对尼赫鲁暗示也想辞职的时候不予理睬，就已形成一个独立的政治力量。从那时起，往日只要尼赫鲁一提到他想暂时下野就能使国大党惊慌失措的那种状况，也永远结束了。

新德里的内部力量对比的变化本来是很自然的，甚至是早就应该发生的。但在尼赫鲁继续担任总理期间，这种变动反而使政府更加犹豫不决、优柔寡断。根据 11 月宣布的紧急状态法令，中央政府对各邦和个人都拥有无上的权力；因此，人们期望政府能以坚强的行政手段指导因边境战争而激发起来的爱国热潮，从而使印度可以从此阔步前进——但是这些希望都落空了。既然并不存在战争，战争的努力很快就冷下来了。在边境战争

---

① 国大党企图用紧急状态压制这类批评。国大党发出的一个通告中提到反对党"正在利用紧急状态向国大党脸上抹黑""甚至连总理也遭到攻击"。它号召应对此采取有力的反措施，并提出"应强调谁批评（尼赫鲁），谁就是卖国贼"。[51]

之前，当尼赫鲁还处于全盛的时候，可以说印度有了一个不愿建立独裁制度的独裁者；但在全国处于紧急状态的时刻，印度有了独裁制度，却又没有一个独裁者。

只有在国防方面，印度政府表现得果断坚决。多年来军费拨款都受到很大限制，但现在印度三军，特别是陆军，几乎要多少就能得到多少。在以后的两年里，印度的国防开支增加了一倍以上。① 陆军成立了六个新的步兵师，编制和武器都按照山区作战的要求，过时的装备换上了新近获得的美英装备。虽然大部分费用出自军事援助项下，但是，国防开支的骤然增加必然会打乱 1961 年开始的第三个五年计划。20 世纪 50 年代后期，印度发展经济已开始感到十分吃力，到 20 世纪 60 年代，就更加一蹶不振。毫无疑问，重整军备并在北部边境发展和维持强大的防卫态势的重担，起码构成了导致国内计划失败的一个主要因素。

军事上的溃败使陆军的政治地位发生了急剧变化，几乎是翻了一个身，文职官员再也不能干涉陆军的内部事务了。从今以后应该乖乖听话的是那批政客，他们不能再像过去那样对军人摆架子、发号施令了。政客们对军人们发动政变的可能感到忧心忡忡。尼赫鲁在 12 月致罗素的信中提到“军人意识在印度的蔓延和军人权力增长的危险”。〔52〕印度政府还拟出了防止军人夺权的方案。比·齐·帕特奈克除负责募集和训练西藏人回国进行游击活动外，又奉命制订应付政变的计划，并由情报局局长马立克充当副手。高级军官受到监视，他们的谈话被窃听。据一名同这些活动有密切关系的人说，甚至对来访的英国参谋总长理查德·赫尔（Sir Richard Hull）将军的谈话也同样进行了窃听。中央后备警察的几个特务营也部署在首都附近。印度政府还制订了一项计划，准备一旦发生政变时，在陆军

① 印度国防开支 1960 年至 1961 年为 28.09 亿卢比，1961 年至 1962 年为 31.25 亿卢比，1962 年至 1963 年为 47.39 亿卢比，1963 年至 1964 年为 81.61 亿卢比。同一时期物价上涨约 8%。（以上数字系根据年度预算。）

还未来得及劫持尼赫鲁之前，把他迅速送到这座古老城市的某个安全地点藏起来。其实，这些恐惧是没有根据的，因为军人们十分安心于进行他们分内的工作，他们对将要进行的重新装备和扩编队伍的巨大任务尤其感到高兴。虽然如此，恐惧仍是实情，而且始终存在，这在 1964 年 5 月 27 日尼赫鲁逝世的那一天充分地表现出来。当天，陆军参谋长乔杜里将军增调了几千军队进入首都，以加强送葬队伍所经过的道路和火葬场的警戒。这就使马立克怀疑政变终于就要发动，政府也加强了监视。在葬礼后，乔杜里中暑躺倒，这才使文官们松了一口气。后来，国防部部长恰范要求乔杜里对那次调动军队作出解释，乔杜里激愤地指出：根据他参加甘地葬礼的经验，他有充分理由认为可能需要增派部队以免人群拥挤、秩序紊乱。像过去一样，这不但是一场虚惊，而且愚蠢可笑。有人说这同马立克对乔杜里的私怨有关，因为乔杜里曾批评情报局对 1962 年战败负有责任；这种说法也许有点道理。[53]

用一般的政治术语来说，作为边境战争的后果，印度政局明显地向右转。但说得更确切一点，印度左翼作为一支全国性的政治力量暴露了它固有的肤浅和软弱性。边界争端加速了印度共产党原有的分化，而边境战争又使分化扩大为公开分裂。当时，控制印共领导机关的右翼分子宣布无条件支持政府的战争努力，并号召要“团结一致地支持”尼赫鲁，要“加强他的地位并执行他的命令”。[54]在危机达到高潮的时刻，印度政府一度不加思考地大批逮捕印共，此后又有分别地释放了其中的一些右翼分子，这个做法更加重了印共的分歧。此后，分歧一步步转化为正式的分裂；而当时北京和莫斯科之间出现的分裂，也为他们提供了意识形态上的分野。由于共产党议员的内部分裂，他们在议会中的影响比以前更为下降。然而在左派领导下的共产党，在喀拉拉邦和西孟加拉邦仍保持着自己的实力。后来进行的选举，证明左派共产党人直言不讳地同情北京，拒绝谴责中国进行侵略，并没有使他们在群众中降低声誉。

非共产党左翼主要是由于梅农的下野而受到所谓削弱，这就使得政府中右派的对手只剩下风烛残年的尼赫鲁，右派所要反驳的也只是这班人过去所做的社会主义诺言。但国大党左翼原来就是徒负盛名的。独立后多年来，有许多社会党人脱离了国大党——这些人成为反对党议员后又再度分裂。尼赫鲁在制定国大党政策中虽然能够掺进一些平均主义的诺言，但在地方各邦中特别有势力的右翼分子，不难破坏这些政策的有效实施。现在尼赫鲁在处理外交政策中给印度带来了灾难，这就使得他在国大党内的政敌和各反对党派得以公开地攻击同尼赫鲁有关联的一系列政策。

右翼的人民同盟，或许能够从边境战争所激起的民族主义情绪以及随之产生的更持久的国耻感中捞到某些好处，但中印争端对印度国内政治力量对比的影响远不是根本性的。它只不过是加速了已在发展中的趋势罢了。

尼赫鲁的个人影响和政治地位一落千丈，这是边境战争一个最显著，也许是最悲惨的后果。梅农在 1962 年后谈到尼赫鲁时说："他垮了，沮丧不堪，因为他耗尽一生精力建立起来的一切，都完蛋了。"〔55〕他身上原来剩下来的那点朝气也消逝了，他的背驼下来了，路也走不稳了。他怨恨中国人伤害了他，认为他们辜负了他和他所努力追求的一切。对尼赫鲁的批评开始公开化了；人们又很起劲地怀着期待的心情谈论着"谁是尼赫鲁的继承人"这样一个老问题，甚至认为即将来临的变化是应该受到欢迎的。

* * * * * *

边境战争以后，在印度很少再听到强迫中国人"撤除侵略"的说法——尽管在 1970 年国大党内的反对派还想迫使印度政府作出这样的承诺。前进政策寿终正寝了。印度陆军在拉达克集结兵力并修筑了通往前沿阵地的公路，但这些活动都是在中国主张线之外进行的，而且是防御性的。军人们懂得，在西段，中国方面在战术上占有压倒性的优势，印军永远不可能向他们发动并持续进行大规模的进攻。只有在别处把中国人打败之后，才有可能把他们赶出阿克赛钦高原。由于中国陆军在数量上占有全面的优势，他们在西藏高原又具备行动上的有利条件，因此，只要中国中央政权不倒，印度就决无希望在北部边境任何地点发动成功的进攻。

中印边境处于休战状态，两国的外交关系不死不活。虽然尼赫鲁受到不少压力，印度并没有同中国断绝外交关系。然而，为了向国内舆论让步，他封闭了中国驻孟买的领事馆，结果使印度也失去了驻拉萨的领事馆——这个损失一定会使英国的寇松勋爵在九泉之下辗转反侧。要过多少年后，印度才可能有人敢于提出同中国修补关系的倡议。1969 年时的总理英迪拉·甘地夫人曾为此进行试探，但马上就遭到议会的批评。看来中国方面也没有兴趣改善同印度的关系。印度仍坚持对阿克赛钦的要求，同样，中国的地图也继续置“麦克马洪线”于不顾，依然把东段同印度的边界标成是沿着布拉马普特拉河谷的边缘。如果印度准备接受的话，也许中国长期以来关于以现状为基础谈判解决边界问题的建议，仍然有效。但是，如果就这样回复到开头的老样子，就等于印度默认自己犯了错误，抛弃那把自己看成是 1962 年中国无端侵略的无辜受害者的牢固执念，这绝不会是容易的。

注解

历史引言　帝国的界限

〔1〕亚历克西斯·克劳斯（Alexis Krausse）所概述的戈尔恰科夫亲王（Prince Gortchakoff）的话，引自迈克尔·爱德华兹（Michael Edwardes）：《欧洲世纪中的亚洲》（*Asia in the European Age*），第180页，伦敦Thames & Hudson出版，1961年。

〔2〕弗雷泽－泰特勒（W. K. Fraser-Tytler）：《阿富汗》，第189页，伦敦O. U. P. 出版，1953年。

〔3〕寇松勋爵：《边境》，1907年罗曼尼斯讲座，第49页，伦敦O. U. P. 出版。

〔4〕詹姆斯·乌特勒姆爵士（Sir James Outram的话，见注〔2〕，第130页。

〔5〕引自贡纳尔·米达尔：《亚洲的戏剧》（*Asian Drama*），第179页，纽约Pantheon出版，1968年。

〔6〕1880年5月21日国务大臣致总督函，见注〔2〕，第153页。

〔7〕见注〔2〕，第188页。

〔8〕奥尔德（C. J. Alder）：《英属印度的北部边境，1865—1895》（*British India's Northern Frontier 1865—1895*），第100页，伦敦Longmans出版，1963年。

〔9〕哈定勋爵的话，引自库希万特·辛格（Khushwant Singh）：《锡克族史》（*A History of the Sikhs*），第2卷第57页注，伦敦O. U. P. 出版，1966年。

〔10〕《皇家艺术学会杂志》（*Journal of the Royal Society of Arts*），第84卷第2页，1935年。

〔11〕见注〔3〕，第39页。

〔12〕扎希鲁丁·艾赫麦德（Zahiruddin Ahmad）：《西藏和拉达克关系史》（*Tibet and Ladakh: A History*），《远东事务》（*Far Eastern Affairs*），第3册，第45页，伦敦Chatto & Windus出版，1963年。

〔13〕A. P. 鲁宾：《国际比较法季刊》（*International Comparative Law Quarterly*）中文章，《中印边境争端》，第102页，1960年1月。

〔14〕见注〔9〕。

〔15〕K. M. 潘尼迦:《克什米尔邦的创建》(*The Founding of the Kashmir State*),第 80 页,伦敦 Allen & Unwin 出版,1953 年。

〔16〕见注〔9〕,第 23 页。

〔17〕见注〔12〕,第 53 页。

〔18〕阿拉斯太尔·蓝姆:《中印边境——边界争议的由来》(*The China-India Border: The Origins of the Disputed Boundaries*),第 69—70 页、第 65 页,皇家国际事务研究所论文(Chatham House Essay),伦敦 O. U. P. 出版,1964 年。

〔19〕1841 年 9 月 4 日克拉克(Clerk)致印度政府信,引自阿拉斯太尔·蓝姆:《英国和中国的中亚细亚——通往拉萨之路》(*Britain and Chinese Central Asia—The Road to Lhasa*),第 67 页,伦敦 Routledge & Kegan Paul 出版,1960 年。

〔20〕克宁汉(Cunningham)的话,见注〔18〕,第 64 页。

〔21〕斯特拉彻(Strachey)的话,见注〔18〕,第 65 页。

〔22〕玛格丽特·费希尔(Margaret W. Fisher)、利奥·罗斯(Leo E. Rose),罗伯特·哈登巴克:《喜马拉雅战场:中印在拉达克的竞争》(*Himalayan Battleground: Sino-Indian Rivalry in Ladakh*),第 62 页,伦敦 Pall Mall 出版,1963 年。

〔23〕同上,第 63 页。

〔24〕1846 年 7 月劳伦斯(H. Lawrence)给万斯·阿格纽(Vans Agnew)的指示,见注〔18〕,第 66 页。

〔25〕1849 年 10 月汤姆逊(Thomson)博士的报告,同上,第 68 页。

〔26〕同上,第 83—84 页。

〔27〕肖(Shaw)的话,同上,第 85 页。

〔28〕海沃德(Hayward)的话,同上。

〔29〕劳伦斯的话,见注〔8〕,第 28 页。

〔30〕同上,第 34 页。

〔31〕见注〔18〕,第 86 页。

〔32〕怀利(Y. W. Wyllie)的话,见注〔8〕,第 97 页。

〔33〕佛昔思(Forsyth)所述,见注〔8〕,第 278 页。

〔34〕同上,第 223 页。

〔35〕索尔兹伯里(Salisbury)给李顿(Lytton)的指示,同上,第 309 页。

〔36〕范·伊克伦(W. F. Van Eekelen):《印度外交政策及印中边境争端》

(*Indian Foreign Policy and the Border Dispute with China*), 第 161 页, 海牙 Martinus Nijhoff 出版, 1964 年。

〔37〕见注〔8〕, 第 287 页。

〔38〕同上, 第 222 页。

〔39〕阿拉斯太尔·蓝姆没有发表的论文《阿克赛钦》。

〔40〕1907 年 7 月 4 日戴恩(Dane)给里奇(Ritchie)的信, 见注〔18〕, 第 101 页。

〔41〕《印度政府官员和中华人民共和国政府官员关于边界问题的报告》(以下简称《报告》), 中国官员报告(以下简写为 CR)第 81 页, 新德里印度政府印, 1961 年。

〔42〕同上。

〔43〕见注〔39〕。

〔44〕见注〔18〕, 第 102 页。

〔45〕见注〔18〕, 第 83 页。

〔46〕见注〔22〕, 第 69 页。

〔47〕同上。

〔48〕1896 年 12 月西北边境情报报告, 引自蓝姆所写《阿克赛钦》。

〔49〕阿尔达备忘录的原文见多萝西·伍德曼:《喜马拉雅边疆》, 第 360—363 页, 伦敦 Barrie & Rockliff 出版, 1969 年。

〔50〕1897 年 12 月 23 日埃尔金致汉密尔顿(Hamilton)函, 同上, 第 364—365 页。

〔51〕1895 年 9 月 25 日埃尔金致汉密尔顿函, 见注〔18〕, 第 99 页。

〔52〕见注〔18〕, 第 180—182 页。

〔53〕1903 年 11 月 3 日萨图(Satow)致兰斯唐函, 见注〔18〕, 第 104 页。

〔54〕安普西尔(Ampthill)致寇松函, 见注〔19〕, 第 307 页。

〔55〕1912 年 9 月哈定致克鲁(Crewe)函, 见注〔18〕, 第 109 页。

〔56〕《中巴"协议"》, 第 2 页(新德里印度政府印), 1963 年。

〔57〕《报告》, CR-81-82 页。

〔58〕见注〔19〕, 第 177 页。

〔59〕同上, 第 155 页。

〔60〕同上, 第 39 页。

〔61〕同上, 第 240 页。

〔62〕见注〔13〕, 第 120 页。

〔63〕同上, 第 117 页;《白皮书:印度政府和中国政府之间交换的照会、备忘录、信件以及签订的协定》(以下简称《白皮书》), I, 第 1—21 页, 新德里印度外交部印。

〔64〕见注〔3〕, 第 140 页。

〔65〕见注〔18〕，第125页。

〔66〕蓝姆：《麦克马洪线：1904—1914年间印度、中国、西藏之间关系的研究》(*The MacMahon Line: A Study in the Relations between India, China & Tibet, 1904 to 1914*)，第315—317页，伦敦Routledge & Kegan Paul出版，1966年。

〔67〕同上。

〔68〕麦肯齐（Mackenzie）的话，见注〔66〕，第318页。

〔69〕詹金斯（Jenkins）的话，同上，第229页。

〔70〕同上，第301页。

〔71〕负责印度事务的国务秘书布罗德里克（Brodrick）的话，同上，第13—14页。

〔72〕同上，第251—257页。

〔73〕1910年10月28日的《晨报》，同上，第195页。

〔74〕罗伯特·里德博士：《毗邻阿萨姆的边境地区的历史》，第217页，西隆阿萨姆邦政府出版局出版，1942年。

〔75〕1912年9月9日《关于中国在密闪密边境的活动的报告》(*Report on Chinese Activity on the Mishmi Border*)，印度事务部政治（机密）司，见注〔49〕，第131页。

〔76〕见注〔66〕，第340页。

〔77〕见注〔74〕，第222页。

〔78〕同上。

〔79〕见注〔66〕，第337—338页。

〔80〕同上，第361页。

〔81〕例如，F. M. 贝利：《没有护照的西藏之行》(*No Passport to Tibet*)，第40—41页，伦敦Hart-Davis出版，1957年。

〔82〕1911年6月29日印度政府致国务大臣函，见注〔74〕，第224页。

〔83〕见注〔75〕。

〔84〕哈定致克鲁函，见注〔18〕，第227页。

〔85〕同上，第228页。

〔86〕1911年9月21日印度政府致国务大臣函，见注〔74〕，第226页。

〔87〕见注〔49〕，第370—381页。

〔88〕1912年6月1日参谋总长的呈文，见注〔74〕，第281页。

〔89〕见注〔66〕，第362页。

〔90〕英国外交部1912年8月备忘录，见注〔49〕，第149页。

〔91〕1913年7月28日摩莱（Morley）在上议院的发言，见注〔66〕，第468页。

〔92〕英国政府致贝尔（Bell）函，见注〔49〕，第186页。

〔93〕见注〔3〕。

〔94〕《皇家艺术学会杂志》，第84卷，第2页及以后几页，1935年。

〔95〕见注〔49〕，第166—167页。

〔96〕见注〔66〕，第505页。

〔97〕见注〔49〕，第176—177页。

〔98〕英外交部，印事务部致贝尔函，F. O. 535/18，1915年9月3日西姆拉，见注〔49〕，第186页。

〔99〕见注〔66〕，第247—257页。

〔100〕同上，第535—536页。

〔101〕查尔斯·贝尔爵士的话，见注〔49〕，第194—195页。

〔102〕见注〔81〕，第277页。

〔103〕以缩小的比例刊载于《印度北部边境地图》（新德里印度政府出版，1960年）和《中印边界问题》（英文增订本，北京外文出版社出版，1962年）。

〔104〕见注〔66〕，第618页；和注〔49〕，第384—385页。

〔105〕见注〔66〕，第548页。

〔106〕同上。

〔107〕见注〔74〕，第296页。

〔108〕尼维耳（Nevill）上尉的话，见注〔74〕，第292页。

〔109〕见注〔74〕，第298页。

〔110〕《皇家艺术学会杂志》第84卷，第2页，1935年。

〔111〕见注〔66〕，第553页。

〔112〕兰莱（Langley）致乔旦（Jordan）函，见注〔49〕，第183页。

〔113〕理查逊：《西藏及其历史》（*Tibet and its History*），第122—123页，伦敦O. U. P. 出版，1962年。

〔114〕同上，第124页。

〔115〕《美国国际法杂志》（*American Journal of International Law*），第61卷，第827页，1967年。

〔116〕见哈佛大学图书馆保存的《艾奇逊条约集》，引自艾迪斯：《印中边界问题》（为哈佛大学国际事务研究中心写的没有发表的论文，1963年），第27页。

〔117〕1928年5月22日外交大臣致印度政府函，《艾奇逊条约集》27，1916，p.3939，Part 1，No. D. 53（a）。

〔118〕1936年4月9日卡罗致华尔顿（Walton）函，PZ 2785/36，见注〔49〕，第200页。

〔119〕1936年9月阿萨姆首席秘书所述，见注〔74〕，第295页。

〔120〕1936年7月8日外交大臣致印度事务部函，见注〔49〕，第200页。

〔121〕政治（对外）司，档案第36集，档号23：R2222/38。

〔122〕同上。

〔123〕《报告》第136页。

〔124〕同上，CR-9页。

〔125〕阿萨姆政府给巴利帕拉地带(Balipura Tract)政务官的指示，见注〔74〕，第295页。

〔126〕同上。

〔127〕同上，第296页。

〔128〕同上。

〔129〕同上。

〔130〕同上。

〔131〕同上。

〔132〕1939年5月4日PZ 2947/1939，政治（对外）司，档案第36集，档号23。

〔133〕见注〔74〕，第296页。

〔134〕富瑞尔－海明道夫（C. von Fürer-Haimendorf）：《喜马拉雅的夷区》(*Himalayan Barbary*)，第xi-xii页，伦敦出版，1955年。

〔135〕《皇家中亚细亚杂志》(*Royal Central Asian Journal*)，1950年，第152页及以下几页。

〔136〕同上，1944年，第165页。

〔137〕见注〔135〕。

〔138〕《报告》CR-105页。

〔139〕同上，CR-106页。

〔140〕《报告》CR-211页。

〔141〕见注〔66〕，第548页。

〔142〕米尔斯的文章，见《皇家中亚细亚杂志》，1950年，第161页。

〔143〕《1943年美国的对外关系·中国》（华盛顿出版，1957年），引自埃德加·斯诺：《大河彼岸》(*The Other Side of the River*)，第589页，伦敦Gollancz出版，1963年。

〔144〕见注〔24〕。

第一章　对撞的方针

〔1〕《人民院辩论》Vol. V，No. 4，cols. 155-6；人民院1950年11月20日。

〔2〕阿诺德·汤因比：《奥克萨斯河与朱木拿河之间》(*Between Oxus and Jumna*)，第190页，伦敦O. U. P.出版，1961年。

〔3〕见《历史引言》注〔5〕，第185页。

〔4〕欧文·拉铁摩尔（Owen Lattimore）：

《中国的亚洲腹地疆界》(*Inner Asian Frontiers of China*)，第236页，波士顿Beacon Press出版，1951年。

〔5〕见注〔3〕，第181页。

〔6〕理查逊：《西藏及其历史》，第173页。

〔7〕李铁铮：《西藏的今昔》(*Tibet—Today and Yesterday*)，第199页，纽约Bookman Associates出版，1960年。

〔8〕见注〔6〕，第176页。

〔9〕同上，第178页。

〔10〕《世界知识》(上海)，引自吉里拉尔·贾恩(Girilal Jain)：《潘查希拉时期与后来：从西藏叛乱看中印关系》(*Panchsheela and After: Sino-Indian Relations in the Context of the Tibetan Insurrection*)，第8页，孟买Asia Publishing House出版，1960年。

〔11〕《报告》CR-8页，见注〔6〕，第176页。

〔12〕见注〔6〕，第174页；尼赫鲁致周恩来函，1959年9月26日。

〔13〕见《历史引言》注〔19〕，第88页及以下几页。

〔14〕原文见《印度报刊文摘》(*Indian Press Digests*)，第1卷，第i-ix页，美国University of California Press出版，1956年。

〔15〕见注〔10〕，第18页。

〔16〕温赖特(M. D. Wainwright)所述，引自他与C. H. 菲利普斯合编的《印度的分治：政策与前途1935—1947》(*The Partition of India: Policies and Perspectives 1935—1947*)，伦敦Allen & Unwin出版，1970年。

〔17〕K. M. 潘尼迦：《出使新旧中国回忆录》(*In Two Chinas: Memoirs of a Diplomat*)，第113页，伦敦Allen & Unwin出版，1955年。

〔18〕《报告》CR-101页。

〔19〕B. M. 考尔中将：《没有讲过的故事》第161—163页，孟买Allied Publishers出版，1967年。

〔20〕例如帕特尔1950年致尼赫鲁函。

〔21〕见注〔3〕，第185页。

〔22〕见注〔1〕。

〔23〕《印度总理关于中印关系的言论》(以下简称《言论》)，Ii，第184—185页，新德里印度政府出版，1961年。

〔24〕同上。

〔25〕未经公布的官方文件。

〔26〕见注〔6〕，第176页。

〔27〕中国照会，1959年12月26日。

〔28〕印度照会，1960年2月12日。

〔29〕同上。

〔30〕斯图尔特·席拉姆（Stuart Schram）：《毛泽东》，第249页，伦敦Penguin Books出版，1966年。

〔31〕范·伊克伦：《印度外交政策》第40页。

〔32〕曼克卡尔抄自备忘录原文。这一段见曼克卡尔：《1962年的罪人》（*Guilty Men of 1962*），第138页，孟买Tulsi Shah Enterprises出版，1968年。

〔33〕A. P. 鲁宾在《美国国际法杂志》的著文，第59卷，第3期，1965年7月。

〔34〕周恩来致尼赫鲁函，1959年12月17日。

〔35〕引自弗朗西斯·沃森（Francis Watson）：《中国的边境》（*The Frontiers of China*），第88页，伦敦Chatto & Windus出版，1966年。

〔36〕见1950年第1版《印度行政图》，在《中印边界问题》一书中翻印。

〔37〕中巴《协定》，第2页。

〔38〕《报告》，第143页。

〔39〕见注〔32〕，第140页；印度照会，1959年11月4日。

〔40〕见注〔32〕，第139页。

〔41〕人民院，1961年2月24日。

〔42〕中国备忘录，1954年7月17日。

〔43〕见注〔6〕，第228页。

〔44〕印度备忘录，1956年9月24日。

〔45〕联邦院，1961年2月20日。

〔46〕见注〔44〕。

〔47〕中国照会，1959年12月26日。

〔48〕《报告》，CR-83页。

〔49〕尼赫鲁致周恩来函，1958年12月14日。

〔50〕《白皮书》，Ⅱ，第52页。

〔51〕见注〔31〕，第204页。

〔52〕德希马克（C. D. Desh-mukh）的话，引自迈克尔·布里彻：《尼赫鲁的政治生涯》（*Nehru: A Political Biography*），第458页，伦敦O. U. P.出版，1959年。

〔53〕赫·马·帕特尔发言，见埃雅尔（S. P. Aiyar）与斯里尼瓦桑（R. Srinivasan）：《印度民主制度的研究》（*Studies in Indian Democracy*），第206页，孟买Allied Publishers出版，1965年。

〔54〕同上。

〔55〕瓦尔特·克罗克：《尼赫鲁：当代人的评价》（*Nehru: A Contemporary's*

Estimate)，第 87 页，伦敦 Allen & Unwin 出版，1966 年。

〔56〕克里希纳·赫西辛格（Krishna Hutheesingh）：《尼赫鲁给妹妹的信》（*Nehru's Letters to his Sister*），第 95 页，伦敦 Faber& Faber 出版，1963 年。

〔57〕见注〔52〕，第 256 页。

〔58〕同上，第 530 页。

〔59〕S. S. 凯拉：《印度的防务问题》（*India's Defence Problems*），第 187 页，孟买 Orient Longman's 出版，1968 年。

〔60〕尼赫鲁致周恩来函，1958 年 12 月 14 日。

〔61〕联邦院，1959 年 9 月 10 日。

〔62〕同上。

〔63〕同上。

〔64〕周恩来致尼赫鲁函，1959 年 9 月 8 日。

〔65〕《白皮书》，I，第 26 页。

〔66〕《白皮书》，I，第 28 页。

〔67〕见注〔1〕。

〔68〕印度备忘录，1958 年 8 月 21 日。

〔69〕《白皮书》，I，第 47 页。

〔70〕《白皮书》，I，第 51 页。

〔71〕周恩来致尼赫鲁函，1959 年 1 月 23 日。

〔72〕《泰晤士报》1959 年 9 月 8 日。

〔73〕见注〔61〕。

〔74〕《白皮书》，I，第 55—57 页。

〔75〕同上，第 67 页。

〔76〕同上，第 70 页。

〔77〕人民院，1953 年 9 月 17 日，引自卡鲁那卡尔·古普塔（Karunakar Gupta）：《印度在世界政治中的作用：过渡时期；从 1956 年苏伊士危机到 1960 年巴黎首脑会议》（*India in World Politics: A Period of Transition; Suez Crisis 1956—Paris Summit 1960*），第 86 页脚注，加尔各答 Scientific Book Agency 出版，1969 年。

〔78〕同上，第 74 页。

〔79〕《白皮书》，I，第 60—62 页。

〔80〕同上，第 63—65 页。

〔81〕乔治·帕特森：《叛乱中的西藏》（*Tibet in Revolt*），第 152—153 页，伦敦 Faber & Faber 出版，1961 年。

〔82〕《1959 年亚洲大事记》（*Asian Recorder 1959*），第 2624—2625 页。

〔83〕见注〔81〕。

〔84〕《白皮书》，I，第 69 页。

〔85〕周恩来总理在新德里记者招待会上答记者问，1960 年 4 月 25 日。

〔86〕引自印度外交部外事秘书杜德对中国驻印度大使潘自力的书面谈话，1959年4月26日。

〔87〕潘自力对杜德的书面谈话，1959年5月16日。

〔88〕达赖喇嘛的声明，引自《西藏问题》(*The Question of Tibet*)，第67页和以后几页，北京外文出版社出版，1959年。

〔89〕见注〔87〕。

〔90〕《白皮书》，I，第78页。

〔91〕人民院，1959年9月12日。

〔92〕《白皮书》，II，第44页。

〔93〕印度照会，1959年9月10日。

〔94〕中国照会，1959年8月27日。

〔95〕《白皮书》，I，第44页。

〔96〕鲍韦特(Bowett)：《国际公法论自卫》(*Self-Defence in International Law*)，引自丘克瓦拉(A. O. Cukwarah)：《国际公法论解决边界争端》(*The Settlement of Boundary Disputes in International Law*)，第7页，伦敦Manchester University Press出版，1967年。

〔97〕周恩来致尼赫鲁函，1959年9月8日。

〔98〕《白皮书》，II，第3页。

〔99〕尼赫鲁致周恩来函，1959年9月26日。

〔100〕《印度时报》，1959年8月30日。

〔101〕同上，1959年8月31日。

〔102〕维格希赛(B. C. Verghese)文，见《印度时报》，1959年11月4日。

〔103〕《白皮书》，II，第6页。

〔104〕见注〔32〕，第140页；尼赫鲁在联邦院发言，1961年11月28日。

〔105〕《印度时报》1959年10月24日。

〔106〕尼拉特·乔杜里：《蛊惑人心的大陆》(*The Continent of Circe*)，第109页，伦敦Chatto & Windus出版，1965年。

〔107〕见注〔3〕。

〔108〕同上。

〔109〕《政治家报》(新德里)，1959年8月30日。

〔110〕《言论》，Ii，第68页。

〔111〕同上，第55页。

〔112〕同上，第66页。

〔113〕同上，第91页。

〔114〕同上，第118—119页。

〔115〕斯特拉彻致劳伦斯函，见《历史引言》注〔18〕。

〔116〕人民院，1959年9月4日。

〔117〕见注〔110〕，第 134 页。

〔118〕人民院，1959 年 9 月 12 日。

〔119〕见注〔110〕，第 99 页。

〔120〕《白皮书》，II，第 42 页。

〔121〕作者当时及以后同戈帕尔的谈话中，发现了他所起的作用。引语已征得戈帕尔本人同意。

〔122〕同上。

〔123〕联邦院，1959 年 9 月 4 日。

〔124〕《言论》，Ii，第 117 页。

〔125〕人民院，1959 年 9 月 12 日。

〔126〕同上，1959 年 9 月 10 日。

〔127〕见注〔77〕，第 163 页。

〔128〕见注〔125〕。

〔129〕同上。

〔130〕见注〔126〕。

〔131〕《白皮书》，II，第 29 页。

〔132〕同上，第 27—33 页。

〔133〕见注〔125〕。

〔134〕《白皮书》，II，第 40 页。

〔135〕人民院，1959 年 11 月 27 日。

〔136〕中国照会，1958 年 7 月 10 日。

〔137〕见注〔82〕，第 2758—2790 页。

〔138〕《白皮书》，I，第 38 页。

〔139〕见注〔125〕。

〔140〕致议会委员会，引自《印度时报》，1959 年 11 月 20 日。

〔141〕尼赫鲁致周恩来函，1959 年 9 月 26 日。

〔142〕《白皮书》，II，第 40 页。

〔143〕同上，第 125 页。

〔144〕同上。

〔145〕《报告》，CR-65 页。

〔146〕印度照会，1961 年 3 月 30 日。

〔147〕《亚洲研究会》(*Association for Asian Studies*)，太平洋沿岸国家区域会议未发表的报告，1967 年 6 月 15 日。

〔148〕见《历史引言》，注〔3〕，第 54 页。

〔149〕人民院，1961 年 12 月 5 日。

〔150〕《白皮书》，II，第 45 页。

〔151〕《白皮书》，II，第 56 页。

〔152〕《印度时报》，1959 年 10 月 8 日。

〔153〕同上，第 19—24 页。

〔154〕《印度时报》，1959 年 10 月 26 日。

〔155〕《泰晤士报》，1959 年 10 月 30 日。

〔156〕见注〔154〕。

〔157〕人民院，1959 年 11 月 25 日。

〔158〕《印度时报》，B. G. 维格希赛文，1959 年 11 月 25 日。

〔159〕《印度时报》，1959 年 11 月 2 日。

〔160〕见注〔77〕，第 164 页。

〔161〕联邦院，1959 年 9 月 10 日。

〔162〕人民院，1959年9月12日。

〔163〕瓦尔特·李普曼：《公众的哲学》(*The Public Philosophy*)，第55页，波士顿 Little, Brown & Co. 出版，1955年。

〔164〕见注〔55〕，第105页。

〔165〕《白皮书》，III，第45—46页。

〔166〕中国外交部声明，1959年10月26日。

〔167〕《白皮书》，II，第45页。

〔168〕同上。

〔169〕《白皮书》，III，第47—51页。

〔170〕《泰晤士报》，1959年11月21日。

〔171〕《印度时报》，1959年11月2日。

〔172〕《人民院辩论》，No. 8，第1711—1712页。

〔173〕《泰晤士报》，1959年11月23日。

〔174〕见注〔158〕。

〔175〕《印度斯坦时报》(*Hindus-tan Times*) 国外版，1959年9月3日。

〔176〕《印度时报》，1959年10月6日。

〔177〕《印度时报》，1959年10月10日。

〔178〕《人民院辩论》，Vol. XXXV，No. 8，col. 1712。

〔179〕《人民院辩论》，Vol. XXXVII，No. 26，col. 6271。

〔180〕同上。

〔181〕根据官方记录。

〔182〕人民院，1962年8月14日。

〔183〕周恩来致尼赫鲁函，1959年12月17日。

〔184〕《白皮书》，III，第58—59页。

〔185〕《印度时报》，1959年9月14日。

〔186〕《印度时报》，1959年10月9日。

〔187〕官方语言委员会 (the Official Languages Commission) 报告，第48页，印度政府，1956年。

〔188〕《言论》，Ii，第246—247页。

〔189〕《泰晤士报》，1959年12月11日。

〔190〕Z. A. 布托《独立的神话》(*The Myth of Independence*)，第49页，伦敦 O. U. P. 出版，1968年。

〔191〕塔斯社，1959年9月9日。

〔192〕人民院，1959年9月12日。

〔193〕《人民日报》，1963年2月27日。

〔194〕中国照会，1959年12月26日。

〔195〕尼赫鲁致周恩来函，1960年2月5日。

〔196〕人民院，1960年2月22日。

〔197〕联邦院，1960年2月12日。

〔198〕《泰晤士报》，1960年2月13日。

〔199〕《白皮书》，III，第83—84页。

〔200〕《印度时报》，1960年2月23日。

〔201〕人民院，1960年2月22日。

〔202〕《人民院辩论》，Vol. XXXVII，No. 7，col. 1184。

〔203〕印度官员当时告诉作者的。

〔204〕《印度时报》，1960年4月6日。

〔205〕《泰晤士报》，1960年4月18日。

〔206〕《华盛顿明星晚报》，1960年4月19日。

〔207〕最高法院报告，1960年，第3卷，250页及以后几页。

〔208〕《白皮书》，III，第85—98页。

〔209〕中国照会，1960年4月3日。

〔210〕印度官员当时告诉作者的。

〔211〕《印度快报》（新德里），1960年4月21日。

〔212〕《印度时报》，1960年4月21日。

〔213〕中国照会，1959年12月26日。

〔214〕《北京周报》1960年5月3日，第20页。

〔215〕《印度教徒报》（马德拉斯），1960年4月27日。

〔216〕《言论》，Ii，第334页。

〔217〕潘迪特·森德拉尔当时告诉作者的。

〔218〕《印度时报》，1960年1月5日。

〔219〕根据当时在场者的复述。

〔220〕《印度时报》，1960年4月24日。

〔221〕周恩来致尼赫鲁函，1959年12月17日。

〔222〕尼赫鲁致周恩来函，1959年11月16日。

〔223〕周恩来总理在新德里记者招待会上的书面谈话，1960年4月25日。

〔224〕人民院，1960年4月26日。

〔225〕见注〔223〕。

〔226〕《言论》，第339页。

〔227〕印度官员当时告诉作者的。

〔228〕见注〔223〕。

〔229〕同上。

〔230〕《印度教徒报》，1960年4月27日。

〔231〕《言论》，Ii，第332—333页。

〔232〕周恩来总理在加德满都记者招待会上答记者问，1960年4月28日。

〔233〕《白皮书》，III，第50页。

〔234〕《言论》，Ii，第330—332页。

〔235〕《人民院辩论》，Vol. XLIII，No. 57，col. 13612。

〔236〕《印度时报》，1960年4月27日。

〔237〕人民院，1960年4月26日。

〔238〕见注〔232〕。

〔239〕《人民院辩论》，Vol. XLIII，No. 57，col. 13798。

〔240〕中国照会，1959 年 12 月 26 日。

〔241〕见注〔232〕。

第二章 前进政策

〔1〕《纽约时报》，1962 年 11 月 11 日。

〔2〕没有发表的论文。

〔3〕人民院，1960 年 4 月 29 日。

〔4〕《印度时报》，1959 年 10 月 11 日。

〔5〕见第一章注〔19〕，第 280 页。

〔6〕同作者的谈话。

〔7〕中国照会，1959 年 12 月 26 日。

〔8〕例如在人民院的讲话，1961 年 12 月 5 日。

〔9〕《言论》，Iii，第 36 页。

〔10〕人民院，1959 年 11 月 25 日。

〔11〕比卡纳（Bikaner）大君的话，《人民院辩论》，Vol. XXXVII，No. 26，col. 6678。

〔12〕同上，col. 6667。

〔13〕人民院，1959 年 11 月 26 日。

〔14〕人民院，1959 年 11 月 27 日。

〔15〕1961 年 12 月 6 日；见注〔9〕，第 62 页。

〔16〕《印度时报》，1961 年 12 月 4 日。

〔17〕联邦院，1959 年 12 月 8 日。

〔18〕《人民院辩论》，Vol. XXV，No. 8，col. 1697。

〔19〕L. J. 卡维克斯《印度对安全的探索：防务政策，1947—1965》（*India's Quest for Security: Defence Policies，1947—1965*），第 19 页，Berkeley，University of California Press 出版，1967 年。

〔20〕同上，第 13 页。

〔21〕同上，第 23 页。

〔22〕《巴基斯坦大事记 1947—1957》（*Chronology of Pakistan，1947—1957*），第 73 页，卡拉奇巴基斯坦政府出版，1958 年。

〔23〕列雅格特·阿里·汗在记者招待会，1951 年 7 月 15 日（正式记录）。

〔24〕J. P. 达尔维准将：《喜马拉雅的失策》，第 36 页，孟买 Thacker & Co. 出版，1969 年。

〔25〕见注〔19〕，第 95 页。

〔26〕见注〔24〕，第 36 页。

〔27〕见注〔19〕，第 84 页。

〔28〕巴尔加瓦（G. S. Bhargava）：《东北边境特区的战斗：不宣而战》（*The Battle of N. E. F. A.: The Undeclared War*），第 104 页，孟买 Allied Publishers 出版，1964 年。

〔29〕威尔斯·汉根:《谁是尼赫鲁的继承人?》(*After Nehru, Who?*),第 56 页,伦敦 Hart-Davis 出版,1963 年。

〔30〕考尔在他所著《没有讲过的故事》一书第 329 页解释了这封信。这一段引自另一出处(见序)。

〔31〕见注〔5〕,第 320—321 页。

〔32〕见注〔19〕,第 146 页。

〔33〕见注〔5〕。

〔34〕同上,第 70 页。

〔35〕同上,第 74 页。

〔36〕见第一章注〔52〕,第 307 页。

〔37〕凯拉:《印度防务问题》,第 220—221 页。

〔38〕见注〔24〕,第 93 页。

〔39〕见注〔5〕,第 191 页。

〔40〕见注〔37〕,第 222 页。

〔41〕见注〔24〕,第 94 页。

〔42〕议员法兰克·安东尼对作者的谈话。

〔43〕《人民院辩论》,Vol. LIV,No. 41,col. 10577。

〔44〕见注〔37〕,第 74 页。

〔45〕见注〔5〕,第 41 页。

〔46〕同上,第 317—318 页。

〔47〕见注〔29〕,第 272 页。

〔48〕同上,第 245 页。

〔49〕见注〔5〕,第 321 页。

〔50〕曼克卡尔:《1962 年的罪人》,第 143 页。

〔51〕同上。

〔52〕巴特尔的话,见《印度三军联合学会杂志》(*The Journal of the United Service Institute of India*),第 84 卷,第 356 期(1954 年 7 月)第 249 页。

〔53〕见注〔24〕,第 86 页。

〔54〕《印度时报》,1947 年 7 月 7 日。

〔55〕制宪议会辩论记录(Constituent Assembly Debates),第 4 卷,第 2722 页。

〔56〕联邦院,1959 年 5 月 4 日。

〔57〕见《白皮书》,IV。

〔58〕中国照会,1960 年 9 月 16 日。

〔59〕《言论》,Iii,第 80 页。

〔60〕周恩来致尼赫鲁函,1959 年 12 月 17 日。

〔61〕《北京周报》,1960 年 2 月 2 日。

〔62〕《北京周报》,1960 年 5 月 3 日。

〔63〕《中印边界问题》,第 7 页。

〔64〕《人民日报》社论,1960 年 2 月 1 日。

〔65〕同上。

〔66〕《白皮书》,V,第 20 页。

〔67〕同上,第 24 页。

〔68〕人民院，1961年2月15日。

〔69〕《白皮书》，V，第26页。

〔70〕《白皮书》，VI，第101页。

〔71〕《白皮书》，VI，第96—105页。

〔72〕《印度教徒报》，1960年4月17日。

〔73〕《黎明报》(Dawn)（卡拉奇），1960年4月20日。

〔74〕《泰晤士报》，1960年4月20日。

〔75〕人民院，1962年5月7日。

〔76〕巴基斯坦的官员们对作者谈的。

〔77〕联邦院，1961年8月22日。

〔78〕印度外交部官员对作者谈的，1961年9月。

〔79〕周恩来总理在加德满都记者招待会，1960年4月28日。

〔80〕人民院，1961年8月16日。

〔81〕见注〔50〕，第145页。

〔82〕同上，第146页。

〔83〕同上。

〔84〕中国照会，1961年8月12日。

〔85〕《言论》，Iii，第2页。

〔86〕印度照会，1961年10月31日。

〔87〕中国照会，1961年11月2日。

〔88〕见注〔85〕，第14—23页。

〔89〕同上，第15页。

〔90〕同上。

〔91〕见注〔85〕，第20页。

〔92〕《人民院辩论》，Vol. 49（19613，col. 1857。

〔93〕人民院，1961年12月5日。

〔94〕中国照会，1961年11月2日。

〔95〕《白皮书》，VI，第8页。

〔96〕中国照会，1961年11月30日。

〔97〕联邦院，1961年2月20日。

〔98〕新德里记者招待会，1961年12月27日（根据正式记录）。

〔99〕见第一章注〔55〕，第120页。

〔100〕《泰晤士报》，1961年12月5日。

〔101〕见注〔5〕，第74页。

〔102〕迈克尔·布里彻：《印度与世界政治：克里希纳·梅农对世界的看法》（*India and World Politics*：*Krishna Menon's View of the World*），第131页，伦敦O. U. P.出版，1968年。

〔103〕见注〔5〕，第300—301页。

〔104〕见注〔102〕，第131页。

〔105〕见注〔99〕，第127页。

〔106〕阿瑟·施勒辛格：《一千天：白宫里的约翰·肯尼迪》（*A Thousand Days*：*John F. Kennedy in the White House*），第460页，伦敦André Deutsch出版，1965年。

〔107〕同上，第458页。

〔108〕《联系》(*Link*)(新德里)，1961年12月24日，第5页。

〔109〕新德里记者招待会，1961年12月28日。据正式记录。

〔110〕《印度教徒报》,1962年2月6日。

〔111〕布托:《独立的神话》，第62页。

〔112〕法兰克·莫拉爱斯(Frank Moraes)的话，见注〔106〕，第460页。

〔113〕努拉尼(A. G. Noorani):《我们的轻信和疏忽》(*Our Credulity and Negligence*)，第73页，孟买Ramday Bhatkal出版，1963年。

〔114〕人民院，1961年12月7日。

〔115〕中国照会，1962年2月26日。

〔116〕中国照会，1962年3月1日及1962年3月22日。

〔117〕印度照会，1962年3月13日及1962年4月30日。

〔118〕中国照会，1961年12月3日。

〔119〕中国照会，1962年5月11日。

〔120〕同上。

〔121〕例如伦敦《每日电讯报》，1962年1月11日,1962年3月25日;《黎明报》1962年1月22日刊登的美联社消息。

〔122〕联邦院，1962年5月3日。

〔123〕人民院，1962年6月20日。

〔124〕中国照会，1962年4月30日。

〔125〕中国照会，1962年7月8日。

〔126〕印度照会，1962年7月10日。

〔127〕同上，据印度外交部的官员当时告诉作者，警告的后一点只是口头提出的。

〔128〕《人民院辩论》，Vol. 49，No. 6，col. 1616。

〔129〕人民院，1962年5月14日。

〔130〕印度照会，1962年5月14日。

〔131〕同上，《言论》，Iii，第94页。

〔132〕中国照会，1962年6月2日。

〔133〕《言论》，Iii，第94页。

〔134〕见注〔131〕。

〔135〕例如《泰晤士报》，1962年7月28日；孟买《闪电》，1962年7月7日。

〔136〕《闪电》，1962年7月7日。

〔137〕罗梅希·塔帕尔(Romesh Thapar)文，载孟买《经济周刊》(*Economic Weekly*)，1962年8月11日。

〔138〕《人民院辩论》(3rd Series)，Vol. 6，No. 6，col. 1505。

〔139〕同上，col. 1530。

〔140〕《白皮书》，VI，第80页。

〔141〕新德里《印度斯坦时报》，1962

年7月18日。

〔142〕《划时代报》1962年8月8日。

〔143〕中国照会，1962年7月22日。

〔144〕印度照会，1962年7月26日。

〔145〕《人民院辩论》，Vol. 6，No. 6，col. 1496。

〔146〕《印度斯坦时报》，1962年8月10日。

〔147〕人民院，1962年8月13日。

〔148〕印度照会，1962年3月13日。

〔149〕《人民日报》社论：《印度当局所谓“和平解决”的真相》，1962年9月7日。

〔150〕中国照会，1962年7月26日。

〔151〕费利克斯·格林：《无知之幕》(*A Curtain of Ignorance*)，第223页，伦敦Cape出版，1965年。

〔152〕见注〔106〕，第454页。

〔153〕同上，第457页。

〔154〕《纽约时报》，1962年6月10日。

〔155〕《人民院辩论》，Vol. 9，col. 2959。

〔156〕例如《欢喜市场报》(*Ananda Bazar Patrika*)，1962年9月14日。

〔157〕人民院，1962年8月13日。

〔158〕《印度教徒报》，1962年8月4日。

〔159〕《言论》，Iii，第102页。

〔160〕印度照会，1962年8月22日。

〔161〕人民院，1962年5月2日。

〔162〕人民院，1962年8月14日；《言论》，Iii，第115—116页。

〔163〕同上，第119页。

〔164〕同上，第121页。

〔165〕同上，第26页。

〔166〕中国照会，1962年1月24日。

〔167〕《人民日报》编辑部：《从中印边境问题再论尼赫鲁的哲学》，1962年11月2日。

〔168〕见注〔50〕，第41页。

〔169〕人民院，1961年12月5日。

〔170〕人民院，1962年8月14日。

〔171〕中国照会，1962年9月13日。

〔172〕盖伊·温特(Guy Wint)文，载伦敦《观察家报》，1962年5月27日。

〔173〕伊利·艾贝尔(Elie Abel)著《十月的导弹》(*The Missiles of October*)，第42—43页，伦敦MacGibbon & Kee出版，1966年。

第三章　北京的观点

〔1〕《世界知识》，第 14 期：《尼赫鲁与英美帝国主义》，1949 年 9 月 16 日。

〔2〕《人民日报》编辑部文章：《西藏的革命和尼赫鲁的哲学》，1959 年 5 月 6 日。

〔3〕《人民日报》观察家文章：《拒绝谈判的是尼赫鲁，下令要打的也是尼赫鲁》，1962 年 10 月 20 日。

〔4〕见第一章注〔52〕，第 276 页。

〔5〕毛泽东主席致印共总书记贺电，1949 年 11 月 19 日。

〔6〕《观察家》（上海）文章，1950 年 4 月 11 日。

〔7〕《印度季刊》，1953 年 10—12 月马克・费厄（Mark Feer）文章。

〔8〕《人民日报》文章：《尼赫鲁政府辩不掉吞并西藏的阴谋》，1949 年 9 月 7 日。

〔9〕见注〔1〕。

〔10〕见第二章注〔102〕，第 136 页。

〔11〕见第一章注〔17〕，第 110 页。

〔12〕记者们写给作者的报道。

〔13〕威尔逊（Wilson）：《人类的四分之一》（*A Quarter of Mankind*），第 266 页，伦敦 Weidenfeld & Nicolson 出版，1966 年。

〔14〕见注〔11〕，第 26—27 页。

〔15〕见注〔4〕，第 109 页。

〔16〕见注〔4〕，第 588 页。

〔17〕见《历史引言》，注〔143〕，第 74 页。

〔18〕见注〔2〕。

〔19〕《人民日报》编辑部文章：《从中印边界问题再论尼赫鲁的哲学》，1962 年 11 月 2 日。

〔20〕同上。

〔21〕《言论》，Ii，第 37 页。

〔22〕蒂博尔・门德（Tibor Mende）：《中国及其阴影》（*China and her Shadow*），第 114 页，伦敦 Thames & Hudson 出版，1961 年。

〔23〕见第一章注〔85〕。

〔24〕《北京周报》，1959 年 5 月 12 日。

〔25〕见注〔2〕。

〔26〕同上。

〔27〕周恩来总理致亚非国家领导人的信，1962 年 11 月 15 日。

〔28〕中国外交部新闻司发言人谈话，1962 年 4 月 13 日。

〔29〕安娜・路易斯・斯特朗在《中国建设》杂志上的文章，1960 年 3 月。

〔30〕《北京周报》社论：《边境问题的

症结》。

〔31〕中国照会，1962年5月11日。

〔32〕陈毅在人大常委会扩大会议上讲话，1959年9月13日。

〔33〕人民院，1962年5月2日。

〔34〕周恩来总理在人大常委会扩大会议上讲话，1959年9月11日。

〔35〕同上。

〔36〕邓小平在1960年莫斯科会议上的讲话，引自爱德华·克兰克肖（Edward Crankshaw）：《莫斯科同北京间的新冷战》（*The New Cold War: Moscow v. Pekin*），第126—127页，伦敦Penguin Books出版，1963年。

〔37〕见注〔19〕。

〔38〕《人民日报》社论：《我们的期待》，1959年9月16日。

〔39〕克鲁克：《尼赫鲁》，第107页。

〔40〕见第二章注〔79〕。

〔41〕《北京周报》社论：《中印边境问题》，1962年8月17日。

〔42〕见注〔19〕。

〔43〕《美国新闻与世界报道》，1961年5月29日。

〔44〕见注〔19〕。

〔45〕《红旗》1963年第6期文章：《尼赫鲁标榜的社会主义是什么货色？》。

〔46〕同上。

〔47〕同上。

〔48〕《印度报刊文摘》，第2期，University of California Press，Berkeley，1956年7月。

〔49〕《红旗》，1963年第6期文章：《关于资产阶级国有化》。

〔50〕见注〔45〕。

〔51〕见注〔47〕。

〔52〕见注〔19〕。

〔53〕同上。

〔54〕《人民日报》文章：《巴基斯坦政府应该自重》，1959年7月23日。

〔55〕同上。

〔56〕同上。

〔57〕见注〔2〕。

〔58〕中国照会，1962年3月22日。

〔59〕《人民日报》编辑部文章：《苏共领导联印反华的真相》，1963年11月2日。

〔60〕尼赫鲁在人民院讲话，1959年9月12日。

〔61〕周恩来致尼赫鲁函，1959年9月8日。

〔62〕见注〔59〕。

〔63〕见注〔60〕。

〔64〕《分歧从何而来？——答多列士同志》，1963年2月27日。

〔65〕见注〔59〕。

〔66〕《纽约时报》，引自唐纳德·柴戈里亚（Donald S. Zagoria）：《1956—1961中苏冲突》（*The Sino-Soviet Conflict 1956—1961*），第280页，普林斯顿Princeton University Press出版，1961年。

〔67〕见注〔36〕，第88页。

〔68〕见注〔59〕。

〔69〕见注〔66〕，第283页。

〔70〕见注〔36〕，第108页。

〔71〕真理报文章，1963年9月19日。

〔72〕但尼斯·J.杜林（Dennis J. Doolin）：《中苏冲突中的领土要求》（*Territorial Claims in the Sino-Soviet Conflict*），第71页，斯坦福The Hoover Institution出版，1965年。

〔73〕同上，第14页。

〔74〕《列宁全集》，第33卷第395页，北京，人民出版社，1957年。

〔75〕见注〔72〕，第14页。

〔76〕中共致苏共信，1964年2月29日。

〔77〕中国政府声明，1969年5月24日。

〔78〕见第二章注〔77〕。

〔79〕苏联政府声明，1969年6月13日。

〔80〕见注〔77〕。

〔81〕印度照会，1960年2月12日。

〔82〕见注〔72〕，第51页。

〔83〕见注〔36〕，第126—127页。

〔84〕见注〔59〕。

〔85〕《红旗》，1964年第21—22期社论：《赫鲁晓夫是怎样下台的？》。

〔86〕《白皮书》，VI，第3页。

〔87〕《北京周报》文章：《中印边境局势恶化》，1962年7月20日。

〔88〕中国照会，1961年11月2日。

〔89〕《人民日报》观察家评论：《印度当局不要打错算盘》，1962年7月21日。

〔90〕见注〔59〕。

〔91〕中国照会，1959年12月26日。

〔92〕《红旗》1960年第19期社论：《在战略上藐视敌人在战术上重视敌人》，第15页。

〔93〕中国照会，1962年9月13日。

第四章　边境战争

〔1〕见第三章注〔59〕。

〔2〕艾尔弗雷德·瓦格兹（Alfred Vagts）：《军国主义的历史》（*The*

History of Militarism)，第33页，伦敦Allen & Unwin出版，1938年。

〔3〕1959年11月7日周恩来致尼赫鲁函，和1959年11月16日尼赫鲁致周恩来函。

〔4〕达尔维：《喜马拉雅的失策》，第71页。

〔5〕见第一章注〔19〕，第318页。

〔6〕人民院，1959年8月28日。

〔7〕印度照会，1959年8月11日。

〔8〕中国照会，1959年9月1日。

〔9〕印度照会，1959年9月10日。

〔10〕《报告》，第12—13页。

〔11〕例如《白皮书》，VIII，第41页。

〔12〕见注〔4〕，第134页。

〔13〕同上，第217页。

〔14〕同上。

〔15〕中国照会，1962年9月16日。

〔16〕印度照会，1962年8月22日及8月25日；《人民日报》，1962年10月20日。

〔17〕中国照会，1962年10月6日。

〔18〕中国照会，1961年11月2日；印度照会，1962年10月16日。

〔19〕见注〔77〕。

〔20〕见第一章注〔59〕，第204页。

〔21〕见注〔4〕，第211页。

〔22〕同上，第214页。

〔23〕同上，第208页。

〔24〕同上，第193页。

〔25〕同上，第196页。

〔26〕《纽约时报》，1962年9月16日。

〔27〕《印度教徒报》，1962年9月25日。

〔28〕《泰晤士报》，1962年9月17日。

〔29〕引自关于这些事件的一份未发表的印度陆军报告。

〔30〕见注〔4〕，第51页。

〔31〕同上，第232页。

〔32〕《印度时报》，1962年9月27日。

〔33〕见注〔4〕，第222页。

〔34〕《印度季刊》，1967年4—6月号，第102页；摘引北京电台1962年11月9日的广播。

〔35〕中国照会和印度照会，1962年9月21日，见注〔4〕，第219页。

〔36〕中国照会，1962年9月21日。

〔37〕《人民日报》社论：《是可忍，孰不可忍！》，1962年9月22日。

〔38〕印度照会，1962年9月25日。

〔39〕在加尔各答对作者的谈话，1967年5月。

〔40〕见注〔5〕，第353页。

〔41〕同上，第 365 页；塔帕尔将军 1967 年在喀布尔对作者证实过。

〔42〕见注〔5〕，第 365 页。

〔43〕联邦院，1962 年 8 月 22 日。

〔44〕印度照会，1962 年 8 月 22 日。

〔45〕中国照会，1962 年 9 月 13 日。

〔46〕印度照会，1962 年 9 月 19 日。

〔47〕中国照会，1962 年 10 月 3 日。

〔48〕印度照会，1962 年 10 月 6 日。

〔49〕中国照会，1962 年 11 月 6 日。

〔50〕印度照会，1962 年 10 月 16 日。

〔51〕《印度教徒报》，1962 年 10 月 2 日。

〔52〕《印度时报》《政治家报》。

〔53〕见注〔5〕，第 370 页。

〔54〕见注〔4〕，第 261 页。

〔55〕同上，第 271 页。

〔56〕同上，第 308 页。

〔57〕同上，第 284 页。

〔58〕同上。

〔59〕见注〔5〕，第 376 页。

〔60〕见注〔4〕，第 285 页。

〔61〕同上，第 288 页。

〔62〕同上，第 88 页。

〔63〕对笔者谈的，1967 年 5 月。

〔64〕见注〔5〕，第 380—381 页。

〔65〕见注〔4〕，第 292 页。

〔66〕见注〔5〕，第 383—384 页。

〔67〕中国照会，1962 年 10 月 11 日。

〔68〕见注〔4〕，第 301 页。

〔69〕见注〔5〕，第 385 页。

〔70〕见注〔20〕，第 225 页。

〔71〕见注〔5〕，第 386 页。

〔72〕见第二章注〔19〕，第 185 页；《人民院辩论》，Vol，13，col. 1331，1962 年。

〔73〕人民院，1962 年 11 月 8 日。

〔74〕《政治家报》，1962 年 10 月 13 日。

〔75〕《泰晤士报》，1962 年 10 月 13 日。

〔76〕《人民院辩论》Vol. 19，col. 2213。

〔77〕见第二章注〔28〕，第 83 页。

〔78〕伦纳德·莫斯利（Leonard Mosley）：《英印统治的末期》（*The Last Days of the British Raj*），第 27 页，伦敦 Weidenfeld & Nicolson 出版，1961 年。

〔79〕《泰晤士报》，1962 年 10 月 8 日。

〔80〕见注〔4〕，第 210 页。

〔81〕见第二章注〔151〕，第 233 页。

〔82〕《人民日报》社论：《尼赫鲁先生，是悬崖勒马的时候了！》，1962 年 10 月 14 日。

〔83〕见第三章注〔59〕。

〔84〕中国照会，1962 年 7 月 16 日。

〔85〕中国照会，1959 年 12 月 26 日。

〔86〕罗兰（J. Rowland）:《中印关系史》(*A History of Sino-Indian-Relations*)，第183—184页，美国普林斯顿Van Nostrand出版，1967年。

〔87〕中国照会，1962年5月11日。

〔88〕人民院，1961年12月7日。

〔89〕中国照会，1962年9月16日。

〔90〕联邦院，1962年11月9日。

〔91〕《印度时报》，1962年10月15日。

〔92〕见注〔4〕，第315页。

〔93〕同上，第330页。

〔94〕同上，第326页。

〔95〕见注〔5〕，第390页。

〔96〕同上。

〔97〕见注〔4〕，第327页。

〔98〕同上，第264页。

〔99〕同上，第366页。

〔100〕路透社重要电讯合订本，1962年10月19日。

〔101〕《闪电》，1962年10月19日。

〔102〕《泰晤士报》，1962年10月21日。

〔103〕《政治家报》，1962年10月21日。

〔104〕《印度斯坦时报》。

〔105〕《政治家报》，1962年10月22日。

〔106〕同上，1962年10月25日。

〔107〕《印度时报》，1960年4月4日。

〔108〕《印度教徒报》，1962年11月2日。

〔109〕奥特林罕（Altringham）勋爵的话，见伦敦《卫报》。

〔110〕加尔布雷思:《大使记事》。

〔111〕《政治家报》，1962年10月29日。

〔112〕《印度教徒报》，1962年11月4日。

〔113〕伦敦《观察家报》，1962年11月11日。

〔114〕人民院，1962年11月8日。

〔115〕联邦院，1962年11月9日。

〔116〕库尔迪普·内雅:《两线之间》，第152页。

〔117〕尼赫鲁致赫鲁晓夫函，见注〔116〕，第151页。

〔118〕《印度教徒报》，1962年10月29日。

〔119〕见注〔116〕，第180页；见注〔110〕。

〔120〕见第三章注〔59〕。

〔121〕《印度教徒报》，1962年11月1日。

〔122〕中国照会，1962年10月20日。

〔123〕周恩来致尼赫鲁函，1962年11月4日。

〔124〕见第三章注〔27〕。

〔125〕周恩来致尼赫鲁函，1962年10月24日。

〔126〕同上。

〔127〕《人民日报》社论：《公平合理的建议》，1962 年 10 月 27 日。

〔128〕印度政府声明，1962 年 10 月 24 日。

〔129〕尼赫鲁致周恩来函，1962 年 10 月 27 日。

〔130〕《政治家报》，1962 年 10 月 29 日。

〔131〕周恩来致尼赫鲁函，1962 年 11 月 4 日。

〔132〕尼赫鲁致周恩来函，1962 年 11 月 14 日。

〔133〕引自《观察家报》丹尼斯·布拉德沃思（Dennis Bloodworth）文，1962 年 12 月 2 日。

〔134〕《言论》，Iii，第 118—119 页。

〔135〕见第三章注〔27〕。

〔136〕《人民日报》，观察家：《“不结盟”的外衣脱落下来了》，1962 年 11 月 11 日。

〔137〕伦敦《星期日泰晤士报》，马库塞（J. Marcuse）文，1962 年 11 月 4 日。

〔138〕见注〔124〕。

〔139〕《真理报》，1962 年 11 月 5 日。

〔140〕人民院，1962 年 11 月 8 日。

〔141〕伦敦《潮流》（*Current*）杂志，1962 年 12 月号。

〔142〕见注〔140〕。

〔143〕见第一章注〔106〕，第 110 页。

〔144〕1962 年 11 月 8 日决议。

〔145〕《人民院辩论》，Vol. IX，No. 6，col. 1645。

〔146〕《人民院辩论》，Vol. IX，No. 2，col. 386。

〔147〕联邦院，1962 年 11 月 9 日。

〔148〕见注〔143〕，第 98 页。

〔149〕人民院，1962 年 11 月 8 日。

〔150〕见注〔143〕，第 107 页。

〔151〕白英：《圣雄甘地的一生》（*The Life and Death of Mahatma Gandhi*），第 328 页，伦敦 Bodley Head 出版，1969 年。

〔152〕《星期日泰晤士报》，马库塞文，1962 年 11 月 6 日。

〔153〕《印度教徒报》，1962 年 10 月 31 日。

〔154〕见注〔143〕，第 144 页。

〔155〕《政治家报》，1962 年 10 月 31 日。

〔156〕人民院，1962 年 11 月 8 日。

〔157〕同上。

〔158〕联邦院，1962 年 8 月 22 日。

〔159〕巴黎《世界报》，1968 年 4 月 6 日。

〔160〕法兰克·安东尼在人民院所说，1962 年 11 月 8 日。

〔161〕人民院，1962 年 11 月 8 日。

〔162〕新德里《印度快报》，1962 年 11 月 7 日。

〔163〕《华盛顿邮报》,1963年3月30日。

〔164〕伦敦《潮流》杂志，1962年12月号。

〔165〕《人民院辩论》，Vol. IX，No. 2，col. 395。

〔166〕《政治家报》1962年10月30日。

〔167〕埃林（P. S. Ehring，尼赫鲁总理的私人秘书）在人民院所说。

〔168〕《政治家报》,1962年11月13日。

〔169〕同上。

〔170〕1967年6月在加尔各答对笔者谈的，1967年1月18日加尔各答《印度斯坦旗帜报》（*Hindustan Standard*）上他化名写的文章《应当责怪谁？》（*Who was to Blame*？）。

〔171〕人民院，1962年11月8日。

〔172〕见第二章注〔29〕。

〔173〕1967年6月帕塔尼亚少将对作者谈的。

〔174〕当时的记录。

〔175〕《纽约时报》,1959年10月31日。

〔176〕《人民院辩论》,1962年11月14日，No. 6，col. 1651。

〔177〕1967年11月《政治家报》增刊：《不祥的十一月》（*Black November*）。

〔178〕见注〔5〕，第408页。

〔179〕见第一章注〔59〕。

〔180〕见注〔5〕，第408页。

〔181〕见《历史引言》，注〔81〕，第231页。

〔182〕见注〔110〕，第487页。

〔183〕《泰晤士报》，华盛顿讯，1964年12月5日。

〔184〕苏迪尔·高希：《甘地的使者》（*Gandhi's Emissary*），第12章，加尔各答Rupa & Cox出版，1967年。

〔185〕见第二章注〔102〕，第172—173页。

〔186〕见注〔116〕，第179页。

〔187〕《观察家报》，罗尔·诺克斯（Rawle Knox）文，1962年10月25日。

〔188〕同上。

〔189〕见注〔116〕，第191页。

〔190〕接近印度总统的人士当时对笔者谈的。

〔191〕见注〔185〕，第177页。

〔192〕见注〔116〕，第172页。

第五章　停火以后

〔1〕见第二章注〔102〕，第168页。

〔2〕《毛主席语录》（英文本）,95—96页，

北京出版，1968 年。

〔3〕周恩来致尼赫鲁函，1962 年 11 月 28 日。

〔4〕中国政府声明,1962 年 11 月 21 日。

〔5〕见第三章注〔59〕。

〔6〕《泰晤士报》社论，1962 年 11 月 22 日。

〔7〕《星期日泰晤士报》，1966 年 6 月 12 日。

〔8〕《言论》，Iii，第 196 页。

〔9〕《泰晤士报》，1962 年 11 月 22 日。

〔10〕《印度教徒报》,1962 年 11 月 23 日。

〔11〕中国备忘录 1962 年 11 月 26 日。

〔12〕中国备忘录 1962 年 11 月 25 日。

〔13〕中国备忘录 1962 年 12 月 8 日。

〔14〕印度备忘录 1962 年 11 月 30 日。

〔15〕周恩来致尼赫鲁函，1962 年 11 月 28 日。

〔16〕尼赫鲁致周恩来函，1962 年 12 月 1 日。

〔17〕锡兰总理班达拉奈克夫人 1963 年 3 月 7 日致周恩来总理函，印度自由党的马萨尼在 1964 年年初发表了该信的全文。印度报纸刊登过该信的摘要，但看来它的全文只见于 1964 年 2 月 11 日孟买的新闻通讯《舆论》（*Opinion*）。

〔18〕维克多·佐尔扎（Victor Zorza）在《卫报》上的文章。

〔19〕法兰克·安东尼在人民院的发言，1962 年 12 月 10 日。

〔20〕见第四章注〔10〕。

〔21〕见第一章注〔18〕，第 452 页。

〔22〕中国外交部发言人谈话，1963 年 1 月 16 日。

〔23〕见第二章注〔113〕，第 111 页。

〔24〕见第四章注〔116〕，第 185 页。

〔25〕《白皮书》，IX，第 185 页。

〔26〕同上，第 186 页。

〔27〕同上。

〔28〕周恩来总理给锡兰总理班达拉奈克夫人的复信，1963 年 1 月 19 日。

〔29〕见注〔17〕。

〔30〕《人民日报》社论：《欢迎科伦坡会议推动中印直接谈判的努力》，1963 年 1 月 28 日。

〔31〕《人民院辩论》，Vol. XII，No. 29，col. 5996。

〔32〕《泰晤士报》，1962 年 12 月 8 日。

〔33〕《人民院辩论》，Vol. XI，col. 5092。

〔34〕同上，col. 5215。

〔35〕《白皮书》，IX，第 6 页。

〔36〕同上，第10—13页。

〔37〕《泰晤士报》，1964年4月13日。

〔38〕《白皮书》，X，第3—6页。

〔39〕中国照会，1963年10月9日。

〔40〕《泰晤士报》，1962年12月31日。

〔41〕罗杰·希尔斯曼：《约翰·肯尼迪政府外交政策中的权术：推动一个国家》（*To Move a Nation: The Politics of Foreign Policy in the Administration of John F. Kennedy*），第331页，纽约Doubleday出版，1967年。

〔42〕见第四章注〔110〕，第525—526页。

〔43〕见注〔41〕，331页。

〔44〕同上。

〔45〕《泰晤士报》，1963年7月23日。

〔46〕见注〔41〕，第331页。

〔47〕《政治家报周刊》上纳拉扬文章，1968年6月22日。

〔48〕《政治家报》，1962年11月28日。

〔49〕人民院，1963年9月29日。

〔50〕人民院，1963年9月29日。

〔51〕见第一章注〔53〕，第39页。

〔52〕伯特兰·罗素：《自传》，第3卷，第152页，伦敦Allen & Unwin出版，1969年。

〔53〕见第二章注〔102〕，第87页。

〔54〕《人民日报》社论：《修正主义者的一面镜子》，1963年3月9日。

〔55〕见第二章注〔102〕，第7页。

参考书目

官方出版物

Atlas of the Northern Frontier of India（Govt. of India, New Delhi, 1960）.

Chronology of Pakistan, 1947—1957（Govt. of Pakistan, Karachi, 1958）.

Notes, Memoranda and Letters Exchanged and Agreements Signed Between the Governments of India and China; *White Paper*（Ministry of External Affairs, Govt. of India, New Delhi, 1959—1963）.

Prime Minister on Sino-Indian Relations（Govt. of India, New Delhi, 1961, 1963）.

The Question of Tibet（Foreign Languages Press, Peking, 1959）.

Report of the Officials of the Governments of India and the People's Republic of China on the Boundary Question（Govt. of India, New Delhi, 1961）.

The Sino-Indian Boundary Question. Enlarged edition（Foreign Languages Press, Peking, 1962）.

一般著作

Abel, Elie, *The Missiles of October*（MacGibbon & Kee, London, 1966）.

Alder, G. J. , *British India's Northern Frontier, 1865—1895*（Longmans, London, 1963）.

Aiyer, S. P. and S. Srinivasan, eds., *Studies in Indian Democracy*（Allied Publishers, Bombay, 1965）.

Bailey, F. M. , *No Passport to Tibet*（Hart-Davis, London, 1957）.

Bhargava, G. S., *The Battle of NEFA:The Undeclared War*（Allied Publishers, Bombay, 1964）.

Bhutto, Z. A. , *The Myth of Independence* (O. U. P., London, 1968) .

Brecher, Michael, *Nehru: A Political Biography* (O. U. P. , London, 1959) .

Brecher, Michael, *India and World Politics : Krishna Menon's View of the World* (O. U. P. , London, 1968) .

Chaudhuri, Nirad, *The Continent of Circe* (Chatto & Windus, London, 1965) .

Crankshaw, Edward, *The New Cold War : Moscow v. Pekin* (Penguin Books, London, 1963) .

Crocker, Walter, *A Contemporary's Estimate* (Allen & Unwin. London, 1966) .

Cukwarah, A. O., *The Settlement of Boundary Disputes in International Affairs* (Manchester University Press, London, 1967) .

Curzon, Lord, *Frontiers*(O. U. P., Oxford, 1908) .

Dalvi, Brigadier J. S., *Himalayan Blunder : The Curtain-Raiser to the Sino-Indian War of 1962* (Thacker & Co., Bombay, 1969) .

Doolin, Dennis J., *Territorial Claims in the Sino-Soviel Conflict: Documents and Analysis* (The Hoover Institution on War, Revolution and Peace, Stanford University, 1965) .

Edwardes, Michael, *Asia in the European Age* (Thames & Hudson, London, 1961) .

Fisher, Margaret, Leo Rose, Robert A. Huttenback, *Himalayan Battleground : Sino-Indian Rivalry in Ladakh* (Pall Mall Press, London, 1963) .

Fraser-Tytler, W. K., *Afghanistan: A Study of Political Developments in Central and Southern Asia* (O. U. P., London, 1953) .

Galbraith, John Kenneth, *Ambassador's Journal*: *A Personal Account of the Kennedy Years*(Hamish Hamilton, London, 1969) .

Ghosh, Sudhir, *Gandhi's*

Emissary (RuPa & Co., Calcutta, 1967).

Gittings, John, *Survey of the Sino-Soviet Dispute 1963—1967* (O. U. P., London, 1968).

Greene, Felix, *A Curtain of Ignorance* (CaPe, London, 1965).

Gupta, Karunakar, *India in World Politics : A Period of Transition*: *Suez Crisis 1956 — Paris Summit 1960* (Scientific Book Agency, Calcutta, 1969).

Hangen, Welles, *After Nehru, Who* ? (Hart-Davis, London, 1963).

Hilsman, Roger, *To Move a Nation : The Politics of Foreign Policy in the Administration of John F. Kennedy* (Doubleday, New York, 1967).

Hutheesingh, Krishna, Nehru' s Letters to his Sister (Faber & Faber, London, 1963).

Jain, Girilal, *Panchsheela and After : Sino-Indian Relations in the Context of the Tibetan Insurrection* (Asia Publishing House, Bombay, 1960).

Kaul, Lt. -Cen. B. M., *The Untold Story* (Allied Publishers, Bombay, 1967).

Kavics, Lorne J., *India's Quest for Security : Defence Policies 1957—1965* (University of California Press, Berkeley, 1967).

Khera, S. S., *India's Defence Problems* (Orient Longmans, Bombay, 1968).

Khushwant Singh, *A History of the Sikhs*, Vol. 2 (O. U. P. , London, 1966).

Lamb, Alastair, *Britain and Chinese Central Asia : The Road to Lhasa, 1767—1905* (Routledge & Kegan Paul, London, 1960).

Lamb, Alastair, *The China-India Border : The Origins of the Disputed Boudaries*(Chatham House Essay: O. U. P., London, 1964).

Lamb, Alastair, *The McMahon Line : A Study in the Relations Between India, China and Tibet 1904 to 1914* (Routledge & Kegan Paul, London, 1966) .

Lattimore, Owen, *Inner Asian Frontiers of China* (Beacon Press, Boston, 1951) .

Mackintosh, M., *Juggernaut* (Secker & Warburg, London, 1962) .

Mankekar, D. R., *The Guilty Men of 1962* (Tulsi Shah Enterprises, Bombay, 1968) .

Mende, Tibor, *China and Her Shadow* (Thames & Hudson, London, 1961) .

Mosley, leonard, *The Last Days of the British Rai* (Weidenfeld & Nicolson, London, 1961) .

Myrdal, Cunnar, *Asian Drama : An Enquiry into the Poverty of Nations* (Panetheon, New York, 1968) .

Nayar, Kuldip, *Between the Lines* (Allied Publishers, Bombay, 1969) .

Noorani, A. G., *Our Credulity and Negligence* (Ramday Bhatkal, Bombay, 1963) .

Panikkar, K. M., *The Founding of the Kashmir State* (Allen & Unwin, London, 1953) .

Panikkar, K. M., *In Two Chinas: Memoirs of a Diplomat* (ALLen & Unwin, London, 1955) .

Patterson, George, *Tibet in Revolt* (Faber & Faber, London, 1961) .

Payne, Robert, *The Life and Death of Mahatma Gandhi* (Bodley Head london, 1969) .

Philips, C. H. and M. D. Wainwright, eds., *The Partition of India : Policies and Perspectives* (Allen & Unwin, London, 1970) .

Reid, Sir Robert, *History of the Frontier Areas Bordering on Assam* (Govt. of Assam Press, Shillong, 1942) .

Richardson, H. E., *Tibet and its History* (O. U. P. , London, 1962) .

Rowland, J., *A History of Sino-Indian Relations* (Van Nostrand Inc., Princeton, 1967) .

Russell, Bertrand, *Autobiography*, Vol. 3 (Allen & Unwin, London, 1969) .

Schlesinger, Arthur M. Jr., *A*

Thousand Days : John F. Kennedy in the White House (André Deutsch, London, 1965) .

Schram, Stuart, *Mao Tsetung* (Penguin Books, London, 1966) .

Tieh Tsing-li, *Tibet-Today and Yesterday* (Bookman Associates, New York, 1960) .

Vagts, Alfred, *A History of Militarism* (Allen & Unwin, London, 1938) .

Van Eekelen, W. F., *Indian Foreign Policy and the Border Dispute with China* (Martinus Nijhoff, The Hague, 1964) .

Von Furer—Haimendorf, C., *Himalayan Barbary* (Murray, London, 1955) .

Wilson, Dick, *A Quarter of Mankind : An Anatomy of China Today* (Weidenfeld & Nicolson, London, 1966) .

Woodman, Dorothy, *Himalayan Frontiers* (Barrie & Rockliff, London, 1969) .

Zagoria, Donald S. *The Sino-Soviet Conflict, 1956—1961*(Princeton University Press, Princeton, 1961) .

未经发表的文件

Addis, John, 'The India-China Border Dispute', a paper for the Center for International Affairs, Harvard, 1964.

Field, A. R. , 'The Historical Basis for the Indian Boundary Claims', paper for the Pacific Coast Regional Conference of the Association for Asian Studies, June 1967.

Lamb, Alastair, 'The Aksai Chin'.

期刊

India Quarterly.

International Comparative Law Quarterly.

附图

图7 塔格拉山脊的战斗　审图号：GS京（2024）1976号

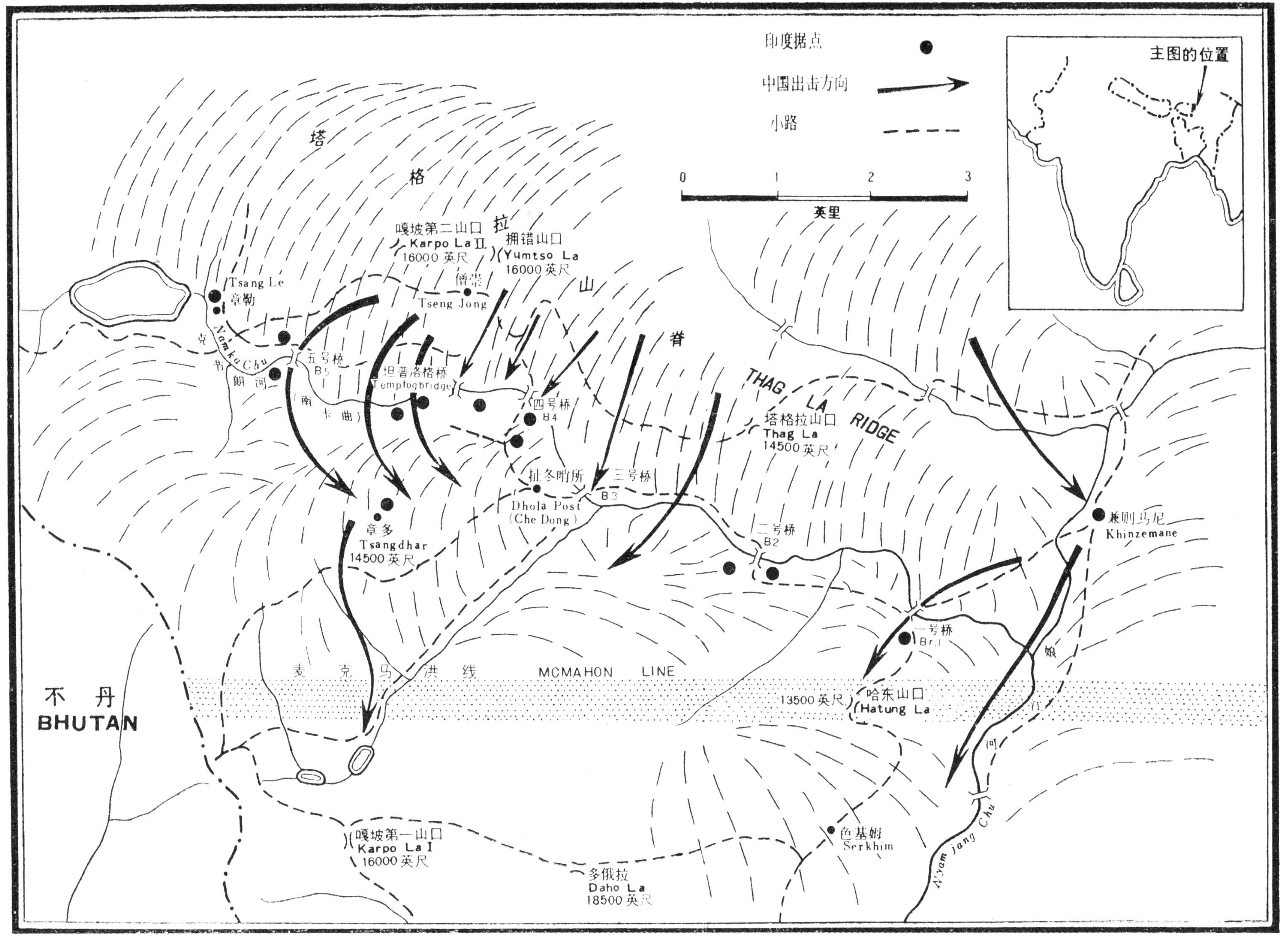

该图系作者绘制，仅代表作者个人观点

图 8 东北边境特区的战斗　审图号：GS 京（2024）1976 号

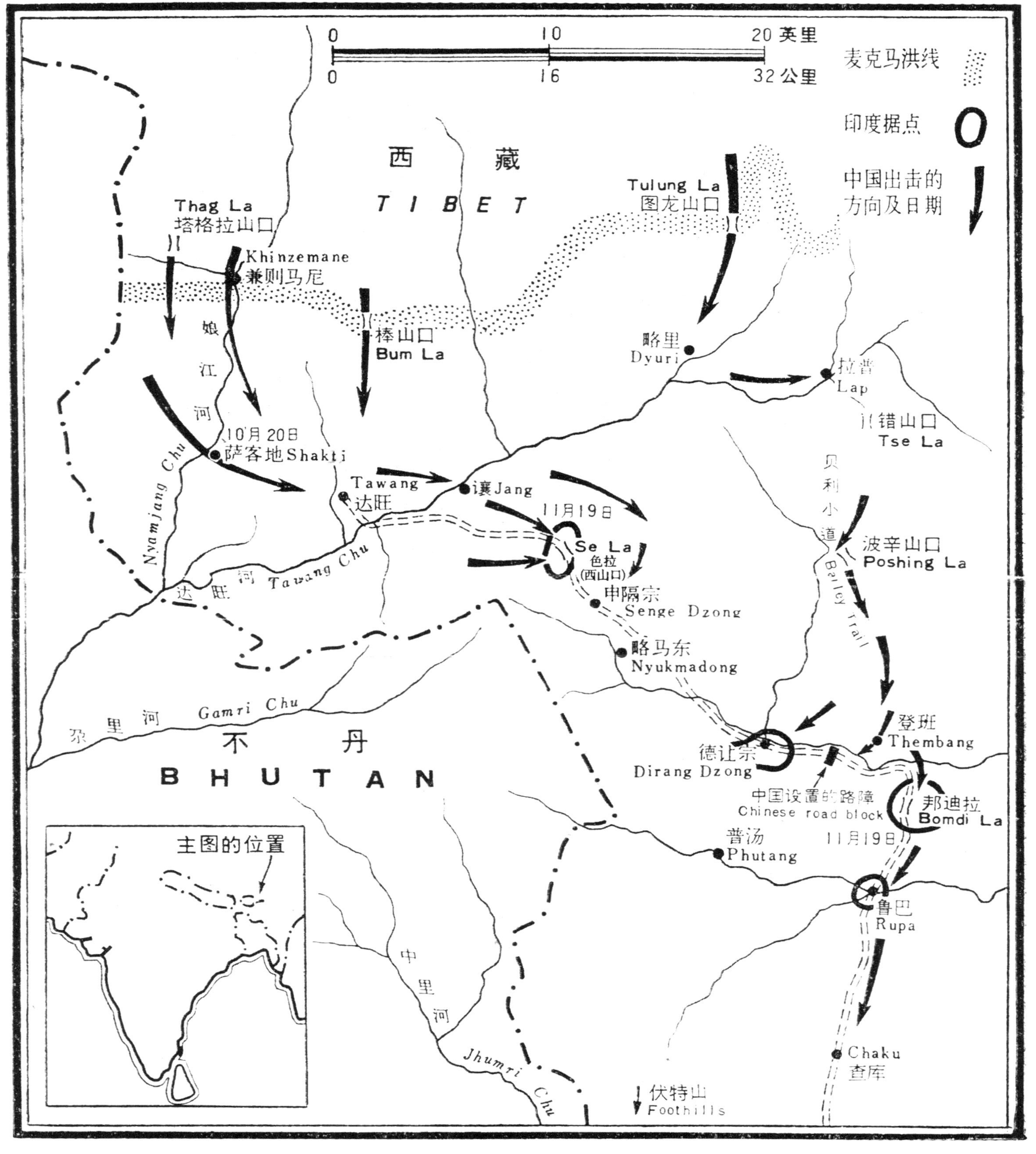

该图系作者绘制，仅代表作者个人观点

图 1 中印边界的西段和中段简图　审图号：GS 京（2024）1976 号

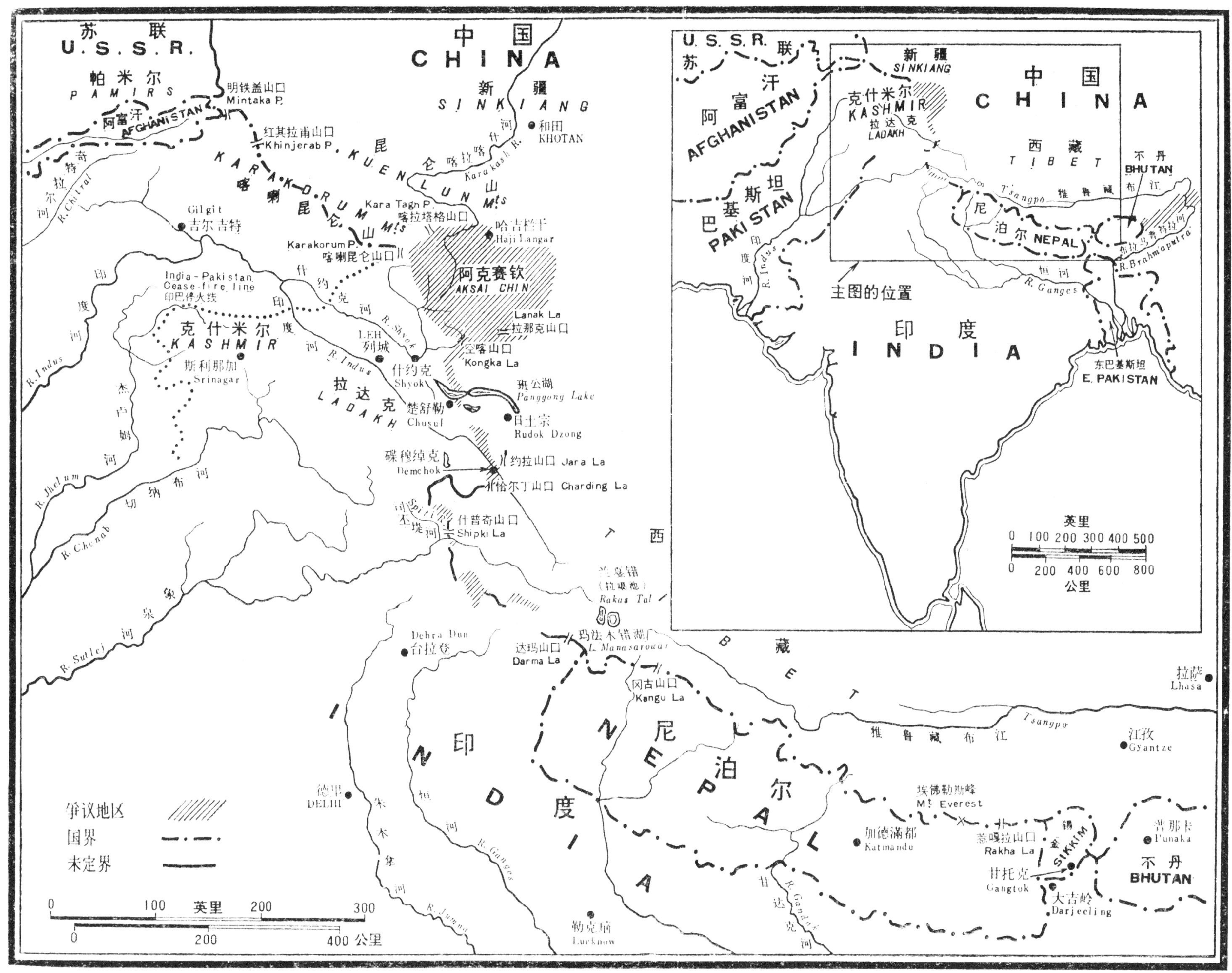

该图系作者绘制，仅代表作者个人观点

图 2 中印边界的东段简图　审图号：GS 京（2024）1976 号

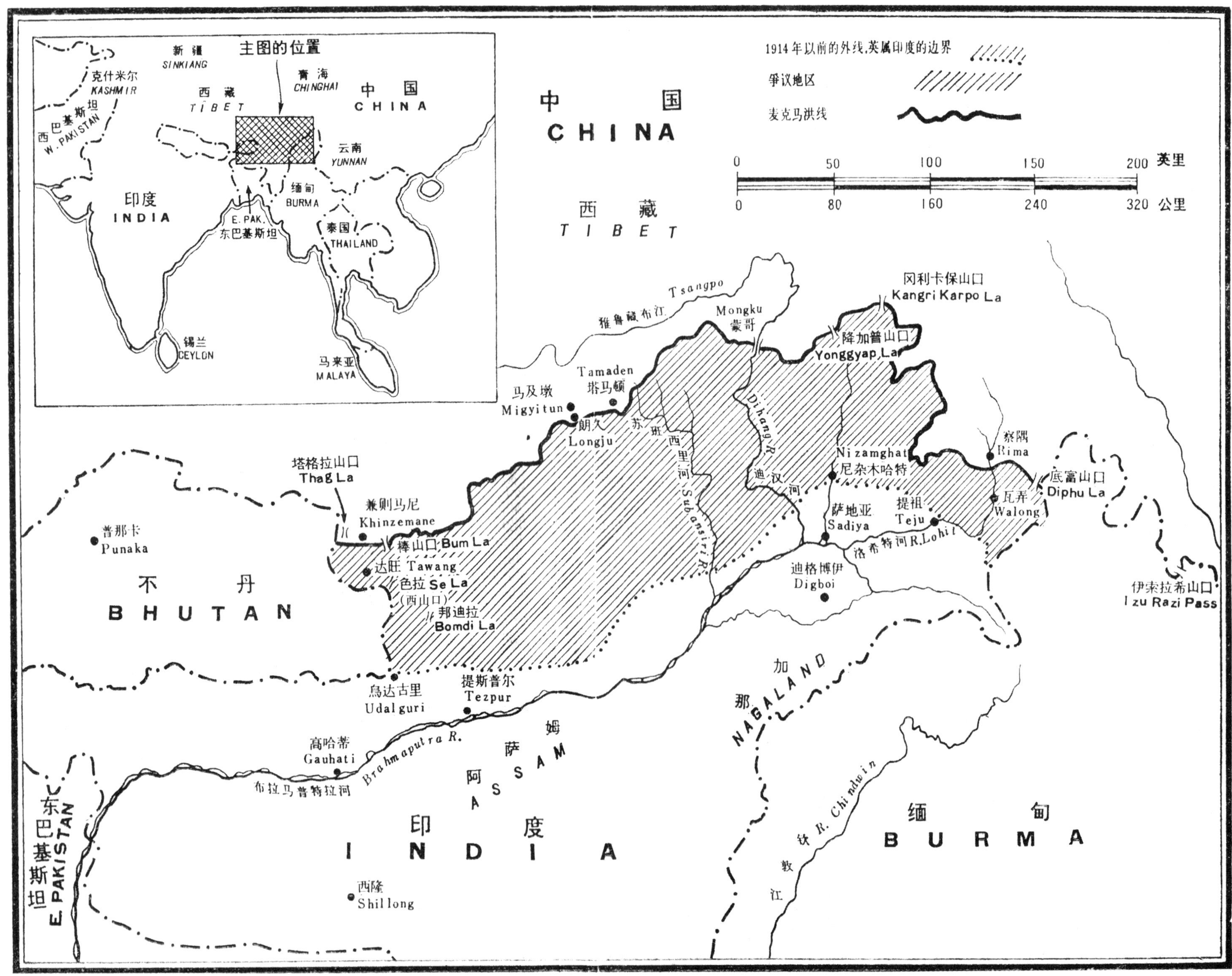

该图系作者绘制，仅代表作者个人观点

图 6 在西段的前进政策　审图号：GS 京（2024）1976 号

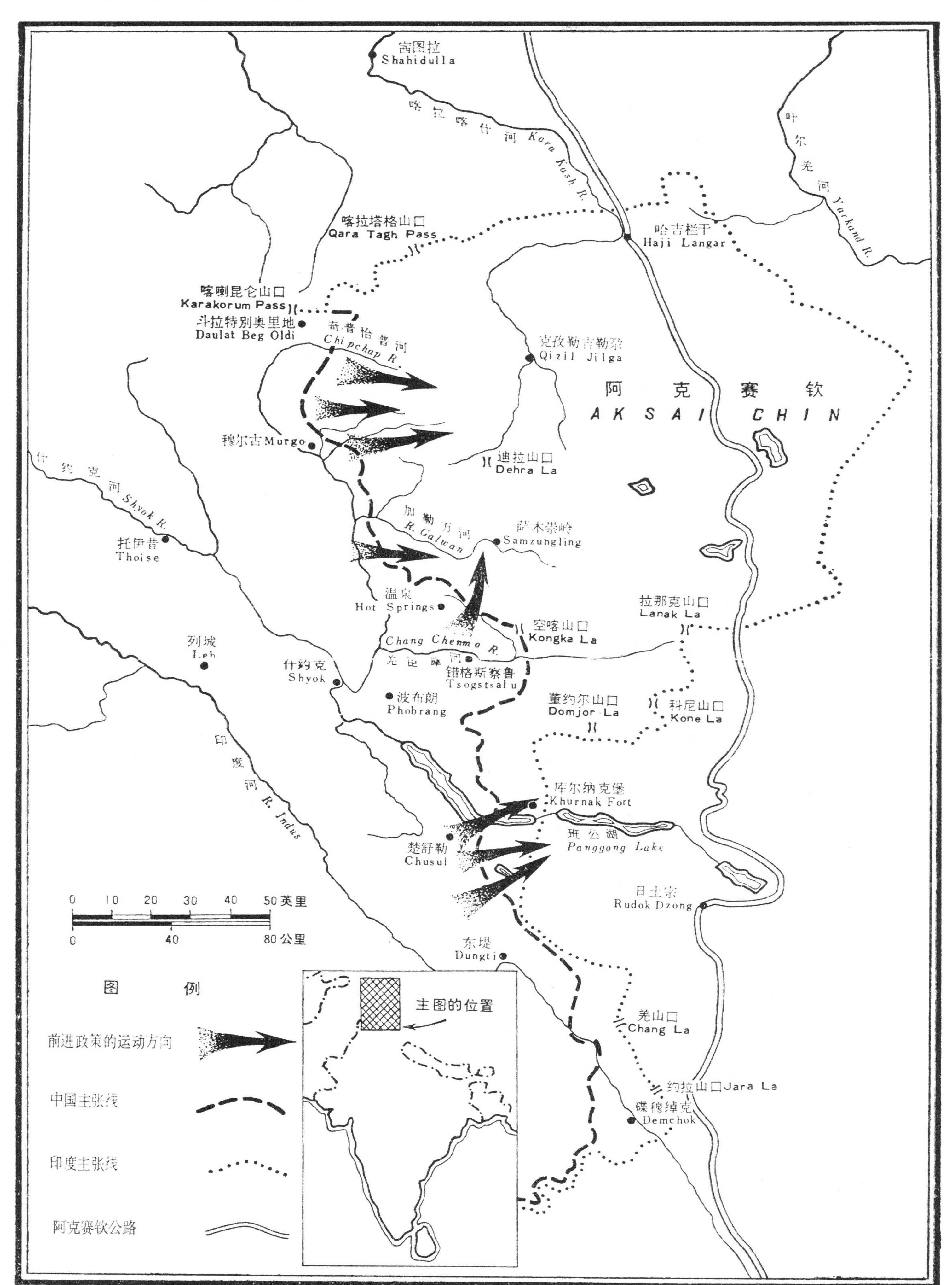

该图系作者绘制，仅代表作者个人观点

图 5 西段的互相冲突的主张　审图号：GS 京（2024）1976 号

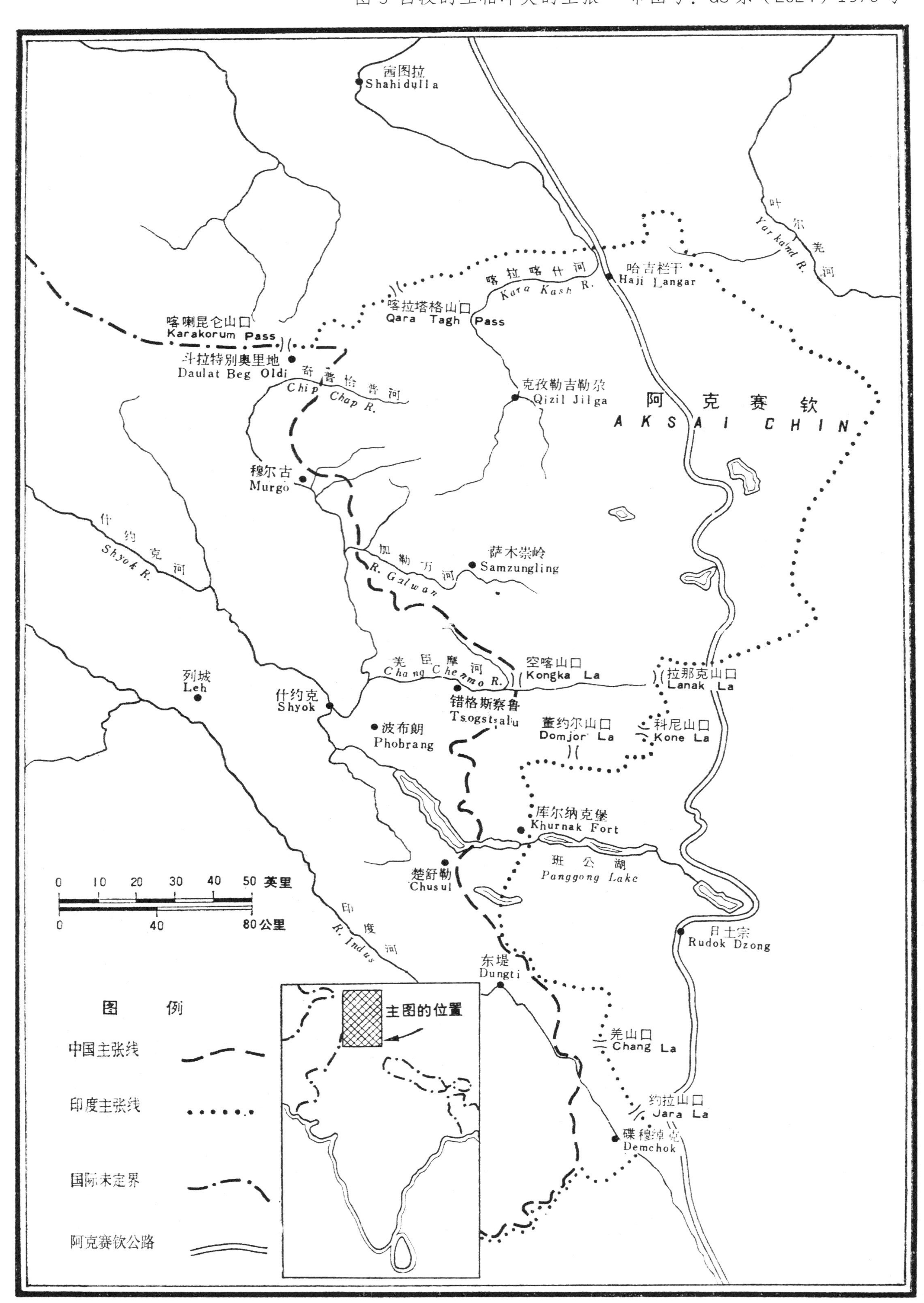

该图系作者绘制，仅代表作者个人观点

图 4 东段边界的历史发展　审图号：GS 京（2024）1976 号

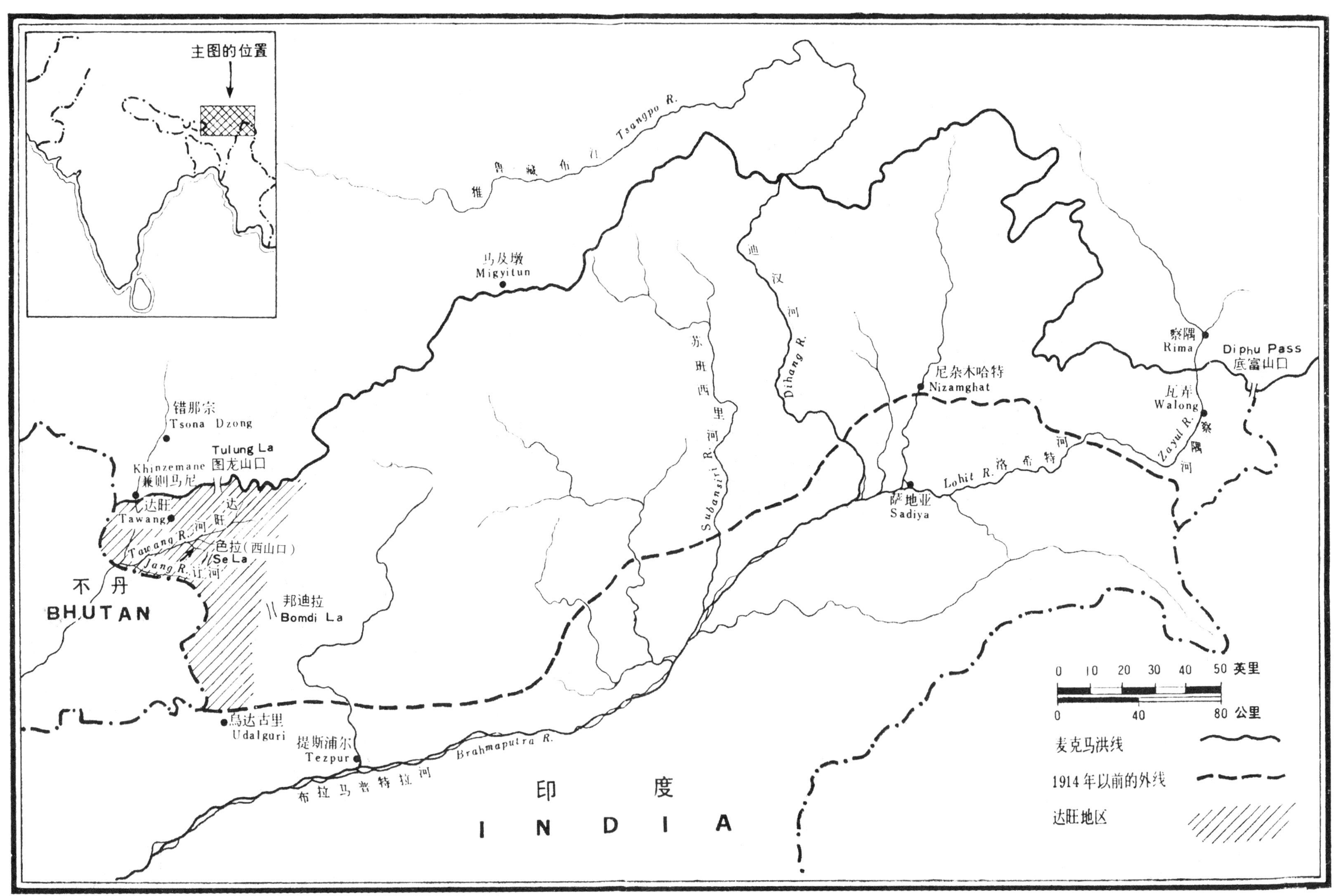

该图系作者绘制，仅代表作者个人观点

图 3 西段边界的历史发展　审图号：GS 京（2024）1976 号

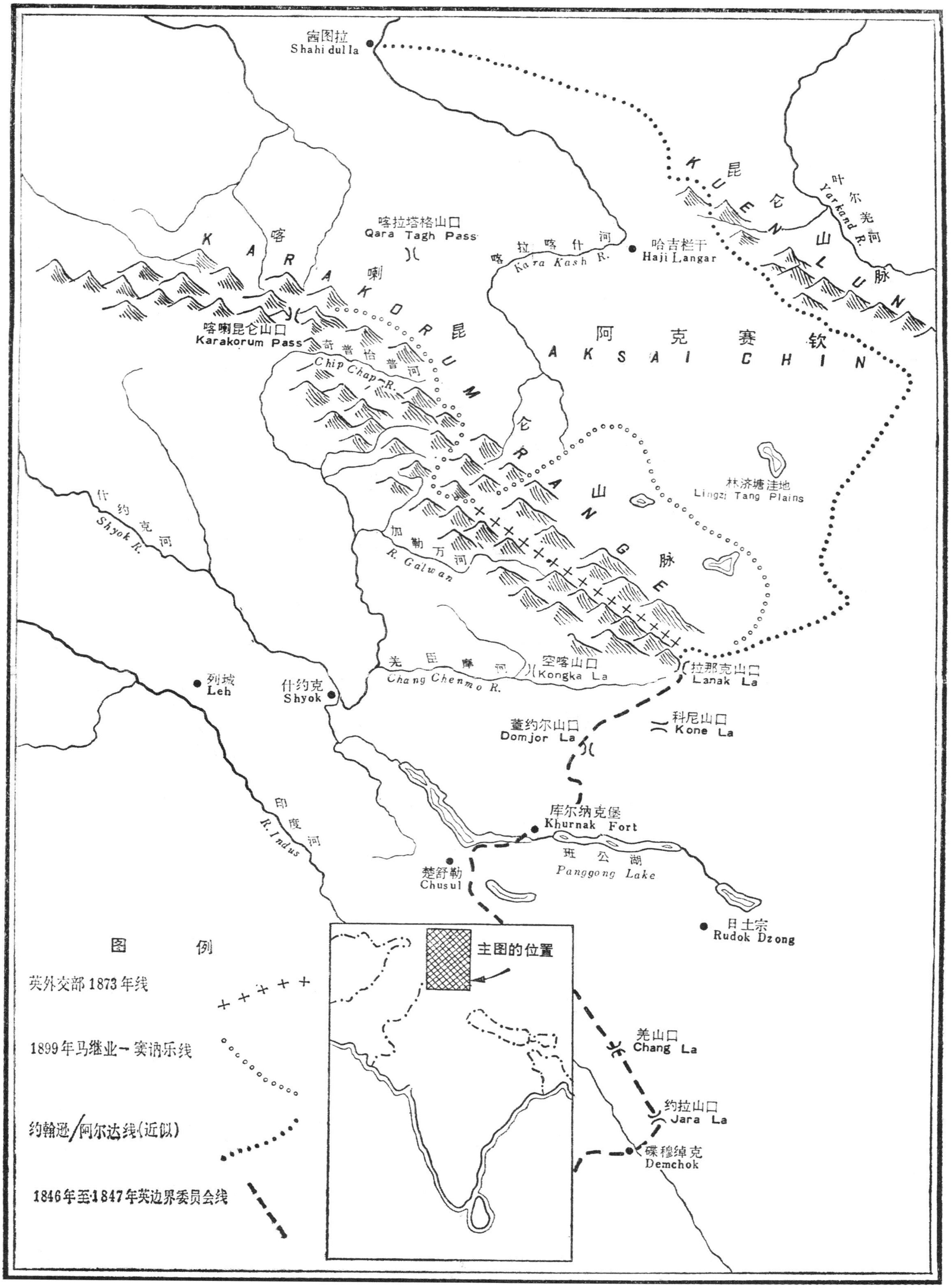

赛图拉
Shahidulla
昆仑山脉
KUEN LUN
叶尔羌河
Yarkand R.
喀喇昆仑山脉
KARAKORUM RANGE
喀拉塔格山口
Qara Tagh Pass
喀拉喀什河
Kara Kash R.
哈吉栏干
Haji Langar
喀喇昆仑山口
Karakorum Pass
奇普恰普河
Chip Chap R.
阿克赛钦
AKSAI CHIN
林济塘洼地
Lingzi Tang Plains
什约克河
Shyok R.
加勒万河
R. Galwan
羌臣摩河
Chang Chenmo R.
空喀山口
Kongka La
拉那克山口
Lanak La
列城
Leh
什约克
Shyok
科尼山口
Kone La
董约尔山口
Domjor La
库尔纳克堡
Khurnak Fort
印度河
R. Indus
班公湖
Panggong Lake
楚舒勒
Chusul
日土宗
Rudok Dzong
主图的位置
羌山口
Chang La
约拉山口
Jara La
碟穆绰克
Demchok

图　例

英外交部 1873 年线

1899 年马继业—窦讷乐线

约翰逊/阿尔达线(近似)

1846 年至 1847 年英边界委员会线

该图系作者绘制，仅代表作者个人观点